河出文庫

ドーナツ経済

K・ラワース
黒輪篤嗣 訳

河出書房新社

ドーナツ経済――目次

ドーナツ経済

経済学でもっとも強力な道具はお金ではない。数式でもない。
鉛筆だ。鉛筆が一本あれば、世界を描き直すことができる。

経済学者になりたいのは誰か？

二〇〇八年十月、ユアン・ヤンは経済学を学ぶため、オックスフォード大学に入学した。中国生まれのヨークシャー育ちであるユアンは、「世界市民」意識が強かった。時事問題から目を離さず、未来を憂慮し、世界に貢献したいという志を立てていた。そしてその志を遂げるには、経済学者になるのが最善の道だと考えた。ユアンは二十一世紀に必要とされる新しい経済学者になろうと意気に燃えていた。

ところが、すぐに不満を覚えることになった。経済学の理論——とその証明に使われる数学——は、ばかばかしいほど狭い範囲のことしか扱っていなかった。ユアンが大学に入ったのは、ちょうど世界の金融システムががらがらと崩れ出したときだった。いくら大学のシラバスでは触れられていなくても、そのことに気づかない人などいなかった。「あの暴落で目を開かされたんです」とユアンは当時を振り返る。「教室では、金融システムは経済学の重要な分野ではないと教わっているのに、外に目を向ければ、市場は明らかに大混乱をきたしていました。『なぜこんな断絶があるのだろうか』と思わずにいられませんでした」。この現実との断絶は、ユアンがほどなく知ったように、金融部門とのあいだだけではなかった。主流派の経済理論の対象と、貧富の差や気候変動など、深刻化している現実世界の危機とのあいだには大きな溝があった。

教授陣にこのことを尋ねると、勉強の次の段階に進めば、いずれ答えを見つけられるだろうと諭された。そこでユアンは次の段階――名門ロンドン・スクール・オブ・エコノミクスの修士課程――に進んで、「答え」を待った。ところが、ますます抽象的な理論が増え、数式が多くなり、ユアンの不満は募るいっぽうだった。しかし試験が近づくと、選択を迫られた。「いつのまにか、わたしもあきらめていました。文句ばかりいっていないで、まずはこういう勉強をしっかりやらなくてはいけないのかな、と。でもそれは学生にとってとても悲しいことでした」と話す。

こういうあきらめに達した学生はたいてい、経済学を見かぎるか、さもなくば高給の職に就くためと割り切って、理論を丸暗記し、学位を得ようとするかのどちらかだ。ユアンはどちらでもなかった。ユアンは世界中の大学から自分と同じ考えの学生を探し出そうとした。そしてすぐにわかったのは、新しい千年紀になって以来、大学で教えられている経済理論の偏狭さに対し、多くの学生が疑問の声を上げ始めていることだった。二〇〇〇年には、パリで経済学を学ぶ大学生たちが主流派経済学のドグマ化した授業を拒んで、教授陣に公開書簡を送りつけていた。「わたしたちは架空の世界から脱することを望みます」とその書簡には書かれていた。「教師のみなさんに強く求めます。手遅れになる前に目を覚ましてください！」。[*1] 一〇年後には、ハーバード大学の学生たちがグレゴリー・マンキュー――世界でもっとも広く用いられている経済学の教科書の執筆者――の授業をボイコットして、授業で教えられている理論の狭さや思想的な偏りに抗議した。ボイコットの参加者たちの胸には、「この偏りが学生や大学、さらには広く社会一般に影響を及ぼしているのではないかという深い憂慮」があった。[*2]

金融危機の発生をきっかけに学生たちの抗議行動は活発になった。ユアンたちも、世界的なネットワークを立ち上げた。このネットワークにはインドや米国からドイツ、ペルーまで、世界の三〇以上の国々から八〇以上の学生のグループが加わった。学生たちが求めたのは、経済学を自分たちの世代や、この世紀や、現代の課題に見合ったものにすることだった。「危機に瀕しているのは世界経済だけではありません」と、ユアンたちは二〇一四年の公開書簡で訴えた。

経済学の授業も危機に瀕しています。この危機は大学の外の一般社会にも広く影響を及ぼしているはずです。大学での授業は次世代の政策立案者たちの頭脳を育み、ひいてはわたしたちの社会を育むことになります。（中略）この数十年のあいだに経済学のカリキュラムは信じられないぐらい視野の狭いものになってしまいました。（中略）これでは金融の安定から食の安全保障、気候変動にまでわたる二十一世紀の多面的な問題に対処する能力は培われません。[*3]

急進的な学生たちは学術会議を標的にして、反体制文化からの批判を繰り広げている。二〇一五年一月、ボストンのシェラトンホテルで開催された米国経済学会の年次大会では、学生運動「キック・イット・オーバー」のメンバーがホテルの廊下やエレベーター、トイレの壁一面に非難のポスターを貼ったり、ホテルの入り口の外壁いっぱいに抗議のメッセージを大きく映し出したりしたうえ、厳粛な雰囲気のパネルディスカッションに大挙して押しかけ、質疑の時間を乗っ取った。[*4]「経済学に革命が起こった」と学生たちは声明書で宣言した。「われわれは各大学において順次、あなたがた、老いた山羊を権力の座から追い落としていく。しかるのち、数カ月ないし数年で、人類絶滅装置を解除する仕事に取りかかる」[*5]

これは異常な事態だ。ほかの学問分野で、世界各地の学生たち――みずからその学問の勉強に人生の数年を捧げることを選んだ者たち――が謀反を起こした例など、聞いたことがない。この謀反から一つはっきりしたのは、経済学の革命がほんとうに始まっているということだ。革命の成功のためには、従来の説の誤りを指摘することも必要だが、それ以上に、新しい説を打ち出すことが欠かせない。二十世紀の大発明家、バックミンスター・フラーは次のように述べている。「目の前にある現実と闘っても、ものごとは変えられない。何かを変えたいなら、新しいモデルを築いて、既存のモデルを時代遅れにすることだ」

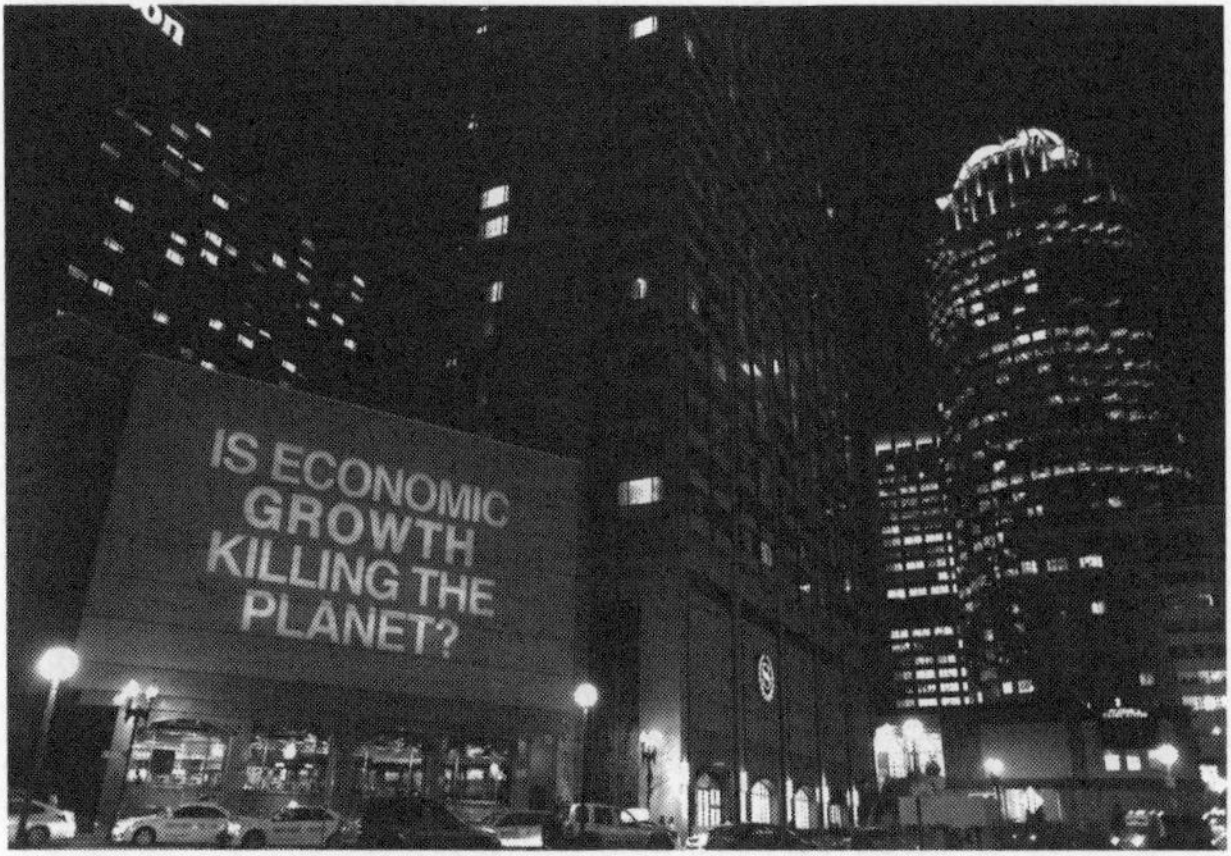

2015年1月、米国経済学会の年次大会にあたって、急進的な学生たちがボストンのシェラトンホテルの前の道を占拠し、反体制文化からの批判を繰り広げた。

本書では、このフラーの挑戦を受けて立ちたい。誰もが二十一世紀にふさわしい経済学者の考えかたを身につけられるよう、七つの発想の転換を提案する。従来の考えかたのまやかしを明らかにするとともに、それに代わる、新しい考えかたを打ち出して、新しい経済の物語を言葉と絵で描きたいと思う。

二十一世紀の課題

「エコノミクス（経済学）」の語源は、古代ギリシャの哲学者クセノフォンによる造語「オイコノミコス」にある。クセノフォンは「オイコス（家）」と「ノモス（規則）」を組み合わせて、家を管理する技術、つまり家政術として「オイコノミコス」

を考案した。経済学にこういう語源があることは、今の時代にこそ、あらためて思い出されるべきだ。今世紀には、地球という人類の家をうまく導ける人、地球の住人全員のニーズに配慮できる人が求められている。

過去六〇年のあいだに人類の福祉は著しく向上した。世界の平均寿命は一九五〇年にはわずか四十八歳だったが、それが今では七十一歳にまで延びている。[*6] 一九九〇年以降だけを見ても、一日一・九ドル未満で暮らす「極度の貧困層」は半分に減り、安全な飲料水やトイレを初めて利用できるようになった人は二〇億人を超える。そのあいだに世界人口は四〇％近く増えた。[*7]

以上は明るい面だ。そのほかの面では、世界の状況は芳しくない。いまだにおびただしい数の人々が生活に困窮している。全世界で九人に一人は十分な食べ物を得ていない。[*8] 二〇一五年の一年間で六〇〇万人の五歳未満の子どもが死亡した。その半数以上は下痢やマラリアなど、簡単に治療できる病気が原因で命を落とした。[*9] 一日三ドル未満で生活している人は世界に二〇億人いる。[*10] 仕事にあぶれた若者は七〇〇〇万人以上を数える。このような生活苦は世界情勢の不安定化や不平等の拡大で、いっそう深刻化している。二〇〇八年の金融危機は世界中の経済に打撃をもたらし、多くの人々から仕事や家や貯蓄や安定を奪った。そのあいだに世界はとんでもなく不平等になった。二〇一五年現在、世界の富裕層の上位一％の富が、残りの九九％の人たちの富の合計を上回っている。[*11]

これらの尋常とはいえない人間社会の状況に加え、わたしたちの母なる惑星の破壊もきわめて由々しい。生命を支える地球のシステムには、人間の活動によって過去に例のないほどの負荷が加わっている。世界の平均気温は産業革命前と比べてすでに〇・八度上がり、今のままでは二一〇〇年までに、四度近く上がると予測される。そうなれば人類が経験したことのない洪水や飢饉、嵐、海水面の上昇が招かれるだろう。*12 世界の農地のおよそ四〇%は今では、ひどく痩せてしまっている。二〇二五年には、世界の三人に二人が水不足の地域に暮らすことになるといわれる。*13 さらに、世界の水産資源の八〇%以上が過剰または限界まで利用されているいっぽう、毎分トラック一台分のプラスチックごみが海に投棄されている。このままで行けば二〇五〇年には、魚よりプラスチックのほうが海中に多くなる。*14

これらだけでも事態は十分深刻だが、経済成長がさらなる課題をもたらす。現在、世界の人口は七三億人だ。それが二〇五〇年に約一〇〇億人に達したあと、二一〇〇年に一一〇億人ほどで安定すると予測される。*15 世界の経済活動は、現状のまま推移すれば、年三%の成長を二〇五〇年まで続けるだろう。そうすると世界の経済規模は二〇三七年に二倍、二〇五〇年におよそ三倍に膨らむ。*16 世界の中流層――一日の消費額が一〇ドルから一〇〇ドルの人々の層――はいっきに拡大し、二〇三〇年には現在の二〇億人から五〇億人になる。それにつれて建設資材や消費財の需要も急増するだろう。*17 これらは二十一世紀を歩み始めた人類の行く末を示している潮流だ。では、これから新しい時代を迎えるにあたって、わたしたちにはどういう考えかたが求められるのか？

経済学の権威

互いに絡み合った諸問題にどんな対応をするにしても、一つ確かなのは、経済理論が重要な役割を果たすだろうということだ。経済学は公共政策を論じる言葉であり、市民生活について語る言葉であり、社会を築く理念でもある。「二十一世紀の最初の十数年、世のなかは経済を中心に回っている。わたしたちがどう考え、どう感じ、どう行動するかは、経済の思想や価値観、仮説に左右される」とF・S・マイケルズは『モノカルチャー』で指摘している。*18

だから経済学者は一目置かれているのだろう。世界銀行から世界貿易機関まで、国際政策の場で専門家たちの最前列に座し、たいてい国家権力の中枢にもいる。例えば、米国では、大統領経済諮問委員会はホワイトハウスの諮問委員会のなかで抜きん出て影響力があり、注目度が高く、歴史も古い。いっぽう、環境や科学、テクノロジーなどの諮問委員会はワシントンの政界以外では知る人さえほとんどいない。一九六八年には栄えあるノーベル賞の対象が、物議を醸しながらも、広げられた。それまでは物理、化学、医学の科学的な進歩に貢献した人物を称える賞だったが、スウェーデン国立銀行の働きかけが実り、同銀行が賞金を出す形で、「経済科学」分野での功績に対しても、毎年、ノーベル記念経済学賞が授与されることになった。以来、その受賞者はスター学者としてもてはやされている。

こんなふうに経済学が権威を持つことに、すべての経済学者が嬉々としているわけではない。一九三〇年、ジョン・メイナード・ケインズ――戦後の経済学に多大な影響を及ぼした英国の経済学者――は経済学者の役割にすでに不安を感じていた。ケインズの次の言葉は有名だ。「経済学者と政治哲学者の考えは、正しいときも誤っているときも、一般に思われる以上に絶大な力を振るっている。実際、それらほど世界の隅々にまで浸透している考えは、ほかにほとんどない。実務家は誰からも思想的な影響を受けていないと自分では考えているが、たいてい、過去の経済学者の考えを盲信しているものだ」[*19]。一九四〇年代の新自由主義（ネオリベラリズム）の父として語られることがもっとも多いオーストリア出身の経済学者フリードリヒ・フォン・ハイエクは、理論でも政策でもことごとくケインズとはげしく対立したが、この点については同意見だった。一九七四年、ノーベル記念経済学賞を授与されたハイエクは受賞講演で、もしこの賞の創設について相談されていたら、反対していただろうと述べた。なぜか？　「ノーベル賞は個人に権威を授けるものであり、経済学の分野にはそれに値する人物が一人もいないからです。しかも、経済学の影響がいちばん意味を持つのは、専門家ではない人々、つまり政治家やジャーナリスト、公務員、そして広く一般の人々に影響をもたらすときだからです」[*20]

二十世紀の二大経済学者のこのような懸念にもかかわらず、経済学者の世界観の支配は広まるばかりで、市民生活の言葉のなかにすら及んでいる。今や世界中の病院で、患者と医者が互いに顧客とサービス提供者として向かい合うようになってしまった。世界各地の農地や森林では、経済学者が「自然資本」だとか「生態系サービス」だとかの金銭的な価値を割り出している。世界の湿地の経済価値はやれいくらだとか（年三四億ドルらしい）、昆虫の授粉サービスのグローバルな総価値はやれいくらだとか（年一六〇〇億ドル相当だという）やっている。*21 いっぽう、金融部門を重視する傾向はメディアの報道でたえず強められている。毎日、ラジオや新聞では企業の最新四半期の業績が大きく報じられるし、テレビのニュース番組では画面の上や下にテロップで株価の情報が流される。

経済学がこれほど市民生活のなかで支配的な位置を占めているのだから当然だが、多くの大学生は機会があれば、いくらかでも経済学を学んでおこうとする。毎年、米国だけで約五〇〇万人の大学生が経済学の単位を一単位以上修得して、大学を卒業する。米国生まれの標準基礎講座――「経済学一〇一」の名で広く知られる――は今や、世界中に広まり、中国からチリまで世界各地の学生がシカゴやケンブリッジやマサチューセッツの学生とまったく同じ教科書の翻訳版で、経済学を学んでいる。経済を学ぶ大学生は全員、めざしているのが起業家であれ、医者であれ、ジャーナリストであれ、活動家であれ、必ず基礎として「経済学一〇一」を受講することになる。経済学をまったく学んだことがなくても、「経済学一〇一」の言葉や思想は一般の議論のなかに広く入り込んでいるので、経済についてのわたしたちの考え――経済とは何で、どのように成り立っていて、なんのためにあるのか——は、知らないうちに「経済学一〇一」の影響を受けている。

じつはそこに大きな問題がある。二十一世紀の人類の舵取りをするのは、政策立案者にしても、起業家にしても、教師にしても、ジャーナリストにしても、地域のまとめ役にしても、活動家にしても、有権者にしても、今、教育を受けている人たちにほかならない。ところがそれらの二〇五〇年の市民たちは現在、一九五〇年の教科書にもとづいた経済学の考えかたを教わっている。しかもその一九五〇年の教科書は一八五〇年の経済理論にもとづいている。これでは二十一世紀の変化の速さを考えるなら、人類は破滅に突き進むことになる。もちろん二十世紀には画期的な新しい経済思想が現われた。とりわけケインズとハイエクの論争から生まれた理論には絶大な影響力があった。しかしこの二人の巨人は対立し合ってはいたが、どちらも不備のある仮説を受け継いでいた。そのせいで二人とも同じことが盲点になり、考えかたのちがいの根がどこにあるのかに気づけなかった。二十一世紀の時代状況が求めているのは、それらの仮説の誤りを明らかにし、見落とされた部分に光を当てることで、もう一度、経済学を見直すことだ。

経済学から一度離れ、また戻ってくることに

一九八〇年代、ティーンエージャーだったわたしは夜のニュース番組を頼りに、世界の全体の姿を知ろうとしていた。毎晩、リビングでテレビの映像を観ていると、ロンド

ンの少女の日常とはまったくの別世界に連れて行かれた。飢饉のエチオピアに生まれ、お腹が膨れてしまっている子どもたちの、黙ってこちらを凝視する忘れられない目。ボパールの化学工場のガス漏れ事故で犠牲になった人たちの、まるでマッチ棒のように連なった死体の列。オゾン層にぽっかりと開いた紫色の穴。石油タンカー、エクソン・ヴァルディーズ号から莫大な量の原油が流出し、一面を油膜に覆われたアラスカの美しい海。八〇年代末には、オックスファムやグリーンピースのような団体――つまり貧困の撲滅や環境破壊の防止に取り組むような団体――で働きたいという気持ちが固まっていた。そしてそのためには経済学を勉強して、そのような団体の活動に役立つ知識を身につけるのがいちばんいいだろうと考えた。

それでオックスフォード大学に入学した。きっと将来の仕事に有益なことを学べるにちがいないと信じて。しかし授業で習う経済理論にわたしはがっかりした。世界の仕組みについての難解な理論が説明されるいっぽうで、わたしがいちばん関心を持っている当の問題はまともに取り上げられなかった。講師たちは学生思いの視野が広い人たちだった。そのことでは恵まれていたが、講師もシラバスに縛られ、決められたことを教えざるをえなかった。そういうわけで四年間の学業を終えると、わたしは「経済学者」をめざす気にはとうていなれず、理論ばかりの経済学を離れ、実際の経済の課題に取り組む仕事に身を投じた。

大学卒業後、最初の三年間はザンジバルの村々で裸足の起業家たちの手伝いをした。

水道も電気も学校もない環境で子育てをしながら小規模な事業を営んでいる女性たちには、畏敬の念を抱かずにいられなかった。その後、まったく世界のちがうニューヨークのマンハッタンに移って、四年間、国連の仕事に携わった。国連では主要な年次報告書の一つである『人間開発報告書』を作成するチームに入った。そこでは剝き出しの権力闘争で国家間の交渉が妨げられるさまも目の当たりにした。その後、年来の志を遂げるため、国連を辞して、オックスファムに加わった。一〇年以上在籍したオックスファムでは、バングラデシュからバーミンガムまで、世界各地のグローバル・サプライチェーンの末端で働く女性たちがいかに不安定な立場に置かれているかを知った。オックスファムの仲間とともに議会に働きかけて、不当なルールや通商上のダブルスタンダードを変えようとした。また人権という側面から気候変動の影響を調べるため、インドからザンビアまで各地を回って、旱魃のせいで農地が荒れ果ててしまった農業従事者の話を聞いた。やがてわたしも母親になり（しかも双子の！）、一年間の育休を取って、おむつ替えに始まりおむつ替えに終わる毎日を送った。復職したときには、仕事と家事の両立をはかっている親たちのたいへんさが身に沁みてわかった。

こういう経験を重ねるなかで、わたしはしだいに自明のことに気づかされた。それは経済学からはそう簡単に離れられないということだった。わたしたちが暮らす世界は経済学で形作られている。わたしという人間の形成にも、いくら拒んだとしても、経済学の影響があることはまちがいなかった。わたしは経済学にふたたび戻って、それを逆から見直してみようと思った。つまり古い経済理論から始めるのでなく、人類の長期的な目標から始めて、その目標を実現させられる経済思考を模索してみたら、どうなるだろうかと、考えた。そしてそれらの目標を図で表そうとしたら、ばかばかしく聞こえるかもしれないが、ドーナツのような図ができあがった。そう、あの中央に丸い穴が開いたドーナツだ。詳しい図は次章で紹介するが、同心円状の二本の大小の輪が基本の要素になる。小さい輪――社会的な土台を示す――の内側には、飢餓や文盲など、人類の窮乏の問題が横たわっている。大きい輪――環境的な上限を示す――の外側には、気候変動や生物多様性の喪失など、危険な地球環境の悪化がある。それらの二本の輪に挟まれたところがドーナツ本体になり、地球の限りある資源ですべての人のニーズが満たされる範囲を示す。

油で揚げた砂糖たっぷりの食べ物では一見、あまり人類の目標の喩えにそぐわないようだが、ドーナツの形には何かぴんと来るものがあった。それはわたしだけでなく、ほかの人もそうだった。加えて、次の刺激的な問いを喚起する力を持っていた。

　二十一世紀の人類の目標がドーナツのなかに入ることだとしたら、その目標の実
　現の可能性をもっとも高められるのは、どんな経済学の考えかたか？

わたしはこのドーナツを携えて、古い教科書をわきに押しのけ、新しいできるだけい

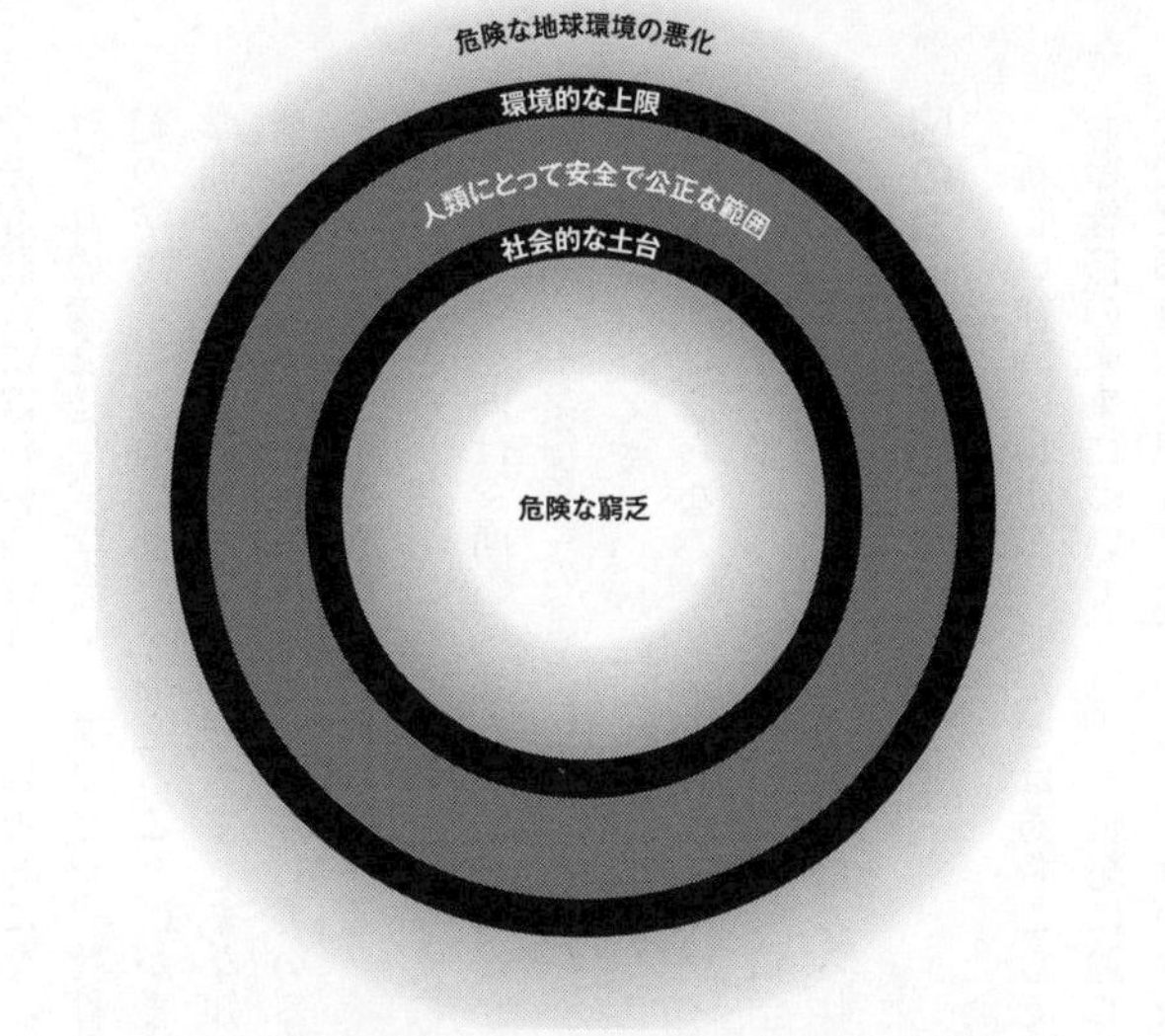

ドーナツの基本要素―人間の幸せの社会的な土台（それ以下には誰も落ちてはならない線）と、環境的な上限（それ以上に地球に負荷をかけてはならない線）。それらの２本の線で挟まれた部分が人類全員にとって安全で公正な範囲になる。

いアイデアを探し始めた。新しい経済思考の探求には、柔軟な知性を持った大学生や、進歩的なビジネスリーダー、独創的な学者、それに最先端の実践者たちも協力してくれた。本書では、この探求の過程で得られた洞察のなかから鍵となるものをまとめた。わたし自身が学生のころに出会っていたかった考えかた、今のすべての経済学者のツールの一つになるべき考えかたが、それらの洞察から明らかになった。そこには複雑系経済学、エコロジー経済学、フェミニスト経済学、制度派経済学、行動経済学など、さまざまな学派の考えが取り入れられている。どの学派も洞察に富むいっぽうで、独善的になる恐れを今も免れていない。各学派ごとにそれぞれの論文誌や、学会や、ブログや、教科書や、教師のポストに閉じこもって、前世紀の学説に専門的な批評を加えることにかまけてしまう傾向があるからだ。ほんとうの学問の進歩はいうまでもなく、さまざまな知見を組み合わせて、それらを統合しようとする営みから生まれる。本書でめざしているのは、まさにそういうことだ。

人類はたいへんな難題に直面している。そんな状況に追いつめられたのは、かなりの程度、古びた経済思考の盲点と誤った喩えに原因がある。とはいえわたしのように反発し、外に目を向け、問い、考え直してみようとする者にとっては刺激に満ちた時代だ。「学生は古い考えをどのように捨て去ればいいか、いつ、どのように考えを変えたらいいかを学ばなくてはいけない。（中略）いかに学んで、忘れ、ふたたび学べばいいかを学ばなくてはならない」と未来学者アルヴィン・トフラーは書いている。[*22] この言葉がどんな分野よりもよく当てはまるのが、経済学だろう。身につけた知識をあえて捨てて、根本から学び直すことが今、切実に求められている。

図の力

新しい経済の物語が必要だとはあちこちでいわれている。地球上のすべての人にかかわる経済の未来について、二十一世紀に適した言葉で語ることが必要だ、と。わたしもそのとおりだと思う。ただし忘れてはいけないことが一つある。それはいつの時代でももっとも力強い物語には、絵が添えられていることだ。経済学を書き直そうとするなら、絵つまり図も描き直さなくてはいけない。古い図に縛られているかぎり、新しいストーリーはまず語れないからだ。新しい図を描こうなどというと、子どもだましのように聞こえるかもしれない。しかしけっしてそうではない。以下に、ご説明しよう。

先史時代の洞窟壁画からロンドンの地下鉄マップまで、イメージや図や表は古くから、人間がものを語るときの要になってきた。そのわけは簡単で、人間の脳が視覚と強く結びついているからだ。「見ることが先にあり、そのあとに言葉が来る。子どもはしゃべる前に、見て、認識している」と、メディア理論家ジョン・バージャーは一九七二年の古典的名著『イメージ』の冒頭で書いている。[*23] その後、神経科学によっても、人間の認知において視覚が支配的な役割を果たしていることが確かめられた。脳の神経繊維の半分は視覚とつながっていて、わたしたちが目を開けているときには、脳内の電気的活動の三分の二が視覚によるもので占められている。絵はわずか一五〇ミリ秒で認識され、さらにそれより短い一〇〇ミリ秒でその絵に意味が与えられる。[*24] わたしたちの目には盲点——視神経が網膜に接続している部分——があるのに、見えているものには欠けた部分がない。これは脳が巧みに補正して、全体の像を作り上げているからだ。[*25]

その結果として、わたしたちには生まれつきパターンを読み取る癖がある。例えば、雲のなかに人間の顔が見えたり、物陰に幽霊が見えたりするのがそうだ。また同じ理由で、絵が添えられているほうが、ものを学びやすい。視覚判断能力の専門家ライネル・

バーンマークによると、「言葉でも、概念でも、名案でも、イメージを伴わないと、一方の耳から入って、脳内を通りすぎ、もう一方の耳から出てしまう。言葉は短期記憶で処理されるからだ。しかも短期記憶は一度に七個の情報までしか扱えない。（中略）いっぽう、イメージは長期記憶に直接入って、深く刻み込まれる」[*26]。文字がはるかに少なく、専門用語による難解さもない絵や図には、心に直接訴えかける力がある。文字情報と視覚情報の内容が食いちがうと、勝つのはたいてい視覚情報のほうだ[*27]。古い格言「一枚の絵は千の言葉に匹敵する」は正しい。

そうだとするなら、世界を理解しようとする人類の営みにおいて、イメージが中心的な役割を果たしてきたことに驚きはないだろう。紀元前六世紀、知られているかぎり世界最古の地図イマゴ・ムンディがペルシアで作られた。尖った棒を使って土の板に刻まれたその地図で、地球はバビロニアを中心とする円盤として描かれていた。幾何学の父と呼ばれる古代ギリシャのユークリッドは、二次元の世界で円や三角形や曲線や長方形の分析を進めるなかで、図示という方法を編み出した。やがてその方法はニュートンに受け継がれ、画期的な運動の法則の説明に使われた。その図は今も、世界中の数学の授業で用いられている。マルクス・ウィトルウィウス・ポッリオという古代ローマの建築家のことを知る人はほとんどいないが、レオナルド・ダ・ヴィンチがその建築論をもとに自身のプロポーション理論を視覚的に表現した「ウィトルウィウス的人体図」――円と正方形のなかに裸の男が立ち、手を広げている図――は、世界中で知られている。チャールズ・ダーウィンは一八三七年、携帯ノートに枝を広げた木の図を大ざっぱに描いて、その上に「わたしの考え」と書き留めたとき、『種の起源』の核となる着想を得た[*28]。どの時代や文化でも、人類はイメージの力を理解し、イメージには根強い固定観念をくつがえす力があることを知っていた。絵や図は人の心を摑み、無言でわたしたちの世界観を変える。天体運動の研究に一生を費やしたニコラウス・コペルニクスが、死の床に就くまで宇宙図の発表をためらったのもうなずける。

太陽系の中心に地球ではなく太陽を置いたコペルニクスの図は、当時のイデオロギーに革命を引き起こした。これによって教会の教えの誤りが明らかにされ、教皇の権力が脅かされ、宇宙や地球の位置についての人類の理解が変わることになった。こんなただの数個の同心円にも驚くべき破壊的な威力があるのだ。

では、経済学の主要な図で使われている円や放物線、直線、曲線を思い出していただきたい。経済とは何で、どのように成り立っていて、何のためにあるのかを描いたそれらの図には、さして害はないように思える。しかし図の力を侮ってはいけない。どういう図を描くかで、何が見え、何が見えないかや、何に注目し、何を無視するかが決まり、ひいてはそのあとのすべてがその影響を被る。経済を説明するために描かれたそれらの図は、幾何学的な単純さのなかに示されたユークリッドの数学やニュートンの物理学の永遠の真実を思い起こさせる。しかし図であるがゆえに、頭の奥深くにするりと入り込んで、経済理論のもっとも根本的な仮説を無言で心にささやきかける。そこでは仮説は

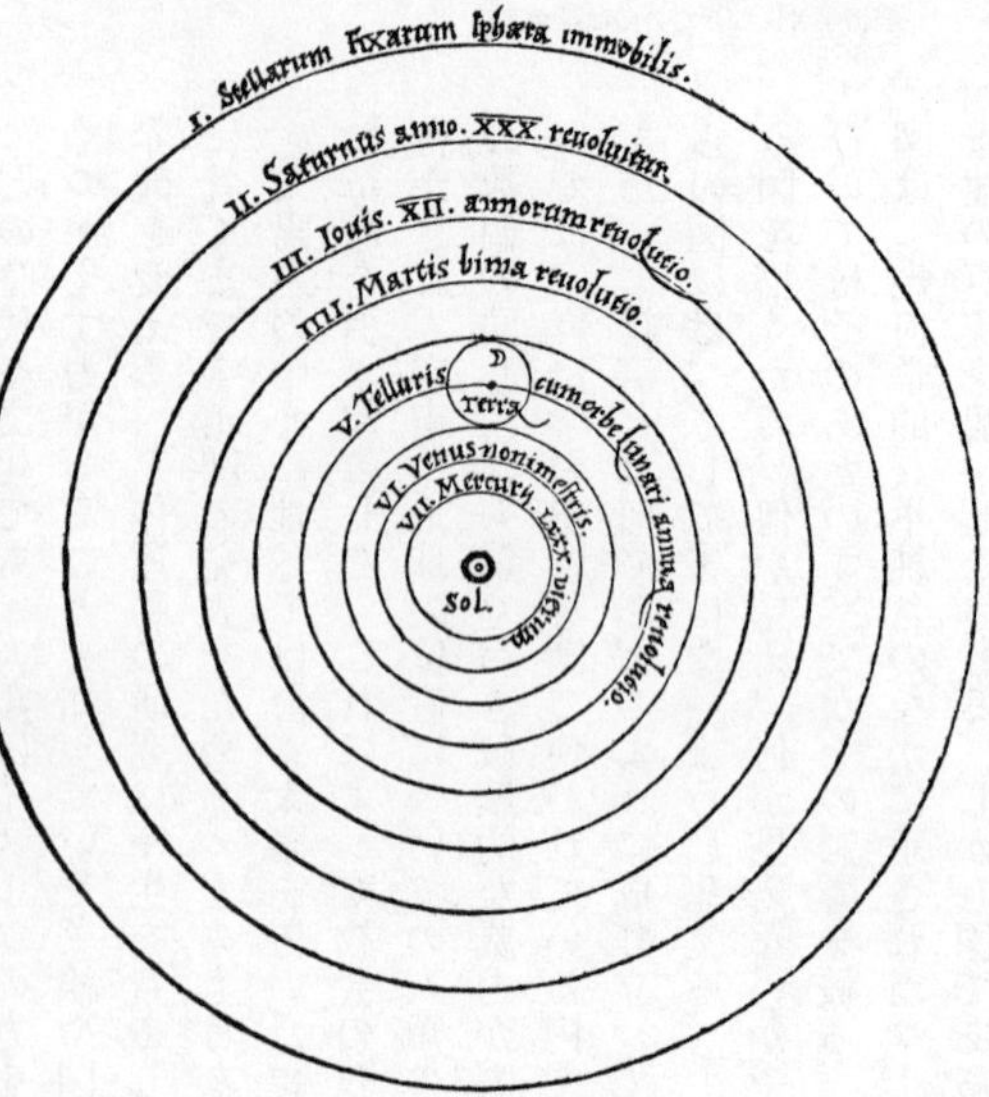

1543年のコペルニクスの宇宙図。地球が太陽の周りを回ることが示されている。

心に視覚的に刻み込まれるので、言葉にされる必要がない。その図は経済の全体像としては不完全でありながら、経済理論の盲点の部分は巧みに整えられており、わたしたちにそれらの線のなかに法則を見出させることで、まちがったゴールを追い求めさせる。しかもそれらの図は心に書き込まれた落書きのように、言葉が忘れ去られたあとも、長く消えずに残る。そして本人に気づかれないまま、視覚野に留まり続けて、固定観念と化す。しかもこの図の影響は――ちょうど壁の落書きと同じように――容易には消せない。だから、「一枚の絵は千の言葉に匹敵する」のであれば、少なくとも経済学では、授業で教えたり、描いたり、学んだりする図にもっと注意を払うべきだろう。

これにはこんな反論があるかもしれない。経済理論の講義には図ではなく、数式が、いやというほど多くの数式が使われているのではないか、と。確かに、経済学部が数学者の教員を募集することはあっても、アーティストの教員を募集することはない。しかし経済学が昔から図と数式の両方を用いて教えられてきたことは事実だ。むしろ図は経済学の異端児たちの貢献や運命のいたずらもあって、特別大きな役割を果たしてきた。では、経済学のあまり知られていない、きわめて興味深い歴史を振り返ってみよう。

経済学の図――知られざる歴史

経済学の始祖たちの多くはそれぞれの画期的なアイデアを表現するため、図を使っていた。一七五八年、フランスの経済学者フランソワ・ケネーが発表した『経済表』では、ジグザグの線で地主と労働者と商人のあいだのお金の流れが描かれている。これが事実上、数量的な経済モデルの先駆けになった。一七八〇年には英国の政治経済学者ウィリアム・プレイファーがデータの新しい提示方法を考え出し、現在、世界中の学童たちに棒グラフや円グラフなどの名で知られている図を使い始めた。プレイファーはそれらの図を用い、小麦価格の高騰に日雇い労働の賃金が追いついていないとか、諸外国との貿易のバランスが不均衡だとか、当時の政治の問題を効果的に視覚化してみせた。その一世紀後、英国の経済学者ウィリアム・スタンリー・ジェヴォンズがみずから「需要の法

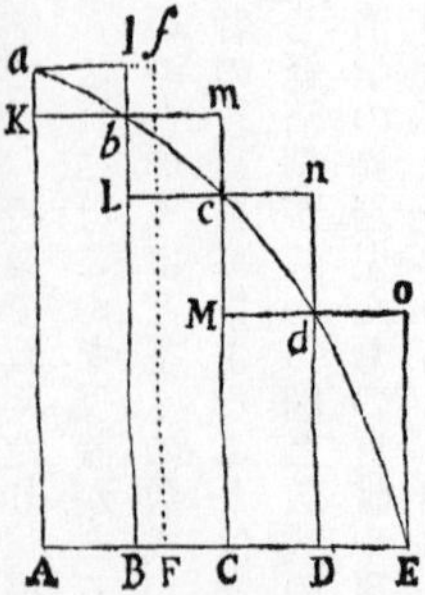

天体運動の図
アイザック・ニュートン
1687年

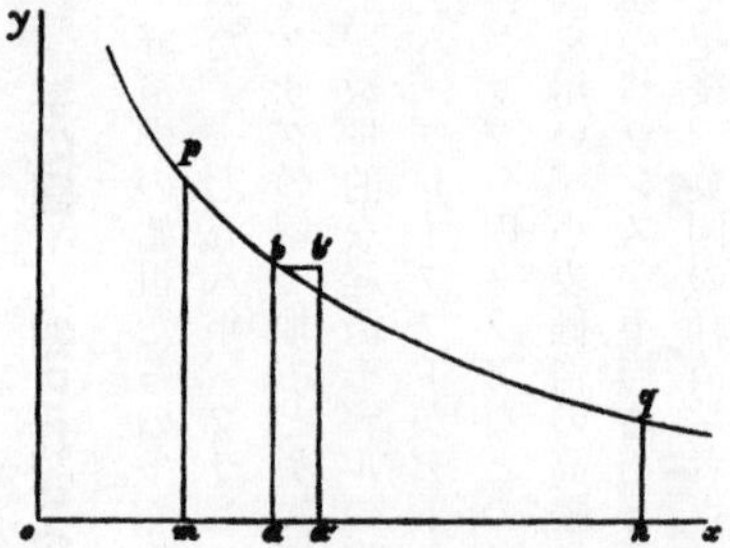

需要の法則の図
ウィリアム・スタンリー・ジェヴォンズ
1871年

自分の理論を科学的に見せたかったジェヴォンズは、意図的にニュートンの運動の法則の図にそっくりな様式で図を描いた。

則」と名づけた図を考案した。それは商品の価格が下がるにつれ、商品を買おうとする人が増えることを示そうとした図だった。価格と数量の漸進的な変化を表す点を結んで曲線を描き出したその図は、ニュートンの運動法則の図に酷似していた。それはジェヴォンズが自分の理論を科学的に見せるため、意図的にそうしたものだった。この需要曲線は今も、経済学部の入門講座で最初に習う図に取り入れられている。

二十世紀前半の経済学を導いたのは、アルフレッド・マーシャルの一八九〇年の『経済学原理』だった。ほとんどの大学生がこの本を第一の教科書に使っていた。マーシャルは同書の前書きで、教科書をわかりやすくするためには、図と数式のどちらが優れているかについて考えをめぐらせている。数式は「自分の考えをすばやく、短く、正しく書き留めるのに最適である。ただし記号が増えてくると、本人以外には解読が容易ではなくなってしまう」という。マーシャルの考えでは、有用さでは図のほうがはるかに上だった。「この教科書の論述は図に頼ってはいない。図は省くこともできるだろう。しかし経験からいえるのは、図の助けを借りたほうが、多くの重要な原理が理解しやすくなるということだ。また純粋理論の問題には、図の便利さを一度知ったらもう図以外の方法では扱いたくないものが多い」[29]

しかしはっきりと経済思想の中心に図を置いた経済学者といえば、二十世紀後半に活躍したポール・サミュエルソンだ。近代経済学の父と呼ばれるサミュエルソンは、マサチューセッツ工科大学（ＭＩＴ）で七〇年の学究生活をすごし、二〇〇九年に他界したときには「現代のすべての経済学者がその恩恵を被っている」と称えられた[30]。数式と図をこよなく愛し、経済理論の研究と授業の両面において、数式と図の使いかたに大きな影響を及ぼした。ただし数式と図とでは、ふさわしい読者がまったくちがうとも考えていた。つまり、数式は専門家向け、図は一般向けと考えていた。

ポール・サミュエルソン――経済学を図解した功績者

サミュエルソンの主な著作は、博士論文

を本にした『経済分析の基礎』に始まる。一九四七年に出版されたこの本は、完全な研究者向けだった。数学的な説明を控えるという配慮はいっさいなかった。ごちゃごちゃとした思考の過程を省いて、代わりに科学的な正確さをもたらすことができる数式は、経済学者の第一言語であると、サミュエルソンは考えていた。しかし二作めは、運命のいたずらで、一作めとはまるでちがう読者に向けて書かれることになった。

第二次世界大戦の終結後、米国では大学の入学者が急増した。軍役を終えた何十万もの人々が、戦争のせいで受けていなかった教育と生きていくために必要な仕事を求めて、いっせいに帰国したからだ。多くの元軍人たちは戦後の建設需要に備え、工学を選んだが、同時に経済学の基礎の履修も義務づけられた。サミュエルソンは当時、三十歳という若さでありながらすでにマサチューセッツ工科大学の教授を務めていた。本人の言葉を借りれば、「難解な理論で新境地を拓こうとする不敵な若者」だったという。そんなサミュエルソンの上司、ラルフ・フリーマンには頭を悩ませる問題があった。八〇〇人の工学部の学生が一年間の経済学の必修科目を受け始めたのだが、それがうまくいっていなかったのだ。ある日、サミュエルソンは研究室にフリーマンの訪問を受けた。フリーマンはなかに入って、ドアを閉めると、「授業が学生たちに嫌われているんだよ」と打ち明けた。「あらゆることを試した。それでもやはりだめだ。（中略）ポール、一、二学期、半日勤務にしてみないか。学生たちが気に入る教科書を書いてほしいんだ。学生たちに気に入られたら、きみの経済学がよい経済学だということになる。省きたいことは省いていい。好きなだけ短くしてかまわん。どんなものができあがるにしても、現状からは大きく前進できるはずだ」[*31]

サミュエルソンにその申し入れを断る理由はなかった。それから三年がかりで書き上げた教科書——タイトルは単に『経済学』とつけられた——が、あの一九四八年刊行の教科書の古典であり、サミュエルソンに生涯続く名声をもたらすことになった。ここでとてもおもしろいことがある。それはサミュエルソンの教科書の執筆方針が、中世のローマ・カトリック教会の布教戦略にそっくりだったことだ。印刷技術の普及以前、教会は互いにまったくちがう二通りの方法で教義を広めていた。少数の教養のある人々——修道僧、聖職者、学者——にはラテン語の聖書を読ませて、章句を一行一行、書写させた。いっぽう、字の読めない大衆には、教会の壁のフレスコ画やステンドグラス画など、絵を使って聖書の物語を教えた。この大衆向けの伝道戦略は大成功だった。サミュエルソンもそれと同じぐらい賢かった。専門的な数式を避けて、図表をフルに活用し、一般学生向けの経済学の総合的な入門書を書き上げた。エ

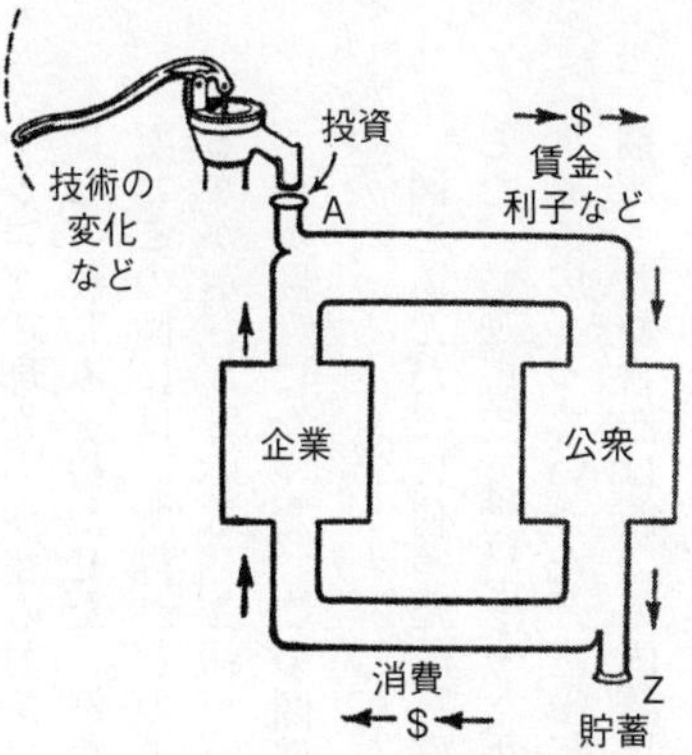

サミュエルソンの「フロー循環図」(1948年)。所得がどのように経済をめぐっているかを、水道管を流れる水に喩えて描いている。

ンジニアの卵たちが主な対象だったので、図も機械工学や流体力学でなじみのあるものにし、親しみを持たせた。例えば、前ページの図は『経済学』の初版に掲載されたものだ。この図には、所得がどのように経済をめぐっているかと新しい投資がどこに位置するかが示されている。これがのちに発展して、サミュエルソンのもっとも有名な「フロー循環図」になった。この図は見てのとおり、水道管を流れる水の喩えを用いたものだった。*32

図をふんだんに使った教科書は大当たりし、工学部の学生以外のあいだでも好評を博した。『経済学』はほどなく全国の大学に採用されて、ベストセラーになり、やがて全世界に広まっていった。三〇年近く、米国でもっとも売れている教科書であり続けた。翻訳された言語は四〇カ国語以上にのぼり、全世界で四〇〇万部以上売れ、六〇年にわたって学生たちに経済学の基礎のすべてを教えてきた。*33 新しい版が出るたび、図も増やされた。初版で七〇個だった図は、一九八〇年の第十一版ではおよそ二五〇個にまで増えた。サミュエルソンは図の効果を深く理解するとともに、楽しんでもいた。大学の新入生たちは「白紙状態の」心で教科書を読んでくれるからだ。「誰が法律を書こうが、先進的な論文を書こうが、わたしはいっこうにかまいません。経済学の教科書を書いているのが自分であるかぎりは」とサミュエルソンは後年、述べている。「最初の一撃を加える特権にまさる特権はありません。*34もっとも感化されやすい白紙状態の初学者たちに、影響を与えることができるのですから」

脱却への長い闘い

ポール・サミュエルソン以外にも、初学者の最初の学習内容を決めることを通じて、いかに大きな影響力を行使できるかを心得えていた人物がいる。サミュエルソンの師匠ジョゼフ・シュンペーターだ。シュンペーターも最初に学んだことをあとで捨て去ることがいかにむずかしいかをよく知っていた。ただ、シュンペーターの場合、自分の考えを広めるために、意図的にこの影響力を利用しようとした。一九五四年の著書『経済分析の歴史』に次のように書かれている。

現実には、わたしたちの研究はすべて、先人の研究から出発する。まったくのゼロから始まる研究はめったにない。しかし、仮にゼロから出発するとすると、その場合、どのような手順を踏むことになるだろうか？　明らかなのは、なんらかの問題に取り組むためには、まず最初に、なんらかの一連の事象を問題として取り上げるに値するものとして、頭に思い浮かべることができなくてはいけないということだ。いい換えるなら、分析を始めるには、その前に、分析の材料を選び出す事象認識が欠かせないということだ。本書では、この分析に先立つ事象認識のことを「ビジョン」と名づける。

ただしシュンペーターは、この分析に先立つビジョンには必ず偏りがあることもわかっていて、次のように説明を加えている。

事象を言葉にすること、あるいは概念化することが最初の作業になる。そこではある程度整った図や絵も使われる。そのような作業には、イデオロギーが入り込む余地が多分にあることはまちがいない。実際、分析に先立つ事象認識のこのいちばん最初の段階からイデオロギーは入り込んでくる。分析の作業はビジョンによって選び出された材料を使って行われるが、ビジョン自体がほとんどイデオロギーの産物なのである。*35

ほかの思想家も別の言葉を使って、同じことを指摘している。シュンペーターの分析に先立つビジョンという概念は、社会学者カール・マンハイムの洞察に触発されたものだ。マンハイムは一九二〇年代末、「どんなものの見かたも、それぞれの社会の状況に固有のものである」ことに気づくと、それを一般化し、わたしたち一人一人に「世界観」があって、誰もがその「世界観」というレンズを通して世界を解釈しているという説を導き出した。一九六〇年代には、トーマス・クーンがパラダイムという概念によって、科学研究の常識をひっくり返した。「科学者は学校教育のなかで身につけた思考の型にしたがって研究を行っている。(中略)たいていは、その思考の型がどういう理由で社会のパラダイムになったのかをよく知らず、または知る必要にも迫られずに」[36]。一九七〇年代には、社会学者アーヴィング・ゴフマンが「フレーム理論」――わたしたちはみんな心のなかにあるフレームで世界を切り取って見ている――という理論を提出し、雑多な経験のなかからどのように意味を見出すかによって、世界の見えかたがちがってくることを示した[37]。

分析に先立つビジョン。世界観。パラダイム。フレーム。これらはどれも似たことをいっている。肝心なのはどういう考えかたを選ぶかではなく、自分たちがそもそもなんらかの考えかたを持っていることに気づくことだ。それによって初めて、自分の考えかたを問い、変えられる。経済学では、経済を記述したり理解したりするために自分たちが使っている思考モデルは、いつでも見直すことが奨励されている。しかしケインズが発見したように、それは容易ではない。一九三〇年代に画期的な理論を打ち出すことは、ケインズによれば、「習慣化した思考や表現の型から抜け出そうとする闘いだった。（中略）むずかしさはいかに新しい考えを生むかよりも、いかに古い考えから脱するかにある。わたしたちもほかのほとんどの人たちと同様に育てられているので、あらゆる面で古い考えかたをしがちだから[38]」

幸い、古い思考モデルを振り払うことは可能だが、新しい思考モデルを探そうとするときにはいくつかの注意点がある。第一には、アルフレッド・コージブスキーが述べたように「地図は領土そのものではない」こと。これはつねに念頭に置くべきだ。どんなモデルもあくまでモデルにすぎない。モデルは必ず、世界を単純化している。モデルを現実と勘ちがいしてはいけない。第二には、正しい分析に先立つビジョンとか、真のパラダイムとか、あるいは完璧なフレームとかは、探しても見つからないこと。統計学者ジョージ・ボックスがいったように、「すべてのモデルはまちがっている。ただ、なかには役に立つものもある」[*39]。経済学を見直すとは、正しい経済学を見つけるという意味ではなく(そもそもそういうものはありえない)、わたしたちの目的にもっともかなったものを選ぶ、または築くという意味だ。それはわたしたちの現状や価値観や目標を反映したものでなくてはならない。わたしたちの現状や価値観や目標はたえず変わり続けるのだとするなら、経済の捉えかたも変わる必要がある。

完璧なフレームはどこにもないかもしれない。それでも、もし古いフレームの欠陥が明らかなら、認知言語学者ジョージ・レイコフがいうように、別のフレームを用意することはぜったいに必要だ。従来の支配的なフレームを批判するだけでは、皮肉な話だが、かえってその支配を強めることにしかならない。代替のフレームを持たないかぎり、古い考えに勝つことはおろか、闘いを挑むこともできない。

レイコフは長年、言葉のフレームが政治や経済の議論において、どれほど強大な力を持つかを指摘し続けている。例えば、米国の保守派がよく使う言葉に「税の軽減」がある。この短いたった二語で、税に「苦痛の種だ」、「救世主によって取り除かれるべき重荷だ」というフレームを与えることができてしまう。進歩派はこれにどう応じればいいか？「税の軽減反対」を唱えるのはもちろん論外だ。「税の軽減」という言葉を繰り返すことでかえって敵のフレームを強めてしまう（そもそも「軽減」への反対に共感してくれる人はいないだろう）。しかしレイコフがいうように、進歩派は税について人々に訴えるとき、往々にして、長々しい説明をしがちだ。それは「税の軽減」に代わる簡潔なフレームを持ち合わせていないからにほかならない。[*40] 進歩派に何より必要なのは、二語のキャッチフレーズ、自分たちの考えを要約し、敵に対抗できる簡潔なフレームだ。現に、租税回避地や大企業の節税策をめぐる世界的なスキャンダルが明るみに出て以来、「公正な税」というフレーム――人々のつながりや、公平さや、責任を思い起こさせる言葉だ――は、世界中で支持を得ている。現代の諸問題に力強いフレームを与えることができれば、大衆の憤りを導いて、変化を求める世界中の声を一つにまとめることが可能になる。[*41]

レイコフの研究が政治経済の議論における言語的なフレームの力を明らかにしたように、本書では、視覚的なフレームの力を明らかにしたい。そして最終的にはフレームの力で二十一世紀の経済思考を変えたい。わたしが視覚的なフレームの影響力を実感したのは、二〇一一年、初めて描いたドーナツの図が国際的に大きな反響を呼んだときだった。持続可能な開発の分野でドーナツの図はすぐ、活動家にも、政府にも、企業にも、学者たちにも議論の言葉を変えるために用いられ、広く知られる象徴的な図になった。二〇一五年には、国連の持続可能な開発目標――人類の進歩を示す基準になる、世界的に合意された一七の目標──の交渉担当者から、最終草案を練る深夜の会合で、ドーナツの図がテーブルの上に置かれていたと聞かされた。大局の目標を忘れないようにするためだったという。多くの人がドーナツの図のおかげで、持続可能な開発に関してつねづね考えていたことを視覚化できた、といってくれた。自分の考えをこのように図の形で見るのは初めてだという声を何度も聞いた。いちばん驚いたのは、この図をきっかけに新しい考えが引き出されたことだ。古い議論がふたたび活発化することもあれば、新しい議論が始まることもあった。さらには未来に向かって頑張ろうという気にさせられる経済のビジョンも提示された。

視覚的なフレームが言語的なフレームに劣らず重要であることに、わたしはしだいに気づき始めた。そこであらためて学生時代に支配的だった図を思い返してみると、それまで意識していなかったが、自分が教わった経済の考えかたが図に凝縮されていたこと、また図の影響を強く受けていたことがわかった。わたしたちは主流派経済学の根幹をなす数個の図を通じて、経済を見させられている。しかもその図はことごとく時代遅れであるか、見かたが偏っている。あるいは完全にまちがっている。わたしたちの視界からは隠されているかもしれないが、教室でも、政府機関でも、企業の会議室でも、メディアでも、一般の人々のあいだでも、経済についての考えかたはそれらの図の強い影響のもとにある。新しい経済の物語を書くためには、前世紀の教科書に載っていた図を捨てて、新しい図を描かなくてはならない。

では、経済学の勉強などしたことがなく、そもそもそれらの強力な図を目にしたことがない人たちはどうか？　残念ながら、図の力を甘く見てはならない。誰一人として、その影響を免れてはいない。経済学者や政治家やジャーナリストが経済について語るときの言葉がそれらの図の強い影響下にあるので、わたしたちはみんな、自分の目で図を見たことがなくても、意識せずに、それらの図にもとづく言葉を使ってしまっている。とはいえ、これから経済学を学ぼうという人は、ポール・サミュエルソンの「最初の一撃」を「白紙状態の心」に受けてはいないことを幸運に思うべきだろう。経済学の単位を修得していないことは、強みになるはずだ。そのぶんだけ捨てなくてはいけない持ち物や、消さなくてはいけない落書きが少ないのだから。正規の教育を受けていないことが、知性にはかえってプラスになることがあるものだ。

二十一世紀の経済学者の七つの思考法

経済学のベテランと初学者を問わず、今、しなくてはいけないのは、わたしたち全員の心にどういう落書きがあるのかを明らかにして、もしその落書きが好ましくないものなら、消し去ることだ。あるいはもっといいのは、わたしたちの時代にほんとうに役に立つ新しい絵を描いて、その落書きを塗りつぶすことだ。本書では二十一世紀の経済学者にふさわしい七つの思考法を提案したい。これまでどういう誤った図が支配的な影響力を持っていたのか、またどういう害悪をもたらしたのかについても考察する。ただし単に批判するだけでは前へ進めない。本書では、人類の進むべき方向を示す新しい図を築くことに重点を置くつもりだ。それらの図の目的は、古い経済の考えかたから新しい経済の考えかたへの大転換を促すことにある。七つの図によって二十一世紀の経済学者に新しい全体像を提示することができるだろう。では初めにひととおり、ドーナツ経済学の核をなす考えと図を簡単に紹介しておこう。

第一は、「目標を変える」。経済学は七〇年以上にわたって、国内総生産（GDP）を前進の指標とすることに固執してきた。所得や富の極端な不平等も、生活環境の前例のない破壊もその固執のなかで黙認された。二十一世紀はGDPよりはるかに大きな目標を必要としている。それはこの惑星の限りある資源の範囲内で、すべての人が人間的な生活を営めるようにするという目標だ。ドーナツにはこの目標が組み込まれている。そこで課題になるのは、ドーナツの図の安全で公正な範囲にすべての人が収まる経済――ローカルでも、グローバルでも――をいかに築くかだ。わたしたちは果てしないGDPの成長をめざすのでなく、バランスの取れた繁栄の道を探るべきときに来ている。

第二は、「全体を見る」。主流派の経済学は、きわめて限定的な図であるフロー循環図のみで、経済の全体を説明しようとする。しかもその視野の狭さを逆に利用して、市場の効率とか、国家の無能さとか、家計と家内性とか、コモンズ（共有地）の悲劇とかについて、新自由主義的な主張を展開している。二十一世紀にはそのような偏った見かたを脱して、新しい経済の全体像を描く必要がある。そこでは経済は社会や自然のなかにあるものとして、また太陽からエネルギーを得ているものとして描かれなくてはいけない。新しい全体像からは新しい言葉が生まれる。市場の力も、家計の大事な役割も、コモンズの創造性も、新しい視点から語られるだろう。

第三は、「人間性を育む」。二十世紀の経済学の中心には、合理的な経済人の肖像が掲げられている。この合理的な経済人によれば、人間は利己的で、孤独で、計算高くて、好みが一定で、自然の征服者として振る舞うという。これまでわたしたちはこの肖像の影響下で、自己を形成してきた。しかし人間は本来、それよりもはるかに豊かだ。新しい自画像の素描で示したとおり、人間は社会的で、互いに頼り合っていて、おおざっぱで、価値観が変わりやすく、生命の世界に依存している。それだけではない。ドーナツの安全で公正な範囲にすべての人を入れるという目標の実現性を大幅に高められるようなしかたで、人間性を育むことも可能だ。

第四は、「システムに精通する」。経済学部の学生が最初に出会う図は、市場の供給曲線と需要曲線が交差したあの有名な図だ。しかしその図は十九世紀の誤った力学的平衡の喩えにもとづいている。経済のダイナミズムを理解する取っかかりとしては、そのよ

21 世紀の経済学

ドーナツ

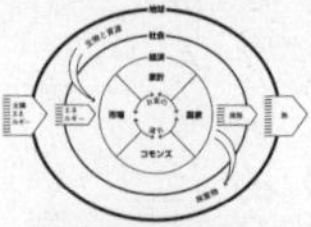

組み込み型経済

社会的適応人

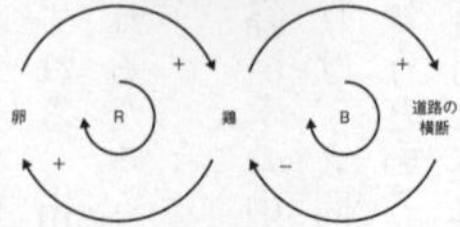

ダイナミックな複雑性

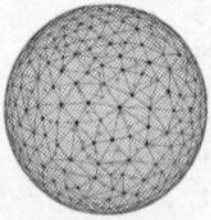

設計による分配

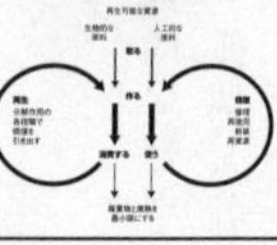

設計による環境再生

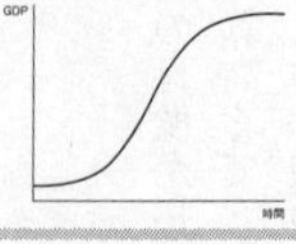

成長にこだわらない

<table>
<tr><th>7つの思考法</th><th colspan="2">20 世紀の経済学</th></tr>
<tr><td>1. 目標を変える</td><td>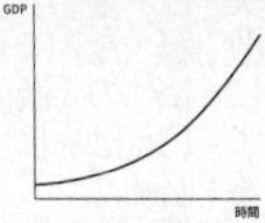
</td><td>GDP</td></tr>
<tr><td>2. 全体を見る</td><td>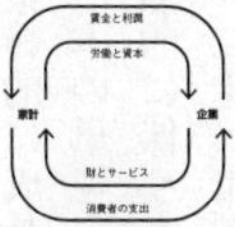
</td><td>自己完結した市場</td></tr>
<tr><td>3. 人間性を育む</td><td>
</td><td>合理的経済人</td></tr>
<tr><td>4. システムに精通する</td><td>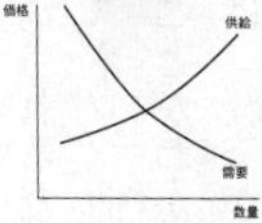
</td><td>機械的均衡</td></tr>
<tr><td>5. 分配を設計する</td><td>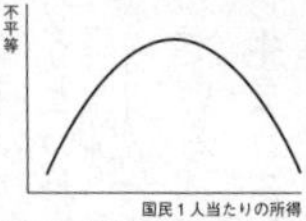
</td><td>また成長率は
上向く</td></tr>
<tr><td>6. 環境再生を創造する</td><td>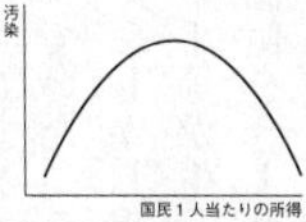
</td><td>成長でまた
きれいになる</td></tr>
<tr><td>7. 成長にこだわらない</td><td>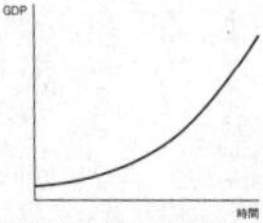
</td><td>成長依存</td></tr>
</table>

うな図よりも、シンプルな一組のフィードバックループで表せるシステム思考の図のほうがはるかに役に立つ。経済学の中心にそのような動的なシステムを据えることで、金融市場の急変動から、経済格差の拡大をもたらす構造や、気候変動の臨界点まで、さまざまな問題について新しい洞察が生まれるだろう。わたしたちは経済を思いのままに操作できるレバーなどというありえないものを探すのを止めて、経済をたえず変わり続ける複雑なシステムとして管理し始めるべきだ。

第五は、「分配を設計する」。二十世紀には、不平等は初めのうちは拡大するが、やがて縮小に転じ、最終的に成長によって解消されるだろうといわれていた。この説を強力に支えたのは、一本の単純な曲線――クズネッツ曲線――だった。しかし現在では、不平等は経済に必然的に伴うものではないことがわかっている。不平等が生じるのは、設計の失敗による。二十一世紀の経済学者は、経済から生まれる価値を今よりはるかに広く分配できる方法がたくさんあることに気づくだろう。代表的な方法の一つはフローのネットワークだ。フローのネットワークでは、単なる所得の再分配ではなく、富の再分配――特に土地や企業、技術、知識を支配する力から生じる富の再分配――とお金を生み出す力の再分配の方法が模索される。

第六は、「環境再生を創造する」。「きれい」な環境はこれまで長らく経済理論のなかで贅沢品扱いされてきた。裕福な社会にだけ許されるものだ、と。このような見かたを支えたのもやはりクズネッツ曲線だった。環境汚染は初めのうちこそ悪化するが、やがて収まり、最終的には成長によって一掃されるという理論だ。しかし現実にはそんな法則はない。環境の破壊はあくまで破壊的な産業設計の結果だ。二十一世紀には、循環型――直線型ではなく――の経済を創造し、地球の生命循環のプロセスに人類を完全に復帰させられるよう、環境再生的な設計を生み出せる経済思考が求められる。

第七は、「成長にこだわらない」。経済理論のなかにこれまで一度も実際に描かれたことのないきわめて危険な図が一つある。それは長期的なＧＤＰの成長を示す図だ。主流派の経済学では終わりのない経済成長が不可欠のことと見なされている。しかし自然界に永遠に成長し続けるものはない。だからその自然の摂理に逆らおうとする試みは、高所得・低成長の国々で根本的な見直しを迫られている。ＧＤＰの成長を経済目標から形だけ外すことは、むずかしくないかもしれない。しかし成長依存を克服するのは、易しくはないだろう。現在の経済は、繁栄してもしなくても、成長を必要としている。わたしたちに必要なのは、成長してもしなくても、繁栄をもたらす経済だ。そのような発想の転換ができれば、成長への盲信が消える。さらには、金銭面でも、政治面でも、社会面でも成長依存を呈している今の経済を、どうやって成長してもしなくても動じないものに変えられるかを探れるようになる。

二十一世紀の経済学者にふさわしいこれらの七つの思考法は、具体的な政策や制度を提案するものではない。今後実行すべき対策は何かという問いに対して、直接的な答えや完璧な答えを約束するものでもない。それでも二十一世紀に求められている経済学について、根本から考え直そうとするときの土台になることは確かだ。七つの思考法の原則やパターンは新しい経済学者たち——とわたしたちみんなの内面の経済学者——に、すべての人が豊かになれる経済を創造するための道具を与えるだろう。わたしたちがこれから数年後までに経験するであろう変化の速さや大きさ、不確かさを考えるなら、将来のすべての政策や制度を今決めてしまうのは無謀だ。次世代の人々のほうがわたしたちよりもずっと、試行錯誤から最善の方法を見出すのには適任だろう。状況は刻々と変わるのだから。わたしたちが今できること——するべきこと——は、新しいアイデアのなかから最良のものを選んで、組み合わせ、新しい経済の思考法を確立することだ。ただしその思考法は固定したものではなく、つねに進化し続けるものになるはずだ。

これらの七つの思考法を実際に生かすとともに、そこにさらに多くの考えをつけ加えることが、今後数十年の経済学の課題になるだろう。経済学の改革をめざすこの冒険はまだ初めの一歩を踏み出したばかりだ。これからみなさんといっしょに未踏の世界へと分け入っていきたい。

第1章　目標を変える

——GDPからドーナツへ

毎年一回、世界の有力国の首脳が集まって、世界経済について話し合う会合が開かれる。二〇一四年には、オーストラリアのブリスベーンで開催された。各国の首脳たちは世界貿易や、社会基盤や、雇用や、金融改革について議論を交わしたあと、カメラの前でコアラをなでて、最後に、最重要目標のもとに一致団結して見せた。世界中のメディアでは「G20の首脳たちが二・一％の経済成長を誓い合った」ことが大々的に報じられた。当初予定されていた二・〇％を上回る野心的な目標であることも、合わせて説明された。*1

これにはどういう経緯があったのか？ G20の声明発表のわずか数日前、気候変動に関する政府間パネル（IPCC）が、温室効果ガスの排出量の増大に対して、「取り返しのつかない深刻な悪影響を広範囲に及ぼす」という警告を発したばかりだった。しかし当時のオーストラリア首相で、サミットのホストを務めたトニー・アボットは、気候変動やその他の問題で「かき乱され」、最優先項目である経済成長つまりGDP（国内総生産）の成長が議題の中心でなくなることを断固として許すまいと考えていた。*2 一年間に一国内で生産された財とサービスの市場価値で算出されるGDPは、経済の健全性を判断する主要指標として、長らく定着している。しかし社会や環境が危機に瀕する今日において、はたしてこの狭い尺度一つに、国際的に注目されるに値する価値があるのだろうか？

英語の慣用句で「巣のなかのカッコウ」といえば、じゃま者を意味する。GDPは、経済という巣のなかのカッコウにほかならない。カッコウはずる賢い鳥だ。自分で自分の子どもを育てず、ほかの鳥の巣にこっそり卵を産む。そうとは知らないその巣の親鳥は、自分の卵といっしょに侵入者の卵を温める。しかしカッコウのひなは先に孵化すると、ほかの卵やひなを巣から蹴落としたうえで、盛んに鳴き声を発して、お腹を空かせたひなが巣にたくさんいるように装う。見事な乗っ取り戦略だ。巣の親鳥は大柄のひな鳥にせっせと餌をやる。やがてひな鳥は親鳥に不釣り合いなほど大きく育ち、小さな巣から体がはみ出してしまう。これはほかの鳥たちへの警告だ。見張りを怠ると、巣を乗っ取られるぞという。

これは経済学への警告にもなっている。目標を見失うと、そこに別のものが入り込んでしまうぞという警告だ。そしてそれこそ今起こっていることにほかならない。二十世紀の経済学は、目標を示す意欲を失っていた。そのあいだに経済の巣はGDPの成長というカッコウの目標に乗っ取られてしまった。そのカッコウに巣立ってもらって、ふたたび経済学がみずから経済のあるべき姿を考えるべきときだ。カッコウを追い出して、地球の資源の範囲内ですべての人の幸せを実現できるよう、いい換えるなら、人類にとって最適な範囲であるドーナツのなかにみんなが入れるよう、二十一世紀の経済学の目標を明確にしなくてはいけない。

経済学はなぜ目標を見失ったのか

エコノミクス（経済学）という言葉を造った古代ギリシャの哲学者クセノフォンは、家の管理を一つの技術として説いた。クセノフォンの考えを継承したアリストテレスもエコノミクスとは区別されるべきものとして、富を得るための技術であるクレマティスティクスを論じた。この区別は今ではすっかり失われているが、エコノミクスにしても、クレマティスティクスにしても、クセノフォンやアリストテレスの時代には、どちらも一つの技術と見なされるものだった。しかしそれから二〇〇〇年後、アイザック・ニュートンが運動法則を発見したころになると、科学という呼称がはるかにありがたがられるようになった。おそらくそのせいだろう、ニュートンが没してから四〇年後の一七六七年、スコットランドの法律家ジェイムズ・スチュアートは「政治経済学」という概念を発表するにあたって、それを技術ではなく、「自由主義国の国内政策を扱う科学」だと定義した。ただし科学と呼んでも、政治経済学の目的については次のように述べている。

この科学は以下のことを重要な目的とする。すべての人々が一定以上の豊かさを享受できるようにするとともに、豊かさを脅かすものをすべて取り除くこと。社会の不足を補うために必要なものをすべて提供すること。人々（自由民）が職業を通じて、互いに報恩的、相互依存的な関係を築き、互いの不足を補い合えるようにすること。*3

互いに助け合う社会を築き、すべての人に安定した生活と仕事を保証するというのは、初めて掲げる目標としては悪くないだろう（暗黙のうちに女性と奴隷は除外されているが）。この一〇年後、アダム・スミスもスチュアートにならって、政治経済学を目標志向の科学と見なし、独自に次のような目標を描いた。「政治経済学でめざすべきことは、二つある。一つは、十分な収入ないしは富を人々に提供すること。もっと厳密にいうならば、人々が十分な収入や富をみずから得られるようにすること。もう一つは、国家に十分な収入をもたらして、公益事業を可能ならしめること」。*4 この言葉は、自由放任主義だったというスミスの誤った評判を打ち消すだけでなく、経済思想の目標をはっきりと示すことで、政治経済学の美点にしっかりと目を向けている。しかし経済学のこういう取り組みかたは長く続かなかった。

スミスから七〇年後、ジョン・スチュアート・ミルによる政治経済学の定義になると、重点が変わってくる。ミルは政治経済学を「富を生み出すさまざまな活動から生じる社会現象のなかに、法則を見出す科学」と位置づけ直した。*5 ここから新しい流れが始まり、以後、経済学者たちの関心は経済の目標を示すことよりも、法則を発見することに移っていった。ただしミルの定義そのものは、広く用いられたが、支配的にまではならなかった。実際、一〇〇年近くのあいだ、経済学という新興科学の定義はかなりあいまいだった。初期シカゴ学派の経済学者ジェイコブ・ヴァイナーは一九三〇年代、「経済学とは、経済学者が行うことである」と皮肉っている。*6

誰もが定義のあいまいさに満足していたわけではない。一九三二年、ロンドン・スクール・オブ・エコノミクスのライオネル・ロビンズは定義の問題を解消しようとして、「みんなが同じことについて語っているのに、自分たちが何について語っているのかとなると、いまだに合意がない」といい、決定的な答えを用意したと主張した。「経済学とは、代替用途のある稀少な諸手段と諸目的のあいだに生じる関係として、人間の行動を研究する科学である」というのがロビンズが導き出した定義だった。*7 歪んだ定義だが、これでひとまず定義の論争には決着がついた格好になった。今も主流派経済学の教科書には、これにとてもよく似た定義が最初に書かれていることが多い。しかしそのように経済学を行動科学と見なしているわりには、行動の目的についても、稀少な手段の性質についても、ほとんど研究がなされていない。現在の経済学の教科書の定番、グレゴリー・マンキューの『経済学入門』では、さらに簡潔に、「稀少な資源が社会のなかでどのように管理されているかを研究する」*8 学問であると定義されている。そこではもはや目的や目標はいっさい問われていない。

皮肉なのは、二十世紀の経済学が行動科学をもってみずから任じ、行動理論——「合理的経済人」に要約される理論——を取り入れながら、何十年ものあいだ、人間について深く掘り下げることがなかったことだ（この問題については、第3章であらためて取り上げたい）。しかもそれと同時に、経済の目標に関する議論がすっかり消えてしまった。ミルトン・フリードマンに率いられたシカゴ学派の有力な経済学者たちは、それこそが重要な進歩なのだと論じた。経済学がついに価値判断から解放されて、もはや何をすべきかという規範的な主張をいっさいせず、客観的にものごとを論じる実証科学になれたのだ、と。しかしこれによって目標や価値判断の空白状態が生じ、経済の中心にある巣は無防備になった。そのような巣があれば、カッコウの標的にならないわけがない。

巣のなかのカッコウ

一九八〇年代末、わたしが大学に入学したときには、この実証的な手法が経済学の標準になっていた。わたしは需給理論の講義についていくので精一杯だったり、いくつもある貨幣の定義をすべて理解しようと夢中だったりして、どういう価値判断が経済の巣にこっそり入り込んでいるのかにはまったく無頓着だった。

価値判断から解放されたといくら口でいっても、ふつうの経済理論であれば、根底になんらかの価値判断があることは避けられない。その価値判断はたいてい効用という概念にくるまれている。効用とは、ある財を消費することで得られる満足度と定義される。[*9] では、効用を計測するにはどうすればいいか？　ひとまず、数十億の人は市場で欲しいものや必要なものを好きなだけ買えるほどお金を持っていないことと、わたしたちが大事にしているものにはお金で買えないものがたくさんあることは、考慮しない。経済理論ではすぐ——あまりにもすぐ——財やサービスの代価として人々が支払おうとする値段が、効用の尺度になると決めつけてしまう。さらにこれに、消費者はつねにより多いほうを好むという一見正しそうな仮定が加わると、そこからはたやすく、持続的な収入の増加（と支出の増加）こそ、幸福の指標として妥当だという結論が導き出される。そしてこの結論とともに、カッコウの卵が孵化することになる。

経済学を専攻するわたしたち学生はカッコウにだまされた親鳥のように、けなげにGDPの成長という目標を胸に抱いて、経済成長の要因を述べた最新の諸説を比較検討させられた。経済成長をもたらすのは、新しいテクノロジーの導入か、それとも機械や工場の数の増加か、それとも人的資本の増加か？　それらの問いはどれも問うに値するものだが、わたしたちは一度も立ち止まって、GDPの成長はつねに必要なのか、つねに望ましいのか、そもそもつねに可能なのかと真剣に問うことはなかった。初めて目標そのものに目が向いたのは、当時はまだあまり注目されていなかった分野——途上国の経済学——について学び始めたときだ。そこで最初に課されたレポートのテーマが、「発展の成否は何によって評価するべきか」だった。わたしは興味を掻き立てられるとともに、愕然とした。二年間も経済学の教育を受けていながら、目的を考えるのはこれが初めてだったからだ。しかもそれまで目的を考えていないことを自覚すらしていなかった。

それから二五年後、経済学の授業が改善され、経済学とは何のための学問であるかを問うことから始めるようになったかどうかが気になった。そこで二〇一五年の初め、オックスフォード大学のマクロ経済学──一国の経済の全体を扱う経済学──の初回の講義のようすをのぞいてみた。受講しているのは経済を専攻する一年生たちだ。その多くは将来、国の政策立案者や企業のリーダーとして、二〇五〇年の世界を担おうという意気に燃えているはずだった。ベテランの教授は最初にスクリーンに、「マクロ経済学の重要テーマ」を映し出した。以下が最初の四項目だ。

一、経済生産の成長や変動は何によって起こるか？
二、失業の原因は何か？
三、インフレの原因は何か？
四、金利はどのように決まるか？

このリストはもっと続いたが、これより次元の高い問い、つまり学生たちに経済の目的を考えさせる問いはついに出てこなかった。ＧＤＰの成長というカッコウはなぜこれほどまで経済学の巣を乗っ取ることに成功したのか？　その答えを探るには、一九三〇年代半ば、米国の議会がサイモン・クズネッツに初めて国民所得の算出を依頼したとき──ちょうど経済学者たちが経済学の定義から目標を外し始めた時期だ──までさかのぼる必要がある。クズネッツが割り出した数字は、「国民総生産（ＧＮＰ）」の名で知られるようになり、一国の国民が国内外で生み出した所得にもとづいていた。これにより米国の年間生産量、つまり年間所得をドルで表すことが初めて可能になった。この尺度はたいへん便利だったことから、大好評を博した。大恐慌時代には、ローズヴェルト大統領が国内の経済状態を監視し、ニューディール政策の影響や効果を判断するのにＧＮＰを使った。その数年後、米国が第二次世界大戦への参戦を準備していたときには、競争的な産業経済を計画的な軍事経済に転換すると同時に、生産量を高めるために必要な国内消費の維持を図るうえで、ＧＮＰのデータがきわめて有効であることが証明された。[*10]

ほかにも次々と、ＧＮＰの成長をめざすべき理由が示され、ほかの国々でも似たような指標が導入された。その結果、一九五〇年代の終わりには、生産量の成長が工業国のもっとも重要な政策目標になった。米国はソ連の発展を見定めながら、軍事力による安全保障のために経済成長を追求した。米ソは熾烈なイデオロギーの争いを繰り広げるなかで、どちらの経済イデオロギー——自由市場経済か、計画経済か——が最終的により多くのものを生産できるかを競い合った。成長によって失業も減らせると唱えたのは、ジョンソン政権で大統領経済諮問委員会の委員長を務めたアーサー・オーカンだ。オーカンは、年間生産量が二％増えると、失業率が一％低下することを示してみせた。この相関関係はいかにも正しそうだったので、やがて「オーカンの法則」の名で広まった。

こうして経済成長は社会の問題にも、経済の問題にも、政治の問題にも効く万能薬として語られるようになった。赤字公債や貿易不均衡の治療薬にもなれば、国家の安全保障の要にも、階層間の対立を和らげる手段にもなり、さらには富の再分配という厄介な政治の問題と向き合わないですむ貧困対策にもなるとされた。

一九六〇年、ジョン・F・ケネディ上院議員が大統領選に立候補し、五％という成長率を公約に掲げた。当選後、ケネディは首席経済顧問に真っ先に、「あの公約の五％は実行できると思うか」と尋ねたという。*11 翌一九六一年、米国はほかの先進工業国とともに経済協力開発機構（OECD）を設立した。「できるかぎり高い経済成長の維持」──環境ではなく、生産量の増加の維持──に最優先に取り組む機関だ。まもなくこの目標を後押しするように、どの国の成長率がいちばん高いかがわかる、世界のGNPランキングも登場した。*12 二十世紀の最後の数十年で、GNPはあまり注目されなくなり、代わりに今のわたしたちになじみのあるGDPが代表的な指標になった。GDPは国内外ではなく国内で一年間に生み出された所得だ。それでも生産量の成長が重視されることに変わりはなかった。むしろその傾向がいっそう強まった。政府も、企業も、金融市場も、ますますGDPの持続的な成長を期待し、要求し、それに頼るようになった。この成長依存が現在まで続いている（この問題については第7章で詳しく取り上げたい）。

経済学の巣がGDPというカッコウにまんまと乗っ取られたのは当然の成り行きだろう。原因はどこにあるのか？　果てしなく増え続ける産出高という発想が、「前進と上昇」という広く使われている進歩の比喩とぴったり合っていたからだ。子どもが歩けるようになるまでの過程を見たことはおありだろうか。おありなら、それが感動をもたらすものであることをご存じだろう。最初はぎこちないハイハイから始まる。ふつう後ろ向きから始まり、やがて前にもじょうずに進めるようになる。だんだん立ち上がることも覚え、ついには輝かしい第一歩を踏み出す。この歩けるようになるまでの過程——前進と上昇——は個々の子どもの成長を示すものだが、人類の種としての進歩の物語も思い起こさせる。四本足だった人類の祖先がとうとう二本足で直立できるホモ・エレクトゥスに進化し、さらにはもっぱら二足歩行する姿で描かれるホモ・サピエンスへと進化した物語だ。

ジョージ・レイコフとマーク・ジョンソンが一九八〇年の古典的名著『レトリックと人生』で鮮やかに解き明かしたとおり、西洋では「上」や「前」という語が「よいこと」をイメージさせるように、方向の比喩が文化のなかに深く根づいていて、人々の考えることやいうことに強い影響を及ぼしている。*13 例えば、「彼女はなぜあんなに沈んでるの。ひどい痛手を受けて、どん底の状況のようよ」とか、「状況が上向いてきたみたい。彼女もまた前へ進み始めた」とか、わたしたちは当たり前のように口にする。だから経済的な成功とは、国民所得の持続的な増加のことだといわれれば、疑うことなくそのとおりだと思ってしまうのも、ふしぎではない。ポール・サミュエルソンの教科書にある次のような一節も、わたしたちの馴染んだ方向の比喩によく合う。「財が増えることが、それ自体として、もっとも重要なわけではない。しかし社会は前進することで、より豊かになる」*14

この成功のビジョンを図に描いたら、どのようなものになるだろうか？　どういうわけか、経済学者たちは自分たちが掲げる経済成長という目標をめったに図に描こうとしない（その理由については、第7章で掘り下げてみたい）。それでももし図にするとしたら、それはどこまでも増え続けるGDPの線として描かれるだろう。右肩上がりの指数関数的な成長曲線だ。この曲線は、わたしたちが慣れ親しんでいる人類や個人の進歩を示すメタファーとぴったり合致する。

しかしクズネッツ自身は、このような図で経済の進歩を描きはしなかっただろう。自分の考案した指標の限界を初めからよく知っていたからだ。国民所得で示せるのは経済のなかで生み出される財とサービスの市場価値に限られること、したがって家計で家庭のために生み出される財とサービスの価値や、日常生活のなかで社会によって生み出される価値は、莫大であるにもかかわらずそこから抜け落ちてしまうことをクズネッツは指摘した。加えて、所得と消費が実際にどのように家計のあいだに行き渡っているかは、示せないことにも気づいていた。国民所得はあくまでフローの数字（つまり各年の一年間に生み出された所得だけを計算したもの）なので、所得を生み出すもとになる富を表すストックの数字と、再分配によって補完されなくてはならないと、クズネッツは考えていた。現に、一九六〇年代初頭のGNPの全盛期には、GNPに対する批判の先頭に立って、最初から警告を発し続けた。「国民が幸福かどうかは、国民所得という尺度からはほとんど推測できない」と。*15

指標の考案者自身がこのように警告を発していながら、経済学者も政治家もその言葉に耳を貸さなかった。対前年比で経済の進歩を示す指標にそれほど抗いがたい魅力が備わってしまっていた。その結果、五〇年余りのあいだに、GDPの成長は政策の選択肢の一つから必須事項になり、やがて事実上、政策の目標と化した。さらなる成長がつねに望ましいのか、必要なのか、そもそも可能なのかを問うことは、的外れなこと、あるいは政治的な自殺行為と見なされるようになった。

そんななか政治的な自殺行為になることもいとわず、声を上げたのが、システム思考の第一人者で、一九七二年の名著『成長の限界』の著者ドネラ・メドウズだった。メドウズは遠慮なくいった。「成長を目的にするというのは、とんでもなく愚かなことだ。そんな目的を思いついた文化がこれまでにあっただろうか」。これは一九九〇年代後半の指摘だ。「わたしたちはどこかで満足することを覚えなくてはいけない」。たえず成長が求められる風潮を批判し、つねに次のことを問うべきだと唱えた。「何の成長か、何のため、誰のための成長か、誰がコストを払うのか、どれぐらい続きうる成長なのか、地球にはどの程度の負担をかけるのか、どこで満足すればいいのか」。*16 主流派の経済学にはもう何十年も前からそういう視点はなかった。しかし、メドウズの指摘には、GNPの考案者として称えられるクズネッツの指摘と重なる部分がある。一九六〇年代にクズネッツはこう助言している。「いつも次の区別を忘れてはならない。成長の量と質、成長のコストとリターン、短期の成長と長期の成長。（中略）目標は明確にするべきだ。『さらなる』成長をめざすのであれば、その『さらなる』の中身と目的をはっきりさせなくてはいけない」[17]

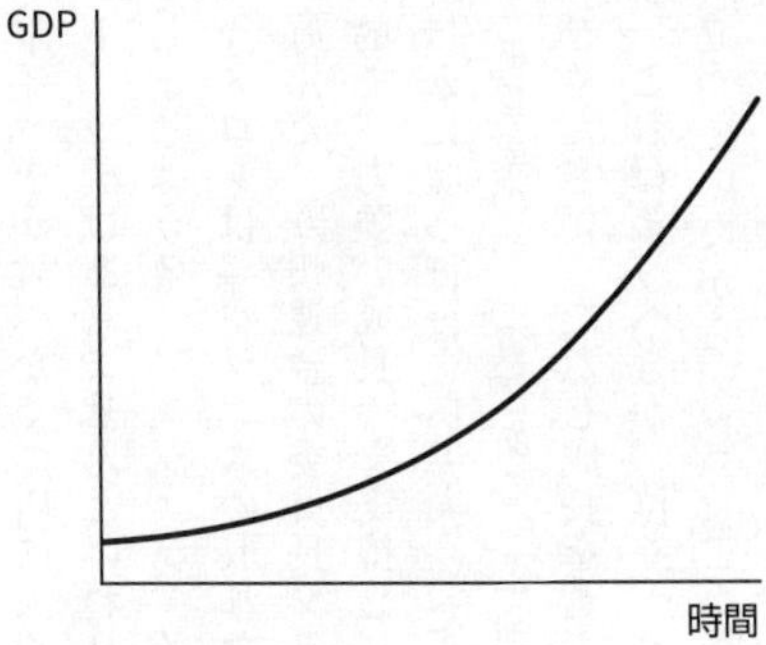

GDPの成長─右肩上がり

カッコウを追い出す

二〇〇八年の金融崩壊で痛烈な一撃を浴び、二〇一一年のウォール街占拠運動で危機感を募らせ、さらに気候変動対策に猶予がなくなるなか、さすがに政治家たちも社会や経済の進歩のもっと魅力的なビジョンを打ち出そうとして、新しい言葉を探し始めた。しかしどうしても同じ答えに戻ってしまうようだ。どんなに立派な形容詞が使われても、修飾される名詞が「成長」であることは変わらない。金融危機後（いまだに貧困や気候変動、格差は危機のさなかにあるが）、政治指導者たちが掲げるビジョンの数々にわたしは、シンプルなサンドイッチが食べたくて店に入ったら、ありとあらゆる具が並んでいるのに、肝心のサンドイッチはありませんといわれたような気分にさせられた。きょうは、どの成長にいたしましょう？　アンジェラ・メルケルは「持続的な成長」といった。デイヴィッド・キャメロンは「バランスの取れた成長」を提案し、バラク・オバマは「長期的な成長」を好んだ。欧州連合の委員長ジョゼ・マヌエル・バローゾは「賢明で、持続可能で、包括的で、力強い成長」を支持し、世界銀行は「包括的なグリーン成長」を約束した。そのほかに味つけは、いかがいたしましょう？　「公正な」、「よい」、「よりグリーンな」、「低炭素の」、「責任ある」、「強力な」などがございます。どれでもお好きなものをお選びください。ただし成長を選ぶことが前提ですが。

これは笑うべきか、泣くべきか？　まずは泣くべきだ。こんな大きな歴史の転換点に立っていながら、ビジョンを欠いているのだから。それから笑おう。政治家たちはGDPの成長を支えなければならないと思い、さまざまな修飾語でその正当性を訴えているが、GDPというカッコウが巣から追い出されるのは時間の問題だからだ。わたしたちはまちがいなく、成長とはちがうものを必要としている。ところが今の政治家たちはそれを示す言葉を見つけることができず、経済学者たちはそういう言葉を提供することをはるか昔に止めてしまっている。だから泣くべきときであり、笑うべきときでもあるが、それよりも今は、大事なことは何かについて、もう一度語るべきときだ。

先述したように、政治経済学の始祖たちは、たいせつなことは何かということを堂々と語り、経済の目的についても自分の考えをはっきり述べていた。ところが十九世紀末、政治経済学が政治哲学と経済科学に分かれた結果、公共政策の中心にマイケル・サンデルのいう「モラルの空白」ができてしまった。経済学者や政治家たちは効率や生産性、成長について滔々と弁じ立てる――まるでそれらの価値は自明であるかのように――いっぽうで、正義や公平性や権利の話になるとたんに歯切れが悪くなった。価値や目標について語る技術を、わたしたちは取り戻さなくてはいけない。自分の気持ちの伝えかたを習い始めたティーンエージャーのようなたどたどしさで、経済学者や政治家は今、わたしたち同様、成長より大きな目的を表すための言葉（と図）を探している。価値や目標についてふたたび語り、それらを二十一世紀にふさわしい経済思考の中心に据えるためには、どうすればいいのか？

出発点としては、人間性を中心に据えた経済思想に立ち返ろうとした経済思想家たちの系譜を振り返ってみるのがいいだろう。それは埋もれた経済思想家の系譜でもある。一八一九年、スイスの経済学者ジャン・シスモンディは富の蓄積ではなく人類の幸福を目標にした新しい政治経済学の手法を確立しようとした。イングランドの社会思想家ジョン・ラスキンはシスモンディに追随し、一八六〇年代、当時の経済思想を批判して、次のように述べた。「あるのは富ではなく、人生だ。（中略）有徳の幸せな人々がもっとも多く暮らすかの国は、世界でもっとも豊かな国だ」[*18]。モーハンダース・ガンディーは一九〇〇年代初頭にラスキンの本と出会って、感銘を受け、人間の道徳性を育める経済を築くという旗印のもと、インドで農業共同体を設立した。二十世紀末には、「小さいことは美しい（スモール・イズ・ビューティフル）」の提唱者として有名なE・F・シューマッハーが、倫理と人間的な規模を経済思想の中心に据えようとした。またチリの経済学者マンフレッド・マックスニーフは、開発にあたっては人間の基本的なニーズ――栄養、参加、創造性、帰属意識など――を満たすことに重点を置くとともに、各社会の状況や文化に適した方法を探るべきだと説いた。[*19] 大局に立ったこれらの思想家たちは、二〇〇〇年も前から、経済の目的について代替のビジョンを描いてくれているのに、それらの卓見は経済学を学ぶ学生の目や耳に触れることはなかった。情にほだされた「人道経済学派」のいいぶんにすぎないとして退けられてきたからだ。

近年、その人道的な経済学がようやく広く知られ、期待されるようになってきた。ノーベル経済学賞を受賞した経済学者で哲学者のアマルティア・センの研究成果をきっかけに、主流になりつつあるといってもいいだろう。開発の重点は「人間の生活そのものを豊かにすることに置くべきであり、人間の生活の場である経済を豊かにすることに置くべきではない」とセンは唱える。[*20] GDPのような指標を優先するのでなく、みんなが自分で自分のなりたいものやしたいことを選べるよう、一人一人の潜在的な能力――健康や権限や創造性など――を引き出し、育むことを目標にするべきだという。[*21] それらの潜在的な能力を引き出せるかどうかは、栄養から医療、教育、安全、参政権まで、生活の基本となる部分が、それぞれの社会状況に応じた形で保障されるかどうかにかかっている。

二〇〇八年、当時フランスの大統領だったニコラ・サルコジが、センとジョゼフ・スティグリッツという二人のノーベル経済学賞受賞者に率いられた二五人の国際的な経済学者に、政策決定の拠り所になっている経済と社会の進歩に関する指標の評価を依頼した。二五人の経済学者たちは指標の利用状況を調べて、率直な結論を下した。「それらの指標にもとづいて経済や社会の進路を決めようとするのは、パイロットが信頼できるコンパスのない状態で、操縦桿を握っているようなものです」[*22]。誰しもどこに向かうかわからない飛行機の乗客になりたいとは思わないだろう。政策立案者や、活動家や、ビジネスリーダーや、市民が二十一世紀という時代を賢く進んでいけるようにするための方法が、今、強く求められている。ではこれから二十一世紀の旅に適したコンパスを紹介していきたい。

二十一世紀のコンパス

まず最初に、わたしたちの現在地を確認するため、GDPの成長を脇に置いて、もっとも根本的な問いから出発しよう。人類の繁栄は何によって可能になるか？　その答えは、すべての人が尊厳を保ち、機会を与えられ、コミュニティのなかで暮らせる世界、地球の限られた資源の範囲内で、すべての人がそういう暮らしができる世界だといえよう。いい換えるなら、ドーナツのなかにみんなが入ることで、人類の繁栄は可能になるということだ。わたしがこのドーナツの概念図を初めて描いたのは、二〇一一年、オックスファムで働いているときだった。最先端の地球科学に触発されて思いついたものだ。それから五年のあいだに、科学者や活動家、学者、政策立案者との意見交換を通じて、変更を加え、世界の開発の面でも、科学的な知見の面でも、最新の状況を反映したものにした。ではいよいよ、わたしたちにほんとうの幸せをもたらしてくれるドーナツの説明に移ろう。

ドーナツとは具体的には何なのか？　簡単にいえば、今世紀の人類の指針になる斬新なコンパスだ。コンパスの針が指し示す先には、すべての人のニーズが満たされ、なおかつ人類全員が依存している生命の世界が守られる未来がある。ドーナツの社会的な土台の下には、人類の福祉における不足が横たわる。つまり食糧や教育や住居など、生活に不可欠なものを欠いた状態だ。環境的な上限の上では、生命を育む地球のシステムへの負荷が限度を超過している。例えば、気候変動や海洋酸性化、化学物質汚染がその原因だ。しかしこれらの境界線の内側には、最適な範囲——ドーナツの形をした部分——が広がる。つまり環境的に安全で、社会的に公正な範囲だ。この安全で公正な範囲にすべての人を入れるという前代未聞の事業を成し遂げることが、二十一世紀の課題になる。

ドーナツの内側の輪——社会的な土台——は生活の基本となる部分であり、誰一人としてこの部分が不足してはいけない。基本項目は一二ある。まず十分な食糧。それから上水道と衛生設備。エネルギーの利用（空気を汚さない調理設備）。教育、医療。人間に

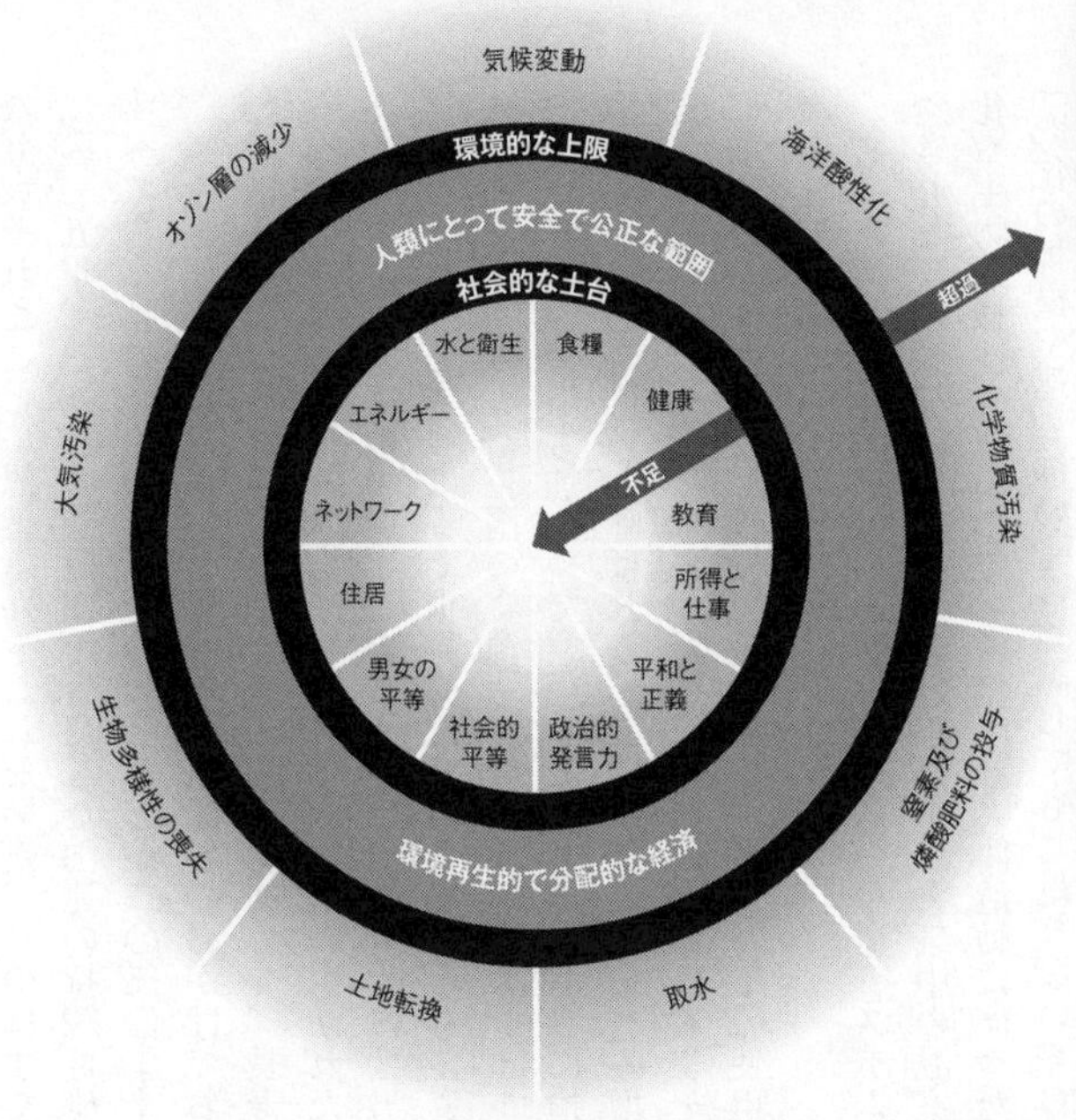

ドーナツ―21世紀のコンパス。人類の幸福の社会的な土台と地球の環境的な上限のあいだが、人類にとってもっとも安全で公正な範囲になる。

ふさわしい住居。最低限の所得と人間らしい仕事。情報通信と社会的な支援のネットワーク。さらには男女の平等、社会的平等、政治的発言力、平和と正義も、基本項目に含まれる。一九四八年以来、どんなに貧しくても、どんなに無力でも、誰もがこれらの生活の基本的なニーズを享受できるよう、国際的な人権の基準や法律が定められている。これらすべての項目の実現に期限を設けることは、かなり大それたことに思えるかもしれないが、じつはすでに公式に期限が設けられている。二〇一五年、一九三の加盟国が合意した国連の持続可能な開発目標に、これらの項目はすべて含まれているのだ。そのほとんどが二〇三〇年までの達成を目標にしている。[23]

二十世紀の半ば以来、世界的な経済発展のおかげでおおぜいの人々が窮乏状態を脱した。彼らはそれぞれの一族の歴史において初めて、長寿と健康と教育に恵まれ、十分な食べ物ときれいな飲み水も手に入れれば、電気の引かれた住居にも住め、さらにお金の蓄えもできた。多くの場合、このような生活の変化には男女平等の進展や参政権の拡大も伴った。しかしいっぽうで世界的な経済発展とともに資源の消費量も劇的に増えた。その原因は当初は、富裕国の資源消費型のライフスタイルにあった。しかし最近は、世界的な中流層の急増も加わって、いっそう資源の消費に拍車がかかっている。現代は、経済の「大加速時代」と呼ばれる。人間活動の未曾有の増大にもとづいた呼び名だ。一九五〇年から二〇一〇年のあいだに、世界の人口はおよそ三倍、世界の実質GDPは七倍に増えた。浄水の使用量は三倍以上、エネルギーの使用量は四倍、肥料の使用量は一〇倍以上に上昇している。

この人間活動の急拡大の影響は、地球の生命システムの状態を表す数々の指標にもはっきりと現われている。一九五〇年以来、大気中の温室効果ガスの増加から、海洋酸性化や生物多様性の喪失まで、環境には人間活動に伴った急激な変化が顕著に見られる。[24]「変化の規模や速さはいくら強調してもし足りないぐらいです」と、環境の変化に関す

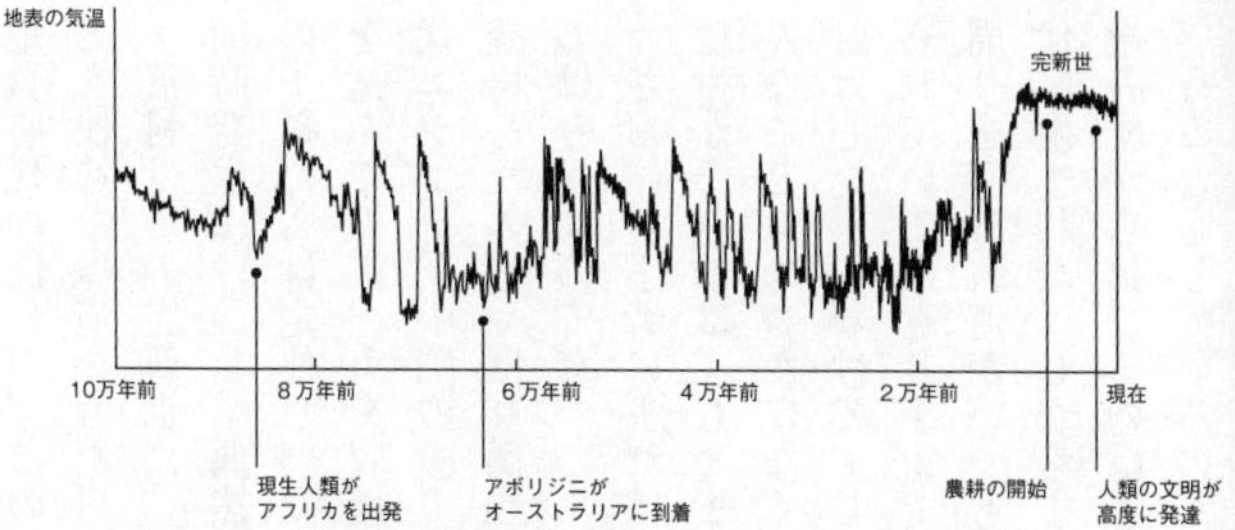

麗しのわが故郷、完新世。過去10万年の地球の気温の変化を表した図。データはグリーンランドの氷床コアにもとづく。最近1万2000年の気温が例外的に安定していることがわかる。[*26]

る研究を指揮するウィル・ステファンはいう。

「わずか一世代のあいだに、人類は惑星全体に地質学的な力を振るう存在になりました。（中略）これは過去にない事態です。人類がこの惑星に対して新しい責任を負い始めたことを意味しています」[*25]

この人間活動の大加速時代が地球に大きな負荷をかけていることはまちがいない。では、地球は具体的にどれぐらいまでの負荷に耐えられるのか？　どれぐらいの負荷が加わると、地球の生命を育むシステムは壊れ始めるのか？　ドーナツの図における環境的な上限の線は何によって引かれるのか？　この問いに答えるには、過去一〇万年の地球の歴史を振り返る必要がある。この一〇万年のあいだ――一〇万年前に初期人類はアフリカを旅立って、諸大陸に進出し始めた――地球上の平均気温は頻繁に上下してきた。しかし過去一万二〇〇〇年ほどは温暖で、例外的に安定している。

地質時代の区分で、この時代は完新世と呼ばれる。聞き慣れない言葉だが、人類にもっとも快適な環境をもたらしてくれているありがたい時代の名だ。

農耕はこの完新世に、いくつもの大陸で同時に発生した。科学者たちによると、この同時発生はけっして偶然ではないという。地球の気候が安定したおかげで、狩猟採集民の子孫たちは定住し、季節にしたがって生活するようになった。雨の訪れを予想し、種を選んで植え、実を収穫するという生活だ。[*27] 人類の大文明——インダス川流域から、古代エジプト、中国の殷王朝、マヤ、ギリシャ、ローマまで——がすべてこの地質時代に登場したのもやはり偶然ではない。地球の歴史上、人類が何十億という数にまで増えたのは今が初めてだ。

さらに科学者によれば、地球がいつもとはちがう公転軌道にあるおかげで、完新世の穏やかな気候は、じゃまさえ入らなければ、あと五万年続くという。地球の歴史上、こんなことはめったになく、前回こういう現象が起きたのは四〇万年前だったようだ。[*28] これは心を落ち着けて、じっくり考えてみるべきことではないだろうか。わたしたちは知られているかぎり宇宙で唯一生命が存在する星に暮らしている。たまたま地球が太陽の周りを回る軌道がいつものコースからずれたおかげで、もっとも人類が生存しやすい時代に生まれた。しかもまだまだその時代が続くという。完新世のこんなに恵まれた環境をみずから捨てるのは愚行の極みだ。しかしいうまでもなく、わたしたちはまさにそういうことをしているのだ。人類がこの惑星に与える負荷は増え続け、今や人類の活動が地球に変化をもたらす最大の要因と化した。人類が地球に及ぼす影響がそれほど大きくなった結果、わたしたちはついに完新世をあとにし、「人新世」という未知の時代に足を踏み入れるに至った。人間活動によってできた初めての地質時代だ。*29 人新世に突入した今、故郷である完新世から受け継いだこの穏やかな地球環境を維持するため、わたしたちは何をすればいいのか？　安定した気候や、豊かな水や、多様な生物の繁栄や、きれいな海をどのように保っていけばいいのか？

二〇〇九年、ヨハン・ロックストロームとウィル・ステファンに率いられた地球システム科学の国際的な研究グループが、この問いを取り上げて、完新世の環境を維持するためには、気候システムや淡水サイクルなど、九つのプロセスが欠かせないことを明らかにした。この研究グループは九つのそれぞれのプロセスについて、あとどれぐらい負荷が加わると、これまで何千年も人類の繁栄を支えてきたその安定が崩れ、地球に未曾有の変化が引き起こされるのかも調べている。当然、具体的にこれをすると危ないということはいえない。ただ、変化のなかには不可逆的なものが多いことを考えるなら、身をもって学ぶという方法は取らないほうが賢明だろう。そこでこの研究グループは、ちょうどガードレールのようにここから先は危険な領域だと示す、九つの境界線を提言している。川の上流にときどき、見えない滝への注意を促す標識が立っていることがある。あの標識みたいなものだ。

ではその標識にはどういう警告が書かれているか？　危険な気候変動を避けるために

は、大気中の二酸化炭素濃度を三五〇ｐｐｍ（ｐｐｍは一〇〇万分率）以下に抑えよ。過去に森林だった土地の七五％以上は、森林の状態を維持せよ。化学肥料の使用に関しては、年間で窒素は六二〇〇万トン、リン酸は六〇〇万トン以下に抑えよ。もちろん、これらの上限値には不確かな部分も多い。例えば、この世界全体を対象にした数値は、地域を対象にするとき、どういう意味を持つのかという問題もある。また科学は日々、進歩してもいる。しかし大事なのは、人間の影響が大きくなった人新世にあって、わたしたちの麗しの故郷、完新世の環境を保つためには何をしたらいいのかが、九つの境界線のおかげで視覚的に把握できるようになることだ。ドーナツの図ではこの九つの境界線が環境的な上限をなしている。わたしたちの住み処である地球の安定を守りたいのであれば、地球にこの許容限界以上のストレスをかけることは許されない[*30][*31]。社会的な土台と環境的な上限の二つの境界線によって、ドーナツの内側と外側の線は描かれる。当然、これらの線は互いに密接な関係にある。境界線どうしの影響関係を探りながら、ペンで矢印の線を描き込んでいったら、ドーナツの図はたちまちスパゲッティの図に変わるだろう。

例えば、山の斜面から樹木が伐採されたら、どうなるか？　そのような土地転換は生物多様性の喪失を加速させ、水の循環を妨げ、気候変動を悪化させるだろう。そうすると今度はそれらの影響によって、残った森林にかかる負荷が増す。また、森の減少と水不足の影響で、周辺の村落では病気が広まりやすくなり、農作物の収穫が減る。その結

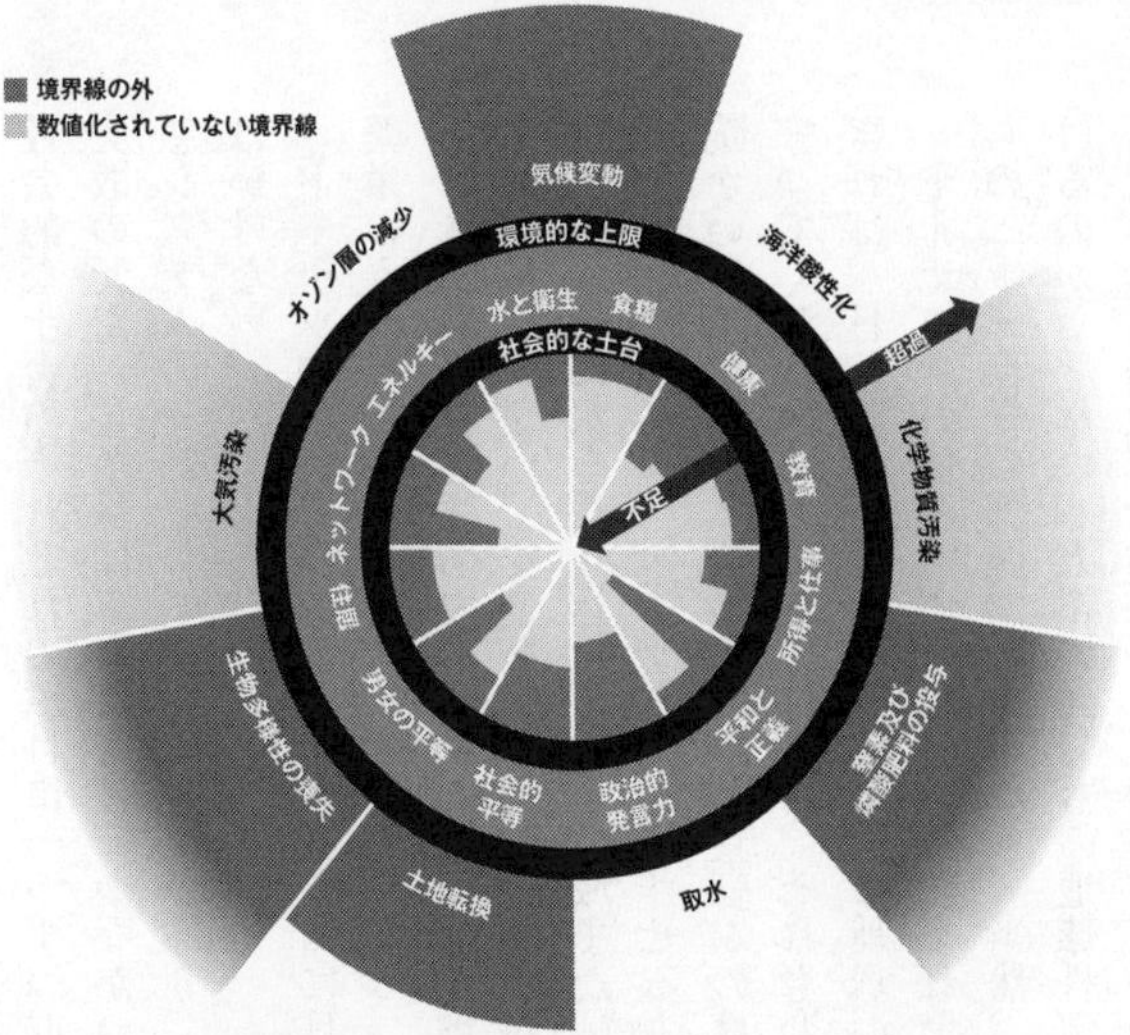

ドーナツの境界線が破られている状況。社会的な土台の内側の暗色で塗られた部分は、生活の基本的なニーズを欠いた人々が世界にどれ程いるかを示している。環境的な上限の外側に放射状に伸びた暗色の部分は、地球環境の９つの境界線からの超過を表している（具体的なデータは巻末の「付録」［p.419～424］を参照）。

果、学校に通えない子どもが増える。学校に通えない子どもが増えれば、あらゆる形態の貧困の連鎖が何世代にもわたって生じることになる。

もちろんこの連鎖現象は、いい方向にも起こりうる。山の斜面の森を育てれば、生物多様性が増し、土壌が肥え、土地の保水力が高まり、大気中の二酸化炭素が減る。周辺の村落にはいくつもの恩恵があるだろう。森で採れる資源の種類が増える。水不足に見舞われにくくなる。栄養や健康状態がよくなる。生活が不測の事態にも持ちこたえやすくなる。ここでつい、問題を単純化するため、環境的な上限と社会的な土台のそれぞれの項目に一つずつ取り組んでいこうとしやすい。しかしそれは失敗の元だ。各項目はみんな密接につながっている。だから、どの項目も複雑な社会生態システムの一部として捉える必要があり、あくまで全体の一つとして取り組まなくてはいけない。*32

ドーナツの項目間の数多くの相互連関に目を向けると、人類の繁栄は地球そのものの繁栄のうえに初めて成り立つことがわかる。すべての人に十分行き渡るだけの量の栄養豊かな食糧を生産するためには、肥沃な土壌、豊富な水、多種多様な農作物、安定した気候が欠かせない。安全な飲み水がいつでも飲めるのは、雨をたっぷり降らせ、たえず川や帯水層に水を送り込んでいる地域または地球規模の水循環のおかげだ。きれいな空気を吸いたければ、スモッグを発生させるような有毒物質の排出を止める必要がある。暖かい日差しのもとでのんびりと寝転ぶのは気持ちがいいが、わたしたちを紫外線から守ってくれるオゾン層がなければ、それも楽しめない。大気中の温室効果ガスが増えすぎれば、日差しの暖かさも、破滅的な地球温暖化に転じる。

ドーナツの外側と内側の境界線に挟まれた安全で公正な範囲に入ることが、わたしたちの二十一世紀の課題だとするなら、当然、問われるべきは、どうやってそれを成し遂げるのかだ。幸い、人権の面でも、地球科学の面でもデータが増えたおかげで、かつてと比べると格段に全体像が見えやすくなった。人類の福祉は過去七〇年で前例のない進歩を果たしたが、まだまだドーナツの二つの境界線のなかに入るのにはほど遠い。

社会的な土台のどの項目でも、いまだに無数ともいえるほど多くの人が水準以下の生活を強いられている。全世界を見れば、九人に一人は十分な食糧を得られていない。四人に一人が一日三ドル未満で生活し、若年層の八人に一人は失業している。三人に一人は今もトイレのない環境に置かれ、一一人に一人は安全な水源がない場所で暮らす。十二歳から十五歳の子どもの六人に一人は学校に通っておらず、その大半を女子が占める。およそ四〇％の人は、所得の分配に大きな偏りがある国に住んでいる。また国民の政治参加が著しく制限された国に住む人は、じつに世界の人口の半分以上にのぼる。これほど多くの人が人間的な生活の基本部分を欠くせいで、潜在的な能力を発揮できていない。これは尋常ではなく、由々しい事態だ。

同時に、人類は地球の生命を育むシステムに対しても、未曾有の負荷をかけている。実際、地球環境の限度を超えている項目が四つある。気候変動、土地転換、窒素及び燐酸肥料の投与、生物多様性の喪失の四つだ。大気中の二酸化炭素濃度は限度とされる三五〇ppmを大幅に上回り、現在すでに四〇〇ppmを超えている。しかもまだ高まり続けている。そのせいで気温の上昇と空気の乾燥化が進み、地球の気候は人間に住みづらいものになりつつある。加えて海面も上昇し、島々や沿岸の都市は水没の危機にさらされる。土壌に投与される窒素や燐酸を含む合成肥料の量は、安全基準の二倍以上に達する。その影響はすでに多くの湖、川、海で、水生環境の破壊として現われている。例えば、メキシコ湾には生物が生きられない「死の海域」がある。その広さは米国のコネチカット州の面積ほどにも及ぶ。森林に覆われた陸地は、森林にできる陸地のわずか六二％に留まっている。しかも森林の減少に歯止めはかかっておらず、二酸化炭素の吸収源は減るいっぽうだ。生物多様性の喪失も深刻な状態にある。種の絶滅の速度は、安全とみなされる限度の一〇倍以上に達している。一九七〇年以来、哺乳類、鳥類、爬虫類、両生類、魚類のすべてで、野生生物の数が半減したという調査結果があるのもふしぎではない。[*33] 化学物質の汚染状況は世界規模では数値化されていないが、多大な懸念を示す科学者は多い。地球システムに対するほかの負荷――取水や海洋酸性化など――も危険水域に向かって増え続け、地域や地球全体に生態系の危機を引き起こしている。

二十一世紀の出発点における人類と地球のこのひどいありさまは、今まで追求されてきた経済発展の道が立ち行かなくなっていることの何よりの証拠だろう。最低限の生活すらできない人がいまだに何十億人もいるが、人間活動はすでに危険なほど限度を超えており、地球の穏やかで安定した気候は今すぐにも壊されかねない状況にある。では、こういう時代に、いかなる進歩を思い描くことができるだろうか？

果てしない成長からバランスの取れた繁栄へ

「前進と上昇」は進歩の喩えとして定着しているが、経済においては、わたしたちを危険な状況へ追い込んだ進歩の喩えでもある。「人類は自分たちの命を支えるシステムにも影響を及ぼせる」と、海洋科学者キャサリン・リチャードソンはいう。このような状況のなか、進歩の定義はどう変わっていくのか[*34]」

過去六〇年間、GDPの成長は進歩の指標にふさわしいものであり、それは右肩上がりの線で表されるといわれてきた。しかし二十一世紀にはそれとは形や方向のちがう進歩が求められている。人類史における今の時点で、わたしたちに必要な進歩をもっともよく表すのは、「動的均衡に向かう」という動きだ。いい換えるなら、不足と超過の両方を同時に避けながら、ドーナツの安全で公正な範囲をめざすということだ。そのためには喩えも「前進と上昇は善である」から「均衡が善である」に変える必要がある。そうすることで経済成長のイメージも、「GDPの果てしない成長」から「ドーナツのバランスの取れた繁栄」へと変わる。

ドーナツの図とその拠り所になっている科学は新しいものだが、ドーナツによって呼び起こされる動的均衡という考えは、持続可能な発展という考えかたの数十年の歴史とも共鳴し合う。地球を宇宙船に見立てる考えかたが一九六〇年代に流行り、それに刺激を受けた経済学者ロバート・ハイルブローナーは次のように唱えた。「宇宙船のなかと同じで、地球で人間が生きていくためには、地球という乗り物の性能と、そこに暮らす人間の要望のあいだにうまく釣り合いを保つ必要がある[*35]」。一九七〇年代には経済学者バーバラ・ウォード――持続可能な開発の最初の提唱者――が、人間のニーズと権利という「内側の限度」と、地球が耐えられる環境へのストレスという「外側の限度」の両方の問題に取り組むよう、世界的な行動を呼びかけた。ウォードは図を描いていないが、この「内側」と「外側」という発想はドーナツそのものだ。[*36] 一九九〇年代に入ると、国際環境NGO地球の友が「環境容量」という概念を提唱して、すべての人に平等に、地球の許容限度内で水、食糧、空気、土地などの資源を利用する権利があると主張した。[*37]

文化によっては、バランスの取れた繁栄という発想はもっとはるか以前にまでさかのぼれる。古代ギリシャには「何ごともほどよくするのが肝心である」という言葉があった。マオリの文化では古来、人間の幸福は、精神的なものと、生態学的なものと、血族的なものと、経済的なものとが不可分に結びつき合ったものとして理解されている。アンデスの文化は、「よく生きる」という世界観を持つ。これは「他者や自然との共存のなかで生をまっとうする」ことに価値を置く世界観だ。[*38] 最近、ボリビアでこの「よく生きる」が、国を導く倫理的な原則として憲法に取り入れられた。また二〇〇八年には、エクアドルで自然の権利を認めた史上初の憲法が生まれた。その条文は「自然、パチャママは、存続し、再生を繰り返す権利を有する」と自然の権利を高らかに謳う。[*39] このように幸福を全体の調和や均衡のなかに見出す考えかたは、数多くの古代文化のシンボルにも表現されている。道教の陰陽からマオリのタカランギ、仏教のシュリーヴァスタ、ケルトの二重らせんまで、どの模様も、互いに補い合う力の動的な絡み合いを思い起こさせる。

動的均衡を表した古代のシンボル。左から、道教の陰陽、マオリのタカランギ、仏教のシュリーヴァスタ、ケルトの二重らせん。

西洋文化がGDPの成長というカッコウを追い払おうとするときには、アンデスやマオリの世界観をそのまま取り入れるわけにはいかない。それでもそれらと同じビジョンを表現する新しい言葉と絵を見つける必要がある。新しいビジョンはどういう言葉で表したらいいだろうか？　一試案をあげよう。「豊かな生命の網のなかでの人類の繁栄」。もちろん、これではたどたどしい。しかし今のところまだ、人類の幸福にとって基本的な事柄でありながら、それを表現する簡明な言葉をわたしたちは持ち合わせていない。では新しい絵のほうはどうか？　こちらについては、その役割を果たすものとして、わたしはドーナツの図を見つけた。

二〇一一年末、国連の持続可能な開発に関する大きな会合を控えた時期、わたしはニューヨークの国連へ出向いて、さまざまな国々の代表者にドーナツを紹介し、反応を窺った。最初に、アルゼンチンの代表に会った。当時アルゼンチンは、発展途上国で構成された最大の交渉グループ、77カ国グループの議長国だったからだ。わたしがドーナツの説明をすると、アルゼンチンの交渉担当者は図を指で力強く叩いて、いった。「持続可能な開発とはこういうものだと、わたしはつねづね考えているんです。ヨーロッパの人たちにも賛同してもらえるといいのですが」。そこでわたしは翌日、好奇心にかられて、会議室いっぱいに集まったヨーロッパの代表者たちにドーナツのプレゼンテーションを行った。スクリーンにドーナツの図を映し出して、核となる考えを説明すると、イギリスの代表者が口を開いた。「これはおもしろい。南米でいわれている『パチャママ』は、わたしたちにはどうも薄っぺらに感じられてしまう」といい、手をひらひらと振って見せてから、さらに続けた。「だが、この図は実質的にはほぼそれと同じことを、科学的な根拠にもとづいていっていますね」。言葉では越えられない溝も、絵を使うことで越えられる場合があるのだ。

均衡が著しく崩れてしまっている――ドーナツの両側の境界線が破られている――現状では、均衡を取り戻すことなど可能なのかと不安に感じられるかもしれない。「わたしたちは人類の発展を支える地球のシステムを損ねてしまったことを知った最初の世代だ」とヨハン・ロックストロームはいう。「この新しい認識は、きわめて重い意味を持つとともに、潜在的にはとても恐ろしいものでもある。（中略）ただ同時に、それはこの上なく名誉なことでもある。世界を持続可能な未来へ導く必要があることに気づいた最初の世代でもあるのだから」[*40]

では、わたしたちがそういう人類の軌道修正を担う世代になれるかどうか、想像してみよう。もし一人一人がドーナツのなかに自分の生活を位置づけて、次のように問うとしたらどうだろう。自分が社会的な土台と環境的な上限に対して与えている影響を、ふだんの買い物や食事、旅行、仕事、預金、投票、ボランティア活動のしかたによってどう変えられるか？　もし各企業がドーナツにもとづいて戦略を立て、次のように問うとしたらどうだろう。自社のブランドはドーナツブランドと呼べるか？　中核事業を通じて、人類を安全で公正な範囲に入れることに貢献しているか？　もしG20の財務大臣たちがドーナツ形の会議テーブルを囲んで、人類を最適な範囲に収めるために世界の金融システムのありかたを話し合ったら、どうだろう。きっとそれは世界を変える話し合いになるだろう。

一部の国や地域、企業ではすでにそういう試みが始まっている。オックスファムは英国から南アフリカ共和国まで、国別のドーナツ報告を出版し、各国の国民の暮らしがそれぞれの国ごとに定められた安全で公正な範囲からどれぐらい離れているかを明らかにしている。*41 中国の雲南省では、重要な水源であるアルハイ（洱海）湖周辺の工業や農業が社会や自然環境にどういう影響を及ぼしているかを、ドーナツの観点から分析する科学的な調査が行われている。*42 米国に拠点を置くアウトドア衣料品メーカー、パタゴニアや、英国のスーパーマーケットチェーン、セインズベリーズをはじめ、ドーナツの図を使って、戦略の見直しを始めた企業もある。南アフリカ共和国のコクスタッド（クワズール・ナタール州でもっとも急速に発展している都市）では、自治体が都市設計者や地域社会のグループとともに、ドーナツを使って、持続可能で平等な都市の将来像を描き出した。*43

これらは経済発展の方向を修正しようとする実験的な取り組みだが、地球規模のドーナツは壮大すぎて、経済学に扱えないものなのか。そんなことはない。これからは地球規模の時代になる。古代ギリシャでクセノフォンが「一家の資源を管理するにはどうするのが最善か」と、初めて経済学の問いを立てたとき、念頭にあったのは文字どおり一家のことだった。しかし晩年になると、次の段階である都市国家の経済学に関心を向け、貿易や税金や公共投資の政策について、地元アテネに提言を行った。それからいっきに時代を下り、約二〇〇〇年後のスコットランドでは、アダム・スミスがさらに次の段階となる国民国家に経済学の重点を移し、なぜ栄える国と沈滞する国があるのかという問いを立てた。スミスの国民国家の経済という観点はそれから二五〇年以上にわたって、政策で重視され続け、各国のGDP統計の年次比較という慣行によって固定化された。しかし経済が世界的に結びついた今、わたしたちは望もうと望むまいと、次の段階に進まなくてはならない。現代は、地球を一つの家と見なすべき時代だ。この人類共通の家を管理するための技術が、今、切実に求められている。

ドーナツのなかで生きられるのか

ドーナツはわたしたちに二十一世紀のコンパスを与えてくれる。しかしわたしたちが実際に安全で公正な範囲に入れるかどうかは、何によって決まるのだろうか？　鍵を握る要素は五つある。人口、分配、物欲、テクノロジー、ガバナンスだ。

人口の影響は大きい。理由はいうまでもないだろう。人口が増えるほど、すべての人のニーズや権利を満たすために使う資源も増える。だから、人口の規模はどうしても安定させなくてはならない。ただ幸い、世界の人口は今も増え続けているとはいえ、その伸び率は一九七一年を境に、急激に下がっている。しかも人類史上初めて、人口の増加率の低下が飢饉や疫病や戦争ではなく、取り組みの成功からもたらされている。*44乳児や子どもの医療、女子の教育、母体の健康管理、女性の権利拡大に何十年も公共投資を続けてきた結果、ようやく女性が子どもの数をコントロールできるようになった。これをドーナツの図を通して見ると、一つの教訓がくっきり浮かび上がってくる。それは人口を安定させるためには、すべての人が窮乏から解放され、社会的な土台の上で生きられるようにすることこそ、もっとも有効な方法であるということだ。

分配の重要さも、人口に劣らない。極端な所得の不平等は、ドーナツの両側の境界線から外に人々を押し出すからだ。世界的な所得格差のせいで、温室効果ガスの排出量には大きな偏りが見られる。上位一〇％の排出者の排出量が、世界全体の排出量の約四五％を占める。下位五〇％の人たちによる排出量はわずか一三％に留まる。*45食糧消費量も著しく偏っている。現在、世界の約一三％もの人が栄養失調の状態にある。しかしそれらの人たちが必要なカロリーを摂取するためには、どれほどの食糧が必要かといえば、世界の食糧供給量のわずか三％にすぎない。いっぽう世界の食糧の三〇〜五〇％は収穫後に失われるか、世界のサプライチェーンのどこかで廃棄されるか、あるいは料理皿からごみ箱に捨てられている。[46]つまり食べられずに処分されている食糧のわずか一〇%で、世界から飢えをなくせるのだ。これらの例から明らかなように、ドーナツのなかに入るためには、資源の分配を今よりもっと平等にすることが欠かせない。

第三の要素は、物欲。わたしたちがいい生活に必要だと思うものはなんでもここに含まれる。わたしたちが何を欲するかは、どこでどういう暮らしをしているかに大きく左右される。二〇〇九年、人類の歴史で初めて、都市生活者の割合が全人口の半分を超えた。さらに二〇五〇年までに、その割合は七〇%に達することが予想されている。都市に暮らしていると、周囲の人々や広告の影響を受けやすい。広告は年中、イメージによって、この商品を買えばよりよい生活が手に入るとわたしたちに約束し、より速い自動車、より薄いノートパソコン、異国情緒にあふれた旅行、最新流行のガジェットへの憧れを掻き立てようとする。経済学者ティム・ジャクソンがうまいことをいっている。わたしたちは広告によって「どう思われてもかまわない人たちから、長くは続かない注目を浴びるため、持ってはいないお金を、必要ではないものに使うよう、そそのかされている」と。[47]今、世界的に中流層が急増している。それらの人々の欲するライフスタイルしだいで、わたしたちが地球環境の許容限界内に留まれるかどうかは大きく変わってくるだろう。

都市では消費文化が栄えやすいが、そのいっぽうで、人々の数多くのニーズ——住宅、移動手段、水、衛生、食糧、エネルギーなど——が格段に満たされやすくもなる。二〇三〇年までに都市になると予測される地域の約六〇％では、これから都市建設が始まる。そのインフラ整備に使われるテクノロジーは、社会にも環境にも多大な影響を及ぼすだろう。*48 新しい交通システムでは、速くて値段も高くない公共交通が、自家用車の渋滞に取って代わることができるか？　新しい都市エネルギーシステムでは、屋根に設置された太陽光発電のネットワークが、化石燃料の発電に取って代わることができるか？　都市に供給される食品が土壌にもっと二酸化炭素を蓄えておける方法で生産され、同時に魅力的な雇用機会を生み出せるか？　これらの実現はかなりの程度まで、どういうテクノロジーを選ぶかで決まってくる。

ガバナンスの役割もきわめて重要だ。町や都市の規模でも、国や地域や世界の規模でも適切なガバナンスが欠かせない。今世紀の課題にふさわしいガバナンスの仕組みを築こうとすると、国や企業やコミュニティの利害や期待とぶつかって、根の深い政治問題が持ち上がる。例えば、地球規模では、各地域や国にかかる負担を公平に配分しながら、地球環境を壊す人間活動を減らしていけるガバナンス機構が必要になる。同時に、それらの機構は食糧と水とエネルギーの各部門間の密接な結びつきなど、複雑なつながりも考慮に入れなくてはならない。さらに、食料価格危機などの不測の事態にすばやく対応することや、新しいテクノロジーの扱いに賢明であることも求められる。二十一世紀には、あらゆる規模で今よりもはるかに効果的なガバナンスの仕組みを築けるかどうかが、多くのことの成否を分けるだろう。

これら五つの要素――人口、分配、物欲、テクノロジー、ガバナンス――しだいで、ドーナツの安全で公正な範囲に入れる見込みは大きく高まりもすれば、低まりもする。だから五つとも、現在の政策の中心的な論点になっている。しかし必要とされる規模の変化を起こすためには、わたしたちの持っている経済思考も修正しなくてはいけない。この修正にはもう一刻の猶予も許されない。人によってはもう手遅れだというだろう。しかし今の学生たちには、二十一世紀の目標を実現できる最後のチャンスが残されているはずだ。少なくとも、新しい経済学の考えかたを身につけることで、その可能性を最大限に高めることはできる。学生だけではない。そのことはわたしたち全員にも当てはまる。

ＧＤＰの成長という目標はもともと経済恐慌や世界大戦、冷戦の時代に出てきたものだ。ところがそれが七〇年以上にわたって、経済思考を操ってきた。わたしたちはきっと数十年後に過去を振り返って、どうして自分たちが複雑な地球規模の家計を管理するのに、ＧＤＰなどという気まぐれで、不完全で、表面的なものを指標として使っていたのか、奇異に感じるだろう。今の危機の時代には、もっと別の目標が求められている。その目標がどういうものであるべきなのかを、わたしたちは今ようやく探り始めたところだ。

仮に「豊かな生命の網のなかでの人類の繁栄」を目標にするなら、経済を全体との関係でどのように考え、どのような図で表すのがもっともいいか？　これから見ていくように、経済学者たちが描いた伝統的な経済の図——それによって経済の物語に何を入れ、何を入れないかが決まる——は、そのあとの経済学にあらゆる面で甚大な影響を及ぼしている。

第2章

全体を見る

——自己完結した市場から組み込み型経済へ

ウィリアム・シェイクスピアの戯曲は四〇〇年にわたって、世界中の芝居好きたちを虜にしてきた。その魅力は印象的な登場人物と、観る者を釘づけにする筋立て、詩情あふれる韻文にある。シェイクスピアは役者たちに舞台上で油断させないため、各自にそれぞれのセリフと合図しか教えず、あえて筋立てのわからない状態で芝居をさせていた。[*1] しかしその死後ほどなく、熱心な編纂者がご丁寧にも登場人物の完全なリストをつけ加え、『テンペスト』などの戯曲では、登場人物名のほかに、そのわかりきった特徴の紹介まで添えた。[*2]

プロスペロー　正当なミラノ大公
アントニオー　プロスペローの弟、兄から大公の地位を簒奪
ゴンザーロー　誠実な老顧問官
ステファノー　酔いどれの執事
ミランダ　プロスペローの娘
エアリエル　空気の精

「大公の地位を簒奪」と紹介された登場人物がいれば、役者はおのずと、いずれその悪事が暴かれるときがくるのだろうと考える。「誠実な老顧問官」と紹介された登場人物

がいれば、その言葉は信用しなくてはいけないと感じる。「酔いどれの執事」と紹介された登場人物がいれば、ドタバタ喜劇が待ち受けているのだろうと思う。したがって、このような登場人物リストがあることで、芝居の展開はほとんど「自己成就的」になる。

これのどこが経済学と関係があるのか？　すべてだ。「この世はすべて舞台だ。男も女もみんな役者にすぎない」という有名なシェイクスピアの言葉がある。この言葉は正しい。今も、経済の役者たちが国際的な舞台でそれぞれの役割を果たし、現代の経済のドラマを演じている。しかしその舞台を用意したのは誰か？　主要登場人物の特徴を決めたのは誰か？　物語をこれから書き換えるには、どうすればいいのか？

本章では二十世紀を支配するとともに、わたしたちを破滅の淵に追いつめた経済の物語の配役と台本、それに脚本家を明らかにする。しかし同時に、二十一世の経済にふさわしい新しい舞台も用意したいと思う。その舞台の登場人物や脚本は、わたしたちにバランスの取れた繁栄を取り戻させてくれるものになるだろう。

経済学が戯曲だとしても、教科書の最初のページに主な登場人物の名がはっきりと書かれているわけではない。経済学の重要な登場人物の名は、マクロ経済学を代表する図であるフロー循環図のなかに記されている。ポール・サミュエルソンは初めは単に所得の流れを示そうとしてこの図を描いた。しかしすぐに経済そのものを表す図に改めて、経済の舞台の中央に立つ役者と、袖に控える役者とを割り振った。こうして意図的にせよそうでないにせよ、この図によって二十世紀の経済の配役が決まった。ただし、それぞれの役に息を吹き込んで、脚本そのものを書き上げたのは、サミュエルソンのライバルである新自由主義のフリードリヒ・ハイエクとミルトン・フリードマンだった。その結果できあがった自由放任の経済の物語には、初めから新自由主義の筋立てが書き込まれていた。

わたしたちは誰もがその物語の登場人物のことを何度も聞かされている。やれ市場は効率に優れる、やれ商取引は双方に利益をもたらす、やれコモンズ（共有地）は悲劇である、と。そのような配役を聞かされれば、市場の勝利は確実のように思える。しかし、わたしたちは、金融に失敗はないとも教えられてきたが、物語のその部分は誤りであることが、二〇〇八年の金融崩壊で白日の下にさらされた。新自由主義の脚本家自身すら、その誤りは認めざるをえなかった。そんななかでしだいに新自由主義の経済の筋立てが、所得の格差や、気候変動や、金融崩壊という破滅的な状況を招くものであることが明らかになってきた。

これらの世界的な危機によって今、経済の脚本を一から書き直し、新しい芝居を演じ始められる千載一遇のチャンスが生まれている。このチャンスを生かすためには、まずフロー循環図の配役を振り返ることが取っかかりになるだろう。もっとも尊重されている図を描き直すことで、マクロ経済を大変革するべきときだ。武器は鉛筆一本だけでいい。

舞台を用意する

一九四八年に刊行されたサミュエルソンの古典的名著『経済学』には、数々の新しいアイデアが盛り込まれていた。なかでも一般向けの教材として大好評を博したのが、あのフロー循環図だった。以後、次々とそれを模倣した図が現われた。フロー循環図に似た図はほとんどすべての経済学の教科書に載っている。

経済学の学生が最初に出会うマクロ経済学のモデルであるこの図には、初学者の「白紙状態の心」に「最初の一撃」を浴びせる特権が与えられている。

では、経済を分析するとき、何に注目し、何を無視するべきだと、この図はいっているのだろうか？　舞台の中央に据えられているのは、家計と企業との市場関係だ。家計は労働と資本を提供して、賃金と利潤を受け取るとともに、その所得を使って、企業から財とサービスを買う。この生産と消費の相互

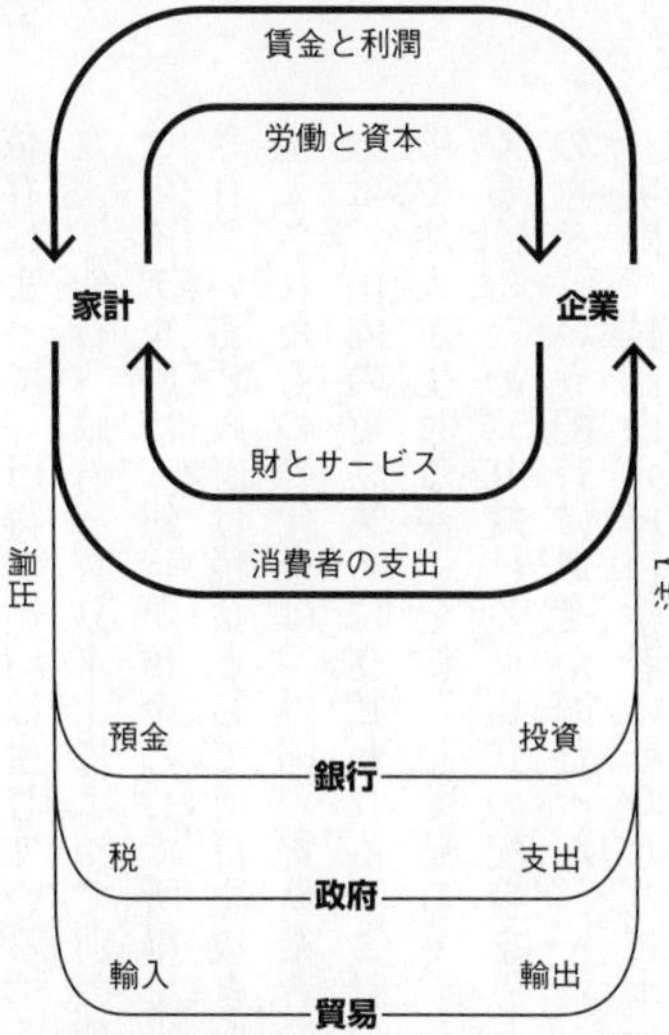

フロー循環図。70年にわたって、マクロ経済を表した決定的な図とされた。

依存によって、所得の循環は生じている。そしてこの所得の循環は、外側の三つのループ――銀行、政府、貿易――によって別の使途に所得が流れる以外には、妨げられない。このモデルには、銀行が預金として所得を吸い取るとともに、投資として返すことが示されている。政府は税金として所得を抜き取るが、公共支出としてそれを再注入する。輸入されたものの代金は、外国の貿易業者に支払われるが、逆に、輸出されたものの代金は、国内の貿易業者に支払われる。これら三つの支流によって市場のフロー循環に漏出や注入が生じるが、全体として見ると、システムは閉じ、完結している。これは水がぐるぐるとめぐり続ける循環式の配管を思わせる図だ。サミュエルソンが最初に描いたのもそういう配管に似せた図だった。

実際、技師から経済学者に転身したビル・フィリップスという変わり種が、サミュエルソンの教科書の刊行の翌年、フロー循環図と配管が似ているのを見て、本物の水流装置を制作することを思いついた。完成した装置は透明のタンクとピンク色の液体の流れる管からなり、MONIAC（国民貨幣所得アナログコンピュータ）と名づけられた。フロー循環図を現実のものにしようとしたMONIACのタンクと管は、英国経済の所得の流れを表していた。史上初のコンピュータ経済モデルでもあり、たいへん見事な出来映えだった。フィリップスはこの装置のおかげで、ロンドン・スクール・オブ・エコノミクスに講師の職を得た。*3 ただしこの装置には大きな欠陥があることが、やがて明らかになった。

技師たちは配管に似ていることに目を奪われたようだが、フロー循環図が称賛に値するのは、有名な図になるだけの十分な理由があったからだ。第一に、この図は経済を全体として捉えようとした最初の試みだった。そしてそれが経済を巨視的に見て、モデル化するという分野の先駆けになった。サミュエルソンがこの図でめざしたのは、経済が不況に陥る仕組みについてのケインズの洞察を図示することだった。例えば、将来の見通しが暗いせいなどで、家計の支出が減り始めると、企業で必要とされる労働者の数は減る。労働者の解雇が進めば、国全体の給与の総額は減るので、ますます需要は落ち込む。こうして、不況が不況を招く事態になる。これがケインズの洞察だ。ケインズによれば、こういう事態を防ぐための最善の方法は、経済がふたたび動き始め、人々の自信が回復するまで、政府の支出を増やすことだという。またフロー循環図は、今も世界中で使われている国民所得の計算方法のもとにもなっている。マクロ経済の重要な考えの数々を可視化したこの図は、とても便利なものであることはまちがいない。

ビル・フィリップスとMONIAC

ただ、問題は見えない部分にある。

システム思考のジョン・スターマンによれば、「あるモデルのもっとも根本的な仮定は、数式には示されないし、説明のなかにも出てこない。それは文字や言葉で語られないところにある。コンピュータの画面の変数のなかにはなく、その周りの空白部分にある」という。*4 フロー循環図にもこの注意書きを付さなくてはならないだろう。フロー循環図には経済活動を支えているエネルギーや資源についての言及もなければ、経済活動の場である社会についての言及もない。それらは登場人物表から完全に抜け落ちてしまっている。意図的にそれらは省かれたのか。そうではないだろう。サミュエルソンはそもそも、所得の流れを図示しようとしただけなのだ。だから、図にそれらを入れる必要はなかった。しかしフロー循環図によって、経済の舞台は築かれてしまった。

脚本を書く

一九四七年、フロー循環図が世に出る前の年、経済学の脚本家を志す自由放任主義の小さな一派が、スイスのリゾート地、モンペルランに集まった。フリードリヒ・ハイエク、ミルトン・フリードマン、ルートヴィヒ・フォン・ミーゼス、フランク・ナイトなどだ。彼らはそこで、将来、支配的な影響力を持つようになることを期待して、経済の物語を書き始めた。アダム・スミスやデイヴィッド・リカードなど、古典的自由主義者の市場主義的な思想に刺激を受け、みずからの立場を「新自由主義」と称した彼らの目標は、ソ連の勢力圏の拡大とともに急速に広まっていた全体主義の脅威に対抗することだった。しかしその目標はいつしか市場原理主義の推進に変わり、「新自由主義」の意味もそれとともに変わった。加えて、ポール・サミュエルソンの図――経済の中心に立つ役者は誰で、袖に控えるのは誰かを描いた図――が登場すると、その図は彼らの脚本に打ってつけの舞台を用意した。

脚本の執筆は一九四〇年代の末、今も続くモンペルラン協会の発足と同時に始まった。[*5] しかし自分たちの脚本が上演されるまでには数十年待たなくてはならないことは、フリードマンやハイエクをはじめとする将来有望な脚本家たちにはわかっていた。彼らは長期的な視点に立って、企業や大富豪の支援のもと、教授職に助成を行ったり、奨学金を提供したりした。さらにワシントンDCのアメリカン・エンタープライズ研究所やケイトー研究所、ロンドンの経済問題研究所など、「自由市場」に関するシンクタンクも世界各地に設立した。[*6]

ついにチャンスが訪れたのは、一九八〇年だった。マーガレット・サッチャーとロナルド・レーガンが手を結んで、新自由主義のシナリオを国際的な舞台に持ち込んだときだ。それぞれ新首相と新大統領に就任した二人はどちらも、モンペルラン協会の関係者に囲まれていた。レーガンの選挙対策チームには協会員が二〇人以上いたし、サッチャー政権の初代の財務大臣ジェフリー・ハウも協会員だった。以来、ブロードウェーのロングラン公演さながらに、新自由主義の舞台は上演を続け、三〇年にわたって経済論争の主導権を握ってきた。[*7] ではそろそろこの物語の主な演じ手たちの顔見せに移ろう。簡単な経歴と一言の人物評とともに紹介したい。シェイクスピアの演劇同様、それらの経歴や人物評は筋立てを暗示してもいる。

経済学――二十世紀の新自由主義物語
(破滅の淵に追い込まれた人類)

演出＝ポール・サミュエルソン
脚本＝モンペルラン協会

配役(登場順)

市場　効率的である――したがって自由にさせよ。アダム・スミスの次の言葉は有名だ。「わたしたちが食事にありつけるのは、肉屋や、酒屋や、パン屋の優しさのおかげではなく、彼らの儲けたいという欲のおかげである」*8。市場の見えざる手に任せれば、市場が家計と企業の利己心を利用して、きわめて効率よく、必要な商品や雇用をすべて提供してくれる。

企業　革新性に富む――したがって導かせよ。一九七〇年代に影響力を持ったミルトン・フリードマンの経済哲学は、「ビジネス（企業）のビジネス（責務）はビジネス（金儲け）だ」という言葉に要約される。企業は労働力と資本を集めて、斬新な財やサービスを生み出し、利益を最大化する。法律に違反しないかぎり、自社の工場や農場で起こっていることに関心を払う必要はない。

金融　ぜったいに誤らない——したがって信頼せよ。銀行はわたしたちからお金を預かって、それを利益の上がる投資に振り向ける。さらに、一九七〇年代に影響力のあったユージン・ファーマの「効率的市場仮説」によれば、金融資産の価格にはつねに関係のある情報がすべて完璧に反映しているという。[*9] だから金融市場はたえず変動しているが、いつも「正しい」。規制によってその円滑な取り引きを妨げてはならない。

貿易　双方を満足させる——したがって国境を開放せよ。十九世紀にデイヴィッド・リカードが唱えた比較優位説では、各国とも他国との比較で優れている分野に力を入れ、貿易をするべきだとされる。[*10] そうすることで、両国のあいだにどんな不平等があったとしても、両国とも得をする。だから貿易の障壁はなくしたほうがいい。効率のよい国際市場の働きを妨げるだけのものだからだ。

国家　無能である——したがって干渉させるな。政府が市場に介入しようとすると、たいていい事態は悪化する。インセンティブを歪め、成功しそうなものではなく役に立たないものを優先するからだ。政府は古典的なケインズ学派の手法で景気循環をよくしようとするが、そうすると必ずタイミングが悪く、市場はその影響を避けようとする。[*11] 国家は国境と市民の私的所有権を守る以外のことは、すべて市場に任せるべきだ。

舞台には上がらないほかの登場人物

家計　家庭の問題である——したがって女たちに任せよ。家計は労働力と資本を市場に提供するが、わざわざ経済学で取り上げて、そこで何が起こっているかを調べるには値しない。妻と娘たちが家庭のことは万事取り仕切ってくれる。妻と娘と家計は、みんな家庭のなかに収まっているべきものである。

コモンズ　悲劇である——したがって売り払え。一九六〇年代、米国の生物学者ギャレット・ハーディンが「コモンズの悲劇」として指摘したように、牧草地や漁場などの共有の資源は、個々の利用者に乱獲されやすく、結局、みんなで使うには足りなくなってしまう。[*12] そのような資源を持続的に利用するためには、政府の規制が必要になる。あるいはもっといいのは、私有にすることである。

てつなぐ市場は存在する。

社会　存在しない――したがって無視せよ。「社会などというものは存在しない」と、マーガレット・サッチャーは一九八〇年代に高らかに宣言した。「存在するのは一人一人の男であり、女であり、家族である」[*13]。もちろんそれらを労働者として、消費者とし

地球　無尽蔵である――したがって好きなだけ使え。市場の機能が働くかぎり、地球の資源は枯渇しないだろうと、自由放任主義の経済学者ジュリアン・サイモンは一九八〇年代に唱えた。例えば、銅や石油が不足すれば、その価格は上がる。価格が上がれば、人々はその利用を控えるとともに、新しい資源を探し、やがて代替物を見つけるだろう[*14]。

勢力　無関係である――したがって問題にするな。経済で気にしなくてはならない勢力は、市場に介入する国家によってもたらされる独占の勢力と、労働組合のものごとを歪める勢力だけだと、フリードマンは述べた[*15]。それらの勢力に対抗する最善の方法は、(当然ながら)自由市場と自由貿易である。

錚々たる顔ぶれであることは、否定できない。ただし、ほとんど偽装だ。市場は自由への道だと、新自由主義の脚本は約束した。それはそのとおりで、反論する人はいないだろう。ところが市場を盲信し、生命の世界や、社会や、暴走する銀行の勢力を無視し

たせいで、わたしたちは今、環境や社会や金融の崩壊の危機に直面している。新自由主義の一座はステージを降りるべきときだ。まったくちがう物語が登場しようとしている。

新しい世紀に、新しい物語

新しい物語を語るにあたって、まず経済の全体を表す新しい図から見ていこう。サミュエルソンのあの有名な図は一九四〇年代の後半に描かれた。大恐慌や第二次世界大戦の余波がまだ残っていた時代だ。したがってその問題意識は、いかに経済のなかに所得の流れを取り戻すかにあった。サミュエルソンの図が貨幣の流れという観点だけで経済を捉えたのは、しかたのないことだった。しかしその結果、経済思考に用意された舞台はきわめて狭くなり、登場人物の数も著しく限られてしまった。だから、わたしたちは今の時代に適した新しい問いから出発しよう。わたしたちはニーズを満たすため、何に依存しているのか？　この問いへの答えになるのが、次ページに掲げた「組み込み型経済」の図だ。組み込み型経済には、さまざまな経済学派の重要な知見が取り入れられている。*16

この図には何が描かれているか？　まず太陽からエネルギーを得ている「地球」――生命の世界――がある。「地球」のなかに人間の「社会」があり、人間の「社会」のなかに「経済」活動がある。「経済」活動のなかにあって、人類のニーズや要望を満たす重要な役割を果たしているのが、「家計」、「市場」、「コモンズ（共有地）」、「国家」だ。

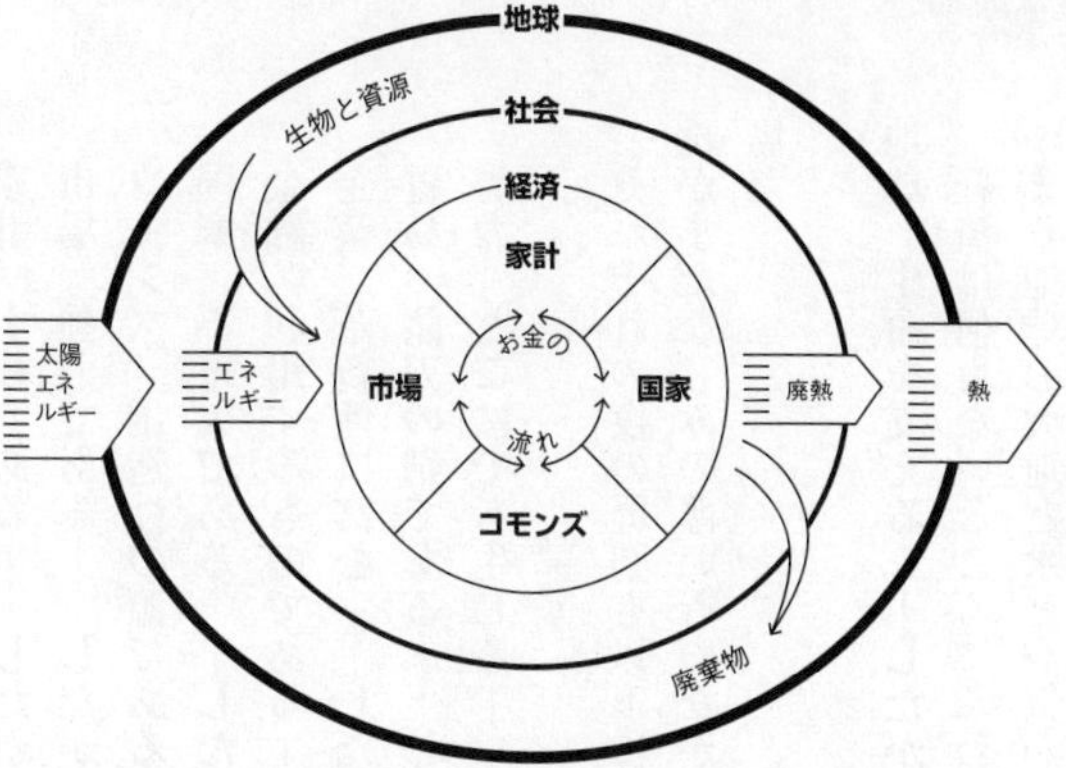

組み込み型経済の図。この図は、経済を社会と生命の世界のなかに置くとともに、人々のニーズや要望を満たす方法は多様であることを示している。

そしてそれら四つを支えるものとして、「お金の流れ」がある。ではこの図によって用意された新しい舞台についても、先ほどと同じように登場人物の一覧を見てみよう。

経済学——二十一世紀の物語
（バランスの取れた繁栄を築く人類）

演出及び脚本＝経済学を見直そうとする世界中の有志（執筆中）

配役（登場順）

地球　生命を支える——したがってその許容限界に配慮しよう
社会　土台である——したがってそのつながりを育もう
経済　多様である——したがってそのシステ

ムのすべてを支えよう

家計　中核である――したがってその貢献を重んじよう

市場　強力である――したがってじょうずに組み込もう

コモンズ　創造性の源である――したがってその可能性を引き出そう

国家　不可欠である――したがって責任を明確にしよう

金融　利用するものである――したがって社会の役に立てよう

企業　革新性に富む――したがって目的を持たせよう

貿易　諸刃の剣である――したがって公平にしよう

勢力　どこにでも生じる――したがって濫用を防ごう

それぞれの役の経歴も以下に紹介しよう。二十世紀版より長いのは、これらの新しい役がまだなじみの薄いものだからだ。いよいよ二十一世紀の経済を演じる役者たちの登場だ。

地球　生命を支える――したがってその許容限界に配慮しよう

経済は何もないところにふわふわと漂っているものではなく、バイオスフィアのなか、つまり地球の大地と水と空気からなる繊細な生物圏のなかにあるものだ。たえず地球の資源と生物系からエネルギーと物質を取り出して利用し、つねに廃熱と廃棄物を出している。あらゆる生産物――レンガのブロックからレゴのブロックまで、ウェブサイトから建設サイトまで、レバーパテからパティオのベンチやテーブルまで、低脂肪のシングルクリームから二重窓まで――のなかで、このエネルギーと物質の流れに依存していないものは一つもない。どんな生産物も、バイオマスや化石燃料から金属や鉱物まで、なんらかのエネルギーと物質を利用している。これは何も目新しい話ではない。しかし経済がバイオスフィアに組み込まれていることはこれほど明らかなのに、どうして経済学はそれを公然と無視してきたのか？

地球が経済にとって重要であることは、初期の経済学者たちには当たり前だった。十八世紀、フランソワ・ケネーたちは、経済的な価値を理解するうえで鍵を握るのは農地だと考え、重農主義を標榜した。もちろんこれらの初期の経済学者たちの自然環境への配慮は、農地のことに限られていた。それでも少なくとも、生命の世界への関心はあった。ところがその後、経済学者たちは道を逸れ始める。理由はいろいろと考えられる。古典派経済学の父、アダム・スミスは重農主義の思想を受け継ぎ、国家にどれほどの富がもたらされるかは最終的に気候と土壌にもとづくと信じていた。しかしいっぽうで、生産性を高める秘訣は分業にあると考え、その研究に重点を置いた。デイヴィッド・リカードも、「根源的で破壊できない土壌の力」を備えた稀少な農地こそ、経済的な価値を決める重要な要素だと考えた。[*17] しかし英国の植民地で新しい土地の開墾が進むと、土地の稀少性はもはや脅威ではないと見なし、スミス同様、労働そのものに関心を移した。

ジョン・スチュアート・ミルも、あらゆる生産活動でいかに地球の資源とエネルギーがたいせつかをはっきりと理解していた。しかし社会科学と自然科学を区別したいという思いから、政治経済学は物質の法則より心の法則に研究の力点を置くべきだと（いささか無用なことを）唱えた。[*18] 一八七〇年代には、米国の急進的な経済学者ヘンリー・ジョージが、地主がまったく土地に手を加えなくても、土地の価値は高まることを指摘し、地価税の導入を訴えた。以後、ジョージの有力な対抗者たち（地主でもあった）は、経済理論のなかで土地の重要性を実際より低く見せるようになった。[*19]

これは要するにどういうことか？ スミスとリカードに代表される古典派経済学では、労働力、土地、資本の三つが生産に必要な要素とされていた。しかし二十世紀後半の主流派経済学になると、労働力と資本の二つに重点が置かれた。土地の話が出てくるのは、土地がほかのものと交換可能な資本の一形態として扱われるときだけになった。[*20] その結果、学校で教えられている主流派経済学ではいまだに、人類を支える命の惑星にも、エネルギーの源である真っ赤な恒星にも、ほとんど関心が払われていない。[*21] 気候変動や、森林伐採や、土壌の劣化など、環境への負荷の問題は経済思想の中心から追い出されている。しかし今、その経済的な影響が深刻化し、いやでも注目せざるをえなくなってきた。

まずは正気を取り戻して、現実を見つめよう。経済は閉じたシステムではなく、開かれたシステムだ。つねに物質とエネルギーが出入りしている。経済には「供給源」としての地球が欠かせない。わたしたちは石油や粘土やコバルトや銅など、限りのある資源を地球から採掘し、木材や農作物や魚や水など、再生可能な資源を地球から収穫している。地球はまた経済の「吸収源」でもある。わたしたちは温室効果ガスから、畑から流出する肥料、プラスチックごみまで、廃棄物を地球に捨てている。しかし地球自体は閉じたシステムだ。地球上の物質は減りもしなければ、増えもしない。外から来る太陽のエネルギーを別にすれば、資源は地球のなかを循環している。[22]

地球の閉じたシステムのなかにある開かれたサブシステムとして経済を捉え直すという発想の大転換を、一九七〇年代にエコロジー経済学のハーマン・デイリーなどが提唱した。経済規模が拡大の一途をたどるなか、このパラダイムシフトの必要性はますます増している。アダム・スミスの『国富論』が刊行された一七七六年、世界の人口は一〇億人に満たず、経済規模は現在の三〇〇分の一だった。ポール・サミュエルソンの『経済学』が世に出た一九四八年でも、人口はまだ三〇億人に達しておらず、経済規模も今の一〇分の一だった。二十一世紀に入り、もはや「空きのある世界」の時代は終わった。それは世界経済のエネルギーと物質の流れが、地球の「供給源」と「吸収源」のキャパシティーより小さかった時代だ。わたしたちは今、デイリーのいう「いっぱいに詰まった世界」に生きている。魚や森林などの「供給源」から得られる資源を過剰利用し、大気や海などの「吸収源」を廃棄物で埋め尽くしたわたしたちの経済は、地球の再生や受容のキャパシティーを超えてしまった。[23]

これに加えて、改めるべき経済の見かたはもう一つある。それは経済におけるもっとも根本的な資源の流れは、貨幣の循環ではなく、エネルギーの一方通行であるということだ。そのエネルギーを使わなければ、どんなものも動かず、成長せず、機能しない。ここにビル・フィリップスのＭＯＮＩＡＣの根本的な誤りがあった。ＭＯＮＩＡＣは所得のフロー循環を表す装置としては見事だったが、エネルギーの貫流（スルーフロー）を完全に見落としていた。ＭＯＮＩＡＣを動かすためには、フィリップスも電源のスイッチを入れなくてはいけなかったはずだ。現実の経済と同じように、この装置も外部からエネルギーの供給を受けなくては動かなかったはずだが、フィリップスも同時代の経済学者も、このモデルを作動させるためには電力が不可欠であるという事実に注意が向かなかった。この教訓はマクロ経済学のすべてに当てはまる。経済が何によって動いているかを解き明かそうとするのであれば、エネルギーの役割にもっと注目しなくてはならない。経済理論のなかでエネルギーはもっと重要な位置を与えられるべきだ。

今日の世界経済を支えているエネルギーの大半は、太陽から供給されている。太陽エネルギーのなかには、太陽光や風のように、毎日、即時にエネルギーとして地球に届くものもあれば、農作物や家畜や木々のなかに蓄えられたもののように、近い過去に蓄えられたものもある。また、石油や石炭や天然ガスのように、大昔から蓄えられているものもある。経済がこれらのどの資源を使うかは、たいへん大きな問題だ。そのわけを以下に説明しよう。完新世の気候が穏やかで安定していたのは、宇宙から大気中に入ってくる太陽エネルギーと、地球から宇宙へ放出される熱のあいだに均衡が保たれていたおかげだ。しかし過去二〇〇年間、とりわけ一九五〇年以降、化石燃料の利用によって、二酸化炭素をはじめとする温室効果ガスが大量に大気中に排出されてきた。これには重大な結果を招く危険性がある。温室効果ガス（水蒸気も含む）のほとんどは大気中に自然に存在するもので、地球を毛布のようにくるんで、地表の温かさを保っている。しかし大量に二酸化炭素が排出されれば、毛布が厚くなりすぎ、気温が上昇し、人為的に地球温暖化を引き起こすことになる。[*24]

このような広い視野から、一方通行のエネルギーと物質の流れを眺めると、経済も生き物のようにたえず物質とエネルギーの摂取を必要とし、たえず廃棄物や廃熱を出していることがわかる。それはいわば一つの超生命体だ。巨大なナメクジのようなものを想像してほしい。精巧な生態系と微妙なバランスの気候を持つこの惑星において、この巨大なナメクジの存在はわたしたちに次のような問いを考えさせずにおかない。世界経済の一方通行の物質とエネルギーの流れは、地球のバイオスフィアのなかでどこまで大きくなれるのか？　大きくなりすぎれば、わたしたちの幸福の土台でもある、地球の生命を支えるシステムが破壊されるのではないか？　この問いには、先述した地球環境の九つの許容限界が明確な答えを与えている。第6章であらためてこの問題を取り上げ、物質とエネルギーの利用のしかたをどう変えれば、経済が地球の生命サイクルと共存できるものになるかを掘り下げたい。

社会　土台である――したがってそのつながりを育もう

社会などというものは存在しないとサッチャーが宣言したとき、驚いた人は多かった。しかし誰よりも驚いたのは社会自身だ。米国のロバート・パトナムなどの政治学者たちは、「社会資本」という言葉を使って、信頼や報恩という社会の富について説明している。信頼や報恩は人間どうしのつながりの結果として、社会のなかで生まれる富だ。[*25] 地元のスポーツチームであれ、国際的なイベントであれ、あるいは信仰をともにするグループや社交クラブであれ、わたしたちはそのような社会的な営みを通じて、互いに協力し合ったり、助け合ったりするための基準や、規則や、関係を築く。これらのつながりは社会的な結束を強めるだけでなく、社会参加や、余暇や、保護や、帰属など、人間の基本的なニーズを満たすのにも役立っている。パトナムは次のように書いている。「コミュニティのつながりは、市民社会の心温まる話という次元に尽きるものではない。はっきりと目に見える形で、わたしたちを賢くしたり、健康にしたり、守ったり、豊かにしたり、あるいは公正で安定した民主主義の維持に長けた人間にしたりする働きが、社会資本にはある」[*26]

経済が活況を呈するかどうかは、社会のなかでどれだけ信頼や規範や報恩意識が育まれるかにかかっている。それはスポーツの場合と同じだ。どんなスポーツでも、プレーヤーがルールを守らなければ、盛り上がらないだろう。しかし社会が活況を呈するかどうかは、逆に、その経済の構造に左右される。人と人のつながりが深まるか薄まるか、公共の精神が育つか消えるか、富がどのように分配されるかは、経済の構造しだいだ。この問題はあらためて第5章で取り上げたい。

加えて、繁栄した社会には、市民が政治に積極的に参加する傾向が見られる。地域社会の会合に始まり、草の根団体の設立、選挙での投票、議員に説明責任を果たさせる社会運動まで、政治への参加が盛んだ。米国の歴史家ハワード・ジンは、十九世紀の奴隷解放運動と二十世紀の公民権運動の例をあげて、「大きな変化が生じるのは、社会運動の勢いが一定以上に達し、現状を維持しようとする慎重な政治家たちにも行動を起こさせるようになったときだ」と述べている。[*27] 民主的な社会や経済の運営が成功するかどうかは、公の議論に参加する市民の権利と能力しだいだ。したがってドーナツの社会的な土台にある「政治的発言力」が重要になる。

経済　多様である――したがってそのシステムのすべてを支えよう

さまざまな要素が複雑に絡み合った社会のなかには、その要素の一つとして経済自体も組み込まれている。経済とは、人々が自分たちの要望やニーズを満たす財やサービスを生産し、分配し、消費する活動だ。経済学の初級の教科書にはめったに記されていない経済の大事な特徴が一つある。それは家計、市場、コモンズ、国家という四つの供給主体から成り立っているという特徴だ。組み込み型経済の図に示されたこれら四つは、どれも生産と分配を担うが、その中身はまったくちがう。家計が生産するのは、家族にとってもっとも基本となる財であり、市場が生産するのは、需要がある私的な財であり、コモンズが生産するのは、コミュニティのために共同で開発された財であり、国家が生産するのは国民全員のための公共財だ。これらの四つの供給主体が一つでも欠けた社会に、わたしは住みたいと思わない。一つ一つの供給主体にはそれぞれに独自の特質があり、それらは相互に組み合わさるときに高い価値を持つからだ。四つはすべて揃って初めて、最高の力を発揮できる。

さらに、フロー循環図で人はもっぱら労働者か、消費者か、資本家として扱われていたが、組み込み型経済では、もっと多くの社会的、経済的な役割を担う者と考えられている。わたしたちは家庭では親や、介護者や、隣人かもしれない。国家との関係では、公共サービスを利用し、税金を払う国民だ。コモンズでは共同の開発者になり、みんなに共有されている富の管理者になる。社会においては市民であり、有権者であるほか、活動家であったり、ボランティアであったりもする。わたしたちは毎日、これらの自分の役割や関係をほとんど切れ目なく切り替えながら、生活している。消費者から開発者に、市場から会議室に、商談からボランティアにというように。では一つずつ順番に見ていこう。

家計　中核である——したがってその貢献を重んじよう

フロー循環図に描かれる労働者は、毎日、万全の体調で元気にオフィスなり、工場なりで働いているように見える。ではそういうことを可能にするため、日々、食事を作ったり、後片づけをしたりしているのは誰だろうか？　アダム・スミスは「わたしたちが食事にありつけるのは、肉屋や、酒屋や、パン屋の優しさのおかげではなく、彼らの儲けたいという欲のおかげである」と述べて、市場の力を称賛したとき、女手一つで自分を赤ん坊のときから育ててくれた母マーガレット・ダグラスの優しさに触れることはなかった。生涯独身だったスミスに、頼れる妻（と育てなくてはならない子ども）はいなかった。四十三歳で主著『国富論』を書き始めたときには、年老いた母のいる実家に戻って、毎日、母に食事を作ってもらった。しかしスミスの経済理論のなかに母親の役割は一言も出ていない。その影響で、二世紀以上にわたって、母親の役割は無視されることになった。*28

その結果、主流派経済学では賃金労働の生産性が盛んに議論されるいっぽう、フェミニストの経済学者が何十年も前から明らかにしているように、賃金労働を支える無給労働はまるで問題にされない。*29 無給労働には、無給の世話仕事だの、繁殖の経済だの、愛の経済だの、第二の経済だのいろいろな呼び名がつけられている。しかし米国の経済学者ニーヴァ・グッドウィンが指摘するように、まちがっても「第二の」労働などではない。むしろ「中核経済」であり、毎日、第一に行われていることだ。時間や知識、技能、気遣い、共感、指導、報恩という普遍的な人的資源を使って行われるこの労働のおかげ考えたことがなかったら、今がそのときだ。主婦としての自分は日常の営みのなかにいる。朝食を用意し、皿を洗い、家を掃除し、スーパーに買い物に行き、子どもに歩きかたと分かち合いの精神を教え、服を洗濯し、年老いた親を世話し、ごみ箱を空にし、学校に子どもを迎えに行き、近所の手伝いをし、夕食を作り、床を掃き、家族の話に耳を傾ける。主婦としての自分は、こういうことを一手に引き受け――心から喜んでそうする人もいれば、歯を食いしばってそうする人もいるだろう――自分や家族の幸せを支え、社会生活を維持している。

わたしたちはみんなこの中核経済を担っているが、人によっては（アダム・スミスの母親のように）ほかの人より格段に多くの時間をこれに費やしている。時間は普遍的な人的資源だが、時間をどのように経験し、利用するか、どこまで思いどおりにできるか、どれほど大事にするかには、人によって大きな差がある。[*31] サハラ以南のアフリカや南アジアでは、中核経済に割かれる時間の長さが特に際立つ。政府からの配給を得られず、市場からも遠く隔った場所に暮らす家族は、生活に必要なものの多くを、自分で直接手に入れなくてはならない。今でも何百万人もの女性や少女が毎日、長距離を徒歩で往復し、水や食料や薪を頭に載せて運んでいる。赤ん坊を背負っていることも少なくない。それらの仕事はすべて無給で行われている。しかしこの男女によって有給、無給の仕事が分かれる慣行は、目立たないだけで、世界のあらゆる社会に浸透している。中核経済の仕事は無給なので、その担い手はきまって軽視されたり、搾取されたりし、生涯にわたって、社会的地位でも、就業の機会でも、収入でも、力関係でも、不平等を被り続ける。

中核経済をほとんど考慮に入れない主流派経済学は、有給の経済がどれだけ無給の経済に多くを負うかも見すごしている。料理や、皿洗いや、世話や、掃除という営みがすべて省かれたら、毎朝、元気に出勤できる健康な労働者はこの世からいなくなるだろう。未来学者アルヴィン・トフラーは企業の重役たちへの講演でよく次のように尋ねた。「みなさん、考えてみてください。もし従業員がトイレトレーニングを受けていなかったら、どれほどの生産性を達成できるでしょうか？」[32]。規模の面でも、中核経済の貢献度をけっして軽く見ることはできない。二〇〇二年、スイスの富裕な都市バーゼルで、市内のすべての家庭で無給で行われている家事や世話の経済的な価値を推計したところ、市内のすべての病院、デイケア施設、学校で支払われている全給与の合計額を上回った[33]。同じような調査結果は、米国の一万五〇〇〇人の母親を対象に実施した二〇一四年の調査でも出ている。それらの母親たちにそれぞれの雑事――掃除や世話や車の運転など――に応じた時給を支払った場合、主婦の場合で年収は一二万ドルにのぼるという。フルタイムで働いている母親の場合でも、家の仕事に給料が支払われれば、それだけで七万ドルの収入になる[34]。

経済学でこの中核経済に着目することがたいせつなのは、なぜか？　家事や世話は人類の幸福に欠かせないものであるとともに、有給経済の生産性を直接左右するものだからだ。また政府が——緊縮財政や公共部門のコスト抑制の名のもとに——託児所や社会奉仕、育児休暇、ユースクラブの予算を削減したとき、それらの必要性までなくなるわけではないので、そのしわ寄せは結局、家庭に来る。家庭へのこの負担は、特に女性に時間の面でのしかかり、女性たちが外で働けなくするとともに、社会のストレスや不安定さを増大させる。これは人類の幸福と女性の活躍の両方を妨げており、その連鎖的な影響は社会や経済にも及んでいる。家庭が中心であることを理解するため、また女性の無給労働を減らすか、分け合うかするためには、まずは、新しいマクロ経済の図に家計の役割を組み入れることが第一歩になる。*35

市場　強力である——したがってじょうずに組み込もう

アダム・スミスが解き明かしたように、市場はあらゆる人々の要望と、要望を満たすためにかかる費用の情報を一カ所に集めることができ、それによって何十億人もの買い手と売り手を一つの世界的な価格体系のなかで仲介している。しかも中央集権的な大がかりな計画もいっさい要らない。市場が効率性に並外れて優れていることはまちがいなく、市場抜きで経済を運営しようとしたら、供給不足と長蛇の列を招くのがおちだ。新自由主義の脚本家が舞台の中央で市場を活躍させる芝居を書いたのは、この市場の力を評価したからだった。しかし市場には不得手なこともある。市場は値段のつくものだけしか、価値を見分けられず、値段を払える人にしか、ものを提供できない。火と同じで、長所を生かすぶんにはこのうえなく便利だが、制御できなくなると危ない。規制がなければ、市場は地球の「供給源」と「吸収源」に過度のストレスをかけ、生命の世界を壊すことになる。また市場の成功は公共財――教育や予防接種から、道路や鉄道まで――に深く依存しているが、市場はそれらを提供することができない。加えて、第4章で見るように、市場にはもともと社会の不平等を広げ、経済を不安定にしやすい性質も備わっている。だから、市場の力は公的な規制のなかに、もっと広い経済のなかにじょうずに組み込んで、その力の及ぶ範囲を明確にし、制限しなくてはならない。

「自由市場」をほめそやす人がいると、わたしはそういう市場はどこにあるのですかと尋ねずにいられない。わたしが訪れたことのある国では、いまだかつてそういう市場を目にしたことがないからだ。制度派の経済学者たち――ソースティン・ヴェブレンからカール・ポランニーまで――が長く説き続けたように、市場（と価格）は法律や規制、政策、文化など、社会的な文脈に大きく左右される。ケンブリッジ大学のハジュン・チャンは次のように指摘している。「市場があたかも自由であるように見えるのは、根底にある規制が無条件に受け入れられ、規制として意識されていないせいだ」[*36]。パスポートから薬品やAK47まで、公的な許可がなければ合法的に売買できないものはたくさんある。労働組合や、移民政策や、最低賃金法はすべて、現行の賃金率に影響しているし、企業の報告義務や、株主至上主義の文化や、国費による企業救済はすべて、企業の利益水準に影響している。自由市場のことはもう忘れよう。考えるべきは、組み込まれた市場だ。突飛に聞こえるかもしれないが、組み込まれた市場では、もはや規制緩和は行われない。その代わり、市場を政治的、法律的、文化的に別のルールのなかに組み込み直す「再規制」が行われる。この再規制では、誰がリスクやコストを負い、誰が恩恵を被るかが見直されることになる。*37

コモンズ　創造性の源である――したがってその可能性を引き出そう

コモンズとは、みんなで共有できる自然や社会の資源のことだ。ただしこの資源の利用や管理は、国や市場に頼ることなく、自発的な秩序形成を通じて行われる。村民たちが村で唯一の井戸や近くの森をどのように管理するかや、世界中のインターネットユーザーがどのように共同でウィキペディアを運営しているかを考えてみるといい。自然のコモンズが生まれるのはふつう、コミュニティで放牧地や漁場、川の流域、森林など、いわゆる「コモンプール」と呼ばれる地球の資源を管理しようとするときだ。文化のコモンズはコミュニティの言語や遺産、儀式、神話、音楽、代々受け継がれてきた知恵、風習を生き生きと保つのに役立つ。また近年、成長の著しいデジタル世界のコモンズは、オンラインで共同で管理され、オープンソースのソフトウェアやソーシャルネットワーク、それに情報や知識の創出に貢献している。

ギャレット・ハーディンがコモンズを「悲劇」といったのは――新自由主義の脚本にはぴったりだったが――誰でも好きに使えるようにしてしまうと、牧草地であれ、森林であれ、漁場であれ、やがて必ず、濫用され、枯渇してしまうと考えたからだった。ハーディンのこの懸念はおそらく正しいだろう。しかし「誰でも好きに使える」というのは、実際に成功しているコモンズの管理のしかたからは遠く隔っている。一九七〇年代、無名の政治学者エリノア・オストロムがコモンズの仕組みを解明しようとして、運営のうまくいっている自然のコモンズの調査を始めた。やがてオストロムはこの調査で発見したことを評価され、ノーベル経済学賞を受賞した。成果が上がっているコモンズは「誰でも好きに使える」ものではなく、明確な形をなすコミュニティによって、罰則のある規則のもとで運営されていた。[*38] それは「悲劇」どころか、「大勝利」だった。コモンズは国家と市場のどちらと比べても、資源の持続可能な管理とその公平な利用の面で勝っていた。これについては第5章と第6章であらためて詳しく取り上げたい。

コモンズの勝利がいっそう明らかなのは、デジタル世界のコモンズだ。デジタル世界のコモンズは今や、グローバル経済のもっとも活発な領域の一つへと急速に変貌しつつある。この変貌を可能にしたのは、米国の経済アナリスト、ジェレミー・リフキンが指摘するように、現在進行しているデジタルコミュニケーションのネットワークと、再生可能エネルギーと、3D印刷の統合だ。この統合によりリフキンのいう「協働型コモンズ」が生まれた。分散型のオーナーシップ、ネットワークを通じたコラボレーション、運営費の最小化を可能にするこのコモンズには、破壊的な力が秘められている。ソーラーパネルとコンピュータネットワーク、3Dプリンターの三点が揃えば、エネルギーでも、ダウンロードでも、3D印刷された部品でも、追加の生産にほとんど費用がかからなくなり、リフキンのいう「限界費用ゼロ革命」が実現する。*39

その結果、ほとんど無料で大量に生産できる商品やサービスの種類がどんどん増え、オープンソースデザインや、無料のオンライン教育、分散製造などの可能性が広がるだろう。鍵となるいくつかの分野では二十一世紀の協働型コモンズがすでに、市場に対して補完したり、競合したり、あるいは取って代わったりし始めている。さらには、コモンズで生産されたものは、コモンズ内の人たちによって直接利用され、いっさいお金に換算されないこともある。これは第7章で掘り下げるように、GDPの成長に関して興味深い未来を示唆している。

コモンズは創造性の面で大きな可能性を秘めていながら——またはときにそのせいで——何世紀ものあいだ、市場と国家の両方から、入会地の囲い込みや、企業の労働者と所有者の分離や、市場と国家間の争いを通じて、侵害を受けてきた。そういう侵害の背後には、コモンズは必ず失敗に終わると主張する経済理論があった。しかし、オストロムがコモンズの成功事例を幅広く集めたことで、コモンズの復活への関心はどんどん高まっている。したがって、組み込み型経済の図にもコモンズははっきりと入れなくてはならない。

国家　不可欠である――したがって責任を明確にしよう

新自由主義による脚本の筆頭著者ミルトン・フリードマンは、国家には国防と治安維持と法執行だけを担わせ、経済に介入させるべきではないという考えを断固として貫いた。フリードマンによれば、国家の正当な目的とは、市場が円滑に機能するよう私有財産と法的契約を守ることだけだった。[*40]その経済の芝居において国家に与えられた役は、せりふのない脇役だ。筋書きにはその名が出ていて、ほんのわずかに舞台にも登場するが、目立つ動きは許されていなかった。フリードマンのライバル、ポール・サミュエルソンはこういう見かたに強く反対した。自身の教科書の改訂版にも「政府が経済のなかで与えられている創造的な役割は幅広く、また相互に依存し合った過密な世界では不可欠なものである」と書いた。しかし政府の役割を縮小しようとする人々のあいだでは、あいかわらずフリードマンの説が支持された。[*41]

二十一世紀の経済の物語では、国家の役割は再検討しなくてはいけない。例えば、戯曲の映画版に喩えてみるなら、映画版での国家は、家計とコモンズと市場を支える経済のパートナー役として、アカデミー助演賞を全力で狙うべきだ。そのために第一には、社会やその経済が繁栄できるよう、公共財――公教育や医療から道路や街灯まで――を、お金を払える人だけでなく、すべての人に提供する。第二には、家族の世話という家計の大事な役割を支援する。例えばそれには育児休暇制度や、早期教育への投資や、高齢者の介護支援などの方法がある。第三には、コモンズを活性化する。そのためにはコラボレーションを後押しすると同時に、コモンズを侵害から守る法律や制度の導入が必要になる。第四には、公益を促進する制度や規制——有害物質の排出やインサイダー取引の禁止から、生物多様性や労働者の権利の保護まで——のなかに市場を組み込むことで、市場の力を利用する。

助演賞受賞者の演技と同じように、国家も舞台の中央に歩み出ることがある。市場やコモンズが手を出せない、あるいは手を出そうとしない領域では、国家が起業家的なリスクを負う。アップルのようなテクノロジー企業の華々しい成功は、市場のダイナミズムの証拠として持ち上げられることもある。しかし政府主導のイノベーションの経済学を研究するマリアナ・マッツカートが指摘するように、スマートフォンを「スマート」にしているイノベーション——GPS、マイクロチップ、タッチスクリーン、それにインターネットそのもの——の背後にある基礎研究は、すべて米国政府の出資で行われたものだ。イノベーションを起こし、リスクを負うパートナーになり、私企業を「締め出す」のでなく「活性化」したのは、市場ではなく国家だったということだ。[*42] この傾向は製薬業界やバイオテクノロジー業界など、ほかのハイテク業界にも広く見られる。ハジュン・チャンの言葉を借りれば、「新自由主義のイデオロギーを盲信し、民間部門の勝者を見つけることが成功の唯一の道だと思い込んでいると、官主導や官民合同の試みによって可能になるさまざまな経済発展の道が閉ざされてしまう」。[*43] 再生可能エネルギーの未来を築くための投資を、官と民、コモンズ、家計から引き出すため、今、世界中でこのようなリーダーシップを国が発揮することが必要とされている。

国が経済の頼もしいパートナーになる。とてもけっこうな話に聞こえるが、はたしてほんとうに可能なのだろうか？　米国の経済学者ダロン・アシモグルと政治学者ジェイムズ・ロビンソンによれば、それはその国の経済や政治の制度が「包括的」か、それとも「収奪的」かで決まるという。簡単にいえば、包括的な制度のもとでは多くの人の意見が意思決定に反映されるが、収奪的な制度のもとでは少数の意見が重んじられ、少数の人間による搾取と支配が可能になる。*44 強権国家の脅威はまさに現実のものだが、市場原理主義の危険もやはり現実のものだ。国家と市場のどちらの横暴も避けるためには、民主的な政治が欠かせない。したがって一人一人が社会や政治に積極的に参加し、責任を果たせるよう、市民参加型の社会を築いていく必要がある。

金融　利用するものである——したがって社会の役に立てよう

金融については昔からまことしやかに語られている神話が三つある。一、銀行は人々から集めた預金を投資に振り向けることで、事業を営んでいる。二、金融取引には経済の変動を抑える効果がある。三、ゆえに金融部門は生産的な経済に有益なサービスを提供している。この神話は三つとも、二〇〇八年の金融危機で崩壊した。銀行は単に預金を貸し付けに回すだけでなく、信用創造によって魔法のようにお金を生み出している。

金融市場には安定をもたらすどころか、不安定を生み出す性質がもともと備わっている。金融部門は生産的な経済に有益なサービスを提供するはずが、今は主客転倒の状態にある。

まず、銀行の事業を見よう。教科書の説明やフロー循環図とちがって、実際の銀行は預金者から集めたお金で、貸し付けを行っているだけではない。貸し付けを行うたび、無からお金を創造してもいる。銀行が顧客から預かったお金（預金）をほかの顧客に貸し付けると、貸し付けられたお金の一部がふたたび銀行に預金されることで、銀行の預金総額が増えるからだ。この「信用創造」と呼ばれるお金の創造はけっして新しくはない――起源は何千年も前までさかのぼる――し、有益でもある。しかし一九八〇年代以降、規模があまりに大きくなりすぎた。規模の拡大をもたらしたのは、金融の規制緩和――英国では一九八六年の金融ビッグバン、米国では一九九九年のグラス・スティーガル法の廃止――だ。この規制緩和によって銀行は顧客から預かっているお金や顧客に貸し付けたお金と、自行の投機のために使うお金を分けなくてよくなった。

次に、金融市場には、通説とはちがい、経済を安定化する傾向は見られない。金融規制緩和のおかげで「個々の金融機関が基本的なリスクに強くなっただけでなく、金融システムそのものも頑健になった」[*45]と、連邦準備制度理事会議長のアラン・グリーンスパンが述べたのは二〇〇四年だった。その四年後、金融崩壊が発生し、この主張は無残なまでに否定された。同時に、ユージン・ファーマの「効率的市場仮説」――金融市場はつねに効率的であるとする説——は信用を失い、ハイマン・ミンスキーの金融不安定性仮説——金融市場はそもそも不安定であるとする説——による反駁を受けた。これについては第4章であらためて取り上げたい。

最後に、金融部門は生産的な経済を支える役割を演じるどころか、今では反対に、経済を支配する立場にある。金融業界の少数のエリート——一握りの銀行や証券会社に所属する——が、信用創造という公共財を操って、そこからたっぷりと利益を得るいっぽう、そのような行為によってもっと広い経済を頻繁に不安定にしている。わたしたちはただちに、このさかさまになってしまったシナリオを元に戻して、金融を道具として設計し直し、経済と社会の役に立つものにしなくてはいけない。そのような再設計からは、お金の創造のしかた——市場だけでなく、国やコモンズによるお金の創造のしかたも——の再考も促されるだろう。第5章、第6章、第7章でいくつかの可能性を検討してみたい。

企業　革新性に富む——したがって目的を持たせよう

企業は市場の範囲内では、きわめて効率よく、人や、技術や、エネルギーや、材料や、金融を組み合わせて、新しいものを生み出せる。新自由主義にいわせると、企業が効率性に優れるのは市場のメカニズムのおかげであり、したがって企業の内部で起こっていることは無視していいということになる。家計の場合と同じだ。しかし企業についても、生産のブラックボックスのなかで何が行われているかを明らかにすることは不可欠だ。企業から給料をもらっている労働者と企業の株式を持っている所有者とのあいだには必ず力関係が生じる。フリードリヒ・エンゲルスとカール・マルクスが十九世紀後半、英国の不潔な工場で目の当たりにしたように、両者のあいだには大きな不平等があるからだ。今も、世界中の工場や農場で当時と同じような状況が見られる。例えば、企業の利潤追求のため、労働者たちは部屋に閉じ込められたり、トイレに行くのさえ禁じられたり、あるいは妊娠を理由に解雇されたりしている。しかし法律を守っている企業でも、多くの国々では、不安定なゼロ時間契約（週当たりの労働時間が決まっておらず、雇用主から依頼があるときにだけ仕事をする契約）で人を雇うことができる。法律で定められた最低賃金を支払ったとしても、それでは貧困線以下の生活しかできない。*46

労働者には組織を作って、団体で交渉する権利があることを明確にするのも、著しい力の不均衡を是正する一つの方法になる。そのほかには、企業の所有構造そのものを変え、数百年続いた、労働者と所有者の分離に終止符を打つという方法もある。この方法については第5章で取り上げたい。さらに、フリードマンの「利潤の追求が企業の唯一の責務である」という狭い見かたも、信用を失った。二十一世紀の課題と正面から向き合うとき、企業には株主価値の最大化などという目標よりはるかに魅力のある目標が必要になる。第6章では、そういう新しい目標を見出す企業がどんどん増えていることを紹介したい。

組み込み型経済の図は一国の経済のほかに、世界経済を描くこともできる。だからそこには国際貿易も含まれている。過去二〇年のグローバル化を通じ、国境を越えるフローは急拡大した。それは貨物コンテナやインターネットによって国際的な輸送や通信のコストが大幅に引き下げられたおかげだ。また一九九五年以降は、世界貿易機関による貿易自由化の推進の結果でもある。

貿易　諸刃の剣である——したがって公平にしよう

有名なリカードのウィンウィンの貿易理論は、ワインや毛織物のような商品にもとづいたものであり、生産要素——土地、労働力、資本——は国境を越えて移動できないと想定していた。現在の世界では、移動できないのは土地だけだ。商品やサービス（果物から法律相談まで）も、外国直接投資（事業、不動産）も、金融フロー（銀行の融資から企業の株式まで）も、生計を求める移民も、国境を越えて移動している。

これらの国境を越えるフローはすべて、恩恵をもたらす可能性を秘めているが、同時にリスクも伴う。米や小麦などの主食が、国内で生産するより輸入したほうが安い場合、貿易によって消費者の食費を大きく下げることができる。しかしこれには同時に、国内の生産能力が損なわれ、国際的な価格の高騰に打撃を受けやすくなるリスクがある。実際、二〇〇七年から二〇〇八年にかけて発生した世界食料価格危機で、小麦、とうもろこし、米の値段が世界的に高騰したときには、エジプトやブルキナファソなどの各地で護師などのように、高度な技能や経験を持った労働者が外国に移れば、貴重な技能を母国へ持ち帰ったり、貧しい家族に仕送りしたりできるが、国の基幹分野で人材不足を招く恐れがある。企業が生産拠点を国外に移すと、しばしば消費者は商品を安く買えるようになるし、現地にも雇用が創出される。しかし国内では雇用が失われ、それによって地域社会が崩れる。米国産業の一大中心地だった「ラストベルト」で起きたことがその典型例だ。同じように金融でも、外資の流入は新興経済の未発達な株式市場を活気づけるかもしれないが、外資が流入時以上の速さで流出に転じれば、通貨の暴落を招きかねない。一九九〇年代末に発生したアジア通貨危機でタイ、インドネシア、韓国は身をもってそれを学んだ。国境を越えるフローは諸刃の剣であり、適切な管理が欠かせない。

リカードはたまたま異なる国どうしが互いの利益になる交易を行うこともあるが、比較優位の関係は偶然生まれるだけでなく、意図的に築くこともできると考えた。その考えはまちがいではない。しかしハジュン・チャンがいうように、現在の高所得国は自分たちが登ってきた「はしごを蹴り倒し」、低・中所得の国々に対しては、自分たち自身が避けてきた貿易戦略を採用し、国境を開放するよう勧めている。また「自由貿易」を旗印に掲げながら、実際の貿易交渉では、ほぼすべての高所得国がそれと正反対の態度を示す。自国産業に利すると判断すれば、どの国も関税による保護や、産業への補助金や、国有企業という手段を選ぶ。加えて、いまだに知的財産などの重要な貿易品目は厳格な管理下に置いている。*47

自由市場が現実には存在しないのと同じように、自由貿易も現実には存在しない。国境を越えるフローは必ず、国の歴史や、現行の制度や、国際的な力関係を背景にしている。二〇〇七年から二〇〇八年の食料価格危機、それに続いた二〇〇八年から二〇一〇年の金融危機で示されたとおり、国境を越えるフローの恩恵が確実に広く共有されるようにするには、国家間の効果的な協力が求められる。

勢力　どこにでも生じる——したがって濫用を防ごう

経済学の教科書の索引で「パワー（勢力）」という語を探してみてほしい。まったく出ていないか、出ているとすれば、おそらく電力関連の項目だろう。しかし勢力は経済や社会のあらゆる場面で見られる。誰が子どもの面倒をみるかについての家庭内の相談から、労働者と使用者間の賃金交渉、国家間の貿易や気候変動の話し合い、人類による他の生き物の支配まで、その登場場面は多岐にわたる。人間がいれば、必ず力関係もある。組み込み型経済の図も、そのあらゆるところに勢力が存在すると思って見ていただきたい。各領域のなかにも、領域どうしの接点にも勢力は生まれる。

これらのあらゆる力関係のうち、経済の仕組みに関して特に注目を要するのは、自分に都合のいい経済のルールを築ける富裕層の勢力だ。サミュエルソンのフロー循環図は、意図せずして、この問題をあいまいにするのに役立ってしまっている。家計を「労働力

に扱っている。そのうえ、賃金や利益の分け前を得る」ものとして、ひとまとめ

や資本を提供し、その見返りに賃金や利益の分け前を得る」ものとして、ひとまとめに扱っているからだ。またそれらを支払う企業のほうも、均質な集団として扱っている。しかし、ウォール街占拠運動の「一%と九九%」というスローガンで広く知れわたったように、わたしたちの知っている現実はそんな単純な図では表せない。多くの国々で、ここ数十年のあいだに、家計間、企業間ともに不平等がいっきに拡大した。大富豪や大企業の役員の手に極端に集中した所得と富は、経済を誰のためにどのように運営するかを決める勢力にあっという間に変わってしまう。

政治では、お金がものをいう。政治献金という表立った方法もあるが、好まれるのは密約、密談、袖の下による表立たない方法だ。米国の政治資金を長年研究する政治学者トーマス・ファーガソンによれば、そこには「黄金律」にもとづいた持ちつ持たれつの関係が見られるという。企業は候補者に効果的に投資し、自社に都合のいい政策というリターンを期待する。「黒幕を知りたければ、お金の動きを追えばいい」とファーガソンはいう。選挙運動の資金源をたどっていけば、その候補者の政策が誰の意向によるものなのかを突き止められる。*48

米国では、選挙の際の個人と企業による献金額は一九七六年以来二〇倍以上増え、二〇一二年のオバマとロムニーの大統領選では、二五億ドルを超えた。*49 二〇〇五年以来、米国の化石燃料産業がロビー活動や選挙運動支援に費やした資金は、一七億ドルにのぼる。なぜ化石燃料産業への政治的な支援があれほど揺るぎないのかがこれで説明がつく。

ヨーロッパでは、大西洋横断貿易投資パートナーシップ協定――相手国政府に不服がある米国とヨーロッパの企業に対し、審問の機会を約束する協定――は、大企業の強い影響のもとに成立した。二〇一二年から二〇一三年にかけて、条約についての検討が進められたとき、EUで開かれた会合の九〇％以上――全五六〇回のうちの五二〇回――に、企業のロビイストが出席した。[*50] これらの例からいえるのは、二十一世紀の物語において、市民がエリートの勢力に対抗できるようにするためには、所得だけでなく、富についても、今よりはるかに分配を重視した経済を設計しなくてはならないということだ。この問題は第5章で詳しく見たい。

二十一世紀の物語の幕開け

ここで少し後ろに下がって、舞台の全体と新しい登場人物を見渡してみよう。二十世紀の舞台とどんなちがいがあるだろうか？　フロー循環図を脇にどけ、代わりに組み込み型経済の図を描くことが、二十一世紀の経済分析の出発点になる。市場はそれ自体で完結していて、外部からの助けを必要としないという神話の時代は終わった。市場には家計、市場、コモンズ、国家という四者からの供給が欠かせない。それら四者はすべて社会のなかにあって社会に支えられている。さらに社会自体は生命の世界のなかにある。単に所得の流れを追うのでなく、わたしたちの幸福の土台になっているさまざまな富の源泉――自然、社会、人間、物質、貨幣――にもっと目を向けなくてはいけない。

この新しいビジョンからは新しい問いが促される。市場の効率性を高めることに真っ先に取り組もうとするのでなく、まずは次の問いを考えることから始めたい。わたしたちの多様な要望とニーズを満たすためには、四つの供給者――家計、市場、コモンズ、国家――にそれぞれどういう役割を果たさせるのがいいか？　技術や文化や社会規範の変化で、その役割はどう変わるか？　四者をどう組み合わせるのが、もっとも効果的か？　例えば、市場とコモンズ、コモンズと国家、国家と家計というように。同様に、経済活動の増大ばかりを追求する前に、次のように問おう。経済活動の内容や構造によって、どういう社会や政治や勢力を築いていけばいいか？　地球の許容能力を考えるなら、経済をどこまで大きくできるのか？

シェイクスピアの『テンペスト』の結末では、すべての悪事が正され、孤島で父プロスペローと隠遁生活を送ってきた娘ミランダが、初めて、嵐で島に漂着した狡猾なミラノの貴族たちの姿を見る。「まあ、すてき」とミランダは嘆声を上げる。「こんなにおおぜいの見目麗しいかたがたが、この島に来られるなんて！　人間はなんて美しいのでしょう！　すばらしい新世界／今や、こんなかたがたといっしょなのだから！」。二十一世紀の経済学者もミランダと同じ喜びを味わえるかもしれない。もちろん、政治的なナイーブさは抜きで。七〇年間、サミュエルソンのフロー循環図とモンペルラン協会の新自由主義の脚本という孤島に閉じ込められ、隠遁生活を強いられてきたわたしたちもようやく、新しい物語を書き始められる。鉛筆を持ち、組み込み型経済の図を描くだけでいい。この全体像で経済の見晴らしがよくなれば、二十一世紀の経済学者に突きつけられている大きな課題のいくつかは、はるかに取り組みやすくなるだろう。ただし、一つだけまだ取り上げていないものが残っている。この新しい舞台の主役、つまり人間だ。

第3章

人間性を育む

——合理的経済人から社会的適応人へ

歴史上もっとも有名な肖像画といえば、「モナ・リザ」だろう。レオナルド・ダ・ヴィンチの手になるあの謎めいた絵は、世界中の絵はがきや冷蔵庫のマグネットに使われている。ダ・ヴィンチは油絵の達人だったが、同時にペン画の先駆者でもあった。ミラノの往来で人物観察をしながら、カリカチュアという技法を創始している。団子鼻や尖ったあごなど、人物のいちばん目立つ特徴をわざと誇張して描くあの技法を使うと、コミカルなものであれ、グロテスクなものであれ、ふしぎと誰にでもその人物であることがわかる似顔絵ができあがる。

「モナ・リザ」はもっとも有名な肖像画だが、もっとも影響力のある肖像画といえば、同じぐらい謎めいていながら、まったくタイプがちがい、むしろカリカチュアに近いあの肖像画だ。そう、経済理論の核をなす自己中心的な人間像、合理的経済人だ。「ホモ・エコノミクス」とも呼ばれる（ラテン語風の名で呼ぶと、科学的な雰囲気が漂うからか）。合理的経済人は二〇〇年にわたって、何世代もの経済学者たちによって何度も描かれたり、描き直されたりしてきた。そのあいだに誇張が進み、もとは肖像画だったものがカリカチュアに変わり、最後には漫画になってしまった。*1 しかし、ばかばかしいものでありながら、影響力は冷蔵庫のマグネットをはるかに凌ぐ。あらゆる主流派経済学の教科書で主役を演じ、世界中で政策の意思決定の拠り所にされ、わたしたちの自己理解の形成に深く関わり、無言でわたしたちにどう振る舞うべきかを命じている。合理的経済人が大きな問題になる理由はまさにそこにある。

ホモ・エコノミクスはニュートン物理学における原子のように、経済理論の最小単位だが、ちょうど原子と同じように、世界に甚大な影響を及ぼしうる。二一〇〇年までに世界の人口は一〇〇億人を超える見通しだ。そのような未来を迎えようとしているとき、わたしたちが自分たちのことをホモ・エコノミクス――孤独で、計算高くて、競争意識が強く、貪欲な人間――として、思い描き、行動し、正当化し続けたら、地球にある資源ですべての人の基本的なニーズを満たせる可能性はほとんどゼロに等しくなる。だから経済の画廊から漫画のような自画像を外して、もう一度、じっくり自分たちを眺め、新しい人間の自画像を描くべきときだ。それはきっと二十一世紀に描かれたもっとも重要な自画像になるだろう。経済学者だけでなく、わたしたちみんなの生きかたを変えるものになるはずだ。下書きのスケッチはすでに始まっている。その制作にはちょうどダ・ヴィンチの工房と同じように、数多くのアーティストが携わっている。心理学者、行動科学者、神経学者、社会学者、政治学者、それにもちろん経済学者も。

本章では、合理的経済人の肖像画の変遷を振り返って、わたしたちの経済的な自己を形成してきたそれらの肖像画が、わたしたちにどれほど強い影響を及ぼしているかを明らかにしたい。しかし同時に、新しい肖像画にも目を向け、人間像に生じている五つの大きな変化も掘り下げる。それらの変化から浮かび上がってくるのは、人間の性質のなかには、正しく理解し、じょうずに育むならば、わたしたちを安全で公正な範囲に導け

合理的経済人―主流派経済学の中心に据えられた人間像

る重要な側面があるということだ。

自画像の歴史

合理的経済人は主流派経済学のまんなかに立っているが、来歴は教科書には書かれておらず、あいまいもことしている。その肖像画は言葉と数式で描かれたもので、絵ではない。しかしあえて絵にするなら、右のような姿になるだろう。一人で立ち、手にお金を握り、頭のなかに計算機を持ち、心にエゴを抱える人間だ。

このしみったれた人物はいったいどこから来たのだろうか？　詳細な肖像画が初めて描かれたのは、アダム・スミスの二大主著、一七五九年の『道徳感情論』と一七七六年の『国富論』のなかにおいてだ。今日、スミスといえば、人間には「取り引きや、交換や、交易」をする性行があり、市場は利己心のおかげで成り立っていると指摘したことでもっともよく知られる。[*2] しかしスミスは利己心を「個人にとってもっとも助けになる長所」と考えていたが、けっしてもっとも褒められるべき特徴と見なしていたわけではない。褒められるべきものの最上位に置いたのは、「親切さ、公正さ、寛大さ、公共心（中略）他者の助けになる諸々の資質」だった。人間は利己心だけで動くものだと考えていたのか？　断じてそうではない。「人間は自己中心的なものだと見なされているかもしれない。しかし人間の性質に高潔さが備わっていることは確かだ。人間は他人の幸せに関心を持ち、相手の喜ぶ顔が見られるというだけの理由で、相手を喜ばせようとする」と書いている。[*3] 加えて、利己心と利他心が一人一人の多様な才能や動機や好みと組み合わさって、複雑な道徳的性格を生み出すので、人間の行動は容易に予測できないとも考えていた。

このように人間を単純化せず、行動を予測できない政治経済学は、経験的な知識にしかならず、科学にはなりえない運命に見えた。これに反発したジョン・スチュアート・ミルは、人間の描写をそぎ落とし、経済学の最初のカリカチュア画家になった。政治経済学は「人間の性質のすべてを扱うわけでもないし、社会における人間の行動のすべてを捉えるものでもない。もっぱら富を欲するものとしての人間にだけ関心を寄せる」と一八四四年に論じている。さらにこの富を求める欲に、二つの誇張された特徴もつけ加えた。労働への根深い嫌悪と、贅沢への愛好だ。ミル本人もこのように描き出された人間は「恣意的に定義された人間」であり、「まったく根拠を欠くかもしれない前提にもとづくもの」と認め、政治経済学は「理論の上でのみ正しい」と結論づけている。しかしそのいっぽうで、このように誇張しても「まさか実際の人間がこのようなものだと考える政治経済学者はいないだろう」と述べて、カリカチュアを正当化するとともに、「これは科学に欠かせない手法である」といい添えた。[*4]

みんながミルに同意したわけではない。一八八〇年代には、英国の政治経済学者チャールズ・スタントン・ディーヴァスがミルについて、「でたらめなホモ・オイコノミクスをでっちあげ」、「お金を追いかける動物」だけを研究対象にしたとあざけっている(今では有名な「ホモ・エコノミクス」という不名誉な呼び名もこのときに生み出された)。[*5] それでも、人間を単純化し、予測可能なものとして示したミルのカリカチュアは、経済理論の幅を広げ、科学的に見える手法に道を開くことになった。

ミルのカリカチュア路線を誰よりも熱心に推し進めた経済学者は、十九世紀の英国のウィリアム・スタンリー・ジェヴォンズだ。ジェヴォンズは物理的世界を原子に還元したうえで、一個の原子から運動の法則を築いたニュートンの業績に感銘を受けていた。そこで同じ方法で一国の経済をモデル化しようと考え、経済活動を「単一平均個人(人口を構成する単位)」なるものに還元した。[*6] このような還元を行うためには、カリカチュアの誇張をいっそう進め、人間の行動を数学的に示せるものにしなくてはならなかった。ジェヴォンズにとって数学的に示せることは、究極の科学的な確かさを意味した。ジェヴォンズの一時代前の哲学者ジェレミー・ベンサムが、普遍的な道徳や法律の基準のために数値化できる土台を築こうとして、効用という概念の体系化——例えば、快を一四種類、苦を一二種類に分類して、「快楽計算」を考案するなど——に取り組んでいた。このベンサムの効用という概念に興味を引かれたジェヴォンズは、そこに数学的な可能性を読み取ると、それをもとに「計算人」なるものを描き出した。それは効用を最大限にすることへの執着から、つねに消費の満足度を計算し、どういう選択肢の組み合わせからどういう満足が得られるかを考えている人間だった。[*7]ジェヴォンズはこれによって経済理論の中心に効用を据え――以来、今日までその座は不動だ――さらにそこから「効用逓減の法則」を導き出した。それは簡単にいうと、あるものを追加でもう一個、消費するごとに（バナナでも、シャンプーでも）、それを欲する気持ちが弱まることを示した法則だ。ただし、一つ一つのものへの欲はこの法則に従って弱まるが、この経済人の欲そのものはいつまでも満足することがない。これについては英国の経済学者アルフレッド・マーシャルが一八九〇年刊行の古典的教科書『経済学原理』で、とても鮮やかにいい表している。「人間の要望や欲の数は無限であり、種類は多岐にわたる。未開社会の人間の所有物は、けだものの所有物よりさほど多くなかった。しかし進歩の一歩ごとに、ニーズは多様化した。（中略）人間はより多くの選択肢を欲する。しかもその選択肢は、人間の心のなかでどんどん大きくなる新しい要望を満たせるものでなくてはならない」。[*8]その結果、十九世紀末には、孤独で、つねに効用（満足度）を計算し、あくなき欲望を持つというカリカチュアの人間像ができあがった。

この単純ゆえに強力な人間像は、経済思考に新しい地平を開くことになった。ただし、これではまだ不十分だった。十九世紀の経済人のモデルはつねに計算はしているが、全知の持ち主ではなかった。したがって、知らないことについては、事実ではなく意見にもとづいた行動をせざるをえないという弱点があり、数学的なモデルの完成には至らなかった。そこで一九二〇年代、シカゴ学派の経済学者フランク・ナイトが経済人に神がかった二つの能力――完璧な知識と完璧な予測――を授け、現在、過去、未来のあらゆる商品と値段を比較できるようにした。これはそれまでの肖像画とは決定的にちがった。もはや人間に備わっている特徴の誇張ではなかった。ナイトがホモ・エコノミクスに与えたのは超人の能力だった。そしてこれによってカリカチュアが漫画に変わった。ナイトもそれは自覚していて、自分の描いた人間像が「おびただしい数」の作為的な抽象化を施され、その結果、「他人をまるでスロットマシーンのように扱う」人間になったと認めている。[*9] しかし科学としての経済学のためには、まさにそういう理想化された世界の理想化された住人が必要であり、それによって数学的なモデル化の可能性を引き出すことができるのだと、ナイトは理屈をつけ、世界初の経済学の漫画家になった。

一九六〇年代には、ミルトン・フリードマンがナイトのこの正当化をさらに補強し、漫画的な人物像を擁護した。現実の世界で人間は、「あたかも」合理的経済人のように全知で、利己的な計算をしているかのように振る舞うのだから、単純化された仮説を立てる[*10]――そして漫画のような人物像を描く――ことは正しいと、フリードマンは主張した。決定的だったのは、当時の代表的な経済学者の多くがこの漫画を模範と見なし始めたことだ。現実の人間はこのモデルのように振る舞うべきと考える経済学者が続々と現われた。経済思想史の専門家メアリ・モーガンが詳しく説いているように、合理的経済人が「合理的」の意味を定義し、「現実の経済の担い手たちがまねるべき行動の規範モデル」になった。[11]

芸術を模倣する人生

一七七〇年から一九七〇年の二〇〇年のあいだに、経済人像が陰影のある肖像画から粗雑な漫画へと変わるのに伴って、当初は人間のモデルだったものがやがて人間のためのモデルと化した。これが問題なのは、経済学者ロバート・フランクが述べているように、「わたしたちが人間の性質をどのようなものと考えるかで、実際の人間の性質は決まるから」だ。フランクたちの研究は、経済学部には利己的な性格の学生が集まりやすいことを明らかにしている。例えば、ドイツでの実験では、経済学部の学生はほかの学部の学生より、大金を見せられたときに堕落しやすい――偏りのある回答をしやすい――ことが示された。[12] 同様に米国での調査では、経済学部の学生はほかの学部の学生より、自分や他人の利己的な行動を容認する傾向が強いことや、経済学の教授は他学部のもっと給与の低い教授と比べて、慈善事業への寄付額が少ないことがわかった。[13]

しかし利己的な学生が経済学部に集まるというだけではない。経済学部に入り、そこでホモ・エコノミクスを学ぶことによっても、人間は変わる。自分は何者で、どう振舞うべきかについての考えかたがその影響を受けるのだ。イスラエルで行われた調査では、経済学専攻の三年生は一年生と比べ、利他的な価値観――思いやり、正直さ、忠誠など――にはるかに低い評価を与えている。米国の大学生はゲーム理論（個人の利己的な行動戦略を研究する分野）の講座を受講後、利己的な行動が増えるとともに、他者に対してもそのような行動を取るだろうと予測するようになった。*14「人間を利己的と見なす理論の有害さには、これ以上ない強い憂慮を覚える」とフランクは結論づけている。「それらの理論はわたしたちに、他人のなかに最悪のものを想定させることで、わたしたちのなかから最悪のものを引き出している。わたしたちは周りからまぬけだと思われるのがいやで、高潔な心の声に耳を傾けようとしない」*15

経済学を学ぶ学生はこのことを十分に注意しなくてはいけない。しかし合理的経済人がわたしたちに与える影響は、大学の教室に留まらない。ここではシカゴ・オプション取引所（ＣＢＯＥ）の衝撃的な例を紹介しよう。ＣＢＯＥは一九七三年に創設された世界有数の金融派生商品市場だ。その開業の年、二人の著名な経済学者フィッシャー・ブラックとマイロン・ショールズが、「ブラック・ショールズモデル」の名で知られるようになる方程式を発表した。公開されている市場データを使って、市場で取り引きされているオプションの価格を予測する方程式だ。当初、この方程式で予測された価格と、実際のＣＢＯＥでの市場価格とのあいだには、三〇から四〇％の差があった。しかし数年後には、方程式そのものは変わっていないのに、その差は平均でたったの二％に改善された。ブラック・ショールズモデルはたちまち「金融のみならず、経済学全体でも、これまでにもっとも成功した理論だ」と称えられ、二人はノーベル経済学賞を受賞した。

しかし経済社会学者のドナルド・マッケンジーとユヴァル・ミロがこの問題を検証し

シカゴ・オプション取引所。市場が市場理論を模倣した。

ようとし、実際に自分たちで金融派生商品のトレーダーに話を聞いて回った。すると何がわかったか？　ブラック・ショールズモデルの正確さがしだいに増したのは、トレーダーたちがその理論があたかも正しいかのように行動し始め、そのモデルの予想価格を自分たちの売買価格の基準として使うようになったからだったのだ。「理論の上で仮定されていただけの市場が、金融経済学の手助けで現実に誕生してしまった」とマッケンジーとミロは結論づけた。[*16] それらの理論がまちがっていたことがやがて判明すれば、のちに金融市場が経験したように、大惨事が引き起こされる。

　金融市場の行動が合理的経済人の影響を受けるなら、当然、人生のほかの場面での行動も影響を受けずにはいないだろう。とりわけ合理的経済人の重要事項がわたしたちの言葉に浸透しているときはそうだ。米国で、企業の重役に「利益」や「費用」や「成長」などの言葉を含んだ簡単なクイズを解かせる実験が行われた。重役たちはそれらのクイズを解く前とあととでは、あとのほうが、困っている同僚に対して不親切になり、職場の人間に優しさを示すのはプロらしくないとまで感じるようになったという。[*17] また別の実験では、大学生に「消費者の反応調査」への参加を求めたときと、「市民の反応調査」への参加を求めたときでは、前者のときのほうが、富、地位、成功という概念に対する大学生たちの執着が強くなった。[*18] 言葉を一つ変えるだけで、微妙に、しかし深く、態度や行動は変わる。二十世紀には、「消費者」という言葉が広く使われ、市民生活や政策、メディアのなかに定着していき、「市民」という言葉をどんどん追い出した。英語圏の出版や新聞の世界では、この動きが起こったのは一九七〇年代だった。[*19] なぜこれが問題なのか? それはメディアや文化を研究するジャスティン・ルイス教授が説くように、「市民とちがって、消費者の持つ表現手段は限定されている。市民は文化的、社会的、経済的な生活のあらゆる面を表現することができる。(中略) 消費者は市場のなかでしか表現できない」からだ。[*20]

二十一世紀の人間像

どういう自画像を描くかで、どういう人間になるかが決まる。経済学における人類の肖像画を新しく描き直すことが欠かせないのは、そのためだ。人間の複雑さをもっとよく理解することで、人間性を育むことができ、ドーナツの安全で公正な範囲内での繁栄を可能にする経済学の創出が実現に近づく。この新しい自画像のスケッチを描く作業はすでに始まっていて、自画像に施すべき五つの大きな変更点が明らかになっている。第一には、わたしたちは利己的というよりも、社会的であり、報恩行動を特徴とすること。第二には、わたしたちの好みは固定されたものではなく、何に価値を見出すかはたえず変わりうること。第三には、わたしたちは孤立しているのでなく、依存し合っていること。第四には、わたしたちは計算高いというより、ふつうは大ざっぱであること。第五には、人間が自然を支配しているというのは大まちがいで、わたしたちは生命の網のなかに深く組み込まれていること。

これらの五つの変更はどれも納得できるものだが、ただ一つ問題がある。それは誰を絵のモデルに選ぶかだ。過去四〇年間、行動心理学は人間の行動について数々のことを解き明かしてきた。しかしそれは誰の行動だったか？　大半の実験は北米、ヨーロッパ、イスラエル、オーストラリアの学者によって行われて、被験者には単に集めやすいという理由で、それぞれの学者の所属する大学の大学生が使われた。二〇〇三年から二〇〇七年のあいだに行われた行動心理学の実験では、被験者の九六％が世界人口の一二％にしかあたらない国々の出身だった。もちろん、それらの被験者の行動が世界の平均的な人々の行動を代表したものなら問題はない。しかしそうではないことがわかっている。ほかの国々や文化で実施された数少ない調査から、それらの「集めやすい」大学生の行動は、世界の大半の人々の行動とはかなりちがうことが明らかになった。それはきっと大学生たちが──世界の大多数とちがって──ＷＥＩＲＤ（ウィアド）と呼ばれる社会に暮らしているせいだろう。つまり西洋の（Western）、教育が普及し（Educated）、工業化が進み（Industrialised）、豊かで（Rich）、民主的（Democratic）な社会だ。[*21]

このサンプリングの偏りは、新しい肖像画を理解するうえでどういう意味を持つだろうか？　文化や社会によって行動や行動の動機にどういうちがいが生まれるかは、それ自体、研究を要する重要なテーマだ。しかし当面は、次の二つの事実を拠り所にできるだろう。第一には、人間の行動には社会によるちがいがあるかもしれないが、少なくとも、世界の誰一人として、特徴を狭められた従来の合理的経済人には似ていないということ。第二には、もっと微妙な要素を含んだ、多様な人間のイメージが描かれるまでは、以下の五つの変更を施した肖像画が、ウィアドの社会に暮らす人々の実像にはもっとも近いということ。

利己心から社会的報恩へ

アダム・スミスは人間の利己心に市場を成り立たせる働きがあることを指摘したが、社会やもっと広い経済が利己心だけで成り立つと考えていたわけではない。しかし『国富論』では、利己心の役割に焦点がくっきりと合わされ、道徳や動機に関する豊富な洞察の数々はその陰に隠れてしまっている。その結果、スミスの後継者たちも、利己心という特徴だけを取り出して、経済人のＤＮＡにした。以降二世紀にわたり、他者に勝とうとする利己心の追求は、人間の本来の姿であり、なおかつ、経済的な成功の最適な戦略でもあるという仮定のうえに、経済理論は築き上げられてきた。

しかし先入観を捨てて、実際の人々の行動をじっくり眺めてみるなら、この仮定のほころびが見え始める。わたしたちは自分を大事にするいっぽうで、他者も大事にする。重い荷物を抱えた他人を助けることもあれば、互いにドアを押さえておいたり、食べ物や飲み物を分け合ったり、慈善事業にお金を寄付したり、見知らぬ人に自分の血――ときに体の一部も――を提供したりすることもある。わずか生後十四カ月の幼児も、相手の手の届かないところにあるものを渡してあげるという行動を見せる。さらに三歳児はおやつも分け合う。もちろん子どももおとなも、しぶしぶ分け合うことが多い――他人に取られる前に自分で取り、自分だけのものにしておこうとする性質も確かにある――が、肝心なのは、分け合っているという事実だ。[22] ホモ・サピエンスは地球上でもっとも協力的な種であることがわかっている。近親以外の個体と隣り合って暮らす環境では、アリや、ハイエナや、ハダカデバネズミよりも、個体間の協力の度合いが高い。

つまり、取り引きをしようとするだけでなく、人間には与えたり、分け合ったり、恩を返したりしようとする性行もあるということだ。これはおそらく協力することで、自分たちのグループが生き延びられる可能性を高められるからだろう。わたしたちはそういう行為を通じて、日々、互いに次のようなメッセージをはっきりと送り合っているのだろう。生き延びたかったら、互いにうまくやっていかなくてはならない。経済学者サム・ボウルズとハーブ・ギンタスによれば、ウィアド社会に暮らすわたしたちは、「強い互酬性」と呼ばれる行為を実践しているという。つまり、わたしたちは条件づきの協力者（他者が協力するかぎりにおいて自分も協力する）だが、同時に利他的な処罰者（個人的に犠牲を払ってでも、裏切る者やただ乗りする者を罰しようとする）でもある。社会のなかで大規模な協力関係が成立するのは、これらの二つの特徴が組み合わさることによる。*23 インターネット上の匿名の市場に、評価やレビューのシステムがこれほど普及したのもそのためだ。ｅＢａｙからＥｔｓｙまで、オンライン市場は利用者の利用実績をそれぞれの取り引きの評判に変えて、どの利用者が信頼できるか、または信頼できないかを明らかにすることで、不正をする者がいるなかでも、利用者たちが互いに条件づきの協力者を見つけて、売買を成功させられるようにした。*24

この協力と処罰が見られる実験としてもっとも有名なのは、ウィアド社会を越えて多くの国々で行われている「最後通牒ゲーム」だ。このゲームでは、二人のプレーヤー――それぞれプロポーザーとレスポンダーと呼ばれ、互いに顔は合わせない――に、二人で分け合うためのお金が渡される。金額はふつう、二日ぶんの稼ぎに相当する額だ。プロポーザーがお金の配分を決め、レスポンダーがそれに同意すれば、二人はそれぞれそのお金を受け取ることができる。しかしレスポンダーが同意しない場合には、両方ともいっさいお金を受け取れない。プレーできる回数は一回に限られる。もし、主流派経済学で仮定されているように、人間が純粋に利己的であるならば、レスポンダーはどんな金額を提示されても了承するだろう。拒めば、まったくもらえないのだから。ところが、現実にはどうか？　ほとんどのレスポンダーは、獲得金がゼロになることもいとわず、不公平だと感じる提案には首を縦に振らない[*25]。このように人間には犠牲を払ってでも、他者の身勝手さを罰しようとする性質がある。

しかしこのゲームでいちばん興味深いのは、社会によってプレーヤーの行動にちがいが見られることだ。北米の大学生――ウィアド社会の典型――の場合、プロポーザーはたいてい相手に四五％の取りぶんを提示し、提示額が二〇％を下回ると拒否される。いっぽう、ペルーのアマゾンに暮らすマチゲンガ族の場合、プロポーザーの提示額はふつうもっと低く、二五％前後だ。しかしレスポンダーはほぼ必ず、どんなに金額が少なくても、提案を受け入れる。逆に、インドネシアのラメララ村では、プロポーザーは六〇％を相手に与えようとし、提案はめったに拒まれない。

文化によってこれほど互酬性に差が出るのは、なぜか？　これは基本的には、わたしたちの暮らす社会や経済がそれだけ多様だからだ。北米の経済は、人々の相互依存度が高く、互酬性の文化のうえに成り立っている。対照的に、狩猟採集民のマチゲンガ族は小さな家族群で暮らし、必要なものの大半を家族自身で手に入れていて、ほかの家族とはほとんど取り引きをしない。したがって、地域社会内の報恩行動に頼る必要性は相対的に低い。いっぽう、ラメララ村の人々は暮らしを立てるのに、集団で行う捕鯨漁に頼っている。男たちが一〇人ほどで大きなカヌーに乗り、海に漕ぎ出していくという漁だ。獲物はみんなで分け合われる。集団の成功のためには、分かち合いの精神を強い規範にすることが欠かせない。最後通牒ゲームでラメララ村の人が自分より相手に多く取らせようとしたのは、この規範の影響だろう。

世界にはさまざまな文化があり、互酬性の社会規範はそれぞれの文化の経済構造に応じて異なる。特に、家計、市場、コモンズ、国家のどれが、社会に必要なものの提供者として、重視されているかでちがってくる。[*26] 報恩の感覚は経済構造とともに変化するようだ。この発見は家計、市場、コモンズ、国家の役割のバランスを見直そうとするわたしたちに、重要な示唆を与えてくれる。

固定した好みから流動的な価値観へ

経済理論はどういうわけか十八歳未満を対象にしていない。わたしたちが経済学で最初に出会う合理的経済人は成人を意味し、子どもを含んでいない。これはなぜなのか？ 経済理論では、人間には定まった好みがあること、そしてその好みは経済の影響を受けずに形成されたものであることが想定できないと、何も話が始まらないからだ。企業の広告が子どもたちをそそのかし、そのおねだりの力を最大限に利用しようとしていることや、将来、おとなになったときの購買力を引き出すため、小さいころに好みや欲望の種を植えつけておこうとしていることは、誰も否定しないだろう。しかしおとなは自立した消費者として扱われる。企業はおとなに対しては、既にできあがっている好みに合わせて、商品やサービスを提供することしかできない。購買行動に変化が生じたとすれ

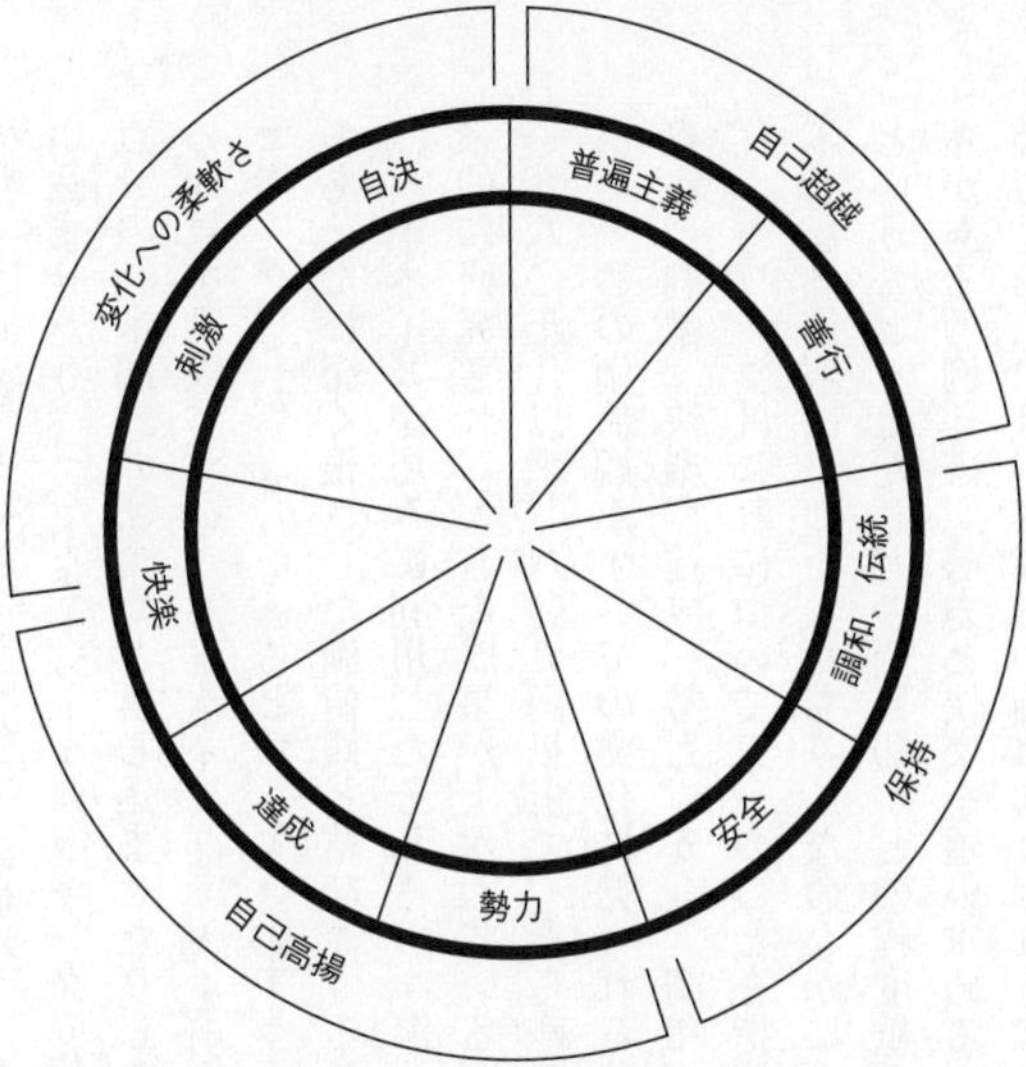

シュワルツの価値観の図。すべての文化に共通する10の基本的な価値観を示している。

ば、その原因は新しい商品の情報か、相対価格の変動か、所得の増減によると考えられる。

　もちろん、以上のような話はとうてい信じがたい。おとなも子どもと同じで、マーケターの作り出す宣伝文句に免疫ができているわけではない。ジークムント・フロイトの甥エドワード・バーネイズは、一九二〇年代にこのことに気づき、著書『プロパガンダ』に次のように書いた。「わたしたちはまったく見ず知らずの人間たちによって、動かされ、心を形成され、好みを決められ、考えを吹き込まれている。（中略）世論を支配しているのは、そのようにわたしたちを操っている人間たちだ*27」。バーネイズは広報（ＰＲ）産業を創始し、またたくまに米国随一の人心操作の達人となって、（アメリカ・タバコ・カンパニーの依頼で）女性たちにタバコは「自由の灯火」だと思い込ませたり、（ビーチナット・パッキングの依頼で）米国民にベーコンと卵は「栄養満点」の純米国式の朝食だと信じ込ませたりした。[*28] 人間の心の仕組みを理解するのにおじの知見を役立てていたバーネイズは、人を引きつける秘訣は、商品自体の長所（大きいとか、速いとか、優れているとか）を宣伝することではなく、商品を自由や力など、人々のあいだに深く根ざした価値観と結びつけることにあるのだと知っていた。

バーネイズが巧みに利用したそれらの「深く根ざした価値観」については、以来、体系的に研究され、大きな成果が上がっている。社会心理学者シャローム・シュワルツは一九八〇年代以来、八〇カ国以上で、あらゆる年齢や経歴の人を対象にした調査を重ね、次の一〇の価値観がすべての文化に見られる基本的な価値観であることを突き止めた。自決、刺激、快楽、達成、勢力、安全、調和、伝統、善行、普遍主義。

シュワルツはこれについて三つのことを指摘している。第一には、これらの一〇の基本的な価値観は、わたしたちみんなのなかにあり、わたしたちの意欲を引き出しているということ。ただしどの価値観がどの程度重んじられるかは、文化や個人ごとに大きな差がある。例えば、勢力と快楽を追い求める人もいれば、善行と伝統を大事にする人もいる。第二には、これらの価値観はどれも、きっかけがあれば、わたしたちの判断や行動に「関わる」ということ。例えば、安全のことが頭をかすめれば、わたしたちはリスクを冒すのを控える。勢力と達成のことが思い浮かべば、あまりほかの人の手助けをしようとしなくなる。第三には、そしてもっとも興味深いことでもあるのは、これらの一〇の価値観のどれがわたしたちのなかで強まるかは、人生という時間軸のなかで変わるだけでなく、一日のあいだにも頻繁に変わるということだ。職場から公共の場所へ移ったり、台所から会議室に移ったり、あるいはコモンズから市場へ、さらに家へ移ったりするなどして、社会的な役割や状況が変わるたびに、それは変わる。また筋肉と同じように、それぞれの価値観は「関わる」回数が増えるほど、強くもなる。

シュワルツはさらに一〇の基本的な価値観を二本の軸で大きく四つに分類できることも発見した。第一の軸では、「変化への柔軟さ（独立や斬新さを重視）」と「保持（自己抑制や変化への抵抗を重視）」が対置され、第二の軸では、「自己高揚（地位や個人的な成功を重視）」と「自己超越（みんなの幸福を重視）」が対置される。自己高揚と自己超越の軸による二分は、いわゆる外発的動機――お金や地位など、さらなる成果を求めて行動する――と、内発的動機――活動自体に魅力や満足を感じて活動する――の分類を思わせる。[*29] さらに、この一〇の価値観は互いに、これらの軸に沿って、連動的な関係にある。例えば、「刺激」が働くと、その両隣の「快楽」と「自決」も活発化し、同時に軸の対極にある「安全」、「調和」、「伝統」は抑制される。[*30]

わたしたちに行動を起こさせる価値観がこのように反応的で変わりやすいことを知れば、好みが固定されていたホモ・エコノミクスに比べて、新しい人間の自画像ははるかに陰影に富んだものにできる。そこからは人間の性質をどのように育んでいけばいいかについても、数多くのヒントが得られるだろう。

孤立から相互依存へ

合理的経済人を孤立した人間——他者の選択の影響を受けない——として描くことは、経済学者自身によっても疑問視されてきた。十九世紀末、社会学者でもある経済学者ソースティン・ヴェブレンは経済学について、人間を「自己完結した欲の塊」と捉えていることを批判し、フランスの多才な数学者アンリ・ポアンカレも「人間には羊のような行動をする傾向がある」ことを見のがしていると指摘した。[*31] 確かにポアンカレのいうとおり、わたしたちは自分たちで思っている以上に、動物の群れに似ている。わたしたちは社会規範に従い、たいていほかの人がしそうなことを自分もしようとする。とりわけ恐れや迷いがあるときは、みんなのまねをする傾向が強い。

ウィアド社会に暮らすティーンエージャーの音楽的嗜好を調べたある実験で、この社会規範の影響の大きさが見事に示されている。実験の参加者——一万四〇〇〇人——はティーン向けのウェブサイトで募集され、次の指示を受けた。所定の四八曲（すべて知らない演奏者によって演奏される知らない曲）を聴いて、評価をつける。もし望む場合には、好きな曲をダウンロードしていい。対照群の参加者は、曲を聴く前に、演奏者の名前と曲名だけを知らされる。いっぽう、八グループに分けられた実験群の参加者は、それぞれのグループ内での各曲のダウンロード回数も知ることができる。

結果はどうだったか？　実験群の八グループすべてで、各曲の人気度はある程度まで、曲のよさにもとづいていた。つまり対照群でつけられた評価と一致していた。対照群で「最高」と評価された曲のダウンロード数が少なかったり、「最低」と評価された曲のダウンロード数が多かったりすることはなかった。しかし各曲の人気度をもっとも大きく左右したのは、社会的な影響だった。つまり、ほかの参加者に好まれていることがわかっている曲ほど好まれた。またほかの参加者による評価がウェブサイト上に目立つように表示されていると、グループ内のヒット曲が出やすくなった。ただ興味深いことに、その場合、ヒット曲を正しく予測するのもむずかしくなった。*32 このような群集行動ははやすく伝染し、ころころと変化するからだ。ヒットチャートの次の一位とか、次の夏のファッションの流行とか、「アニマルスピリット」がもたらす株式市場の一時的な活況とかが予測できないのも、同じ理由による。社会的ネットワークの力がいかにわたしたちの嗜好や購買や行動に強い影響を及ぼしているかが、ここには示されている。

今後、人々の生活が過去にないほど緊密に結びつき合うようになるにつれ、このような社会的な影響はますます強まるだろう。ネットワーク理論に詳しい経済学者ポール・オームロッドが指摘するように、他人の意見や判断や選択や行動がこれほど強く意識されるようになったのは、歴史上、初めてのことだ。一九〇〇年には、都市に住む人の割合は一〇％前後だった。それが二〇五〇年には七〇％になると予測されている。この都市居住者たちの密集と、世界中のニュースや意見やデータや広告が瞬時に伝わる通信網とが組み合わさるとき、そこに生まれるのは、地球規模のダイナミックなネットワークのネットワークだ。[*33]

ヴェブレンにとって、そのような社会的な結びつきが強まることのもっとも有害な影響の一つが、「見せびらかしの消費」の増加だった。「見せびらかしの消費」とは、周囲からよく見られようとして贅沢な財やサービスを買うことだ。ジョゼフ・スティグリッツが指摘するように、格差が国内でも、国家間でも広がっている今日の状況では、そういう行動が生まれやすい。「上位一％に入らない人々がますます収入以上の生活をしている。経済のトリクルダウン効果は幻想だとしても、行動のトリクルダウン効果はまぎれもない現実だ」とスティグリッツは警鐘を鳴らす。[*34]

これは経済政策を考えるうえで、どういう意味を持つか？　経済学者はこれまで商品の相対的な値段を変えることで、人々の行動を変えようとしてきた。砂糖に税を課すのもそうだし、太陽光パネルを安く買えるようにするのもそうだ。しかしそのような価格操作では期待した結果が得られない場合が多い。なぜなら、オームロッドが述べているように、それよりもはるかに強い社会的なつながりの効果で値段の影響はかき消されてしまうからだ。社会的なつながりが強い効果を持つのは、わたしたちが社会規範に従い、周囲の人がどう行動するかを気にすることによる。[*35] しかし逆にいえば、これから見ていくように、そのような相互依存を利用して、望ましい方向に行動を変えていくことも可能なはずだ。

計算高さから大まかさへ

ホモ・サピエンスには明らかに合理的経済人のような正確無比さはない。一九五〇年代に、ハーバート・サイモンが経済学者仲間と袂を分かち、実際の人間の行動を研究して、人間の合理性には重大な「限界」があることを突き止めて以来、このことはかなり周知の事実になっている。サイモンの発見は、一九七〇年代に心理学者ダニエル・カーネマンとエイモス・トベルスキーによって補強され、行動経済学という分野の誕生につながった。行動経済学では、人間の合理的な思考を妨げるさまざまな「認知バイアス」が研究されている。

認知バイアスの例は枚挙にいとまがない。わたしたちは（少なくともウィアドの世界に暮らしていれば）たいてい次のような認知バイアスを持っている。直近の情報や手に入りやすい情報にもとづいて判断しようとする可用性バイアス。利益を得るより損失を避けようとする損失回避。自分の先入観に合った事実や意見を考慮しようとする選択的認知。極端な事態が起こる可能性を低く見積もるとともに、そのような事態に対処する自分の能力を過大に評価するリスクバイアス。認知バイアスはほかにもまだたくさんある。実際、ウィキペディアには一六〇以上の認知バイアスがリストアップされている。さながら合理的経済人の絵とふつうの人間の絵が隣り合わせに並んだ巨大なまちがい探しゲームのように。[36]

そういう人間の非合理性と向き合うとき、わたしたちは何をすればいいのか？ 米国の行動経済学者リチャード・セイラーとキャス・サンスティーンは「つつく（ナッジ）」政策を導入すればいいと説く。つつく政策とは、「なんらかの選択肢を禁じたり、経済的なインセンティブを大きく変えたりすることなく、人々の行動を望ましい方向に変える選択肢を構築するあらゆる方策」と定義されている。[37] エドワード・バーネイズ以来、ブランドや小売り業者は一〇〇年近くにわたって、隠されたメッセージを持つ広告や、店やテレビ番組での商品の陳列や、特売の心理学という手法で、わたしたちをつつき続けている。しかし公共政策も、わたしたちをつつくものにできるはずだ。学校の食堂で、学生たちの目の高さにフルーツを陳列すれば、健康的な食生活のほうへ学生たちをつつくことができる。企業年金制度の設計もオプトイン（拠出する場合に手続きを義務づける）ではなくオプトアウト（拠出しない場合に手続きを義務づける）にすれば、長期的な収入の安定のほうに向けてつつくことになる。つつく政策は、わたしたちが経済人と同じぐらい合理的であったらするであろう行為をまねるよう、わたしたちを促すのに使える手法だ。

政策でつつくことが有効であることは確かだが、増え続ける認知バイアスのリストを前にすると、人間は無能なのではないかと思えてくる。現在まで種として存続できたことが奇跡にすら感じられる。しかしそれは反対なのだと、進化心理学者ゲルト・ギーゲレンツァーはいう。わたしたちが生き残り、繁栄できたのは、認知バイアスにもかかわらずではなく、認知バイアスがあったからなのだ、と。それらのバイアスと呼ばれているものはじつは、わたしたちのヒューリスティックスを支えているという。ヒューリスティックスとは、わたしたちが経験則で判断を下すときにいつも無意識に行っている思考のショートカットのことだ。人間の頭脳は、目まぐるしく変化する不安定な世界のなかで、すばやい判断を可能にするこのショートカットに頼ることで、進化してきた。また多くの場面で、ヒューリスティックスは正確な計算よりも、より適切な判断につながる。

その場で最善のものを選ぶヒューリスティックスは、不確かな状況で判断しなくてはいけないとき、「速くてむだのない」判断を可能にしてくれる。ギーゲレンツァーは病院の医師たちと協力して、最適な情報を使って、患者に心臓発作の危険があるかどうか、心疾患集中治療室に受け入れるべきかどうかを迅速に判断する決定木を考案した。その決定木は簡単な三つの質問からなる。第一問、心電図に異常は見られるか？「はい」なら、心疾患集中治療室に受け入れる。「いいえ」なら、第二問に移る。胸の痛みが主要な症状か？「はい」なら、心疾患集中治療室に受け入れる。「いいえ」なら、第三問に移る。心臓発作の五つの特徴的な症状が一つでも見られるか？「はい」なら、心疾患集中治療室に受け入れる。「いいえ」なら、一般病棟のベッドをあてがう。特筆すべきは、患者についての情報を五〇項目ほど集めて分析する医療コンピュータプログラムより、この手法のほうが正確に心臓発作を予測できたことだ。[*38] このように速くてむだのない判断ができるヒューリスティックスの見事さを考えるなら、わたしたちは自分たちを合理的な人間というより、直感的な人間と見なし、それを誇りに思うべきなのかもしれない。初めは合理性の欠陥に見えたものも、進化の成果と考えるほうが正しいのかもしれない。

ヒューリスティックスのこのような力を知るギーゲレンツァーは、行動経済学者たちの処方箋には同意できなかった。ギーゲレンツァーにいわせると、行動経済学者たちは「人間はリスクを理解するということに関して、根本的に無力だ。だから生まれてから死ぬまで、正しい行動のためには、たえずつつかれる必要がある」と考えている。そのように経験則を否定して、つつくのではなく、ヒューリスティックスの能力を養うと同時に、リスクを見積もる基本的な技能を磨くべきだとギーゲレンツァーは主張する。「わたしたちは複雑なテクノロジーに囲まれた二十一世紀に生きている。そこには予期できないこともある。わたしたちに必要なのは進歩したテクノロジーとか、大きな官僚組織とか、厳しい法律とかよりも、リスクに精通した市民だ」。ギーゲレンツァーは実際にドイツの医師や米国の判事、それに中国の学童にも日々の統計学的な思考方法を身につけさせることで、わたしたちがもっとリスクに精通できることを証明してもいる。受動的につつかれて、賢い行動をするよりも、経験則に従ってリスクに精通し、自分の判断で賢く行動できるようになるべきだというのが、ギーゲレンツァーの考えだ。[*39] これは人間の成長にもつながる魅力的な方法だが、ヒューリスティックスに頼ることには一つだけどうしても残る問題がある。それはヒューリスティックスが進化という文脈のなかで初めて最大の効果を発揮するものであるということだ。人類という文脈は過去一万年のあいだに変わり、特に過去二〇〇年で劇的な変貌を遂げた。例えば、気候変動の破滅的な影響を例に取ってみよう。その影響は当初、「目立たず」、「原因が結果をもたらすまで時間がかかり」、「ゆるやか」で、「遠い先のこと」に見えた。これらの四つの特徴はすべて、ヒューリスティックスという手法ではうまく扱えないものだ。したがって、政策立案者が人々に行動の変化を促そうとするときには、リスクに精通したヒューリスティックスと行動を引き出す軽いつつきの両方をうまく組み合わせるのが、いちばんの得策になるだろう。ただしそのためにはそれぞれの手法がどういうときにもっとも効果を上げるかを深く理解する必要がある。

支配から依存へ

新しい経済の自画像には、世界のなかにおける人類の位置も反映されなくてはいけない。昔から西洋では、人間は自然を足もとにひれ伏させ、好きなように利用する存在として描かれてきた。「人類に自然に対する決定権を取り戻させよ。自然は神によって人間に授けられたものなのだから」と十七世紀の哲学者フランシス・ベーコンは述べている。[*40] こういう考えは開発経済学の創始者W・アーサー・ルイスにも通じる。ルイスは一九四九年の著書『経済学――人間とその物的資源』で、どうすれば「稀少な資源をもっとも効率よく利用」し、「人類が地球から命を勝ち取る」ことができるかを探求した。このように人間が自然を支配するという想定は、西洋の文化ではとても古い時代からある。少なくとも聖書の第1章までさかのぼれる。また環境経済学の言語を支えているのも、この想定だ。そこでは生命の世界が「天然資源」の宝庫と見なされている。まるでレゴブロックの山のように、人間の手で人間に役立つものに変えられるのを待っているかのように。

しかし人類は、自然界のピラミッドの頂点に君臨しているわけではなく、実際は自然の網のなかに深く織り込まれている。わたしたちは生命の世界に組み込まれているのであって、そこから独立したり、それを支配したりしているわけではない。バイオスフィアのなかに生きているのであり、単に惑星に住んでいるのではない。二十世紀前半の米国の生態学者アルド・レオポルドが述べているように、わたしたちは自分たちのことを「土地共同体の征服者」と思うのをやめ、「土地共同体のふつうの一員、一市民」だと知る必要がある。[*41] 過去四〇年間の地球システムの研究の結果、完新世――安定した気候、豊富な水、オゾン層による保護、生物の多様性に恵まれた時代――がいかに人類の繁栄を可能にしたか、したがって人類がいかに地球の豊かさに依存しているかが、次々と科学的に解明されてきている。

このように見かたを変える——ピラミッドから網へ、頂点から参加者へ——ことは、人間中心主義の価値観を超えて、生命の世界にもとづく価値観を知り、それに敬意を払うことにもつながる。思想家オットー・シャーマーは次のように提言している。「ほんとうに必要なのは、もっと深い意識の転換です。わたしたち自身やほかの利害関係者のことだけでなく、経済活動の場を与えてくれている生態系全体の利益を考えて、行動できるよう、意識を変えていかなければなりません」*42。そのような意識の転換をとりわけ強く必要としているのは、ウィアドの社会だ。例えば、米国では、都会で育った子どもは、自然に囲まれたアメリカ先住民のコミュニティで育った子どもに比べ、生命の世界についてはるかに単純で人間中心的な理解をしている*43。こういう状況を改めるには、一つには、すべての学校で子どもたちに自然環境の知識を身につけさせることだろう。そうすれば次の世代は地球上で生きることを可能にしている、生命の世界の相互依存の仕組みをよく理解したうえで、世界観を築いていける。

このような意識の転換ができるかどうかは、わたしたちが世界に組み込まれていることを表現する適切な言葉を見つけられるかどうかにもかかっている。かつて、野良犬は名前をつけてもらうと長く生きられるといったのは、政治学者のハンナ・アーレントだった*44。おそらくそれを意識してだろう、主流派の環境経済学者たちは今、生命の世界をいい表すのに、「生態系サービス」や「自然資本」という言葉を使っている。しかしなんでも名前をつければいいというものではない。野良犬も「Champ（王者）」と呼ばれるのと、「Scamp（ならず者）」と呼ばれるのでは、アルファベット一字のちがいだが、世界からの見られかたはぜんぜんちがってくる。だから「生態系サービス」や「自然資本」という言葉も諸刃の剣だ。これによって名前を与えることにはなるかもしれないが、このような命名では生命の世界を単に「人間の物的資源」から「貸借対照表の資産」に変えることにしかならない。イロコイ・オノンダガ族の族長オレン・リヨンズはカリフォルニア大学バークリー校自然資源大学院に招かれ、学生たちを前に講演したとき、この危険性を強調した。「みなさんが資源と呼ぶものを、わたしたちは親戚と呼びます。親戚関係にあると考えれば、もっとたいせつに扱うようになるのではないでしょうか。（中略）親戚関係に戻りましょう。それがわたしたちが生きていくうえでの土台なのですから」[*45]

新しい経済思想の担い手たちは、わたしたちが世界に属していることをいい表すよりよい言葉を探している。生物模倣という新しい分野の専門家ジャニン・ベニュスは、地球を「わたしたちの家だが、わたしたちだけの家ではない」と表現する（ベニュスのアイデアについては第6章であらためて取り上げる）。環境保護を訴える著述家チャールズ・エイゼンスタインは、自分たちが「地球との創造的な協力関係のなかで、互いにつながり合った生きた自己」であることに気づくべきときだと唱える。[*46] このような言葉には当惑する人もいるだろう。しかしそれはたぶん、わたしたちにとっていちばん根本的でありながら無視されている関係を直視するよう、それらの言葉がわたしたちに迫るからだろう。また同時にその当惑は、わたしたちが自分たちのことをこのように見ることにいかに不慣れであるかの証拠でもある。これは魚が水を表す言葉を探しているようなものともいえる。わたしたちはこの世界にどのような形で属しているのか？　わたしたちの役割は何か？　それをいい表す言葉を見つけることは、わたしたちの想像以上に、わたしたちが種として存続できるかどうかを左右する重大なことになるかもしれない。

以上の五つの変更を施すことで、二十一世紀の人間の肖像画の下絵はできたが、絵の完成までにはまだまだ作業が残っている。まず、金銭をめぐる行動だけでなく、もっと広い視野からわたしたちの経済行動を理解する必要がある。ウィアド社会の大学生たちが一般の人とはちがう行動をすることがわかっているように、金銭も、ほかの大事なものとはちがう影響をわたしたちの行動に与えることがわかっている。最後通牒ゲームで分け合うのが金銭ではなく、食べ物や水、時間、あるいは政治的発言力だったら、どうなるか？　金銭とほかの大事なものとでは、何を公平と感じるかは同じではないだろう。加えて、ウィアドに暮らす人間だけでなく、すべての人間に共通する性質について、もっと深く理解する必要がある。今後も、人や文化のあいだに興味深いちがいがあることは、さまざまな実験にもとづく研究で明らかになるだろう。しかし最終的には、英国の元議員、故ジョー・コックスの言葉を借りるなら、「わたしたちを分断する相違点よりも、わたしたちははるかに多くの共通点を持っている」ことが発見されるだろう。*47

では、全人類をドーナツのなかに入れるためには、五つの変更から得られた洞察をどのように生かせばいいのか？　この問いはあとの章で何度も繰り返されることになるが、ここで特に取り上げなくてはならない問題が一つある。それは、貧困や環境問題の解決をめざす政策で、金銭的なインセンティブの利用が増えていることだ。事実にはっきり示されているとおり、金銭を支払うと、内在的な価値ではなく、外在的な価値に目が向き、もとからある意欲が失われてしまうことが多い。以下のケーススタディーで紹介するように、それよりはるかに賢い方法がある。それは人間性を育んで、ドーナツの安全で公正な範囲に導くというやりかただ。

市場とマッチ――取り扱いに注意せよ

従来の経済政策では、人々の行動を変えるためには、相対的な価格を変えるのが確実な方法だとされる。価格を変える手段は市場の創出でも、財産権の譲渡でも、規制の執行でもかまわない。とにかく「適正な価格にせよ」。これが典型的な経済学者のアドバイスだ。それさえすれば、あとはおのずと正されるのだ、と。

確かに、価格の効果は大きい。マラウィ、ウガンダ、レソト、ケニアの四国で一九九〇年代後半から、公立小学校の授業料が無料化された。すると入学者――特に女児や最貧困層の家庭の子ども――が劇的に増え、四国ともすべての子どもに教育の機会を与えるという目標の実現に大きく前進した。二〇〇四年、ドイツ政府は再生可能エネルギーの固定価格買取制度を導入し、個人や機関から小売り価格以上の価格で電力を買い取り始めた。この制度の効果で、風力や太陽光、水力、バイオマスの発電技術への大規模な投資が促され、わずか一〇年で再生可能エネルギーが国の電力の三〇％を占めるまでになった。*48

しかし価格の効果は大きいとしても、価格を「適正」にするという解決法は、当初いわれていたほど単純ではない。二十世紀の理論に則った経済学者たちは、価格の効果を過大に評価するいっぽう、価値観や、報恩行動や、ネットワークや、ヒューリスティックスの役割を過小に評価した。しかし深刻なのは、ものによっては価格をつけられると、台なしになることがあるのを見逃している点だ。特にモラルにもとづく関係によって成り立っていたものに、そういうことが起こりやすい。なぜか？　価格をつけることは、マッチを擦るような行為だからだ。価格は火花のようにぱっと強い関心を呼ぶいっぽうで、火花と同じように力と危険の両方を秘めている。第2章で示したように、市場は――火のように――きわめて効率的に売り買いを促進するが、自制が利きにくい。火がすべてを飲み込んだら、土台そのものが焼き尽くされ、変わり果ててしまう。

この問題を最初に取り上げたのは、一九七〇年代に刊行された社会学者リチャード・ティトマスの『贈り物の関係』だ。この本のなかでは、英米の献血制度が対比され、報酬として金銭が支払われる米国の制度に対し、それよりもはるかに成功している英国の制度では、献血協力者は無償で血を提供していることが紹介されている。*49　この対比からは興味深い問いが浮かび上がってくる。人間にもともと備わっている意欲は、金銭的なインセンティブによって高まるのか、それとも、お金という外的な動機に取って代わられ、失われてしまうのか？　この問いはティトマスの研究以来、ますます切実さを帯びている。社会や自然環境の問題を解決する手段として、現金のインセンティブや支払い制度を使うことが世界的に増えているからだ。

コロンビアの首都ボゴタで実験的に導入された教育制度の例を紹介しよう。それは中学生の子どもがいる家庭に条件つきで現金を支給するという制度だった。二〇〇五年、無作為に選ばれた低所得家庭の中学生の親に、月三万ペソが支払われた。支払いの条件は、出席日数が八〇％に達することと、学年末の試験に合格することだった。結果はどうだったか？　支給を受けた生徒は受けなかった生徒に比べ、休まず授業に出席する生徒の割合が三％多くなり、翌年も続けて学校に通う生徒の割合も一％増えた。制度を設計し、実施状況の監視にあたった世界銀行の経済学者たちにとって、この数字は小さいものではあったが、予期したとおりの肯定的な結果だった。

ところがこの制度には予期せぬ負の面があることも明らかになった。兄弟は支給を受けているのに、自分は受けていないという生徒は、兄弟も自分も支給を受けていない生徒に比べ、休まず授業に出席する生徒の割合が減り、退学に至る生徒も多くなったのだ。特に女子にその傾向が顕著だった。兄弟（姉妹）だけが支給を受けた女子は、そうではない女子に比べ、家庭環境に差がなくても、退学する割合が一〇％も高かった。*50　その上、退学者が増えるというこの負の影響は、休まず授業に出席する生徒や、翌年も継続して学校に通う生徒が増えるという好影響よりはるかに大きいことも、判明した。この実験的な制度の調査を行った世界銀行の経済学者たちは、この発見——調査のなかで副次的に得られたものだった——を「憂慮すべき」とも、「興味深い」とも評した。自分たちの理論や想定を不可解にもくつがえすものだったからだ。

彼らが偶然明らかにしたのは、生徒の自尊心や親の責任感などの社会規範が、お金の介入によっていかに損なわれうるかということだった。お金が介入すると、それらの社会規範が労力への対価とか遵守への報酬とかいう市場規範に取って代わられてしまう。哲学者マイケル・サンデルはまさにこのような影響に警鐘を鳴らし、現金を払うと、もとからある意欲やその意欲を支えていた価値観が損なわれると主張している。サンデルが例にあげているのは、テキサス州ダラスの学習到達度の低い学校に導入された「学んで稼ぐ」と呼ばれる制度だ。この制度は六歳の児童に、本を一冊読むごとに二ドル与えるものだった。制度の開始から一年のあいだに、子どもたちの国語力には向上が見られた。しかし長期的に見たとき、そのようなお金は子どもたちの学ぼうとする意欲にどんな影響を及ぼすだろうか。「市場は一つの手段だが、清らかなものではない」とサンデルは指摘する。「どうしても懸念されるのは、子どもたちがお金をもらうことで、読書をお金を得る手段と考えるようになってしまい、その結果、読書そのものを好む気持ちが弱まったり、忘れられたり、失われたりすることだ[*51]」

そのような懸念があるにもかかわらず、社会の各分野で金銭的なインセンティブの利用はますます増えていて、わたしたちの市場での役割――消費者だとか、顧客だとか、サービス提供者だとか、労働者だとか――に関心が集中している。いったん社会規範が市場の規範に取って代わられたら、その影響を消すことはむずかしい。一九九〇年代にイスラエルのハイファでそれを示す実験が行われた。その実験ではまず、市内の一〇カ所の託児所で、子どもの引き取り時間に一〇分以上遅刻した親に対し、少額の罰金を科す制度を導入した。親の反応はどうだったか? 遅刻は減るどころか、逆に、倍に増えた。罰金の導入で、遅刻に対する親たちの罪の意識が消えたせいだ。罰金は託児の延長に対する市場価格だと受け止められたのだ。しかし三カ月後、実験が終わり、罰金制度がなくなったあとも、遅刻する親の数は多いままだった。延長料金は課されなくても、罪の意識は戻ってこなかった。これはつまり、一時的な市場価格によって社会契約が損なわれたということだ。*52「これまで市場以外の規範に従っていた生活の分野に、市場が入り込んでくるようになった。その結果、市場は市場で取り引きされる財を害したり、汚したりすることはないという通念は、いっそう信じられないものになっている」とサンデルは警告する。「市場は単なるメカニズムではない。なんらかの価値観を体現したものだ。だから、ときに、市場の価値観によって市場以外のたいせつな規範が締め出されることがある」*53

市場の役割を口にするだけで、もとからある意欲がかき消されることもある。あるオンライン調査で回答者に、もし日照りで共同の井戸の水が少なくなり、水不足に見舞われた四家族があって、そのうちの一家族が自分だったらどうするかを想像させた。この実験のポイントは、水不足のシナリオを描くとき、半分の回答者に対してはもっぱら「消費者」という言葉を使い、半分の回答者に対してはもっぱら「個人」という言葉を使ったことだ。この一語だけのちがいで、回答者の反応にどんなちがいが生まれたか？「消費者」と呼ばれた回答者は、「個人」と呼ばれた回答者に比べ、行動を起こそうとする責任感も、他者を信頼する気持ちも弱かった。*54 自分たちを消費者と考えるだけで、自己中心的な態度が生まれ、共有資源の枯渇という問題に直面しながら、団結できず、分裂してしまうようだ。地球の「供給源」と「吸収源」――水や魚から海や大気まで――に過剰な負荷をかけている二十一世紀の世界において、わたしたちが人類全体の課題にみんなで取り組もうとするとき、自分たちをどのようにいい表すかが、いかに重要かがここに示唆されている。そうすると、がぜん「隣人」や「地域社会の一員」、「国家コミュニティ」、「世界市民」という言葉が、安全で公正な経済を築くうえで、きわめて貴重な言葉に見えてくる。

評価や価格、報酬、市場の利用がわたしたちの行動にどう影響するかを調べた研究からも、似た結果が出ている。タンザニアのモロゴロ周辺の複数の村の村民たちに、それぞれの村の小学校で、半日、校庭の草刈りをしてほしいと呼びかけた。少額の報酬を提示した村では、報酬のことについては何も触れなかった村よりも、参加者が二〇％少なかった。その上、報酬――標準的な一日の賃金額――を受け取った参加者のほとんどが、草刈りの終了後、作業にも報酬にも不満を述べたのに対し、お金のことはいっさいいわれなかった村の参加者はたいてい、村の役に立てたことへの満足感を口にした。*55

同じように、メキシコのチアパス州では森林保護計画の一環として、多くの農民に補償金を支払って、伐採や狩り、密猟、家畜の増加を控えさせた。しかし年々、補償金を受け取る農民が増えるにつれ、森林そのもののためではなく、お金をもらえるからという理由で森林を守る農民が増えた。将来も森林を保護するかどうかについても、もらえる補償金の額しだいと考える農民が増加の一途をたどっている。しかしチアパス州には、コミュニティ自身の計画や事業で森林を守ろうとしている地域がある。それらの地域では、農民の協力を取りつけるのに時間はかかるが、はるかに大きな社会資本が築かれている。また長期的な森林保護そのものによってもたらされる恩恵が、森林を守る動機にもなっている。*56お金を介在させると、生命の世界に対するわたしたちの畏敬の念は著しく損なわれてしまうようだ。

これらの事例はけっして特殊なものではない。環境保護活動――ごみ拾いであれ、植林であれ、伐採や漁獲量の抑制であれ――に与える報酬の影響について、今までに実施されたもっとも包括的な調査でも、大半の制度が意図せずして、もとからある意欲を高めずにそいでいることがわかっている。*57文化遺産の誇らしさや、生命の世界への畏怖や、地域社会への信頼など、わたしたちにもとからある積極的な気持ちを引き出さず、逆に、それらの価値観を損ね、代わりに金銭的な動機を植えつけている制度もある。「お金で人を動機づけると、思わぬ事態を招くことがある」と、この調査を手がけた研究者の一人、エリック・ゴメス＝バゲトゥンは述べている。「わたしたちはたいてい、価値観と動機がどのように複雑に絡み合っているかを十分に理解しておらず、将来の行動を予測できない。だから、注意が必要だ」。先述のように市場を火にたとえるなら、この節から導き出される教訓は次のようにまとめられるだろう。

マッチを擦る前と同じように、市場を始める前には注意しなくてはならない。何を燃やし尽くし、灰にしてしまうか、わたしたちにはわからないのだから。

さまざまな取り組み――教育支援から森林保護まで――の結果に示されているように、公共の領域に金銭的なインセンティブを持ち込むことには危険がつきまとう。その深い効果についてはまだほとんど解明されておらず、現在までのところ、そのようなインセンティブは失敗に終わることがきわめて多い。そもそも、行動の変化を引き出す手段であれば、ほかにもいろいろとある。互酬性や、価値観や、つつきや、ネットワークを利用する手段だ。それらの手段は金銭の面でも、あるいは結果の面でも、金銭的なインセンティブよりはるかにコストがかからない。

つつき、ネットワーク、規範を利用する

新しい自画像に示されているように、人間は費用とか、価格とかだけに動機づけられるわけではない。だから二十一世紀の経済学者は、賢明であろうとするなら、社会や環境に関する調整を真っ先に市場にゆだねようとするのでなく、社会のなかでどういうダイナミックな相互関係が成り立っているかを問うことから始めるべきだ。今の人々の行動を方向づけている価値観や、ヒューリスティックスや、規範や、ネットワークはどういうものか？　それらを無視したり、損ねたりするのでなく、育んだり、つついたりするにはどうすればいいか？　これらの問いから出発することで、むきだしの市場の力とモラルの微妙な力をうまく組み合わせる知恵が、はるかに見出しやすくなるはずだ。経験的な証拠がすでにあるように、こういう戦略はわたしたちをドーナツに導くうえで、きっと助けになるにちがいない。

つつきは少ないコストで大きな効果を生む。しかもデジタル技術のおかげで、かつてなく簡単に安く、人々をうまくつつけるようになった。処方薬を例に取ろう。薬の服用をうっかり忘れて、自分の健康や薬の長期的な効き目を損ねている人は多い。イギリスでは、推計で年間約三億ポンドが服用されない処方薬に費やされているという。しかし服用時間にテキストメッセージを送るだけで、薬の飲み忘れを大幅に減らせることが実験からわかっている。[*58] 似た効果はＨＩＶ／ＡＩＤＳの患者を対象にしたケニアでの実験

でも出ていて、そこでは週一回のテキストメッセージで、抗レトロウイルス薬を定期的にきちんと飲む患者が二五％増えた。[*59] どちらもお金はかかっていない。簡単なテキストメッセージを送っただけだ。

環境問題でもつつきの効果は大きい。「わたしたちは毎日、ほとんど自覚せずに、長々とシャワーを浴び、家電製品の電源を入れたままにし、ごみを捨てるということを繰り返しています」と、デンマーク・ナッジ・ネットワークの代表ペレ・ハンセンはいう。基本的なつつきを住居に備えつければ――自動で開閉する蛇口や、タイマーつきのシャワーや、人の動きを感知するセンサーつきの照明を取りつけるなど――簡単にこれらの習慣をなくし、水や電気の使用量を大幅に減らせる。公共の場所でも、こういうつつきは可能だ。ハンセンはまず学生とともにコペンハーゲンの街に出て、通行人にお菓子を配り、その包み紙が路上や、ごみ箱や、他人の自転車のかごにどれぐらい捨てられるかを調べた。そして次に、路上に緑色のペンキで足跡を描いて、ごみを持った人をごみ箱に誘導するようにしたところ、ポイ捨てが四六％減った。これならば罰金や報奨金なしで、ルールの遵守を促せる。この緑色の足跡はもとからある社会規範を芸術的に目立たせたものだ。[*60]

ネットワーク効果も社会的な行動に影響する。それは著名人の影響力によく示されているとおりだ。二〇一一年十月、ブラジルの元大統領ルラ・ダ・シルヴァが咽喉がんであることを公表し、喫煙が原因だったと思うと述べた。それから四週間にわたって、グーグルでは禁煙のしかたに関する検索が急増した。その検索数は、禁煙を誓う人が多い世界禁煙デーや新年の検索数をはるかに上回った。同様に、二〇〇九年、英国のリアリティ番組のスター、ジェイド・グッディーが子宮頸がんであることを明かすと、検診の予約者が四三％増えた。[*61] これらは警告としての役割を果たした事例だが、人々を鼓舞することもある。パキスタンの教育活動家マララ・ユスフザイが見せた勇敢な姿勢のおかげで、世界中のおおぜいの少女たちが鼓舞され、教育を受ける権利を要求し始めた。このような効果は、地域レベルでも見られる。インドの西ベンガル州では、女性が村議会の議長に就くようになって以降、村の少女たちは教育にも自分の将来にも、大きな目標を持つようになった。ここには価格もないし、報奨金もない。あるのは誇りだけだ。[*62]

つつきやネットワーク効果で人々の行動が変わるのは、たいてい、根底にある規範や価値観――義務、敬意、心遣いなど――が呼び覚まされるからだが、それらの価値観に直接、働きかけることもできる。環境に配慮した行動を引き出すための方法を探ろうとした米国の調査で明らかになったのが、まさにそのことだった。その調査では、ガソリンスタンドで「無料タイヤ点検」の看板を掲げて、客寄せを行った。その際、タイヤ点検を勧める理由として、金銭面、安全面、環境面のいずれかの理由を添えた。「お財布のなかが気になる？　それなら、当店でどうぞ無料のタイヤ点検を！」と書いた看板は、まったくドライバーたちの関心を引けなかった。いちばん来店者を増やせたのは、「環境問題が気になる？　それなら、当店でどうぞ無料のタイヤ点検を！」と書いた看板だった。正しい価値観に働きかければ、行動にかなりの変化を起こせることは明らかだ。[63]

所得は低くても、社会資本が豊かなコミュニティでは、社会規範を活性化させることで、大きな成果を上げられる。ウガンダの研究者たちは社会契約の意識を築き直すだけで、農村部の医療を改善しようとしたときにそのことを身をもって体験した。診療所の医療の質が劣悪な五〇の地域で、研究者たちは村民と医療従事者を集め、現在の診療所の業務を評価させるとともに、村民たちが求める医療水準を記した契約書を自分たちで作成させた。加えて、診療所の業務をチェックする仕組みを設け、毎月、結果を村の公共掲示板に掲載した。例えば、職員の勤務表や投書箱、待合室で診察を待つ患者数などだ。一年後、各村の一次医療（日常的な外来診療）は質、量ともに劇的に改善した。診察を受けた患者数が二〇％増えるいっぽう、待ち時間は短縮し、医師や看護師の欠勤も大きく減った。さらに五歳未満で死ぬ子どもの数が三三％減少するというめざましい成果も上がった。これらのことを達成するのに、特別な報酬や、罰金や、予算の増額はいっさい必要なかった。すべては公の説明責任を伴った社会契約のおかげだった。[64]

これらの小規模な事例には、人々の価値観に働きかけることがいかに有効かがよく表れている。しかし、人類の壮大な課題を前にしては、これらの成功例はあまりに小さすぎて、大勢に影響を及ぼすことはできないと考える人もいるだろう。環境問題における価値観や態度、行動を研究するトム・クロンプトンとティム・カッサーは、そうではないと主張する。長期的で根本的な行動の変化を引き出そうとするときには、人々の財布や予算よりも、価値観やアイデンティティーとその変化を結びつけるのが、もっとも効果的な方法になるという。二人の研究からは、自己高揚の価値観や外在的な動機がまさった人には、富や所有や地位を求める傾向があることがわかっている。それらの人はまた、生命の世界に配慮するとか、環境にかかる負荷を減らすとか、公共交通を利用するとか、家庭のごみをリサイクルするとかいう意識が低い。しかも、危機的な環境問題――気候変動の見通しなど――に直面しても、地球に負荷をかける娯楽を続けようとしやすい。いっぽう、自己超越的な価値観や内在的な動機がまさっている人は、環境問題により強い憂慮を示し、環境を守ろうとする地域や世界の取り組みに積極的に参加しようとする。*65 したがって今、わたしたちがするべきことは、お菓子の包み紙やテキストメッセージなどの街路レベルでの成功から得た知見を生かし、どうすればつっきやネットワークの規模を拡大して、都市や国や国際交渉というレベルで人々をドーナツのなかに導くことができるかを見出すことだ。

自分たちを一から見つめ直す

「一枚の絵は千の言葉に匹敵する」のだとしたら、わたしたちはどのような新しい自画像を描けばいいだろうか？　わたしはいろいろな国でドーナツの話をするとき、学生や、企業の重役や、政策立案者や、活動家たちにも、このことをよく尋ねる。その際にはいつも実際に、漫画化した合理的経済人に代わる新しい人間像をスケッチしてもらう。毎回決まって描かれるのは、「コミュニティとしての人類」、「種をまき、実を収穫する人としての人類」、「曲芸師としての人類」の三つだ。

コミュニティのイメージからは、わたしたちが生物界でもっとも社会性に富んだ種であり、生まれてから死ぬまで互いに依存し合っていることが思い起こされる。種まきと収穫のイメージはわたしたちを生命の網のなかに組み込んで、わたしたちの社会が生命の世界とともに発展してきたこと、わたしたちが生命の世界に依存していることを明確にする。最後の曲芸師は、一人ではできないことを成し遂げるため、互いに信頼し合い、恩を返し合い、協力し合えるわたしたちの能力を象徴している。もちろん、ほかにもたくさんの自画像の描きかたがありうるし、ここに紹介するものもけっしてまだ完全ではない。しかし今の自画像はすでにわたしたちから遠く隔ったものになっている。わたしたちはホモ・エコノミクスというまちがった自画像から出発したせいで、二〇〇年をむだにした。お金を手に握り、頭に計算機を持ち、自然を足もとにひれ伏させ、心に飽くなき欲望を抱える孤独な人物という自画像だ。わたしたちは今、お互いとも、自分たちの専有物ではないこの生命の家ともつながることで、初めて繁栄を遂げられるものとして、自分たちの姿を描き直すべきときを迎えている。

人間が自分たちで思っている以上に羊の群れに似ていることを最初に指摘したのは、アンリ・ポアンカレだった。もし今、ポアンカレに現代の行動心理学の知見を教え、シユノーケルとフィンを手渡したら、動物への喩えをもっと広げさせてくれというのではないだろうか。多数の価値観と動機を持つわたしたち人間には、タコを思わせるところがある。タコにいくつも触手が備わっているように、わたしたちは経済との関わりのなかで、いくつもの異なる役割を持つ。ときに雇用者、ときに市民、ときに起業家、ときに隣人、ときに消費者、ときに投票者、ときに親、ときにコラボレーター、ときに競争者、ときにボランティアというように。さらに、タコには気分や周囲の変わり続ける環境に応じて、体の色や形や肌合いを巧みに変えられる能力がある。わたしたち人間もそれと同じぐらい変身に長け、一日のあいだに何度も、さまざまな価値観のあいだを行ったり来たりし、たえず変化する経済の風景のなかで、交渉から施しへ、施しから競争へ、競争から分かち合いへと、次々と自分を切り替えている。*66

人類の新しい肖像画の下絵

今後、ホモ・エコノミクスという名前にも別れを告げるのであれば、代わりにどんな名前をつければいいだろうか？　すでにいくつもの候補が提案されている。ホモ・ヒューリスティックス（経験的判断）、ホモ・レシプロカンス（報恩）、ホモ・アルトゥルイスティクス（利他）、ホモ・ソシアリス（社会）などだ。しかしそのようにわたしたちの特徴を何か一つに限定するのは賢明ではない。それらの特徴のすべてがわたしたちには備わっているのだから。人間は取り引きや、交換や、交易を好むと指摘したとき、アダム・スミスは正しかった。しかし人間や社会がもっとも栄えるのは、「親切さ、公正さ、寛大さ、公共心」が発揮されたときだというスミスの指摘もまた正しい。それらのいくつもの名前から一つを選んで、新しい自画像の名前にするのでなく、それらのすべてを伝えられる自画像にしなくてはいけない。合理的経済人の漫画を壁から外したあと、その代わりに壁にかけるものとしていちばんいいのは、光の加減でたえず姿を変える人間のホログラムだろう。

これで経済の舞台が整い、配役が決まり、主人公――人間性――の長い紹介が終わった。次は、経済のダイナミクスに目を向け、その舞台でわたしたちの集団行動がどんな役を演じているかを掘り下げていきたい。まずは、りんごの木を見ることから始めよう。

第4章 システムに精通する

——機械的均衡からダイナミックな複雑性へ

すべてはニュートンのりんごから始まった。一六六六年、この若き優秀な科学者は英国リンカンシャーの母親の家の庭に座っていたとき、木からりんごが落ちるのを見て驚いた（といわれている）。どうして横でも上でもなく、いつも下に向かうのだろう？ この問いへの答えがやがて有名な重力の研究と運動の法則として結実し、科学に大変革を起こすことになる。しかし二世紀後、この運動の法則が経済学の世界にもたらしたのは、物理学への羨望と、誤った喩えと、視野の狭さだった。もし、若きニュートンが――りんごが落ちる前に――りんごの木の成長に驚いていたら、どうなっていただろうか。木と蜂、太陽と葉、根と雨、花と種のあいだの刻々と変わる見事な相互作用に驚いていたら。きっとその複雑な仕組みについても同じように天才的な洞察力を発揮し、科学の歴史を変えていただろう。同時に、経済学の進路も変えていたはずだ。ニュートンを崇拝する経済学者たちにもっと有益な喩えを思いつかせていたにちがいない。現代のわたしたちも、市場のメカニズムではなく、市場のオーガニズム（有機的なつながり）について論じ合っていただろう。そうすれば、今よりはるかに賢くなっていたのではないだろうか。

空想はここまでにして話を戻そう。ニュートンの注意を引き、画期的な発見をもたらしたのは、木から落ちたりんごだった。科学の権威を欲していた経済学者たちは、自分たちの理論でもニュートンの運動の法則をまねて、経済をあたかも不変の機械的なシステムであるかのように描いた。しかし今では、経済を成り立たせているのは、ダイナミックな生命の世界のなかで相互に依存し合った人間であり、経済は複雑な適応のシステムとして捉えるほうがはるかに適切であることがわかっている。だから、ドーナツのなかに人類を導ける可能性が少しでもあるとすれば、そのためには経済学者たちの関心をりんごの落下ではなく、りんごの成長へ、直線的な仕組みではなく、複雑なダイナミクスへ向かわせることが欠かせない。メカニズムとしての市場に別れを告げ、エンジニアのヘルメットを脱ぎ捨てよう。代わりに、園芸用の手袋をはめるときだ。

遺産の克服

ホモ・サピエンスの機能に微修正を加える進化が一〇万年続いた結果、わたしたち人類は、複雑なシステムを把握するのが苦手になった。人類は長いあいだ、比較的短い一生を小さい集団のなかですごし、即座に返ってくるフィードバックから学んできた（火のなかに手を入れて、火傷をするなど）。また生活圏より外の環境にはほとんど影響を及ぼすこともなかった。したがって、わたしたちの脳は、近くにあるもの、短期的なもの、すぐに反応するものに対処するように進化し、漸進的で直線的な変化を予測するようになった。加えて、わたしたちには均衡と解決を欲する気持ちがある。だから物語ではハッピーエンドでそれらの欲を満たし、音楽では調和したメロディーにそれらを求める。しかし世界が動的で、変化しやすく、予測できないものになった今、そういう特徴はわたしたちに不利に働いている。

もちろん、直感に反することが起こることはわたしたちも知っていて、数々の格言によって自分たちを戒めてきた。駱駝の背をつぶすのは藁だ（漸進的な変化は、やがて突然、崩壊を引き起こす）。一つのかごにすべての卵を入れるな（多様性を失えば、変化に弱くなる）。時を得た一針は、九針の手間を省く（問題が小さいうちに対処しておけばあとで大変なことにならずにすむ）。情けは人のためならず（すべてはつながっている）。どれも賢い助言だが、複雑な現代の世界では、物事の予測や解釈の助けにならない。

複雑さを理解することが過去一〇万年の進化によって妨げられてきたとしたら、そのだめ押しになったのが、機械的なモデルや喩えでわたしたちの偏ったものの見かたを助長した過去一五〇年の経済理論だ。十九世紀後半、経済学を物理学に負けない立派な科学にしようと考える、一握りの数学志向の経済学者たちが現われた。その経済学者たちは微分――落下するりんごや月の軌道を美しい数式で表せる手法だ――を用いることで、経済を一組の公理と方程式で表そうとした。ニュートンが運動の物理法則を発見し、それによって原子一個から惑星の動きまで、あらゆる規模の世界を説明したように、経済の運動法則を発見して、それによって一人の消費者から国全体の生産高に至るまで、あらゆる規模の市場を説明しようとしたのだ。

先駆けとなったのは、一八七〇年代に「経済理論は静力学の科学に類似し、交換の法則は天秤の均衡の法則によく似ている」と唱えた英国の経済学者ウィリアム・スタンリー・ジェヴォンズだ。[*1] スイスでは、エンジニアから経済学者に転身したレオン・ワルラスが同様の構想を打ち出し、「純粋経済学はあらゆる点で物理学や数学に似た科学だ」と主張した。そしてその証拠だというように、市場の取り引きを「競争のメカニズム」と呼び始めた。[*2] ジェヴォンズやワルラスをはじめとする経済学者たちは、振り子の動きが重力の働きでしだいに止まるように、市場は価格の働きによって均衡に向かうと唱えた。ジェヴォンズは次のようにいう。

振り子の動きを見ることで、重力を計測できるように、人間の下した決断を見ることで、感情の起伏も計測できる。意志が振り子であるとするなら、その振幅は市場の価格表に細かく記されている。完璧な統計学の体系をいつ手に入れられるかはわからないが、経済学を精密科学にするうえで、越えがたい障害になっているのはそれだけだ。[*3]

これらの機械的な喩え——天秤から振り子まで——は当時、時代の最先端を行くものと感じられたのだろう。上述の経済学者たちの経済理論の中心に、個人や企業がどう行動するかというテーマが据えられたのは当然だった。そしてそれらの理論から、のちにミクロ経済学と呼ばれるようになる分野が誕生した。しかし新しい経済理論をニュートンの法則に匹敵するものにし、微分の厳密さを確保するため、ジェヴォンズやワルラスをはじめとする数理的な経済学の先駆者たちは、市場と人間に関する仮説を大胆なまでに単純化しなくてはならなかった。とりわけ重大なのは、この初期の理論では、市場にどれだけさまざまな嗜好の消費者がいても、すべての買いたい人とすべての売りたい人が満足する売買の価格は一つのみであることが、前提になっていたことだ。これはいい換えるなら、どの市場にも、安定する均衡点は一つしかないことを意味する。ちょうど振り子には静止する点が一点しかないように。そのような条件を満たすためには、買い手と売り手が全員、「価格受容者」でなければならず——つまり価格に影響を及ぼせる大きな参加者が市場に一人もいてはならず——収穫逓減の法則に従わなくてはいけなかった。これらの前提を支えたのは、ミクロ経済学の理論のなかでもっとも広く知られているあの図、経済学部の新入生が最初に学ぶあの図、すなわち需給曲線の図だった。

この交差した有名な一組の曲線の背後には何があるのか？　どんな商品でもかまわないが、ここではパイナップルを例に取って、この曲線の意味を考えてみよう。需要曲線は、顧客が各価格でどれだけの数のパイナップルを買おうと欲するかを示している。ただし、顧客はみんな、効用（満足度）の最大化をめざしていると仮定する。需要曲線が右下がりになっているのは、一人の顧客が買うパイナップルの数が増えるにつれ、その顧客が追加の一個の購入から得られる効用が低下し——限界効用逓減の法則による仮説——その結果、追加の一個の購入に払ってもよいと思う価格が低下するからだ。いっぽう、供給曲線は、売り手が各価格でどれだけのパイナップルを供給しようとするかを示

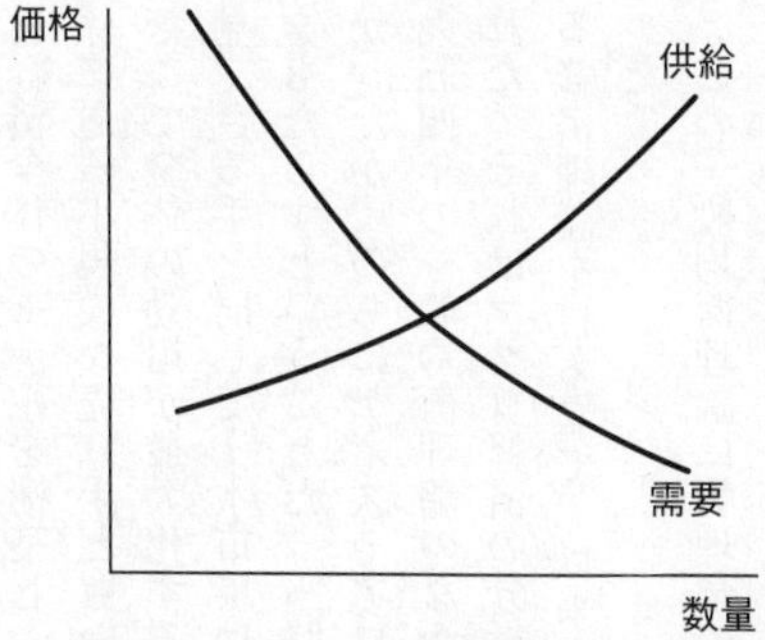

需要曲線と供給曲線。供給と需要が釣り合う価格で市場が均衡することを示す。

している。ただし売り手はみんな、利益の最大化をめざしていると仮定する。供給曲線が右上がりになっているのはなぜか？　もし各パイナップル農家が畑の広さを変えられないとすると、追加の一個の生産費用が上昇し――収穫逓減の法則による仮説――その結果、追加の一個のパイナップルを供給するためにはより高い価格をつけなければいけなくなるからだ（と、従来の理論では説明されている）。

一八七〇年代にこの図の決定版を描いたアルフレッド・マーシャルは、この交差する二本の線をはさみに見立てて――これもまた機械的な喩えだ――市場でどのように価格が決まるかを説明した。はさみは片方の刃ではなく、必ず両方の刃の交差する部分で紙を切る。マーシャルによれば、市場の価格もちょうどそれと同じで、供給者の費用と消費者の効用のどちらかではなく、費用と効用が交わる部分で決まり、そこに市場の均衡点ができるのだという。

このはさみを使って壮大な課題に取り組んだのは、ワルラスだ。ワルラスはこの需給曲線による分析の対象を一つの商品から、すべての商品に拡大することができると信じ、そこから市場経済全体のモデルを構築しようとした。もし市場が完全な知識を備え、互いに競合関係にある小規模な売り手と買い手たちで構成されていれば、市場はやがて均衡点に達し、そこで全体の効用が最大化するだろうとワルラスは考えた。これはつまり――スミスの見えざる手と同じで――市場は所得の分配のしかたに関係なく、社会全体に最善の結果をもたらすということだ。当時はまだワルラスのこの直感を証明する数学的な技法がなかったが、のちにケネス・アローとジェラール・ドブルーの二人が課題を引き継ぎ、一九五四年の一般均衡理論のなかでそれを数式化した。二人の証明は画期的なものに思われた。それはマクロ経済の分析にミクロ経済による根拠を与え、統合されたように見える経済理論を打ち立て、以来「現代マクロ経済学」と呼ばれている分野の土台にもなった。*4

この一般均衡理論は物理学のような堂々たる科学の響きを放ち、立派な数式で表されていて、一見、完璧だった。しかしそこには根本的な誤りがあった。一経済のなかにあるさまざまな市場は互いに依存し合っているので、個々の需要曲線をすべて足して、経済全体の右下がりの需要曲線を導き出しても、それは信頼できるものにはならない。そしてそれが信頼できないものであれば、均衡も約束されなくなる。このことは経済学者たちには目新しい話ではない。数人の優秀な理論経済学者が均衡理論の土台に欠陥があることに（恐れおののきながら）気づいたのは、一九七〇年代のことだ。しかしこの発見（「ソネンシャイン－マンテル－ドブルー定理」と呼ばれる）は均衡理論のほかの部分にあまりに大きなダメージを及ぼすものだったので、教科書や授業では隠されるか、無視されるか、あるいは消し去られるかした。学生たちには均衡をもたらす市場メカニズムの滑車や振り子に重大な不具合があることは、伏せたままにされた。*5

その結果、一般均衡理論は二十世紀の後半を通じて、マクロ経済学の分析を長く支配し続け、最後に二〇〇八年の金融崩壊に突き当たることになった。「新しい古典派（ニュー・クラシカル）」によって手を加えられた均衡理論――市場はショックの影響をすぐに調節できるとする説――と、「ニュー・ケインジアン」によって手を加えられた均衡理論――賃金と価格の「粘着性」のせいで調節には遅れが生じるとする説――とのあいだでは、はげしい論争が繰り広げられた。しかしどちらの均衡理論も、金融崩壊を予測できなかった。均衡を前提にしているいっぽうで、金融部門の役割も度外視している均衡理論では、将来をほとんど予測できず、ましてや景気の波や不況に対処することは不可能だった。

このような現実に合わないモデルがマクロ経済学の分析を支配している状況のなか、内部の著名な経済学者たちが、かつてみずから支持していた理論に対して、批判を加え始めた。新古典派経済学の成長モデルの父として知られ、ポール・サミュエルソンの長年の共同研究者だったロバート・ソローもその一人だった。最初は二〇〇三年の「マクロ経済学の愚か者」という愚直な題名を掲げた講演で、*6次には、均衡理論の厳密な仮説をあざけった分析で、批判を述べた。一般均衡モデルで前提にされているのは、消費者であり労働者であり所有者である不死身の一人の人間が、完璧に合理的な予測にもとづいて、無限の未来に向かい、効用の最大化に努めるというものだった。しかもそれらの効用を提供する企業は完全競争の状態にあるとされた。いったいどうしてこんなに現実離れしたモデルが支配的になれたのか？　二〇〇八年、ソローは次の見解を示している。

わたしには疑問、いや課題が残されました。なぜ、明敏な頭脳を持った経済学者たちが「現代マクロ経済学」に魅了されてしまったのか？（中略）経済学にはいつも潔癖なところがあり、すべてのことを「もし」とか「それで」とか「しかし」を使わず、欲望と合理的思考と均衡できれいに説明し尽くそうとしたがります。（中略）一般均衡理論はきれいに整っていて、学習可能で、きわめて難解というわけではありませんが、「科学」のように感じられる程度には専門的です。何よりも、実際的な面では、まちがいなく自由放任主義的な助言をします。それがたまたま、一九七〇年代に始まった世のなかの政治的な右傾化にぴったり合うものだったのです。その右傾化は今後も続くかもしれないし、続かないかもしれません。*7

一つ続かないことがはっきりしているのは、一般均衡理論に対する信頼だ。その喩えやモデルはニュートン力学をまねようとしたものだったが、価格の振り子も、市場のメカニズムも、確実に静止に向かう運動も、経済活動を理解するのには不向きだった。なぜか？　それはまちがった科学だったからだ。

このことを誰よりも力強く指摘したのは、ロックフェラー財団の自然科学部門を率いたウォーレン・ウィーヴァーだった。ウィーヴァーは一九四八年の論文「科学と複雑さ」で、過去三〇〇年の科学の進歩を振り返ると同時に、科学を用いることで理解を深められる世界の問題を三つに分類した。一つは、直線的な因果関係のなかに一個か二個の変数しか含まない「単純な問題」——ビリヤードのボールの動き、りんごの落下、惑星の公転など——で、この問題の解明にはニュートンの古典力学の法則が役に立つ。もう一つは、たくさんの変数のランダムな変化を含む「無秩序な複雑な問題」であり、これらは統計学や確率論を使うことで、高度な分析が可能になる。

しかし以上の二つは、科学によって扱える問題の両極であり、その二つのあいだには「系統立った複雑な問題」と呼ばれる、広大できわめて興味深い領域がある。そこには「有機的な全体と相互に関係し合う」変数が数多く含まれ、それによって複雑でありながら系統立ったシステムが形成されている。ウィーヴァーがその例としてあげているのは、まさにニュートンのりんごからは思いつかれることのなかったタイプの問いだ。「待宵草の花はどのように開くのか？　なぜ塩水で喉の渇きを癒やせないのか？（中略）ウイルスは生命体なのか？」。経済の問いもこの領域に含まれるという。「小麦の価格は何にもとづくのか？（中略）需要と供給のような経済的要因の自由な相互作用に、どこまでゆだねられるのか？（中略）好況と不況の揺れ幅を抑えるため、どこまで経済はその問題の多くに依存している世界の未来のためには、科学が三回めの大飛躍を遂げることが必要になる」とウィーヴァーは結論づけている。*8

その三回めの大飛躍は、一九七〇年代に複雑系科学——システム内の数多くの部分と部分の関係が全体の行動にどう影響するかを研究する分野——が生まれたことで始まった。複雑系科学は以来、生態系やコンピュータネットワークから天候のパターンや病気の広がりかたまで、さまざまな研究分野に変革を起こしている。複雑さを扱う科学だが、核になる概念はとてもシンプルでわかりやすい。したがって、直感的にむずかしそうに感じてしまうが、じつは誰でも、学習と経験を積めば、いわゆる「システム思考」を磨くことができる。

経済学者のなかにもシステムで考える者は増えており、複雑系経済学や、ネットワーク理論や、進化経済学を経済研究のなかでもっとも活気にあふれた分野にしている。しかし、ジェヴォンズやワルラスの影響もしぶとい。いまだにたいていの授業や教科書では、経済の本質は直線的で、機械的で、予測可能なものであり、市場の均衡メカニズムに凝縮されるものだと説かれている。このような考えかたを教えていては、現代世界の複雑さに対応できる経済学者を育てることはできないだろう。

経済学者デイヴィッド・コランダーはおもしろおかしく「二〇五〇年から過去を振り返って」、次のように述べている。二〇二〇年までに、大半の科学者——物理学から生物学まで——は、複雑系の思考を取り入れなければ、世界の多くのことが理解できないと気づいていた。しかし経済学者はやや遅れた。二〇三〇年になってようやく、「ほとんどの経済学の研究者が、経済を複雑なシステムと捉え、複雑系科学に属するものと考えるようになった」[*9]。もし実際の未来がコランダーのいうとおりになったら、おそらく手遅れだろう。二〇三〇年まで待つ必要はない。わたしたちは今すぐ、選択を誤ったニュートン物理学の喩えを捨てて、システムに精通するべきだ。

複雑さの絡み合い

システム思考の中心をなすのは、ストック、フロー、フィードバックループというい たってシンプルな三つの概念だ。一つ一つは拍子抜けするほど単純だが、三つが相互作用を始めると、とたんに想像を超えた働きを見せる。世界の数々の目を見張るできごと、常識では考えられないできごと、予想だにしないできごとは、その相互作用から生まれたものだ。何千、何万羽というムクドリの大群が夕暮れどきの空を埋め尽くす光景に、息を呑んだ経験はないだろうか。もしあれば、システム思考で「創発」といわれるそういう現象が、常識をはるかに超えたものであることがよくわかるだろう。一羽一羽の鳥は、並外れた機敏さで隣の鳥との翼幅ぶんぐらいの間隔を保って飛びながらも、それぞれ身をよじったり、向きを変えたり、あるいは首を傾けたりしている。しかし何千、何万羽という鳥が集まって、同じ簡単なルールに従って飛ぶとき、群れ全体は夕焼け空に躍動する大きな一つのかたまりになる。

では、システムとは何か？　簡単にいえば、特徴的な行動のパターンを生み出すようなしかたで互いにつながり合っているもののことだ。有機体の細胞であれ、デモの参加者であれ、群れをなす鳥であれ、家族のメンバーであれ、金融ネットワークの銀行であれ、そのようにつながり合うことでシステムをなしている。そして個々の部分と部分の関係――ストックとフロー、フィードバック、遅れ（時間のずれ）によって形成される――から生じるのが、創発だ。

どんなシステムでも、ストックとフローが基本の要素になる。ストックないしフローとは、増えたり、減ったりするもののことで、例えば、浴槽の水もそうだし、海のなかにいる魚も、地球上にいる人間も、あるいは地域社会の信頼、銀行に預けられたお金などもそうだ。ストックの量は流入（インフロー）と流出（アウトフロー）のバランスに応じ、時間の経過とともに変化する。浴槽が水で満たされるか、あるいは空になるかは、蛇口から浴槽に入ってくる水量と、排水口から外へ流れ出る水量のどちらが多いかで決まる。鶏の群れが大きくなるかどうかは、生まれるひなの数が死ぬ鶏の数を上回るかどうかで決まる。貯金箱が満たされるかどうかは、硬貨をそこから取り出すことと、硬貨をそこへ入れることのどちらが頻繁かで決まる。

ストックとフローがシステムの核となる要素だとすれば、フィードバックループはそれらを結ぶ要素だ。どんなシステムにも二種類のフィードバックループがある。自己強化（または「正」）のフィードバックループとバランス（または「負」）のフィードバックループの二種類だ。自己強化型フィードバックでは、増大がさらなる増大を呼ぶ。自己強化型フィードバックが生じると、現象が増幅して、悪循環や好循環を生み出し、放っておけば、爆発的な成長や崩壊がもたらされる。例えば、鶏が卵を産み、その卵が孵化するということが繰り返されれば、鶏の個体数はどんどん増える。同じように、子どもの遊び場でのけんかでは、どちらかが一度、ちょっと乱暴に押したことをきっかけにやり返し合ううち、やがてエスカレートして、ついに大げんかになる。利子がついて預金が増え、それによって次回の利子の額が増えるということが繰り返されて、富は蓄積されていく。しかし自己強化型フィードバックは崩壊にもつながりうる。減衰がさらなる減衰を呼ぶ。例えば、銀行の信用が揺らいで、人々が預金を引き出すと、銀行の現金が減り始めて、さらに銀行の信頼が失われ、やがては取りつけ騒ぎに発展する。

自己強化型フィードバックがシステムを動かすものだとすれば、バランス型フィードバックはシステムの暴走や内部崩壊を防ぐ働きをする。バランス型フィードバックは現象を抑制したり、相殺したりするので、システムの制御につながることが多い。わたしたちの体はバランス型フィードバックを使うことで、体温を一定に保っている。暑いときは、皮膚から汗を出して、体温を下げ、寒いときは、体を震わせることで、体温を上げようとする。家のサーモスタットもそれと同じように、室内の温度を一定に保っている。子どものけんかでは、誰かが割って入って、二人を引き離そうとする。要するに、バランス型フィードバックとは、システムに安定をもたらすものだ。

複雑さは、自己強化型フィードバックとバランス型フィードバックの相互作用の産物であり、二つのフィードバックの絡み合いから、システムの全体としての行動が生まれる。そういう行動はたいていは予測できない。システム思考の中心概念のいちばんシンプルな図は、次ページの図のように一組のフィードバックループで描くことができる。ここでは鶏と卵と道路の横断のストーリーを例に取ろう。*10

それぞれの矢は因果関係の方向を示し、プラスとマイナスの記号が付されている。プラスの記号は、原因から「正」の結果が生まれることを意味する。例えば、鶏の数が増えたこと（原因）で、道路の横断が増えた（結果）というように。逆に、マイナスの記号は、原因から「負」の結果が生まれることを意味する。例えば、道路の横断が増えたこと（原因）で、鶏の数が減った（結果）というように。矢印はそれぞれループを作っている。左側が自己強化型フィードバックループであり、右側がバランス型フィードバックループだ。左側では、産卵数の増加で個体数が増えていて、右側では、道路の横断の増加で個体数が減っている。これら二つのフィードバックループがこの図のように極端に単純化されたシステムのなかで働くとき（群れには最低一羽の雄が含まれ、えさが切れることはないと仮定）、この鶏の群れの大きさはどのように変化するだろうか？　二つ

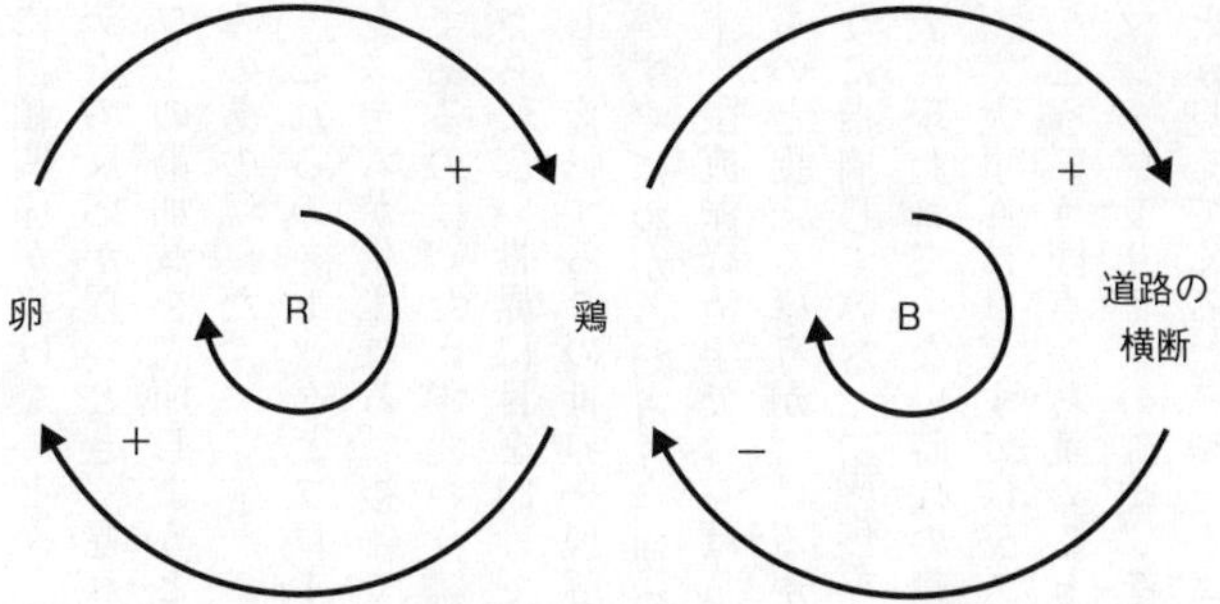

フィードバックループ——複雑なシステムのもとになるもの。自己強化型フィードバック（R）は現象を増幅し、バランス型フィードバック（B）は現象を抑制する。この二つの相互作用が複雑さを生む。

のループのどちらがどれぐらい優勢か、つまり生まれるひなの数と、交通事故に遭う鶏の数のどちらがどれぐらい多いかによって、鶏の群れは爆発的に成長することも、激減することもある。または、孵化と道路の横断のあいだに長い遅れが生じれば、一定の範囲内で増減を繰り返すこともある。

このような流入と流出のあいだに生じる遅れは、システムにはよく見られ、大きな影響を及ぼしている。この遅れはときに、ストックに回復の時間を与え、緩衝装置の役割を果たすことで、システムに有益な安定をもたらす。バッテリーに蓄えられたエネルギーや、食器棚に入れてある食べ物、銀行に預けたお金などがその例だ。しかしこのストックとフロー間の遅れのせいで、システムの動きが鈍ってしまうこともある。例えば、どれだけの労力を注ぎ込んでも、なかなか植林が進まないとか、地域社会のなかに信頼関係が築けないとか、学校の試験の成績が伸びないとかいう場合だ。また、システムの反応が遅いとき、遅れによって振幅が大きくなることもある。使い慣れないシャワーの湯加減を調節しようとして、熱湯と冷水を交互に浴びたことがある人にはおなじみのあの現象だ。

これらのストックとフローとフィードバックと遅れの相互作用から、複雑で適応的なシステムが生まれる。複雑であるのは、予測のできない創発行動のせいであり、適応的であるのは、たえず変わり続けるからだ。ムクドリや鶏、浴槽やシャワーの例をもとに、さらに広い世界に目を向けてみれば、企業帝国の勃興から生態系の崩壊まで、めまぐるしく変転するこの世界を理解するうえで、システム思考がいかに強力なツールになるかがすぐにわかるだろう。初めは唐突で外部要因によるものと思える数多くのできごと——主流派経済学ではしばしば「外生的な変化」と呼ばれる——も、内部要因で生じたものと捉えるほうが、はるかによく理解できる。政治経済学者オリット・ガルは次のように指摘している。「複雑系の理論が教えてくれるのは、世のなかの大事件とは、まだ表に現われていない時代の趨勢が成熟し、ある一点から噴出したものであるということだ。大事件には、すでにシステムの内部で起こっている変化が反映されている」*11

こういう観点から眺めると、一九八九年のベルリンの壁の崩壊と、二〇〇八年のリーマン・ブラザーズの破綻、それにグリーンランドの氷床の融解に重要な共通点があることが見えてくる。三つともニュースでは突然のできごととして報じられた。しかし実際には、どれもシステムのなかで圧がゆっくり高まり、重大な転換点を迎えたことを示すものにほかならない。東欧における政治的抗議しかり、銀行の資産ポートフォリオにおけるサブプライムローンしかり、大気中における温室効果ガスしかりだ。システム思考の最初の提唱者の一人ドネラ・メドウズは次のようにいっている。「現実と向き合おう、世界とはめちゃくちゃなものなのだ。世界は非直線的で、乱雑で、混沌としている。世界は動的である。世界はいつもどこかほかの場所へ向かう途中にあり、数学的に整った均衡状態にはない。世界は生き物であり、進化を続けている。世界は均一性ではなく、多様性を生み出す。だから世界は楽しいのだ。だから世界は美しいのだ。だから世界は成り立っているのだ[*12]」

経済学における複雑性

経済学に動的な分析を取り入れる必要性があることは、最近になって初めていい出されたことではない。過去一五〇年にわたって、あらゆる学派の経済学者がニュートン物理学のまねごとからの脱却を試みてきた。しかしそれらは均衡理論と整った数式の強大な支配によって、ことごとく押しつぶされた。ジェヴォンズ自身も、動的な経済分析の必要性を感じていたが、それを行う数学的な手法がなかったことから、結局、時間軸上の二点のスナップショットを比較する比較静学を手がけるだけであきらめた。しかしこの妥協は残念なことだった。そのせいで、ジェヴォンズは自分の追究していたものに近づかずに、遠ざかってしまったのだ。[*13] 一八六〇年代、カール・マルクスは、労働者と資本家の相対的な所得分配が生産と雇用の永続的なサイクルのせいで、たえず増減する仕組みを描き出した。[*14] 十九世紀末には、ソースティン・ヴェヴレンが経済学を「進化という視点を持たないことにおいて、絶望的なほど時代に遅れ」ており、だから変化や発展を説明することができないと指摘するいっぽう、[*15] アルフレッド・マーシャルも機械的なメタファーに反対し、経済学を「広い意味で捉えた生物学の一部門」と見なすべきだと唱えた。[*16]

二十世紀に入ってからも同様に、さまざまな学派の経済学者たちが経済のダイナミズムに目を向けようと試みたが、やはり均衡思考を追い払うことはできなかった。一九二〇年代、ジョン・メイナード・ケインズは比較静学の利用を批判して、それらの経済現象のスナップショットとスナップショットのあいだに起こっていることにこそ、研究の価値があると指摘した。「経済学者たちがせっせと取り組んでいる課題は、あまりに簡単すぎ、あまりに無益ではないか。嵐に見舞われているときに、嵐がすぎれば、海はふたたび静けさを取り戻すということしかいえないのだとしたら」[*17]。一九四〇年代、ヨーゼフ・シュンペーターはダイナミズムについてのマルクスの洞察を取り入れて、資本主義の「創造的破壊」のプロセスがどのように、たえずイノベーションと衰退を繰り返しながら、景気循環を生み出しているかを描き出した。[*18] 一九五〇年代、ビル・フィリップスは、まさに比較静学に代わるシステム・ダイナミクスを築こうとして、管とタンクを行き来する水の流れでタイムラグや変動を観察できるMONIAC（国民貨幣所得アナログコンピュータ）を開発した。一九六〇年代、ジョーン・ロビンソンは、均衡理論をこっぴどく批判し、「実際の歴史に適用できるモデルは、均衡から逃れ出られるものでなくてはならない。というより、それは本来均衡状態になるはずがない」[19]と述べた。さらに一九七〇年代、新自由主義の父、フリードリヒ・ハイエクも、経済学者の「輝かしい成功を収めた物理科学の手続きをできるかぎりまねようとする傾向」を公然と非難し、「そういうまねは、経済学の分野では完全な失敗に終わるだろう」と戒めた。[20]

そろそろ彼らの助言に耳を傾けて、均衡理論を退け、代わりにシステムとして経済を考え始めるべきときだ。あの需要曲線と供給曲線の交差をほどいて、それぞれの曲線をひねり、一組のフィードバックループに描き直そう。同時に、経済学者たちにこよなく愛されている「外部性」という概念も捨てよう。ある活動に関わっていない人がその活動の副次的な影響を被っていると感じるときに持ち出される概念だ。例えば、川の下流にあるコミュニティに被害をもたらす、上流の工場から出される有毒な排出物とか、都市の道路を自転車で走る人たちが吸い込む排気ガスとかが、「外部性」として扱われる。そのような負の「外部性」は、環境経済学者ハーマン・デイリーが指摘するように、『外部』費用と分類される。しかしそう分類されるのは、今の経済理論では誰もそれらを供給していないことになっているからにすぎない」[21]。システム・ダイナミクスの専門家ジョン・スターマンも同じ意見だ。「副産物などというものはない。あるのは産物だけだ」とスターマンはいい、副産物という概念があること自体、「わたしたちの思考モデルの視野が狭すぎること、考慮に入れる時間の幅が短すぎることを示すものだ」と指摘する。[*22] グローバル経済のもたらした規模の拡大や相互のつながりの結果、二十世紀の理論で「外部性」として扱われてきた経済の影響の多くが、今、二十一世紀を特徴づける社会や環境の危機へと変わった。それらの影響に対処することは、けっして経済活動の「外部」にある瑣末な問題ではない。人類全員を幸せにする経済を築けるかどうかを左右する、重大な問題だ。

意外に聞こえるかもしれないが、均衡理論の経済学も見かたによっては、システム分析の一形態だといえる。つまりきわめて限定された形のシステム分析だ。均衡理論の経済学では分析を進めるにあたって、市場システムの動きについていくつもの仮定を設け、きびしい制限を課している。完全競争、収穫逓減、完全知識、参加者の合理的な行動などだ。そうすることで、市場の均衡を回復するバランス型フィードバックループとして働く価格メカニズムの機能に、よけいな影響が入り込まないようにしている。これをムクドリの群れの例で考えてみよう。ムクドリの大群にどういう制限を課したら、すべてのムクドリをじっとさせておけるだろうか？　一羽ずつ小さな鳥かごに閉じ込めて、それらを全部、暗くて静かな部屋に入れておけばいい。そうすれば、じっとさせられるはずだ。しかしその不自然な制限を取り除いて、外に放したら、もうおとなしくはしていないにちがいない。思い思いに飛び立って、大空に目を見張る群れをなし、複雑なシステムが作動した姿を見せるだろう。均衡モデルという狭いおりに閉じ込められた経済の参加者も同じだ。仮定によって制限されているかぎりは、求められたとおりの行動をするだろう。しかし、それらの仮定が取り払われたとき、つまり現実の世界に解き放たれたときには、あらゆる大混乱が発生しうる。いうまでもなく、たびたびそういうことは起こっている。金融バブルの崩壊でも、一％の上昇でも、気候変動の転換点でもそうだ。

バブルと好景気と不景気──金融のダイナミクス

金融トレーダーたちが鳥だったら、あの金融市場のばか騒ぎはムクドリの群れのばか騒ぎにそっくりに見えるだろう（ただしムクドリたちはぜったいにクラッシュしないが）。金融市場のばか騒ぎが生じるのは、投機家ジョージ・ソロスのいう「リフレキシビティ（相互反射性）」によるものだ。つまり、市場参加者の考えが実際の値動きに影響を与えると、次は逆に、実際の値動きが市場参加者の考えに影響を及ぼすという連鎖反応による。*23 金融トレーダーであっても、ティーンエージャーであっても（または両方であっても）、新しい自画像に示されているとおり、わたしたちは孤立してもいなければ、定まった嗜好も持たない。周りの影響を受けやすく、しかもしばしば、そういう影響関係のなかに身を置くことを楽しんでもいる。流行が生まれるのは、ある商品の人気がその商品に興味のなかった人たちの購買意欲をそそり、それによっていっそう人気に拍車がかかるときだ。そこからおもちゃでも、ガジェットでも、あるいはダンスでも、特大のヒットが生まれる。

それよりは地味だが、ほぼ同じような頻度で発生しているのが、株価が天井知らずに上がり続け、最終的には暴落する資産バブルだ。この現象の呼称は、一七二〇年に起こった南海バブル（南海会社泡沫恐慌）に起源を持つ。偉人アイザック・ニュートン卿が関連のある人物として言及されるのを永遠に拒んだことでも知られるバブルだ。同年三月、南海会社――南米の植民地との貿易の独占権を与えられていた英国の会社――の事業が成功を収めたというまちがったうわさをきっかけに、株価が急激に上がり始めた。すでにその株式をいくらか保有していたニュートンは、四月、株式を売却して、大きな利益を得た。しかし株価の上昇はその後も続き、国全体が熱狂に包まれると、市場の誘惑にあらがうのがむずかしくなった。六月、ニュートンはかなり高騰していた株式を購入した。それはバブルがピークに達して崩壊するわずか二カ月前だった。その結果、それまでの長年の蓄えは一挙に失われた。バブル崩壊の直後、「天体の動きは計算できても、人間の狂気は計算できない」とニュートンが語ったことは有名だ。[*24]力学の天才は、複雑系の前にはなすすべがなかった。

ニュートン同様、わたしたちは誰でも、わたしたちの生命や暮らしを支えているダイナミックなシステムを理解していなければ、高い代償を支払わされる。このことは二〇〇八年の金融崩壊後にことさら明白になった。当時、英国の女王が「なぜ誰も予測できなかったのですか？」と問いかけたことは有名だ。じつは、主流派の経済理論を支える均衡思考の影響で、経済アナリストの大半は銀行部門の構造や活動に真剣に注意を払っていなかった。今から考えると信じられないが、イングランド銀行から欧州中央銀行や米連邦準備制度理事会まで、多くの主な金融機関で採用されていたマクロ経済学のモデルでは、民間銀行の役割がいっさい取り上げられていなかった。この除外は致命的な誤りだった。金融崩壊を予測した数少ない経済学者の一人スティーヴ・キーンがいみじくも述べている。「銀行や負債やマネーを省いて、資本主義を分析しようとするのは、鳥に翼があることを無視して、鳥の生態を分析しようとするようなものだ[*25]」

均衡思考が支配的だったせいで、経済政策の立案者たちは経済そのもののダイナミクスで経済が不安定化することがあるとは考えようとしなかった。金融崩壊に至る一〇年のあいだ、システム上のリスクが増大していることは放っておかれた。英国の財務大臣だったゴードン・ブラウンは景気の波の終焉を宣言し[*26]、米連邦準備制度理事会の議長だったベン・バーナンキはみずから「大いなる安定期」と呼ぶ時代の到来を歓迎した[*27]。二〇〇八年の金融崩壊後、景気が悪化すると、長いあいだ無視されていた経済学者ハイマン・ミンスキーの研究のなかにヒントを探ろうとする動きがにわかに起こった。特に注目されたのは、マクロ経済学の中心に動態分析を据えた一九七五年の金融不安定性仮説だ。

ミンスキーが気づいていたように、金融の世界では安定が不安定を生む。なぜか？いうまでもなく、自己強化型フィードバックのなせるわざだ。好況時には、銀行も、企業も、借り手もみんな自信を持ち、積極的に大きなリスクを冒そうとし始める。それにより住宅その他の資産の価格が押し上げられる。資産価格が上昇すると、資産の価値はこの先も上がり続けるだろうという予測が生まれ、借り手と貸し手はさらに自信を強める。ミンスキー自身の言葉を引くなら、「経済の好調が投機の過熱に変わる傾向があることが、資本主義経済の根本的な不安定さだ」ということだ。*28 やがて当然の成り行きとして、価格が予測どおりに上がらなくなると、住宅ローンが焦げ付き、資産価値が「ミンスキー・モーメント」と呼ばれる時点から連鎖的な下落を始める。そうすると金融界は破産という崖を転がり落ちて、崩壊に至る。では、崩壊後はどうなるか？ 自信がしだいに回復して、ダイナミックな不均衡のサイクルのなかで、ふたたび同じことが一から繰り返される。わたしたちには道路を横断する鶏から学ぶべきことがまだたくさんあるようだ。

二〇〇八年、この市場につきものの不安定さから生じた事態をさらに悪化させたのは、銀行のネットワークに内在するダイナミクスを理解していなかった金融の規制当局だった。崩壊前、規制当局は、銀行のネットワークにはつねにリスクを分散する効果があるという仮定に立っていた。したがってその規制は、ネットワークの結節点――つまり個々の銀行――だけを監視し、ネットワークのつながりかたの性質は問題にしていなかった。しかし崩壊で、ネットワークの構造は頑丈でもあり脆弱でもあることが明らかになった。ふだんは頑丈で、ショックの吸収器として機能するが、ネットワークの性格が変わるにつれ、脆弱になり、ショックの増幅器に転化することがある。この転化が起こりやすいのは、イングランド銀行のアンディ・ホールデンが発見したように、(一)ネットワークに大結節点がいくつかあって、それらがハブ(中継点)の役割を果たしているとき、(二)結節点のあいだのつながりが多すぎるとき、(三)本来は遠く隔っている結節点どうしのあいだにショートカットのつながりが築かれ、ネットワークが「小さな世界」になるときだ。一九八五年から二〇〇五年のあいだに、世界の金融ネットワークは変化し、これらの三つの特徴を備えるに至った。しかしシステムという視点を持たない規制当局はそのことに気づけなかった。*29ゴードン・ブラウンものちに次のように認めている。「個々の機関を監視する制度を作ったことは、大まちがいだった。わたしたちはリスクがシステムのなかでどう拡散するかを理解していなかった。機関どうしが互いにどうからみ合っているかも理解していなかった。さらには、何かとグローバルという言葉を口にしていながら、具体的にそれがどういうものであるかを理解していなかった」*30

二〇〇八年の崩壊をきっかけに、金融市場の新しい動的モデルが模索され始めている。スティーヴ・キーンはコンピュータプログラマー、ラッセル・スタンディッシュと組んで、初のシステム・ダイナミクスのコンピュータプログラム──その名も「ミンスキー」──を開発し、銀行と負債とマネーを本格的に取り入れた経済の不均衡モデルを考案した。キーンは彼一流の表現で、わたしに次のように話してくれた。「このミンスキーでようやく経済という鳥に翼を与えられました。これでやっと飛びかたを理解することが可能になります」[*31]。金融市場がマクロ経済にどういう影響を与えるかを、複雑系の手法で解明しようとするこのような試みはほかでも始まっており、成果が期待される。

成功を呼ぶ成功——不平等のダイナミクス

均衡理論の経済学では、不平等の問題は瑣末なこととして扱われている。均衡理論によれば、市場は効率的に人々に報酬を与えることができるので、だいたい同じような才能と嗜好と資質を持った人々は、最終的には平等に報酬を得ることになる。それでも残る差は努力によるものであり、イノベーションと勤勉さの原動力になるという。しかしわたしたちが実際に暮らす不均衡の世界——自己強化型フィードバックが強力に働く世界——では、富の好循環と貧困の悪循環が生じて、本来は似た者どうしの人々が、所得分配の分布で両極に分かれてしまう。これはシステム学の用語で「成功を呼ぶ成功」と呼ばれる罠のせいだ。この罠は、ゲームのある回で勝った者が、次の回でも勝ちやすくなるような勝利の見返りを得るときに生まれる。

自己強化型フィードバックによって産業界に寡占状態が生じうることは、均衡理論でも認識されているが、あくまで例外的な事態と見なされる。しかし一九二〇年代にすでに、イタリアの経済学者ピエロ・スラッファがこれと逆の主張をし、企業の供給曲線に関しては、収穫逓増——いわゆる収穫逓減の法則ではなく——がふつうであることが多いと述べている。スラッファが指摘したとおり、日常的な経験からわかるように、多くの産業では、生産の拡大に伴って単位当たりの生産費用は低下する。その結果、市場はしだいに完全競争からは遠ざかり、寡占や独占状態に近づく。[32] これはわたしたちが目にしている現代のビジネスの風景にもよく当てはまる。食糧部門だけを見ても、ＡＢＣＤグループと呼ばれる四社（ＡＤＭ社、ブンゲ社、カーギル社、ルイ・ドレフュス社）が世界の穀物取引の七五％を支配し、やはり別の四社が世界の種子の売り上げの五〇％以上を占め、わずか六社の農薬会社が世界の肥料と殺虫剤の市場で七五％のシェアを持つ。[33] 二〇一一年、米国の金融派生商品市場では、九五％の取り引きがウォール街の四銀行――ＪＰモルガン・チェース、シティグループ、バンク・オブ・アメリカ、ゴールドマン・サックス――によって行われた。[34] このような集中化の現象は、メディアからコンピュータ、通信、スーパーマーケットまで、ほかの多くの産業でも見られる。

「モノポリー」というボードゲームをしたことがある人なら、「成功を呼ぶ成功」のダイナミクスがよくわかるはずだ。ゲームの序盤に地価の高い土地に止まったプレーヤーは、そこを買い占めて、ホテルを建て、ほかのプレーヤーから莫大な賃料を得ることができ、ひいては、ほかのプレーヤーを次々と破産に追い込みながら、自分だけ巨万の富を築ける。しかしじつは、このゲームはもとは「地主ゲーム」と呼ばれ、そういう土地の所有権の集中で生じる不公平を暴くために設計されたものだった。けっして土地の買い占めを奨励するゲームではなかったのだ。

ゲームの開発者エリザベス・マギーは、土地を人類全員の共有財産と考えるヘンリー・ジョージの思想の熱烈な支持者で、一九〇三年に最初にこのゲームを考案したときには、二種類のまったく異なるゲームのルールを用意していた。「繁栄」と名づけられたルールでは、誰かが新しい土地を獲得するたび、すべてのプレーヤーにお金が配られ(ジョージの地価税を思わせる設定だ)、元手がもっとも少なかったプレーヤーの資金が二倍になったところで、ゲームの決着がついた(全員が勝者だった)。いっぽう「独占者(モノポリスト)」と名づけられたルールでは、プレーヤーは自分の土地に止まったあわれなプレーヤーから地代や賃料を徴収して、お金を増やした。ゲームの勝者は、ほかのプレーヤーを全員破産させ、最後まで残ったプレーヤーだった。マギーが二種類のルールを設けたのは、「現在の土地の収奪システムからいかに尋常ではない結果や影響がもたらされるかを、プレーヤーたちに具体的に示し」、土地の所有権の扱いかたしだいで、社会にまったく異なる結果が生まれることを理解してもらいたかったからだ。「『人生ゲーム』と名づけてもよかったかもしれません。現実の世界のあらゆる成功と失敗の要素が含まれているのですから」とマギーは語っている。しかしゲームの製造者パーカー・ブラザーズは一九三〇年代にマギーから「地主ゲーム」の特許を買い取ると、「モノポリー」の名称で再発売した。*35 そのときにはルールは一つだけになっていた。一人勝ちを礼賛するルールだけに。

ボードゲームでプレーされた分配のダイナミクスは、経済のコンピュータシミュレーションでも再現されている。現代マクロ経済学を真正面から批判するロバート・ソローは、均衡経済モデルが多くの参加者からなる市場をモデル化したものではなく、一人の「代表的個人」だけでできていることを暴いた。均衡経済モデルは経済を、「外部」のショックに決まりきった反応をする一人の典型的な消費者兼労働者兼所有者に還元したものだった。一九八〇年代以来、複雑系経済学では、均衡モデルに代わる新しいモデルの構築が試みられている。その一つが、コンピュータによるエージェントベースモデルだ。このコンピュータモデルでは、単純なルールに従って行動する多様なエージェントが、周囲の環境にたえず反応したり、適応したりする。コンピュータモデルを組み上げたら、プログラマーは「開始」のキーを押して、それらのエージェントに活動を始めさせればいい。あとは座って、画面を眺めていれば、エージェントの相互作用から生じるダイナミックなパターンが画面上に展開される。

ジョシュア・エプスタインとロバート・アクステルが一九九二年に開発した画期的なコンピュータシミュレーション「シュガースケープ」では、ミニチュアの仮想社会が築かれていて、富が時間の経過とともにどのように分配されるかを見ることができる。シュガースケープの画面は、チェス盤のような五〇×五〇の細かいマス目でできていて、そこに二つの大きな砂糖の山と、それらの山を隔てる砂糖のまばらな平野がある。[*36] 画面のあちこちには、砂糖を欲したたくさんのエージェントが散らばっている。エージェントのなかにはほかのエージェントより動きが速い者、視力がよい者、砂糖の燃焼が速い者がいる。エージェントたちはみんな、自分の体を支えるために欠かせない砂糖を求めて、砂糖の高々と積み上がった場所に競って移動しようとする。シミュレーションの開始時点での各エージェントの砂糖の蓄えは、ランダムに分配されている。蓄えが多かったり、少なかったりするエージェントもいくらかはいるが、大多数のエージェントの蓄えは多くも少なくもない。しかしシミュレーションが始まると、さほど経たずに、莫大な砂糖を蓄えた少数の富裕層と、砂糖の乏しい大多数の貧困層に分かれてしまう。当然、これには各エージェントの動きの速さと視力、燃焼速度、それに最初にいた位置のちがいが影響していると考えられる。しかし、それらの要因だけでは、こんなに極端な不平等が生じることの説明がつかない。ここが重要な点だ。

この不平等はじつは、主にシュガースケープの社会に内在したダイナミクスによってもたらされている。これは多くを持つことでさらに多くを得やすくなる「成功を呼ぶ成功」の原理が働いている典型的な例だ。しかし何より注目すべきは、偶然できたちょっとした差――たまたま砂糖の多い場所にすぐ行きついたとか、最初に砂糖のないほうへ向かうとか――が、あっという間に拡大して、天地の差を生み出してしまうことだ。その結果、エージェントたちは真っ二つに分断された砂糖社会のなかで、まったく異なった運命を歩むことになる。*37 もちろん、シュガースケープのコンピュータの世界は、現実ではない。しかしそこに示されている典型的なダイナミクスは、所得格差が個人の才能や社会貢献を反映したものだという主張のまちがいをいっそうはっきりと明らかにしている。

「成功を呼ぶ成功」の原理が発見されたのは、「モノポリー」やシュガースケープよりはるか昔のことだ。二〇〇〇年前、「富める者はますます富み、貧しい者はますます貧しくなる」という考えが聖書に記された。以来、この考えは「マタイの法則」の名で知られるようになった。いったん有利になればどんどん有利になり、いったん不利になるとどんどん不利になるというパターンは覆い隠せない。それは子どもの学校の成績にも、おとなの雇用機会にも、もちろん所得と富にも見てとれる。そのような金融の法則は今も、確実に生きている。一九八八年から二〇〇八年のあいだに、大半の主要国で所得の差が広がり、中間層が衰退した。さらに同じ二〇年間で、世界全体の所得の差はわずかに減少した（主に中国の貧困率の低下による）が、両極の差は大きく広がった。同期間に増えた世界全体の総所得額の五〇％以上が、世界の所得上位五％の富裕層のものになっているいっぽう、世界の所得下位五〇％の人々はその一一％しか手にしていない。[*38] 全人類をドーナツのなかに入れるためには、所得と富の格差が拡大する傾向を逆転させる必要がある。したがって、「成功を呼ぶ成功」のフィードバックループを相殺し、弱める方法を見つけられるかどうかが鍵を握る。第5章でその方法をいくつか検討したい。

浴槽の水——気候変動のダイナミクス

主流派経済学の理論では、外部性と呼ばれるものは、その名の示すとおり、瑣末な問題として扱われている。しかしそれらを影響として捉え直し、第2章で見たように経済がバイオスフィアのなかに組み込まれていることに目を向けるなら、経済システムから生まれたそれらの影響がフィードバックによって増大し、やがて経済システムそのものを破壊しうるものであることが、すぐにわかるだろう。壊滅的な気候変動を引き起こす恐れのある温室効果ガスなど、いわゆる環境外部性はその代表例だ。だからマサチューセッツ工科大学（ＭＩＴ）システム・ダイナミクスグループを率いるジョン・スターマンをはじめ、システム思考の研究者たちは今、気候変動の対策に関して、政策立案者の盲点を克服する方法を懸命に探している。銀行の危機とちがって、いざとなれば公的資金の注入で救済するというわけにいかないからだ。

気候システムに加わる負担の増大を正しく理解するには、二酸化炭素の排出（フロー）と大気中のその濃度（ストック）の基本的な関係を正しく理解することが欠かせない。ＭＩＴの教壇に立つスターマンは、ＭＩＴのトップクラスの学生でもそのようなフローとストックの動的な関係をなかなか直感的に把握できないことに気づかされた。ほとんどの学生が二酸化炭素の排出量を増やさないだけで、大気中の二酸化炭素の濃度の上昇を抑えられると考えていたのだ。そこでスターマンは古典的な喩えで説明することにし、蛇口と排水口が開いたままの巨大な浴槽に大気をなぞらえた。この浴槽は新しい二酸化炭素の排出によって、満ちていき、植物の光合成や海水への溶解で二酸化炭素が吸い取られるにつれて、空になっていく。この喩えは何を意味しているか？　浴槽の水が減り始めるのは、蛇口から流れ込む水の量が、排水口から流れ出る水の量より少ないときだ。それと同じように、大気中の二酸化炭素の濃度が下がり始めるのは、大気中に「流れ込む」二酸化炭素の排出量が、大気中から「流れ出る」二酸化炭素の量よりも少ないときに限られる。スターマンが初めてこの浴槽の図を描いた二〇〇九年、世界の二酸化炭素の年間の流入（インフロー）は九〇億トン、流出（アウトフロー）は五〇億トンだった。つまりこれは、年間の排出量を半分に減らさないと、大気中の二酸化炭素濃度は下がり始めないという意味だ。MITの学生たちにこのことがわかりにくいのだとしたら、政策立案者たちにもわかりにくいはずだと、スターマンは気づき、「そうだとすると政策立案者たちは温室効果ガスを抑制し、温暖化を防ぐことを実際以上に簡単なことだと考えている恐れがある」と警告した。*[39]

スターマンはエリザベス・マギーの例にならって、気候のダイナミクスを体験的に学べるゲームの制作を思いつき、仲間とともに開発に取り組んだ。その結果誕生したのが、気候変動のコンピュータシミュレーション、「C－ROADS」だった。C－ROADSは政策の影響を予測するのに役立ててもらおうという意図で作られたとても使いやすいシミュレーションソフトだ。各国が誓約した温室効果ガスの削減目標を入力すると、瞬時にそれらの値を合算し、目標が達成された場合、温室効果ガスの排出量や、大気中の濃度や、気温の変化や、海面の上昇にどういう長期的な効果が見込めるかを割り出せる。米国、中国、EUなどの交渉チームに採用されており、世界全体で進めなくてはいけない削減のスピードと規模に対する交渉担当者たちの認識を変えた。「このようなツールがなければ、関係者たちにシステム思考を身につけてもらうことも、気候についての理解を深めてもらうことも期待できません」とスターマンは説明する。[*40]

C-ROADSはこの一〇年、現職の政策立案者をまじえた気候問題の国際的な模擬交渉の場でも、大いに活用されてきた。この模擬交渉では、参加国間の力関係を演出するため、大国の代表者の席には山のように軽食が用意されるいっぽう、発展の遅れた弱小国の代表者は床に座らされる。二〇〇九年には、ミクロネシアの大統領が模擬交渉に参加し、みずから当然の権利として、床に座った。模擬交渉が始まって、大国の代表例によって不十分な目標を誓約をすると、シミュレーション上の海面が一メートル上昇した。そこですかさず床に座っていた代表者全員に、巨大なブルーシートがかぶせられた。「ミクロネシアの大統領は大喜びでしたよ」とスターマンは話す。「海面の上昇が何をもたらすかを初めてみんなに見せられたからです」。[*41]わたしたちが地球環境の許容限界内の生活に立ち返り、気候変動を防ぐためには、エネルギーの切り替えをどの程度のスピードと規模で進める必要があるかは、ストックとフローのダイナミクスの影響を理解するなり、体験するなりしないかぎりは、なかなか実感としてわからないだろう。

崩壊を防ぐ

システムという観点で見ると、世界の経済発展の方向は、社会的不平等の増大と環境破壊の悪化という二つのダイナミクスにしばられていることがわかる。はっきりいうなら、これは古代文明――イースター島の文明からグリーンランドのノース人の文明まで――が崩壊したときの状況にそっくりだ。環境歴史学者ジャレド・ダイアモンドによれば、社会を支えている資源の基盤が壊され始めたとき、もし同時に社会の階層化も進んでいて、少数のエリートが一般の大衆と切り離されていると、その社会は変化に対応する力を著しく欠くことになるという。また、意思決定の権限を持つそれらのエリートの短期的な利益が、社会全体の長期的な利益と異なれば、社会は「厄介な事態へまっしぐらだ」と警告する。*42 文明の崩壊は人類の進歩の歩みのなかでまれに起こる例外的なできごとと思われやすいが、実際には驚くほどありふれている。古代ローマ帝国や漢王朝からメソアメリカのマヤ文明まで、数々の文明の滅亡が明らかにしているのは、創意に富んだ高度な文明であっても没落しうるということだ。*43 では、システム思考はふたたび崩壊が起こるかどうかを予測するのに役立つのか？

この問いに取り組んだもっとも有名な例は、一九七二年の「成長の限界」の研究だ。MITに拠点を置いた研究チームは、世界に先駆けて、世界経済のダイナミックコンピュータモデルを開発した。「ワールド3」の名で知られるコンピュータモデルだ。チームは二一〇〇年までのさまざまな経済のシナリオを探るため、経済成長を左右する――そして最終的には限界に至らせる――重要な要因として、人口、農業生産、自然資源、工業生産、汚染の五項目を選んで、検討を加えた。現状のまま推移した場合のシナリオでは、世界人口と生産の拡大によって、石油や鉱物や金属などの再生不能資源が枯渇し、やがて工業生産と食糧生産が減り始め、最終的には、飢饉、大幅な人口減少、全世界的な生活水準の著しい低下が招かれると予測された。チームの研究結果が発表されると、世界の現状に対する人々の危機感が募り、政策議論に広くシステム思考が取り入れられるようになった。また成長を至上目標とする陣営からは猛反発が湧き起こった。*44

主流派の経済学者はただちにワールド3を批判し、市場の価格メカニズムに備わっているバランス型フィードバックの働きを過小評価していると指摘した。もし再生不能資源が稀少になれば、価格が上昇するので、おのずと利用効率の改善が進み、代替資源の利用が広まり、新しい資源の探査が促進されるはずだというのが主流派経済学者の主張だった。しかし彼らがワールド3とそれによって予測された成長の限界を否定するなかで、一九七〇年代のモデルでは単純に「汚染」と呼ばれたものの役割や影響をも否定したことは、あまりに性急すぎた。汚染は金属や鉱物や化石燃料とちがって、ふつうは値段がつかず、したがって直接的な市場へのフィードバックは生み出さないものだったので、彼らの関心の外に置かれた。しかしワールド3の汚染モデルはやがて正しいことがわかった。現在、わたしたちは数多くの環境破壊の形態に従って、「気候変動」や、「化学物質汚染」や、「海洋酸性化」や、「生物多様性の喪失」など、かつてよりはるかに具体的に汚染をいい表す言葉を持っている。加えて、最近のデータと一九七二年のモデルを比較すると、世界経済が「現状のまま推移したシナリオ」にきわめて近いコースを歩んでいることがわかる。いうまでもなく、そのシナリオの結末はハッピーエンドにはなっていない。*45

地球に警報ベルがあれば、けたたましく鳴り響いているだろう。二十一世紀の初めに地球環境の許容限界が少なくとも四カ所で破られ、一〇億人以上がいまだに極度の欠乏状態に置かれ、もっとも富裕な一％の人々が世界の金融資産の半分を所有している。これは崩壊へ突き進むのには理想的な状況だ。世界の文明をそのような運命から救うためには、変化が必要なことは明らかだ。その変化は次のように要約できる。

今日の経済は、無策により、分断的かつ非環境再生的である。
明日の経済は、設計により、分配的かつ環境再生的なものにしなくてはならない。

分配的な経済とは、生み出された価値がほんのひと握りの人々のもとに集まるのでなく、広く行き渡り、人々のあいだを循環するよう設計された経済のことだ。環境再生的な経済とは、地球環境の許容限界内で繁栄を遂げられるよう、人間が地球の生命サイクルの一員としての務めを完全に果たす経済のこと。これはわたしたちの世代に与えられた課題だ。その可能性については、第5章と第6章であらためて深く吟味したい。しかし、どんなシステム思考の経済学者がその実現に貢献できるのだろうか？

スパナを捨て、植木ばさみを持て

システムで考えると、経済の見かたが変わり、経済学者の頭から古い喩えの数々が追い払われる。機械としての経済に別れを告げ、有機体としての経済を迎え入れよう。市場に均衡をもたらせると信じられた想像上の操縦装置を手放して、代わりに、市場をたえず変化させているフィードバックの鼓動を感じとろう。経済学者自身の喩えも変えるべきときだ。エンジニアのヘルメットとスパナを捨てて、園芸手袋と植木ばさみを手に持とう。

経済学者のこの「職業」の変更は、かなり前からいわれていることだ。一九七〇年代には、フリードリヒ・ハイエク自身が経済学者は工芸品を作る職人より、植物を育てる庭師をめざすべきだといっている。ただ、そういった当の本人は、過激な自由放任主義の思想家だった。きっとハイエクは庭仕事で汗を流したことがないのだろう。本物の庭師なら誰でも知っているように、庭園の管理はとうてい自由放任主義でできることではない。エリック・リューとニック・ハノーアーが『民主主義の庭』で述べているように、「機械脳」から「庭園脳」に考えかたを転換するためには、ものごとは自動的に調節されるという考えを改めて、ものごとは管理しなくては調節できないことに気づく必要がある。「庭師の仕事は、自然に任せることではなく、自然を世話することだ。庭師が植物を生長させるわけではない。しかし植物が生長できる環境を築いて、庭ですべきこととすべきでないことの判断を下すのは、庭師だ」と二人は書いている。[*46] 経済学の庭師もそれと同じで、経済が発展し、成熟できるよう、育み、まびき、植え替え、接ぎ木し、

経済学者の仕事の喩えも、エンジニアから庭師へ変更が必要だ（チャーリー・チャップリンとジョゼフィン・ベーカーが示しているように）。

刈り込み、雑草を取り除くことが求められる。

経済という庭園では、進化を受け入れることがその管理手法の一つになる。経済活動を予測し、制御しようとするのでなく、この分野の第一人者であるエリック・ベインホッカーが述べているように、経済学者たちは政策を「経済や社会の進化を助けるための、柔軟な実験のポートフォリオ」と考えたほうがよい。この手法は自然淘汰のプロセスをまねたもので、「多様性、選択、増大」という言葉でよく要約される。小規模な政策実験でさまざまな介入策を試し、うまくいかないものは中止し、うまくいったものは規模を拡大するという手法だ。[*47] このような柔軟な政策立案が、今の自然環境や社会の課題を克服するために欠かせない。政治学者エリノア・オストロムの言葉を借りれば、「世界中とつながった社会がもたらす問題は、これまでに人類が経験したことのないものだ。誰にも正しい対策はわからない。だからすばやく進化し、適応できるシステムを築くことが重要だ」。[*48]

これにはいかに人々に力を与えるかという問題も関わってくる。複雑なシステムがイノベーションと逸脱を通じて進化するとしたら、斬新な取り組みの重要性はいっそう増す。新しいビジネスモデルもそうだし、地域通貨やオープンソースデザインなどもそうだ。それらの実験は、単なる傍流の活動どころか、分配的で環境再生的な経済のダイナミクスを築こうとする最先端の取り組みだ。

もし経済がたえず進化しているのなら、わたしたちはその過程をどのように管理するのが最善か？ 適切な「レバレッジ・ポイント（梃子の作用点）」を見つけよと、ドネラ・メドウズはいう。レバレッジ・ポイントとは、複雑なシステムのなかにおいて、一部に生じた小さな変化をすべてに関わる大きな変化に変えられる場所のことだ。メドウズの考えでは、ほとんどの経済学者は、経済のフィードバックループの再調整や、経済の目標の変更を行えば、大きなレバレッジ効果を得られるときに、そうはせず、価格の調節（フローの速さを変えることしかできない）など、効果の小さいレバレッジ・ポイントにこだわって時間をむだにしているという。また、メドウズはいきなり改革案に着手するのではなく、まずは謙虚に、システムの鼓動に耳を傾けよとアドバイスしている。たとえそれが不振にあえぐ経済でも、死にかけている森林でも、壊れたコミュニティであっても、そうせよという。つまりシステムを観察して、それがどのように動いているかを理解し、これまでの歴史を知るということだ。何が問題かとは誰でも問う。しかしそれだけでなく、次のことも問おう。どのようにここへ至ったのか？ これからどこへ向かおうとしているのか？ 今もうまく機能している部分はあるか？ あればそれはどこか？ 「軽率に介入して、システムの自己メンテナンス能力を損ねてはいけない。改善しようと手を下す前に、すでにそこにあるものの価値に注意を払うべきだ」とメドウズは警告する。*49

メドウズは社会や自然環境のシステムのさまざまな要素の絡み合いを観察し、すでにそこにあるものの価値を見きわめることに、生涯の大半を費やした研究者だ。まさに熟練した経済の庭師だった。実際、効果的なシステムには健全なヒエラルキー、自己組織化、回復力という三つの特徴が備わっている傾向があるので、それらを引き出せるようシステムを管理すべきだと、メドウズは指摘している。

健全なヒエラルキーは、システムが入れ子構造になり、下位のシステムが上位のシステムのために利用されるときにできる。例えば、肝細胞は肝臓のために利用され、肝臓は人間の体全体のために利用されている。もし肝細胞が勝手な増殖を始めたら、それはがんになり、がんになった肝細胞は、自分を支えてくれている体全体のために役立たず、その破壊をし始める。経済では、健全なヒエラルキーとは、例えば、金融部門が生産的な経済に利用され、生産的な経済が生活に利用されるというような関係を意味する。*50

自己組織化は、システムがみずから構造をより複雑にできる能力から生じる。例えば、細胞の分裂や、社会運動の広がりや、都市の拡大などのようにだ。経済では、自己組織化はアダム・スミスが発見した価格メカニズムを通じて、市場で生じることが多いが、エリノア・オストロムや代々のフェミニストの経済学者が洞察したように、コモンズや家計でも起こる。これら三つの供給主体はそれぞれ効果的に自己組織化して、人々の要望やニーズを満たしている。国家にはそれらの三主体すべての働きを支えることが求められる。

回復力とは、ストレスに耐えたり、ストレスから立ち直ったりするシステムの能力のことだ。ちょうど、皿に盛られたゼリーがぐらつきながらも形を保つように、あるいは蜘蛛の巣が嵐に見舞われながらも持ちこたえるように。均衡経済学は効率の最大化にこだわったせいで、それによってもたらされる脆弱さを見逃した（この問題は次章であらためて取り上げる）。経済構造に多様性と余剰を持たせることで、経済の回復力は強まり、ショックや苦境にはるかに効果的に適応できるようになる。

倫理を持つ

経済に内在する複雑さを知ると、もう一つ、重要な問題が浮かび上がってくる。それは経済政策を決めるときの倫理の問題だ。医療などのように、他者の生命に重大な影響を及ぼす責任があり、なおかつ不確実さが伴う複雑なシステム（人体など）に介入する分野では、倫理は職業上、もっとも重視される。医学の父ヒポクラテスに端を発する医療の倫理原則は、「ヒポクラテスの誓い」としてまとめられ、今日も医師たちに倫理の指針を与えている。例えば、それは次のような原則だ。傷つけてはならない。患者を優先する。十分に説明して同意を得る。必要に応じて、ほかの専門家の助けを借りる。

経済学の父クセノフォンは、家庭内の問題として、家政術を考案したので、倫理的な指針は示さなかった（クセノフォンにとって、家の女性や奴隷たちをどう扱うかは自明のことだったから）。しかし現在の経済学は、国家や、地球という人類の家の管理術を指導することを通じて、わたしたち全員の生活に多大な影響を及ぼしている。そうだとするなら、経済学者も倫理の問題を真剣に考えるべきときではないか。はっきりそうするべきだと論じるのは、デンヴァー大学の経済学者で倫理学者のジョージ・デマルティノだ。デマルティノは「ある職業が他者に影響を与えようとするときには、必ず、倫理的な義務を伴う。本人の自覚の有無にかかわらず」といい、次のように容赦なく経済学を批判している。「わたしの知るかぎり、自分の責任にこれほど無頓着な職業はほかにない」*51

デマルティノによれば、経済政策の助言者たちは、デマルティノが「マキシ・マックス」と呼ぶ原則に従うことが多いという。あらゆる可能な政策の選択肢を考慮し、そのなかから、もし成功すれば最善の結果をもたらすであろう選択肢を選んで、提言するという原則だ。そこではその選択肢がほんとうに成功するかどうかは、十分に検討されない。「過去三〇年間、主要な経済介入のほとんどが、マキシ・マックスの原則で決定されている」とデマルティノはいい、一九八〇年代から九〇年代に南米やサハラ以南のアフリカ、旧ソ連で実施された民営化や市場の自由化で、どれほど深刻な事態が招かれたかを指摘する。*52

経済学は職業倫理の面で、医学に二〇〇〇年の遅れを取っている。したがって課題は山積みだが、ここでは手始めとして――デマルティノの議論を参考に――二十一世紀の経済学者が心に留めるべき倫理原則を四つ、提唱したい。一番めは、経済が何に依存しているかを正しく認識し、「豊かな生命の網のなかでの人類の繁栄」のために「利用するもの」にすること。二番めは、コミュニティの「自治を尊重」し、人々の社会参加や合意形成を助けるとともに、コミュニティ内に生じる不平等や格差に注意を向けること。

三番めは、政策立案において「慎重」になり、不確かな情勢のなかでも、誰か——特にもっとも立場の弱い人たち——に害が及ぶリスクを極力小さくすること。四番めは、「謙虚」になり、自分の経済モデルの前提や欠点を包み隠さず示すとともに、ほかの見かたや手段があることを認めること。このような原則がいつか「経済学者の誓い」としてまとめられ、大学の卒業式に未来の経済学者たちに朗誦される日が来るかもしれない。とはいえ、そういう儀式があってもなくても、何より大事なのは、これらの倫理的な原則がすべての経済学の授業、すべての政策立案者の仕事に反映されるようにすることだ。

ドネラ・メドウズは次のように述べている。「未来は予測できない。しかし、未来を思い描いて、愛情深くそれを育て上げることはできる。システムは思いどおりには動かせない。しかし設計したり、設計し直したりすることはできる。（中略）システムが語る言葉に耳を傾けることはできる。そうすれば、システムの特性とわたしたちの価値観を組み合わせて、わたしたちの意志だけで生み出されるものよりもはるかによいものをこの世界にもたらせる」*53

もし現在のグローバル経済のダイナミクスが——その分断的で、凋落に向かう傾向とともに——続けば、人類はほんとうに滅亡の危機に直面するだろう。二十一世紀の経済学者に求められているのは、複雑さを受け入れて、経済——ローカルも、グローバルも——を分配的で環境再生的なものに変えることに自分たちの知見を総動員することだ。

次章ではこのことを深く掘り下げていきたい。もしニュートンが現代に生きていたら、きっとりんごを片手にこの課題に率先して取り組んだだろう。

第5章　分配を設計する

――「また成長率は上向く」から設計による分配へ

「痛みなくして、得るものなし」。これはボディビルダーの世界でもっとも有名な言葉だ。この言葉に励まされて、たくさんの人たちが日々、歯を食いしばって、鉄の棒を上げ下げしている。一九八〇年代、アーノルド・シュワルツェネッガーのはげしいトレーニングの日課がフィットネスの世界でたいへんな話題を呼び、シュワルツェネッガーが好んで口にしていたこの格言が、スポーツジムで大人気の標語になった。偶然だが、この標語は二十世紀末の支配的な経済思想を簡潔にいい表してもいる。国は社会的な痛みを乗り越えずして、より豊かで、より平等な社会を国民全員のために築くことはできないという思想だ。

「痛みなくして、得るものなし」というモットーに励まされている政策立案者は今も少なくない。とりわけ不平等を拡大し、貧しい人たちがいちばん割りを食う緊縮政策を実施するときにはそうだ。しかし本章で明らかにするように、そういう考えは経済に関するかぎり、まちがっている。なぜなら、その拠り所になっている有力な図が事実にもとづかず、不正確だからだ。不平等の拡大は国家の進歩に欠かせない一過程だというのは、完全に誤っている。不平等の拡大は、あくまで政策の選択の結果だ。そういう政策の選択はむしろ国家の進歩をさまざまな面で妨げ、人類をドーナツから引き離すことにつながる。

不平等の拡大を経済発展の法則に従ったもの、がまんすべき必要悪と見なすのではなく、経済設計の誤りの結果と見なし、経済活動から生まれた価値がもっと広く分配される経済を築こうとするのが、二十一世紀の経済学者の務めだ。だから二十一世紀の経済学者は、所得の再分配に大きな重点を置くのでなく、富——特に土地や貨幣創造、起業、技術、知識から生まれた富——の再分配もめざさなくてはいけない。また、市場や国家による解決策ばかりに頼らず、コモンズの力を活用することも必要だ。これは経済の見かたの根本的な転換であり、この転換は着実に進んでいる。

経済のジェットコースター

人類がドーナツのなかで繁栄を遂げるためには、みんなが尊厳、機会、コミュニティの三つを享受できるよう、それらに必要な資源をすべての人に行きわたらせなくてはならない。しかし第1章で見たように、いまだに何億という数の人々が生活のもっとも基本的な手段すら欠いている。では、それらの人々はどこに暮らしているのか？

二〇年前なら、この問いに答えるのは易しかった。ほぼ全員が世界でもっとも貧しい国々、つまり世界銀行によって低所得国に分類される国、一人当たりの年間GDPが一〇〇〇ドル未満の国に暮らしていた。したがって、世界の貧困問題の対策とは、低所得国に世界の支援を振り向けて、基本的な公共サービスを提供したり、経済成長の刺激策を講じたりすることを意味した。しかし現在では、この問いの答えは変わった。最初はふしぎに思えるが、今、世界の最貧困層の四分の三は中所得国に住んでいる。これは貧しい人々が移住したからではなく、それらの国々が全体として豊かになった結果、世界銀行による国の分類が中所得国に引き上げられたからだ。しかし、そういう国の多く――中国、インド、インドネシア、ナイジェリアなどの大きな国を含め――では、国内の不平等が拡大している。それが豊かな国になると同時に、世界の最貧困層の大半を抱える国にもなったことの理由だ。

不平等の拡大は高所得国でも貧困を生み出している。それらの国々では富裕層と貧困層の経済格差が、過去三〇年で最大になっていて、生活に不可欠なものを欠く人がおびただしい数にのぼる。[*1] 例えば、米国では、五人に一人の子どもが政府の設定した貧困線以下の生活を送り、英国では、食糧銀行が二〇一四年以降毎年、緊急用の食糧を一〇〇万パック以上配布している。[*2]

史上初めて、人々の窮乏を解消できるかどうかは、国際的な再分配と同程度に、国内における分配の問題になってきた。そう指摘するのは、世界の最貧困層の居住地域で調査を行った経済学者アンディ・サムナーだ。「世界の貧困の見かたが根本的に変わるときが近づいている。世界の貧困の中心的な要因は今や、ますます国内の分配、したがって国内の政治経済に移りつつある」という。[*3] もちろん、富裕国から貧困国への国際的な再分配も引き続き欠かせない。低所得国と分類される主にサハラ以南のアフリカの国々で、いまだに三億人が貧しい生活を送っている。それでも貧困の分布が変わるなか、世界から貧困を一掃するうえで、国内の不平等の解消に取り組むことの重要性が高まっていることはまちがいない。

国内の不平等の解消に取り組むことが、ドーナツに入るために欠かせないとしたら、経済理論からはそのためのどんなヒントが得られるだろうか？　経済学の草創期には、不平等の問題に強い関心を示す経済学者が多かった。ただし、所得が労働者、地主、資本家のあいだでどのように分配されるかについては、大きく意見が分かれた。カール・マルクスは市場経済の発展とともに、所得は分岐し、富者はますます富み、労働者はますます貧しくなると考え、アルフレッド・マーシャルはそれとはまったく逆に、経済の拡大に伴って、所得は社会全体で収斂に向かうと考えた。しかし一八九〇年代、理論上の論争から距離を置き、データのなかに法則を見つけ出そうとした人物がいた。エンジニアから経済学者に転身したイタリアのヴィウフレド・パレートだ。パレートは所得と税の記録を英国とドイツ連邦、パリ、イタリアの諸都市から集め、それらをグラフ化した。すると、たいへん興味深い法則が浮かび上がってきた。どの国でも、国民所得のおよそ八〇％が人口の二〇％の人々の手に渡り、国民所得の残りの二〇％が人口の八〇％の人々によって分け合われていたのだ。パレートは歓喜した。経済の法則を突き止めたように思えたからだ。この法則は、現在も「パレートの法則」としてよく知られている。

さらにパレートは、データに繰り返し示されている急勾配の「社会ピラミッド」は人間性の固定した事実であり、ゆえに再分配の取り組みは非生産的であると唱えた。そして最悪の状況を避けるいちばん有効な方法は、経済を拡大させることだといい、その拡大にもっとも貢献できるのは富裕層だと結論づけた。[*4]

分岐か、収斂か、あるいは固定か? 所得の不平等の行く末をめぐってはげしい議論が続けられたが、一九五五年、議論は決定的な転機を迎えた。サイモン・クズネッツ――国民所得の計算を考案した俊才――が米国、英国、ドイツの所得の長期的な傾向を示すデータを集めたことがきっかけだ。クズネッツはそれらのデータからわかったことに驚愕した。三国すべてで、税引き前の所得の不平等は少なくとも一九二〇年から、ひょっとすると第一次世界大戦の前から、縮小していたのだ。パレートの静的な社会ピラミッドとは矛盾するが、ここには新しい経済の法則が見出せるとクズネッツは確信した。それは経済が一貫して成長を続けるなかで、所得の不平等はジェットコースターのように最初に上昇したあと、しばらくそこで安定し、やがて下降に転じるという法則だった。

この発見は刺激的であるいっぽうで、クズネッツの直感的な「成功を呼ぶ成功」の理解とは相いれなかった。富者ほど貯蓄は多いのだから、また貯蓄は富を増やすのだから、不平等は広がりこそすれ、縮まらないはずだった。これはどういうわけなのか? クズネッツがその理由として考えついたのは、農村から都市への移住の影響だった。経済の発展段階の初期に、労働者たちは低収入だが平等でもあった農村の生活を捨てて、都市に移り住み、金額は前より増えるが平等ではない賃金で暮らすようになる。その結果、工業化が始まったばかりのころは、不平等は拡大に向かう。しかしやがて、都市で高い賃金を得ている労働者の数がある一定のレベルまで増えると、労働者たちは低賃金で働いている者たちの賃金を引き上げるよう要求し始め、その結果、不平等は縮小に転じる。こうして最終的には繁栄と平等の両方を成し遂げた社会が築かれる。*5

これはよくできた理論だったが、まちがっていた。農村の所得は現実にはとうてい平等ではなかったからだ。農村が平等だというのは、クズネッツ本人も私的に認めていたように、「まったく証拠のない」仮定だった。*6 発表された論文にも、推論のもとになったデータが「乏しく」、なおかつ特定の歴史的な背景を持つものであり、したがって「根拠のない独断的な一般化」に用いられてはならないという注意書きが周到に付されていた。クズネッツは自説が「純粋な憶測に危険なほど近い」ことを率直に認め、「五％の経験的な情報と九五％の推測、そこにいくぶんかの希望的観測も入っているだろう」とみずから述べている。*7

とはいえ注意書きは注意書きにすぎない。社会全体を経済的な成功へ導くためには、その一段階として不平等の拡大を経なくてはならないというクズネッツの主張は、あえて疑うには耳に心地よすぎた。このクズネッツの説によって経済学者たちの心に芽生えたイメージは、やがて経済学者たちの手で実際に描かれ、「クズネッツ曲線」と名づけられた。X軸に一人当たりの所得、Y軸に国民所得の不平等を取ることで描かれたその曲線は、ちょうどUを逆にした形になり、経済の運動法則を示しているように見えた。そこから読み取れるのは、進歩をめざすなら、不平等は避けられないという明確なメッセージだった。経済はいったん悪くならなければ、よりよいものにはならない。成長を通じてのみ経済はよりよいものになる。アーノルド・シュワルツェネッガー流にいえば、「痛みなくして、得るものなし」だ。

この逆U字はたちまち代表的な経済の図の一つになった。とりわけ誕生したばかりの開発経済学の分野で人気を博し、富者のみが貯蓄と投資を通じてGDPの成長に勢いをつけられるのだから、貧しい国ではまず富者に所得を集中させるべきだという理論の正当化に役立てられた。開発経済学の創始者、W・アーサー・ルイスは、「開発は非平等主義でなくては進まない」と身も蓋もないいいかたをしている。*8 一九七〇年代にクズネッツとルイスは成長と不平等に関する理論を評価されて、それぞれノーベル経済学賞を受賞した。世界銀行もクズネッツ曲線を経済法則として扱い、低・中所得国で貧困が減り始めるまでに要する時間の予測に使い始めた。*9

いっぽう、経済学者たちは現実の世界のなかにこのジェットコースターの上昇と下降の例を探し続けた。ただしどの国にも十分な時系列のデータがなかったので、多数の国から寄せ集めた瞬間的なスナップショットに頼らざるをえなかった。その結果は一応、かなり大まかだが、クズネッツ曲線に合うように見えるものだった。中所得国には低所得や高所得国よりも不平等の差が大きい傾向があった。しかし苦しい登り坂を乗り越えて、幸せな未来に至った国があるという証拠は、得られなかった。一九九〇年代に入ると、ようやく時系列のデータが揃い、クズネッツ曲線の本格的な検証が行われた。結果はどうだったか？ 当時の著名な経済学者の言葉を借りれば、そこには「規則性はない

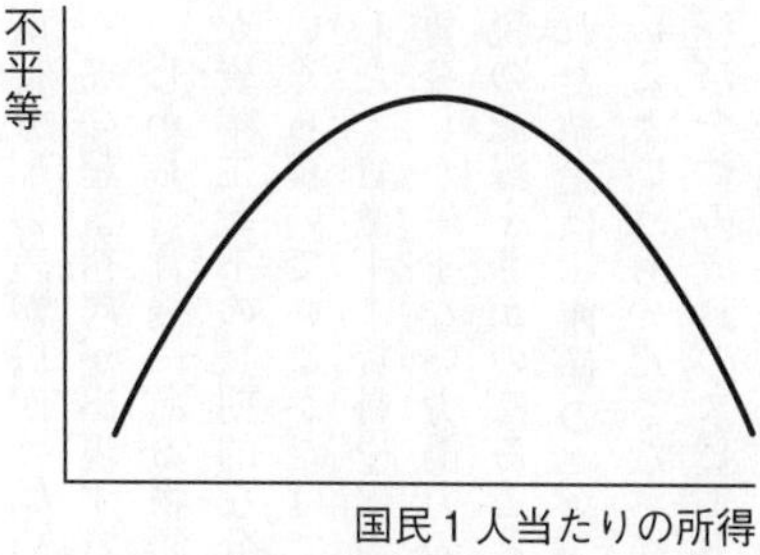

クズネッツ曲線。国が豊かになるにつれ、不平等は必ず拡大し、最終的に縮小することを表す。

という規則性」しか見出されなかった。*10 低所得国から中所得国、高所得国へと発展するにつれ、不平等が拡大したのち、縮小し、ふたたび拡大した国もあれば、縮小して、拡大した国もあった。あるいは拡大しただけの国や、縮小しただけの国もあった。つまり、不平等と成長に関しては、いかなる展開もありうることが判明したのだ。

さらに、局地的に生じた目を見張る経済現象によって、いっそうはっきりとクズネッツ曲線の誤りは顕わになった。一九六〇年代半ばから一九九〇年代にかけて起こったいわゆる「東アジアの奇跡」で、日本、韓国、インドネシア、マレーシアといった国々は不平等や貧困の発生を低く抑えたまま、急速な経済成長を達成してみせたのだ。そういうことが実現したのは、おもに小規模農家の所得を増やす農地改革と、医療と教育への多額の公共投資、それに食料価格を抑制しながら賃金を上昇させる産業政策を合わせて実施したからだった。これでクズネッツ曲線の道筋は不可避ではなく、避けられるものであること、成長と平等の両立は可能であることが明らかになった。そのうえ、一九八〇年代初頭以降、クズネッツ曲線の山をとっくに乗り越えたと考えられていた多くの高所得国で、所得分配の差が広がり始めた。その結果、大多数の人の賃金が横ばいか低下するなか、一％の超富裕層が出現するというゆゆしい状況が生まれた。

しかし、背後にある物語が明白になったのは、二〇一三年、経済学者トマ・ピケティが資本主義下の長期的な分配のダイナミクスを突き止めたときだった。ピケティは誰がいくら稼いでいるかだけでなく、誰が何を所有しているかに着目し、家計を二つに分類した。資産――賃料や配当や利子を生む土地、家、金融資産など――を所有する家計と、賃金しか生まない労働力のみを所有する家計の二つだ。そしてヨーロッパと米国の古い税の記録をさかのぼることで、これらの異なる収入源の成長を比較した。そこから得られた結論は、西洋の経済（及び、それに似た経済）は危険なレベルの不平等に向かっているというものだった。なぜか？　それらの経済では、資本から生まれる利益の成長が経済全体の成長のスピードを上回り、富の集中が起こっていたからだ。この傾向は、富者の利益をさらに増大させようとする政治への働きかけ――企業のロビー活動、選挙資金の提供など――でさらに強まっている。ピケティは次のように指摘する。「資本主義のもとでは横暴で持続不可能な不平等がひとりでに生まれる。この不平等によって、民主的な社会の基盤である能力主義的な価値観は根底から崩される」*11

クズネッツも部分的には正しかった。二十世紀前半の米国とヨーロッパでは、確かに所得の不平等は縮小していた。富の不平等ですら縮小していた。しかしピケティの分析で、クズネッツの研究は経済的に特殊な時代に行われたものであることがわかった。クズネッツが資本主義の発展によって必然的にもたらされたものだと見なした不平等の縮小は、実際には、二つの世界大戦と大恐慌の影響に加え、戦後、累進課税の税収を元手に教育、医療、社会保障に未曾有の規模の公共投資が行われたことで、資本が減った結果だった。クズネッツの最初の直感は、まちがっていなかった。富が少数に集中し、資本の利益が経済成長を上回る勢いで増えるとき、確かに不平等は広がる傾向を見せる。これも結局は「成功を呼ぶ成功」の効果であり、それを防ぐには政府の介入が欠かせない。

クズネッツ曲線の誤りは暴かれ、進歩のために不平等は避けられないという主張もくつがえされた。しかし強力な図の記憶というのはなかなか消え去らないものだ。今も、クズネッツ曲線の記憶は残り、迷信にすぎないトリクルダウン理論の支えになっている。二〇一四年、国際通貨基金（ＩＭＦ）の経済学者ですら、「再分配と成長は両立しないという思い込みが、政策立案者の意識に深く根を下ろしてしまっている」と嘆いたほどだ。[*12]だから、二〇〇八年の金融崩壊が招いた深刻な不況のさなか、ゴールドマン・サックスの副会長グリフィス卿は、「さらなる繁栄と機会をすべての人にもたらす手段として、不平等は許されるべきだ」[*13]と主張すれば、トレーダーの高額のボーナスを正当化できると考えたのだろう。

なぜ不平等が問題か?

不平等を避けることは可能なはずだが、最近まで、新自由主義の脚本に沿って、不平等は警戒すべきものとは見なされず、適切な政策目標にならないといい切られてきた。「健全な経済学に有害なあらゆる傾向のなかで、もっとも誘惑されやすく、私見ではもっとも害がはなはだしいのは、分配の問題にこだわることだ」と、有力な経済学者であるロバート・ルーカスは二〇〇四年に述べている。*[14] 世界銀行の主任経済学者ブランコ・ミラノヴィッチによれば、世界銀行ではこれまでのおよそ二〇年間、「不平等という言葉ですら、政治的に受け入れられていなかった。その言葉がばかげたこと、あるいは社会主義者のいうことと思われていたからだ」という。*[15] あるいは、社会的な不平等をどの程度まで受け入れられるかは、個人的または政治的な好みの問題にもされた。例えば、英国の元首相トニー・ブレアは英国のスターサッカー選手に関する発言で、「わたしはデイヴィッド・ベッカムの報酬を減らすことに情熱を燃やそうとは思わない」と述べた。*[16] しかし過去一〇年で、社会や政治、環境、経済にもたらすその甚大な影響が明らかになるにつれ、不平等に対する見かたは一変した。

社会は所得の不平等によって著しく損なわれうる。二〇〇九年に『平等社会』を著した疫学者リチャード・ウィルキンソンとケイト・ピケットは、さまざまな高所得国の実態を調べて、社会の幸福を何より左右するのは、国の富ではなく、国内の不平等であることを発見した。その調査によると、不平等な国ほど、十代の妊娠、精神疾患、ドラッグの使用、肥満、囚人、退学、地域社会の崩壊が多く、寿命が短く、女性の地位が低く、相互の信頼の度合いが低かったという。[*17]「不平等の影響は貧しい人たちだけに及ぶわけではない。社会構造全体がダメージを被る」と二人は結論づけた。[*18] 平等な社会ほど、社会が富んでいても貧しくても、健全で、幸せであることを二人の調査は明らかにしている。

民主主義もやはり、不平等によって危機にさらされる。不平等は権力を少数に集中させ、市場を政治の強い影響下に置くからだ。おそらく今、その傾向がもっともはっきり見られるのは、二〇一五年現在、ビリオネアが五〇〇人以上いる米国だろう。「最近、ビリオネアたちがかつてなかったほど積極的に選挙に影響力を行使しようとしている」と、政治アナリスト、ダレル・ウェストは指摘する。米国の大富豪たちの振る舞いを研究しているウェストによると、「彼らは何千万ドル、何億ドルという資金を投じて、党利党略を追求している。たいていは公衆の目からは隠れたところで」という。[*19] 元副大統領アル・ゴアも同意見で、「米国の民主主義は選挙資金という斧で、ずたずたにされている」と指摘する。[*20]

不平等の程度が大きい国では、環境破壊が進みやすい傾向が見られることもわかっている。なぜか？　一つには、社会的な不平等はステータスの競争や見せびらかしの消費に人々を駆り立てるからだ。「もっとも多くのおもちゃを抱えて死んだ者が勝者だ」などという冗談めかした米国のバンパーステッカーにそのことはよく示されている。しかしまた、環境を守る法律を求め、制定し、施行するためには集団行動が欠かせないが、不平等はそういう集団行動を支える社会資本――コミュニティの結びつき、信頼、規範によって築かれるもの――を侵害するからでもある。*[21] コスタリカの家庭の水道使用量と米国の家庭のエネルギー使用量を調べた研究によると、自分たちを仲間どうしだと考えているコミュニティではそうではないコミュニティに比べて、コミュニティの規範に従って、使用量を減らすよう求める社会的なプレッシャーがはるかに強いという。*[22] また米国の全五〇州を対象にした調査では、勢力――所得と人種にもとづく――の不平等が顕著な州ほど、環境対策が貧弱で、環境破壊が進んでいるという結果が出ている。*[23] さらには、不平等な国ほど、生物多様性が危機に瀕しやすいという、五〇カ国で実施された調査の結果もある。*[24]

資産が一握りの人々に集中すれば、経済の安定性も損なわれる。そのことは二〇〇八年の金融危機で明らかになったとおりだ。高所得者が低所得者たちの身の丈を超えた住宅ローンの債券の束だとは知らずに、高リスクの資産に手を出したことで、システムはもろくなり、金融崩壊が発生した。ＩＭＦの経済学者マイケル・カムホフとロマン・ランシエールが、金融崩壊前の二五年間を分析した結果、不気味なほど、一九二九年の大恐慌前の二五年間と似ていることがわかった。どちらの期間にも、富裕層の所得シェアの著しい増大があり、金融部門の急成長があり、それ以外の層の負債の著しい増大があった。そしてそれらがやがて金融と社会の危機を招いていた[*25]。

したがって、所得格差がさまざまな悪影響を及ぼすことはもはや明白だ。低所得国では、かつては、経済成長を加速させるためには不平等が欠かせず、所得の格差はそのための必要悪だと見なされていたが、その神話もくつがえされた。開発経済学で説かれていることとはちがい、不平等の効果で経済成長が速まることはない。むしろ鈍ってしまう。なぜなら、多くの人の潜在的な能力がむだにされるからだ。教師や、市場のトレーダーや、看護師や、実業家になって、コミュニティの富と福祉に積極的に貢献できたはずの人が、ただ家族のぎりぎりの生活を維持するためだけに必死で働かなくてはならない。最貧困層の家族がお金がなくて生活の必需品を買えなければ、最貧困層の労働者はそれらの必需品を提供する仕事を失い、市場の活性化をもっとも必要とする人たちのあいだで市場が停滞する。

このような直感的な推測が正しいことは、データの分析によっても裏づけられている。さまざまな国々で不平等がＧＤＰの成長を妨げていることは、ＩＭＦの経済学者たちの調査ですでに証明済みだ[*26]。調査を指揮した経済学者ジョナサン・オストリーは次のように述べている。「不平等な社会ほど、経済成長は遅く、脆弱だ。経済成長に重点を置き、不平等の問題は成り行きにまかせていいと考えるのはまちがっている」[*27]。これはきわめて重要なメッセージだ。とりわけ低・中所得国の政策立案者は真剣に耳を傾ける必要がある。「痛みなくして、得るものなし」というクズネッツ曲線の迷信もはっきりと否定されている。

ネットワークの活性化

クズネッツ曲線の誤りがわかり、不平等の悪影響が明白になったことで、今、新しい考えかたが広がりつつある。簡単にいえば、それは次のような考えかただ。

不平等の解消のため、経済成長が進むのを待つのは止めよう。そうはならないから。代わりに、設計により分配的な経済を築こう。

そのような新しい経済では、すべての人をドーナツの社会的な土台の上に引き上げなくてはならない。しかしそのためには所得の分配だけではなく、富と時間と勢力の分配も変える必要がある。無理な注文か？　確かにそうかもしれない。しかし、システム思考で取り組めば、いろいろな可能性が見えてくる。その出発点になるのは、新しい図を描くことだ。分配的な設計の原則をもっともよく表現できる図はどのようなものか？　パレートのピラミッドやクズネッツのジェットコースターとはまったくちがい、基本となるのは、フローの網のなかでたくさんの大小の結節点が互いにつながり合った分配ネットワークだ。

自然界に見事な例が示されているように、ネットワークはシステム全体に資源を分配するネットワークがどういうものであるかを解き明かそうと、ネットワーク理論の専門家サリー・ゲルナー、ベルナルド・リエター、ロバート・ウラノーウィッチュは、自然界の生態系に見られる分岐のパターンや資源の流れを調べた。その結果、米国アイオワ州の水の湧き出る洞窟から南フロリダの鰐の湿地帯まで、どこでも答えは――どんなことでもたいていそうだが――構造とバランスにあることがわかったという。

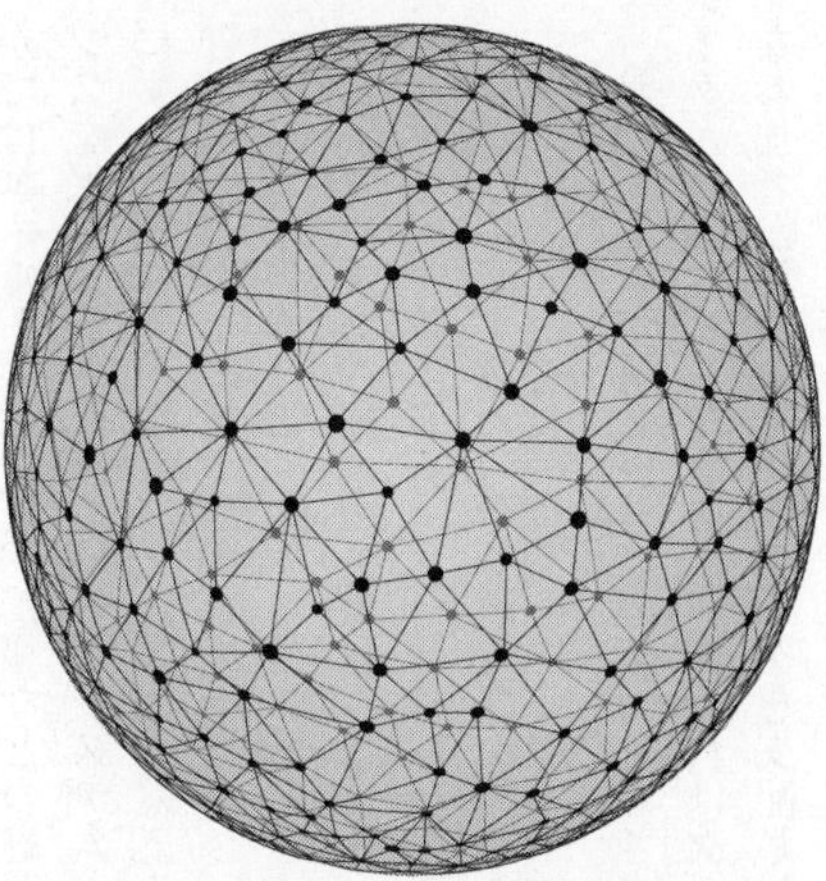

フローのネットワーク図。経済を分配ネットワークとして築けば、経済から生まれる所得と富をもっと平等に分配できる。

自然界のネットワークの構造は、枝分かれするフラクタルのつながりでできている。それらのフラクタルには少数の大きなものから、数多くの中低度の大きさのもの、そして無数にある小さなものまでの幅がある。三角州に広がる川の支流も、樹木の枝も、人体に張り巡らされた血管も、植物の葉の葉脈も、そのようなネットワーク構造だ。[*28]それらのネットワークのなかではエネルギー、物質、情報などの資源が、システムの効率性と回復力の最適なバランスを保ちながら流れている。システムが目標を実現しようとして、資源の流れを単純にするとき、効率性は高まる。いい換えるなら、大きな結節点から大きな結節点に直接資源が届くようになった状態だ。しかし回復力はネットワーク内の多様性と余剰から生まれる。したがって、ショックや変化が起こったときには、たくさんの代替のつながりや選択肢が求められる。効率性が高まりすぎればシステムは脆弱になり（金融の規制者たちが二〇〇八年にそのことに気づいたときには遅すぎた）、回復力が強まりすぎれば、システムは停滞する。活発で頑丈なシステムは、これら二つのバランスのうえに成り立っている。

わたしたちが新しい経済の繁栄をめざすうえで、この自然界の繁栄を支えるネットワークから学べることは何か？　それは次の二つに尽きる。多様性と分配だ。もし大規模な参加者が経済のネットワークを支配し、小規模や中規模の多様な参加者を追い出せば、そこにできあがるのは、不平等でもろい経済だろう。これはまさに今、わたしたちが目にしている経済そのものだ。農業から製薬、メディア、銀行まで数多くの産業で、「大きすぎてつぶせない」と見なされる企業が生まれるほどの企業集中が起こっている。

ゲルナーたちが指摘するように、このような企業集中でシステムが脆弱になったことで、数の上では経済のネットワークの大半を占める多様な小規模企業にふたたび注目が集まり始めた。「これまでは大規模な企業が重視されすぎていた。システムの頑丈さを取り戻すためには、多数の小規模な企業で構成された公正なルートシステム（根系）を活性化することが最善の方法だ。これからの経済発展では人間と、コミュニティと、小企業の資本の発展にもっと力を入れなくてはいけない。異なる規模間のネットワークを長期的に活発にできるかどうかは、それらの発展にかかっているからだ」と、ゲルナーたちは結論づけている。*29 そこで次に、どのように経済のネットワークを設計すれば、今よりもっと平等に価値——物質からエネルギー、知識、所得まで——を分配できるかが問題になる。

所得の再分配と富の再分配

二十世紀の後半に実施されてきた国内の再分配政策は、大きく三つに分類できる。累進所得税と所得移転、最低賃金などの労働市場の保護、それに医療や教育や公営住宅などの公共サービスの提供の三つだ。一九八〇年代からは三つとも、新自由主義の脚本を書く者たちの抵抗を受けるようになった。所得税を引き上げたら、高賃金労働者の労働意欲を低下させるのではないか、生活保護費を増やしたら、低賃金労働者たちの働く気持ちを奪い去るのではないかと、はげしい議論が持ち上がった。最低賃金と労働組合は最貧困層の労働者を保護するものとしてではなく、それらの労働者の雇用を阻むものとして語られるようになった。さらには、国家が国民に質の高い教育や、皆保険、手ごろな価格の住宅を提供する役割も、許容できない大きな支出をもたらすものとして、あるいは国民の依存心を強めるものとして、話題にされることがしだいに増えていった。
しかし二十一世紀に入ると、不平等の拡大に対する人々の怒りが世界的に噴出し、再分配を強化しようという気運がふたたび高まってきた。高所得国の多くの主流派経済学者は今、最高限界税率の引き上げや、利子や賃料や配当への課税額の引き上げを主張している。社会活動家は世界中で、企業や政府に対して、生活できる賃金を払うよう圧力を強めている。例えば、アジア各国で衣料品産業の労働者の生活賃金を求めるアジア最低賃金同盟などがそうだ。[*30]あるいは、最高賃金の制定を求める声も上がっている。重役の報酬額を減らして、企業の利益がもっと平等に従業員に行きわたるよう、最高賃金を社内のもっとも低い賃金の二〇倍から五〇倍以内にせよという要求だ。[*31]一部の政府は就業保障を始めている。例えばインドには、地方部の全世帯に対して、毎年、一〇〇日間の最低賃金による雇用を保障する制度がある。[*32]またオーストラリアや米国、南アフリカ、スロヴェニアなどの国々では、職に就いていてもいなくても、すべての人が生活に必要な収入を得られるよう、ベーシックインカムの導入を求める声が市民のあいだから上がっている。[*33]
以上のような再分配政策はその恩恵に与《あずか》る人には、人生を一変させるような効果をもたらす。しかしこれらの政策だけでは経済的な不平等の根は絶てない。所得に重点を置いていて、所得を生み出す富についてはまだ手つかずだからだ。不平等を根本的に解消するためには、富の所有権の民主化が必要だと、歴史学者で経済学者のガー・アルペロヴィッツは唱える。なぜなら「政治経済のシステムは主に、資産の所有と支配のされかたによって決まる」からだ。[*34] したがって、所得の再分配に加えて、富の源の再分配にも経済学者の関心を向けなくてはならない。実現不可能な絵空事に聞こえるかもしれないが、どうか先まで読み進めてほしい。今世紀には分配的な設計によって、富の所有権の構造を大きく変える未曾有のチャンスがある。なかでも注目すべきは、土地、貨幣創造、企業、技術、知識という五つの富の所有のありかたを変革するチャンスだ。以下にその五つを一つずつ見ていきたい。

それらのチャンスのなかには、国家主導の改革に頼るものもある。その場合には、長期的な変化の過程の一部と見なさなくてはいけないだろう。しかし、一般の人々の草の根運動で始められるもの、したがって今すぐに着手できるものもある。もちろん、すでにスタートしている試みも多い。それらの革新的な取り組みは、富のダイナミクスを根本的に変えることで、分断経済を分配経済に転換し、ひいては貧困と不平等の両方を減らすことができる。

土地は誰のものか？

土地の所有権の再分配は昔から、国内の不平等を減らすもっとも直接的な方法の一つだった。例えば、第二次世界大戦後には日本や韓国で実施されている。土地に依存した生活や文化を営む人々にとって、土地の権利はなくてはならないものだ。農民たちはそのおかげでローンを組めて、収穫量を増やせ、家族やコミュニティの未来を守れる。とりわけ農業に従事する女性の場合には、土地を持つ意味は大きい。確実な土地の相続権を持つ農婦はそうではない農婦に比べ、約四倍の収入を得られるという数字がある。インドの西ベンガル州シャンティナガー村では、土地を持たない三六家族が二〇一〇年、集団で土地の所有者になった。低価格で土地を購入できる制度が、貧困層の土地の権利を守る団体ランデサと州政府によって導入されたおかげだった。購入者の一人、夫と九歳の娘と暮らすスチトラ・デイさんは「以前は、人から根無し草と呼ばれていました。でも、今は、自分たちの住所を持てるようになって、誇らしい気分です」と語る。デイ家は小さな地所——ほぼテニスコートぐらいの広さ——に家を建て、そこで野菜も育てている。余った野菜を売ることで、一家の収入は二倍に増え、娘の教育費を積み立てられるようになった。*35 まぎれもなく、よりよい生活の始まりだった。

問題は、人口と経済の成長とともに、地価は上昇するが、供給できる土地は減るということだ。土地が不足すれば、地主に支払う賃料はさらに高くなる。十九世紀米国の作家マーク・トウェインはそういう現象を見て、「土地を買っておけ。もう生産されなくなるから」と皮肉った。トウェインの同時代人、ヘンリー・ジョージは一八七〇年代に国内を旅行して回ったとき、その実態を目の当たりにし、そこに必然的に生まれる不平等に衝撃を受けた。しかし知り合いに土地を買っておいたほうがいいと勧めるのでなく、州政府に土地への課税を求めた。何を根拠にそんなことを求めたのか？　土地の価値の大半は土地に建てられたものから生じるわけではなく、土地の下にある水や鉱物という自然の恵みや、地域社会が周辺に築いた有益なもの、つまり道路や鉄道、繁栄した経済、友好的な隣人、地元の優良な学校や病院から生じるからだ。不動産屋の永遠の常套句にもこうある。住宅の価値を決めるのは、一にも二にも、三にも場所だ、と。

一九一四年、ジョージに共鳴したフェイ・ルイスという人物がこのことを社会に訴えようと考え、地元イリノイ州ロックフォードのある通りの空き地を買い取って、放置し、土地の購入理由を記した大きな看板を掲げた。今日でいえば政治的なパフォーマンスアートといったところだろう。ルイスはさらにこの写真を絵はがきにもして、主張を広めようとした。*36

ジョージの地価税の提案――公的な収入を増やす公正な手段として、土地にその価値に応じた税を課し、毎年、徴収する――は、かつてジョン・スチュアート・ミルが「土地から得られる不労所得のおかげで、寝ていても、働いていなくても、リスクを負わなくても、節約しなくても、どんどん豊かになる地主」に課税せよと唱えたことを思い起こさせる。*37 そのような論拠に後押しされ、地価税は現在――中身は薄められているが――デンマーク、ケニア、米国、香港、オーストラリアで導入されている。しかしジョージにとって課税は、システムそのものの修正の代替手段だった。土地はコミュニティによって共同で所有されるべきであり、地主に所有されるべきではないと、ジョージは考えていた。「すべての人が土地を使う権利を平等に持っていることは、すべての人が

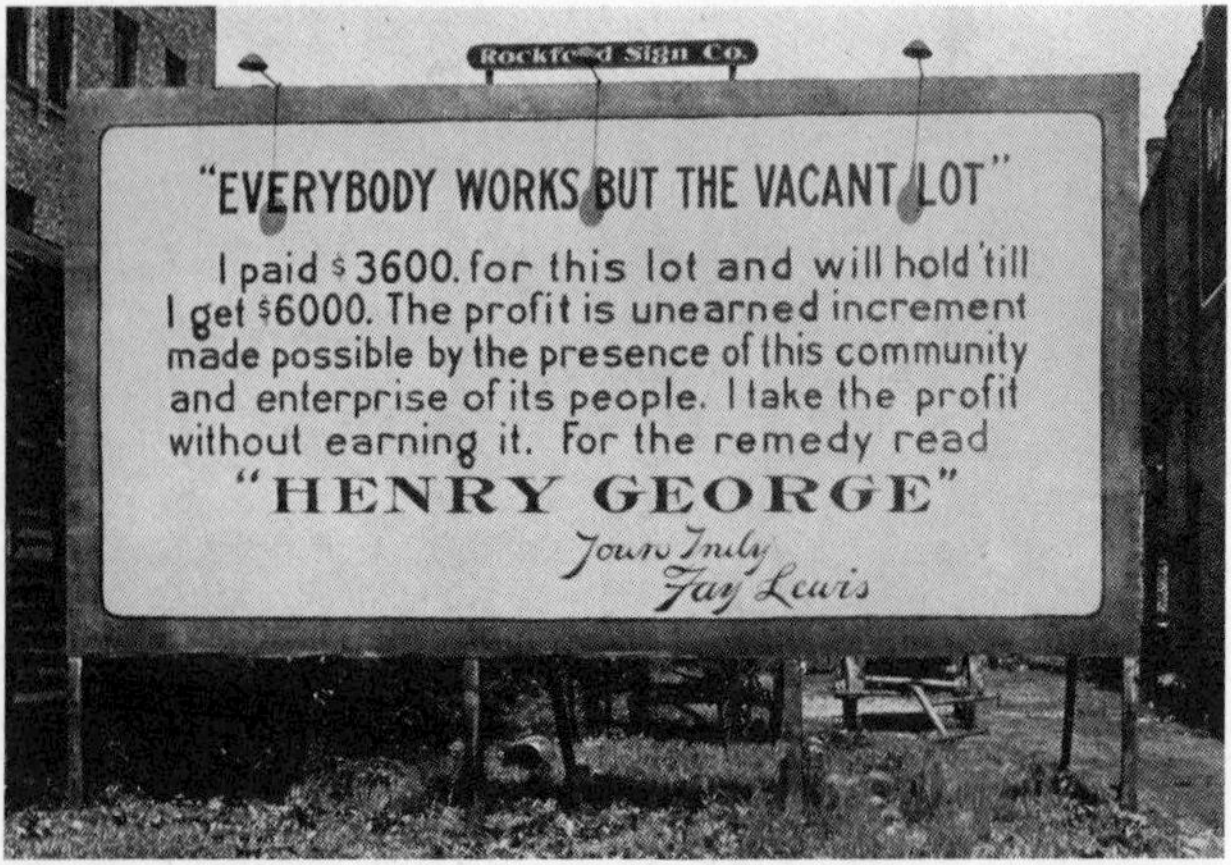
"EVERYBODY WORKS BUT THE VACANT LOT"
I paid $3600. for this lot and will hold 'till
I get $6000. The profit is unearned increment
made possible by the presence of this community
and enterprise of its people. I take the profit
without earning it. For the remedy read
"HENRY GEORGE"
Yours Truly
Fay Lewis

フェイ・ルイスの政治的なパフォーマンスアート。1914年、イリノイ州ロックフォード。(「みんな働いているが、空き地は働いていない」わたしはこの土地を3600ドルで買いました。地価が6000ドルまで上がったら、売ります。その利益は労せずして増えるものです。それはひとえにこの町にみなさんのコミュニティがあり、みなさんの会社があるおかげです。わたしは働かずして利益を手にします。それはおかしいと思うかたはヘンリー・ジョージの本を読んでください。敬具　フェイ・ルイス)

空気を吸う権利を平等に持っていることと同じぐらい明白だ」*38とジョージは述べている。この考えかたは長い囲い込みの歴史への反発から出てきたものだ。囲い込みの起源は、十六世紀に英国のヘンリー八世が修道院を解散させ、その土地を売却するための計略として用いたことにある。その後、二世紀にわたって、新しい地主となった貴族階級は村の共同の牧草地をフェンスで囲って、そこに広大な私有地を設けた。同時に、土地を持たない労働者がそれによって発生し、大きな労働者階級が形成された。労働者たちは地主の土地を耕すか、さもなくば工業の中心地に出て仕事を探すかしなければ、生活できなくなった。歴史学者E・P・トンプソンは一九六〇年代に次のように断じている。「囲い込みは階級による略奪以外の何ものでもなかった」[*39]

そのようにして乗っ取られた英国の農村が象徴しているのは、国家と市場によって共有地がどんどん囲い込まれていくという数百年来続く世界の傾向だ。その囲い込みは当初は植民地化を通じて、やがて企業の進出を通じて行われるようになった。現在、この囲い込みがふたたび盛んになっている。二〇〇七年から二〇〇八年の食料価格危機をきっかけに、国際的な投資家の関心が高まったことが背景にある。二〇〇〇年以来、外国の投資家が低・中所得国で交わした大規模な土地取引の契約数は一二〇〇件を超え、取得した土地の広さは四三〇〇万ヘクタールに及ぶ。これは日本の国土を上回る広さだ。[*40] 大半のケースでは、それらの契約は土地の収奪だった。何世代にもわたってそこに住み、共同で土地を管理してきた現地の人々やコミュニティに対し、事前に説明して、自由意思にもとづく合意を得るという手続きを経ないで、契約が取り決められた。投資家たちはきまって、雇用の創出とか、インフラの整備とか、農家の技能向上の手助けとかを約束したが、約束が果たされることはなかった。[*41] 逆に多くのコミュニティは持っていたものを奪われ、散り散りにされ、貧しくなった。

アダム・スミスが自己組織化する市場に賛辞を与えたことが、土地の私有財産化を正当化するうえでの支えになり、のちにギャレット・ハーディンの「コモンズの悲劇」がその正当化をさらに補強した。しかし第2章で見たように、この正当化に異を唱えたエリノア・オストロムは、コモンズには市場と同じぐらい強力な自己組織化があることを示して、ハーディンのまちがいを証明した。南インドから南カリフォルニアまでの世界各地から、コモンプール財の利用事例を豊富に集めて、多様なコミュニティがどのように共同で、場合によっては何世代にもわたって、森林や漁場や水路を利用し、管理し、維持してきたかを、オストロムたちの研究チームは分析している。*[42]

それによると多くのコミュニティは、市場と比べても、国の制度と比べても、土地やそのコモンプール財をよりよく管理していた。オストロムたちはいかにすべての稲作農家の田に十分な水を供給するかという問題に直面していたネパールで、国の灌漑事業と農家自身による灌漑の取り組みの成果を比べた。農家が手がけた灌漑は、国が建設から運営まで担ったものより簡素だった。それでも修繕がよく行き届き、米の生産量が増え、すべての農家の田により公平に水を供給していた。これはシステムの自己組織化の賜だ。そのような自己組織化の機能が働いたのは、農家の人たちがみずから水の利用のルールを決め、頻繁に寄り合いや田で顔を合せ、監視システムを築き、違反者に罰を科したからだった。*[43]

富を平等に分かち合う方法は、まちがいなく、わたしたちの手の届く範囲にたくさんある。ただしオストロムは、土地や資源の管理には万能策はないとすぐにつけ加えている。市場にしても、コモンズにしても、国家にしても、どれか一つだけで完璧な青写真を描くことはできない。分配的な土地制度の設計は人と場所に適したものでなくてはいけない。最良の成果を上げるには、それら三つを組み合わせて、土地の供給に取り組むことが必要だろう。*44

お金を生み出すのは誰か？

わたしたちは貨幣の単一文化のなかに生きている。そのなかにどっぷり浸かり、それが当たり前になっているので、魚が水の存在に気づかないように、そういう文化の存在を意識することはほとんどない。しかしドルであれ、ユーロであれ、ルピーや円であれ、わたしたちが知っているお金はどれも、いくつもある貨幣制度設計の選択肢の一つにもとづいたものにすぎない。このことが重要なのは、お金は単なる金属の円盤でも、紙切れでも、電子数字でもないからだ。お金は、本質的には、社会的な関係であり、信頼にもとづいた返礼の約束だ。*45 貨幣の制度設計――お金がどのように生み出されるか、どのような特徴を持つか、どのように使われるか――は、広範囲にわたって分配に影響を及ぼす。では、わたしたちはどんなお金の世界に暮らしているのだろうか？

大半の国では、銀行にお金を生み出す特権が与えられていて、銀行は貸し付けのたびに信用創造でお金を生み出せる。その結果、銀行が有利子負債を発行するだけで、使えるお金が増え、借金が住宅や土地や株式などの購入に振り向けられることがどんどん多くなっている。そのような投資は新しい富を生み出せないが、代わりに、単純に既存の資産価格を押し上げることで、利益を生み出すことができる。[*46] 例えば、英国では、お金の九七%は銀行の信用創造で生まれたもので、それらは有利子の融資という形を取っている。ではそのお金の用途は何か？　二〇〇八年の金融崩壊に至る一〇年間を見ると、それらの融資の七五%以上が株式か住宅の購入のために行われた（それが住宅バブルを招いたのだ）。いっぽうで、生産的事業に携わる小企業への融資はわずか一三%だった。[*47] そういう負債が増えるにつれ、国の所得は利子で儲ける者への支払いや銀行部門の利益にどんどん吸い取られてしまい、生産的な経済で働く人たちの提供する商品やサービスに費やせるお金は減っていく。経済学者マイケル・ハドソンが述べているように、「かつて地主たちが農業社会の典型的な不労所得生活者だったのと同じように、今の金融経済では、投資家と金融資本家と銀行家が、不労所得生活者の最大の一団をなしている」。[*48]

現在のお金の制度設計――創造、特徴、用途――をこのように明確に描き出すと、その設計をし直すための選択肢がたくさんあることが見えてくる。そこには市場だけでなく、国家や、コモンズも関わってくるだろう。さらに、いろいろな種類のお金が共存できること、貨幣の単一文化を金融の生態系に転化できることもわかる。

まずは想像してみてほしい。もし中央銀行がお金を創造する力を取り戻して、市中銀行にお金を供給するとともに、市中銀行の支払い準備率を一〇〇%にする――つまり、すべての融資が誰かの預金か銀行自身の資本で支えられているようにする――ことを求めたら、どうなるだろうか？　きっとお金を供給する役割と、融資を手がける役割を分離でき、ひいては社会に甚大な被害をもたらす債務バブルの発生を防げるだろう。突飛な話に聞こえるかもしれないが、これは新しい提案でもなければ、傍流の意見でもない。初めてこういうことがいわれたのは一九三〇年代の大恐慌のときで、その提唱者はアーヴィング・フィッシャーやミルトン・フリードマンなど、当時の有力な経済学者たちだった。二〇〇八年の金融崩壊後にもあらためて支持を集め、国際通貨基金の主流派経済学者や、英フィナンシャル・タイムズ紙のマーティン・ウルフから賛同を得た。*49

さらには、国有銀行が中央銀行から得たお金を使って、低金利ないしゼロ金利の融資を、カーボンニュートラルの住宅や公共交通の普及など、長期的な変革への投資に振り向けることもできる。そうなれば、あらゆる経済で今必要とされている、変革力を持った資産の構築を強力に後押しでき、ケインズのいう「金利生活者、役立たずの投資家」から力を奪い取ることができるだろう。ケインズは、次のように述べている。

国家が超低金利を維持すれば、金利生活者は安楽死を余儀なくされ、その結果として、資本の稀少価値を搾取する資本家たちの累積的な抑圧の力も安楽死を迎えるだろう。今日の利子は、地代と同じで、本物の犠牲を払わずに得ることができる。資本の所有者が利子を得られるのは、資本が稀少だからだ。ちょうどそれは土地が稀少であるがゆえに、地主が地代を得られるのと同じだ。*50

また、国家が不況対策である金融政策の分配効果を変えることも可能だ。軽い不況のとき、中央銀行はふつう、金利を下げて、銀行の融資を刺激し、その信用創造によって通貨供給量を増やそうとする。しかし深刻な不況時には、金利を下げられるところまで下げてしまうと、さらに通貨供給量を増やそうとして、市中銀行から国債を買い戻す。そうすれば銀行の余ったお金が、生産的な事業の拡大に投資されることが期待できるからだ。この方策は量的緩和と呼ばれる。しかし二〇〇八年の金融崩壊後、銀行はその余ったお金で、商品や株式などの投機的な金融資産を買って、自行のバランスシートを立て直そうとした。その結果、小麦や金属などの商品の価格は、土地や住宅などの固定資産の価格とともに上昇したが、生産的な事業への新しい投資は増えなかった。[*51]

もし中央銀行が深刻な不況の対策として、そのような従来の対策の代わりに、全世帯に直接、新規にお金を発行して、それぞれの負債の支払いに充てさせたら、どうだろうか。これは「国民のための量的緩和」と呼ばれる方法だ。[*52] この方法は、富裕な資産家に恩恵をもたらしがちな債券価格の上昇を招かず、全世帯対象の税金還付と同じように、借金を抱えた世帯に恩恵をもたらす。加えて、税の専門家リチャード・マーフィーが提案するように、長期的なインフラ変革の一環として、中央銀行が新規発行したお金を、環境保護の投資銀行を通じて、地域社会に根ざした再生可能エネルギーシステムなど、環境保護や社会のインフラ整備に振り向けることもできる。これは「環境保護のための量的緩和」と呼ばれる。[*53]

以上のような国家主導による貨幣の再設計は、大胆な案にも思えるが、しだいに現実味を増してきている。この再設計が実現できれば、経済の安定性が高まると同時に、銀行や資産家より低所得者や債務者が優遇されることで、社会は平等化に向かうだろう。

貨幣の再設計の試みは、コモンズでも見られる。すでにさまざまなコミュニティが独自の地域通貨を発行して、国の法定通貨といっしょに使っている。「満たされていないニーズと余った資源があるところでは、必ず、新しい通貨を創出する方法が見つかる」と、金融経済学者トニー・グリーナムは説く。[*54] コミュニティ自身によって発行される通貨は、紙幣のこともあれば、電子貨幣のこともあるが、ふつう利子はつかない。地域経済やコミュニティの活性化のために使われるほか、これまで無報酬で行われてきた労働への報酬に用いられることもある。どのような目的で導入されるにせよ、地域通貨は今、世界中で盛んで、地域の貨幣の生態系をより強靭で、より平等なものにするのに貢献している。

バングラデシュの例を紹介しよう。といっても国ではなく、ケニアのモンバサ郊外に広がる貧困地区だ。資力に乏しいこの地区では、倒産が日常茶飯事で、多くの人がしばしば最低限必要なものすら欠いた暮らしをしていた。そんなバングラデシュで二〇一三年、自営業者のための地域通貨制度として、バングラペサが導入された。初めは、紙の引換券によって法定通貨ケニアシリングを駆逐しようと目論んでいるのではないかと、ケニア政府に疑われ、制度の導入者で、地域社会の発展を手助けしている米国人ウィル・ラディックと、最初のバングラペサの利用者五人が逮捕される事態にまでなった。しかしバングラペサがケニアシリングを補完するものであり、競合するものではないことがわかると、政府も六人を釈放し、逆に制度の普及に手を貸してくれ始めた。

現在、パン屋から果物屋、大工、仕立て屋などまで、二〇〇以上の自営業者がこの制度に加入している。大半は女性だ。新規会員は四人の会員から承認を得ることで、バングラペサの紙幣を発行してもらえる。いっぽう、承認した四人の会員は、自分たちの商品やサービスで新規メンバーを支援する義務を負う。これはメンバーたち自身で制度を支えられるようにするための工夫だ。[*55] 制度の導入から二年後には、制度によってもたらされた経済的な安定と流動性のおかげで、自営業者たちの総収入は大幅に増えた。会員は会員のネットワーク内ではバングラペサで買い物ができるので、法定通貨での支払いが必要な電気代などのためにケニアシリングをとっておくことができる。加えて、地域内で頻繁に発生する消費の鈍化に対しても、バングラペサは備えになる。二〇一四年、停電が三日続いたことがあった。その間、理髪店を営むジョン・ワチャリアさんなどの自営業者は顧客と現金収入を失った。しかしバングラペサの会員には現金以外の交換手段があった。「仕事がないときも、バングラペサのおかげで家族を養うことができ、なんとか生活ができました」とワチャリアさんは話す。[*56]

地域通貨は貧しい人たちのためだけのものではない。裕福なスイスの都市ザンクトガレンでは二〇一二年、高齢者のケアを充実させるため、時間貯蓄制度ツァイトフォアゾルゲが導入された。直訳すると「時間の備え」を意味するツァイトフォアゾルゲは、六十歳以上の市民であれば誰でも、市内の高齢者の日常生活を助けることで、自分が将来受けるケアの時間を「クレジット」として獲得できる制度だ。高齢者の手助けは、買い物や料理を手伝うことでも、話し相手になることでもよい。高齢者が将来、ケアが必要になったときに受け取れる「時間年金」を築く方法として、これは理想的だ。ツァイトフォアゾルゲは、ケアを特に必要としている高齢者にあらかじめ一定量のケア時間のクレジット――事実上の通貨だ――を分配することで、この制度が最初から社会的な再分配になるように工夫されている。高齢者の手助けをした人は最大七五〇時間のクレジットを稼ぐことができる。市議会が制度の保証人になっており、万一、制度が廃止された場合にも、獲得したクレジットは現金と交換できることが約束されている。*57

開始以来、制度の評判は高まるいっぽうだ。七十三歳のエルスペス・メセルリさんは週一回、多発性硬化症で車いす生活を余儀なくされている七十歳のヤコブ・ブラセルベルクさんの手伝いをしている。エルスペスさんはなぜ手伝いを始めたのか？「退職後、最初の二年間は楽しく暮らしました。でもそこで、もう一度、目標が必要だと思ったのです。それできょうを差し出すことで、あしたを受け取ることにしました。受け取るのは、必要になればですが」*58。もちろん、このような制度――ケアを与えることで、ケアの通貨を得る――には、子どもにお小遣いをあげて本を読ませるのと同じように、モラルがお金に取って代わられる懸念がつきまとう。したがって制度の普及とともに、社会への広い影響を調査する必要がある。人を助けたいという人間らしい気持ちに取って代わるのではなく、それを育めるような制度のありかたを考えなくてはいけない。

地域通貨がコミュニティを豊かにし、その機能を強化できることは以上の例からも明らかだが、今、ブロックチェーンのおかげで、時代を変える可能性を秘めたものが登場し始めている。データベースとネットワークが一つになったブロックチェーンは、デジタル上の人と人とのあいだのあらゆるやりとりを追跡するP2Pの分散型プラットフォームだ。データのブロック――各ブロックはネットワーク上で行われたすべてのやりとりのスナップショット――が結びつき合って、データブロックのチェーン（鎖）を作り、時々刻々のネットワーク上のやりとりを記録する仕組みになっている。「ブロックチェーン」という名もその仕組みからつけられた。記録がネットワーク上のすべてのコンピュータに残されるので、変更も改竄も消去もできない公開台帳の役割を果たす。将来の電子商取引や透明なガバナンスを支える、きわめて安全性の高いデジタルの屋台骨になるだろう。

ブロックチェーン技術を使った急成長中のデジタル通貨の一つに、イーサリアムがある。さまざまな用途がありうるデジタル通貨だが、一つには、小規模なエネルギーネットワーク、マイクログリッドのなかで、P2Pの再生可能エネルギーの売買に使える。マイクログリッドではスマートメーターとインターネットへの接続とソーラーパネルを備えた家庭やオフィス、あるいは施設が互いに余った電気を売り買いできる。それらの売り買いがすべて自動的にデジタル通貨の単位で記録されている。そのような分散型ネットワーク——町内の規模から都市全体の規模まで——は、停電に強いコミュニティを築くと同時に、長距離送電によるロスも減らせる。さらに、ネットワークのメンバーはイーサリアムのやりとりに付されている情報をもとに、マイクログリッドの市場で自分の価値観に従った行動をとることができる。例えば、いちばん自宅に近い、またはいちばん環境に配慮している供給者から電力を買うとか、コミュニティが所有している電力会社や非営利団体からしか電力を買わないというように。[*59] これはイーサリアムに秘められた可能性のほんの一例だ。暗号通貨の専門家デイヴィッド・シーマンは次のように話す。「イーサリアムはこれからの通貨です。今のわたしたちには想像すらできないようなしかたで、今後、社会にとってきわめて重要なプラットフォームになるでしょう[*60]」

これらのいろいろなタイプの事例には、貨幣の再設計の無数にある可能性の一端が示されている。そこには市場も、国家も、コモンズも関わっている。しかしどの例からもはっきりいえるのは、貨幣の設計のしかた——創造、特徴、用途——しだいで、分配は大きく変わってくるということだ。そのことにおおぜいの人が気づけば、貨幣の単一文化を脱して、新しい金融の生態系の中心に分配的な設計を据えようという気運はもっと高まるだろう。

労働は誰のものか？

賃金の低迷はもうめずらしいことではなくなってしまった。過去三〇年間、高所得国の大多数の労働者の賃金は微増か横ばいの状態が続いている。下落している場合すらある。そのいっぽうで、重役の給料だけが高騰している。英国では、一九八〇年以降、GDPの成長率が労働者の平均賃金の上昇率を上回るとともに、賃金の格差が拡大した。その結果、二〇一〇年の時点で、労働者の平均賃金は順調に上昇していた場合に比べて、二五％少なくなった。[*61] 米国でも、二〇〇二年から一二年の一〇年が「賃金の失われた一〇年」と呼ばれる。経済の生産力が三〇％上昇するいっぽうで、所得下位七〇％の労働者の賃金は横ばいに留まるか、下落したからだ。[*62] 労働組合が産業政策に対して強い発言力を持つドイツでさえ、国民産出に占める賃金の割合は、二〇〇一年にGDPの六一％だったものが二〇〇七年には五五％まで減った。これは過去五〇年で最低の水準だ。[*63] 実際、すべての高所得国で、労働者の生産性は二〇〇九年から二〇一三年にかけて五％以上上がっているのに、賃金はわずか〇・四％しか上がっていない。[*64]

この不平等の根底には基本的な設計に関する問いがある。企業は誰のものなのか？　誰が労働者が生み出した価値を手にしているのか？　経済学の始祖たちは労働者と、地主と、資本家のあいだの所得の分配のしかたについては意見の一致を見なかったが、一つのことについては同意見だった。それは労働者、地主、資本家の三者ははっきりと区別されるグループだということだ。産業革命のさなか——企業家たちが裕福な投資家に株式を発行するいっぽう、工場の入り口で一文無しの労働者を雇っていた時代——には、それは妥当な前提だった。しかし各グループの所得シェアは何によって決まるのか？　経済理論ではそれは相対的な生産性の差にもとづくといわれるが、現実には、相対的な勢力の差によって決まることがわかっている。株主資本主義の隆盛で、株主を最高位に戴く文化が定着し、いつしか企業の第一の義務は、株主の利益を最大化することだと信じられるようになった。

こういうモデルには深い皮肉がある。毎日、会社に行って、朝から晩まで働く従業員たちが外部者として扱われてしまうのだ。つまり最小限に抑えるべき生産コストとして、収益率に従って雇ったり、解雇したりするインプットとして。いっぽう、おそらくは一度も会社に足を運んだことのない株主たちが、第一の内部者として扱われ、利益を最大化するというその狭い目的が最優先される。このような仕組みでは、一般労働者たちの負けは目に見えている。とりわけ、一九八〇年代以降、多くの国々で労働組合が交渉力を奪われてからはなおさらだ。

しかしこの仕組みも、当然、数多くある企業設計の一つにすぎない。たまたま十九世紀と二十世紀には支配的になったが、だからといって二十一世紀も支配的になるべきだということにはならない。アナリスト、マージョリー・ケリーは長年、フォーチュン五〇〇の企業から地方の非営利団体まで、主流とはちがった企業設計の効果を調べている。

ケリーによると、自社の生み出した価値が従業員のあいだで公平に分け合われている分配的な設計の企業には、次の二つの特徴が見られるという。メンバーの定着とステークホルダーからの資金調達だ。[*65] 想像してみてほしい。もし労働者が使い捨ての外部者ではなく、いちばん重要な内部者になり、従業員所有の企業に定着したら？　もしそれらの企業が資金調達のために、外部の投資家に株式を発行するのでなく、社債を発行し、ステークホルダーである出資者たちに所有権の一部ではなく、公正な一定の利益を支払うことを約束したら？　もちろんこれは想像だけではない。実際に今、そのような企業が急速に成長している。

従業員所有の企業や組合員所有の協同組合は昔から、分配的な企業設計の手本とされてきた。その起源は十九世紀半ばにイングランドで始まった協同組合運動にある。それは組合員のよりよい給料、より安定した雇用、事業運営に対する発言権の確保をめざした運動だった。今日の成功モデルの一つで、温室やランドリー、ソーラーパネルの設置を手がける米国オハイオ州クリーヴランドのエヴァーグリーン協同組合から、高品質のコーヒー豆や苗木を栽培するタンザニアのロンボのマムセラ農業協同組合まで、世界各地でこのモデルが成功を収めている。二〇一二年には、協同組合の世界上位三〇〇社——農業から小売り、保険、医療まで多岐にわたる——の売り上げの合計は、二兆二〇〇〇億円にのぼった。これは国の経済規模でいえば世界七位に相当する数字だ。[*66] 英国では、一世紀近く小売り業界のトップの座に君臨するジョン・ルイス・パートナーシップには、

「パートナー」と呼ばれる正規職員が九万人以上いる。同社は二〇一一年、従業員と顧客に五年社債の購入を呼びかけて、五〇〇〇万ポンドの資金を調達した。社債の購入者には年四・五％の配当と二％ぶんのクーポン券が支給された[*67]。

最近は、長い歴史を持つこのモデルに劣らない新しい企業設計も現われ、本物の企業の生態系を築き始めている。その背景には何より、起業家と弁護士がチームを組んで、新しいタイプの企業定款を書くようになったことがある。企業定款はいわば企業のユーザーマニュアルだ。そこには企業の目的や構造、従業員の権利や義務が記されている。だからそれを再設計すれば、企業のDNAを再設計することになる。非営利団体から地域社会の会社まで、さまざまな企業で行われている再設計の試みは、従来型の主流派企業とも連携する、新しいタイプの企業のネットワークを生み出している。企業定款の書き換えを手がける独創的な米国の弁護士の一人、トッド・ジョンスンは次のようにいう。「今、起こっているのは、オーナーシップの革命です。革命のめざすところは、少数の人々に握られている経済力をおおぜいの人のものにすること、社会のことを度外視するのでなく、社会の利益を配慮する姿勢を企業に持たせることにあります[*68]」。現在勢いを増している新しい潮流には以上のような基盤があるが、批評家が指摘するように、株主を最優先する主流派の慣行が支配的である状況はまだ変わっていない。「最終的には、大企業の中核にある運営システムを変える必要があります」とケリーも認める。「ですがもしいきなりそこから始めたら、失敗するでしょう。まずはできるところから、活気づかせられるところから始めなくてはいけません。肝心なのは、将来、より大きな勝利をつかむことです」[*69]

ロボットは誰のものになるか?

「デジタル革命には、文字や印刷術の発明よりもはるかに大きな意義がある」と述べたのは、人間とコンピュータの相互作用の分野で著名な業績を残した米国のダグラス・エンゲルバートだ。もしほんとうにそのとおりだとしても、デジタル革命が仕事や、賃金や、豊かさにとってどれほどの意義を持つかは、デジタル技術がどのように所有され、利用されるかにかかっている。現在のところ、それには二つの対立する潮流が見られる。ただ、その潮流のもたらす影響は今ようやく明らかになり始めたばかりだ。

一つには、デジタル革命によって、限界費用のほとんどかからないコラボレーションを可能にするネットワーク時代が到来した。これについては、第2章で協働型コモンズが生まれるダイナミクスを紹介したところでも取り上げた。このネットワーク時代の本質は、資本の所有権の分配に革命を起こしたことにある。今やインターネットに接続すれば、誰でも世界中の人を相手に、楽しませたり、伝えたり、学んだり、教えたりできる。すべての家庭や、学校や、オフィスの屋根で再生エネルギーの生産ができ、さらにもしブロックチェーンの通貨が導入されていれば、余ったぶんをマイクログリッドで売ることもできる。ネット上の3Dプリンターと接続できれば、誰でもデザインをダウンロードするなり自分で描くなりして、自分が必要とするツールやガジェットの３Ｄプリントを注文できる。これらの水平的なテクノロジーは分配的な設計の要をなすものだ。またそれは生産者と消費者の境界をぼやけさせ、すべての人にＰ２Ｐ経済のなかで同時に作り手でもあり使い手でもある「生産消費者（プロシューマー）」になるチャンスを与える。

デジタル革命はこれまでのところ、以上のように人々に力を与えるものになっている。しかしそこには「勝者がすべてを奪う」ダイナミクスも並行して働いている。インターネットを利用する企業や情報発信者の多様さが促進されず、ネットワーク効果（みんながいるネットワークにみんなが参加したがる現象）によって、少数の企業――グーグルやユーチューブ、アップル、フェイスブック、イーベイ、ペイパル、アマゾンなど――がネットワーク社会の中心の座を占め、デジタル世界の独占企業と化してしまった。それらの企業は商売のために効果的にグローバルなコモンズを活用するいっぽう、自分たちの身は特許で完全武装して、特権的な地位を守っている。*70 このような分断的なダイナミクスを規制する世界的なガバナンスは、まだほとんど確立されていない。しかし今後、二十一世紀の創造性豊かなコモンズを急速に囲い込もうとする動きを阻止するには、不可欠になるだろう。

加えて、デジタル革命からは第二の集中化の潮流も生まれた。デジタル革命は限界費用のほとんどかからない生産を可能にして、人々に力を与えたが、同時に、ほとんど人間を必要としない生産を可能にしたことで、人間の役割を奪いもした。ロボット——人間と同じことができ、しかも人間より能力が高い機械——の登場で、おおぜいの人たちが失職の危機にさらされている。具体的には誰が職を失うのか？　プログラマーが作ったソフトウェアで実行できる仕事に携わる人ならば、熟練した技能を持っていようがいまいが関係なく、全員その可能性がある。倉庫の作業員も、自動車の溶接工も、旅行代理店の窓口係も、タクシーの運転手も、弁護士の補助職員もそうだ。このデジタルオートメーションの波はまだ始まったばかりだが、すでにデジタル経済の専門家エリック・ブリニョルフソンが仕事と生産の「大々的な切り離し」と呼ぶものが生じている。特に米国では顕著だ。第二次世界大戦後から二〇〇〇年まで、米国の生産力と雇用は緊密に結びついてきたが、二〇〇〇年以降、著しく分離している。生産力が上昇を続けるいっぽうで、雇用水準は横ばいの状態だ。[71]

もちろん今までもテクノロジーが労働者に取って代わることはあった。それによって人々が自由になり、もっと生産的な仕事に携われるなら、社会に広く恩恵がもたらされるだろう。一九〇〇年、米国の労働力の半分は農業に従事していた。農業に使われる馬は二〇〇〇万頭いた。それからちょうど一〇〇年後、機械化の結果、農業に携わる労働者の割合は二％に減り、馬は農業から完全に姿を消した。[72]しかし経済アナリストが懸念するように、今日のロボット化による失職はあまりに多くの産業やサービスに及ぶので、ほかの分野での雇用の創出が追いつかない恐れがある。二〇〇七年から二〇〇九年にかけての不況下で、中程度の技能の仕事が数多く失われたが、その仕事は今も取り戻されていない。ソフトウェアによって取って代わられたからだ。不況後に取り戻された仕事といえば、ほとんどが単純作業の仕事だった。その結果、砂時計形の二極化経済が生まれた。つまり数少ない高い技能を要する仕事と、数多い低い技能でできる仕事からなり、その中間の仕事はほとんどないという経済だ。アナリストの予測では、二〇二〇年までに主要な一五カ国で、五〇〇〇万人の雇用が仕事のオートメーション化により失われるとされる。*73 これは世界的な潮流になっていて、もっとも成長の著しいロボット市場は中国にある。中国では電子機器製造の世界最大手で、およそ一〇〇万人の従業員を擁する鴻海精密工業が、「一〇〇万ロボット軍団」計画を打ち出し、すでに一工場だけで六万人の労働者をロボットに切り替えている。*74

では、テクノロジーによって推進されているように見えるこの経済の分断を防ぐため、分配的な設計に何ができるのか？　最初にできるのは、労働力への課税を止め、代わりに再生不能エネルギーの利用に課税することだ。そうすれば、機械に投資する企業（支出が控除される）が、人間に投資する企業（給与税を課される）より優遇されている今の不公平な税制を是正できる。同時に、創造性や共感、洞察、人間どうしの交流など、人間がロボットよりもはるかに勝っている分野への投資を増やして、そういう人間の能力を高めることもできる。そのような能力が欠かせない仕事は多い。小学校の教師もそうだし、芸術監督も、心理療法士も、ソーシャルワーカーも、政治評論家もそうだ。エリック・ブリニョルフソンと共著者のアンドリュー・マカフィーは次のように述べている。「人間にはほかの人間によってのみ満たすことのできる経済的欲求がある。だからわたしたちが農業の馬と同じ運命をたどる可能性は低い」[*75]

しかしそれでも安心はできない。もし労働者が単に労働を売ることだけで収入を得続けたら、収入が足りなくなることは目に見えているからだ。アナリストの予測によると、経済の利益がすべての人に行きわたるようにすれば、労働者の賃金は公正な額はおろか、最低限の額をも下回るようになるという。このまま進めば、二極に分断された労働市場が生まれ、格差ははなはだしく広がるだろう。このような見通しが根拠となって、近年、数多くの国々で湧き起こっているのが、ベーシックインカムを求める運動だ。

一部の人に人間にしかできないニッチの仕事を与え、すべての人に生活に必要な所得を保障することは、ロボットの台頭に対処する第一歩としては悪くない。しかしそうすると低賃金労働者や失業者は、そのような高水準の再分配を毎年維持するため、永遠に議会に働きかけ続けなければならないだろう。それよりもはるかに安心できるのは、すべての人がロボット技術の所有者として利益を享受できるようにするという方法だ。具体的にそれはどういうことか? 例えば、一つには、「ロボット配当」という案がある。これは米アラスカ州のアラスカ・パーマネント・ファンドという制度にヒントを得たものだ。アラスカ州の州民は全員、改正された州憲法にもとづくこの制度により、毎年、石油・ガス産業からもたらされた州の収入から一定の分け前をもらっている。二〇一五年の配当額は一人当たり、二〇〇〇ドル以上にのぼった。[76]

この制度はロボットにも応用できるはずだ。しかし税の抜け穴と私的利益を重んじる文化のせいで、米国を含めて多くの国では、何十億ドルという規模に発展したデジタル経済から国が得られる収入は驚くほどわずかな額に留まっている。デジタル経済を支える研究や開発、インフラには多額の公金が投入されているにもかかわらずだ。これは変える必要があると、経済学者マリアナ・マッツカートは主張している。国がリスクを負ったのなら、その見返りとして利益を得るのは当然だ。利益は官民共同所有の特許から利用料を徴収するという形でも、公的資金で開発されたロボット技術を利用する企業の株式を、国営銀行を通じて保有するという形でも得られる。[77] ロボットの台頭が仕事や所得に及ぼす甚大な影響のことを考えるなら、そのような独創的な対策をもっと立てる必要がある。そうしないとロボットの生産力から生み出された富が広く分配されずに終わる。とはいえ、テクノロジーの管理に関しては、市場か国家かという従来の二者択一の発想を乗り越えるべきときだ。これからは協働型のコモンズから生まれるイノベーションにもっと力を入れる必要がある。協働型のコモンズには、知識の支配関係をがらりと変える可能性が秘められている。

アイデアは誰のものか？

知識の支配と分配はこれまで何百年にもわたって、知的財産権の国際レジームに大きく左右されてきた。その物語はいたって無垢なものとして十五世紀に始まった。ヴェネツィア共和国が著名なガラス職人たちの斬新な製品を模倣品から守るため、一〇年の特許を与えたのが始まりだ。製品の作りかたを開示すれば、法律により、その製品の模倣は一〇年間禁じられた。これは都市国家が市民の創造性に報いるために考え出した賢い方法だった。しかし職人たちは外国へ移住すると、そこでも特許の保護を求めた。その結果、ヨーロッパの国々やほかの業種にもこの制度が広まっていった。[*78]

やがて特許とそれに続く著作権や商標の普及で、知的財産権の国際レジームが生まれた。国際レジームは当初こそ、産業革命の進展を助けたが、しだいに共同で開発されたノウハウを一企業が独占しようとする特許が急増し、伝統的な知識のコモンズを侵略し始めた。皮肉なことに、現在は、周知のように、もともとイノベーションを促進するために考え出された知的財産法が、過剰に利用されたり、悪用されたりして、かえってイノベーションを妨げている。特許は今、二〇年有効で、米アマゾンの「ワンクリック」の購入機能から医療関連企業ミリアド・ジェネティクスのがん関連遺伝子まで、真の発明とは呼べないさまざまなまがいの発明にも与えられている。[*79]しかもハイテク産業では、競合企業の参入を阻んだり、訴訟を起こしたりするために戦略的に特許が取得されるケースも多い。経済学者ジョゼフ・スティグリッツは次のように述べている。「わたしたちは代償の大きい不公平な知的財産レジームを築いてしまった。今の知的財産レジームは科学の発展や小さなイノベーターを助けるより、特許の弁護士と大企業に利するものになっている」[8]

主流派の経済理論では、知的財産が保護されなければ、開発にかかったコストを取り戻せないので、新しい商品を市場に送り出そうとするイノベーターの意欲はそがれるといわれる。しかし協働型コモンズでは、たくさんのイノベーターがこの定説をくつがえして、ＦＯＳＳと呼ばれる無料のオープンソース・ソフトウェアや、ＦＯＳＨと呼ばれる無料のオープンソース・ハードウェアを共同で開発したり、利用したりしている。そういう精神を体現する代表的な人物の一人に、米ミズーリ州で農家を営む物理学者マーチン・ヤクボスキーがいる。ヤクボスキーは農機の値段のばか高さとあまりの故障の多さにうんざりし、自分で農機を作り始めた。そして、設計を改良するたびにネット上でそれを公開した。この試みがほどなく拡大し、あらゆる文明の土台になる五〇種類の機械――トラクターからレンガ製造機、３Ｄプリンター、製材機、パン焼き窯、風力タービンまでさまざま――の自作のしかたを一から教えるグローバル・ヴィレッジ・コンストラクション・セットに発展した。すでにそれらの機械はインド、中国、米国、カナダ、グアテマラ、ニカラグア、イタリア、フランスのイノベーターたちの手で実際に製作されている。ヤクボスキーと協力者たちはこの成功を足がかりに、さらにオープン・ビルディング・インスティテュートを立ち上げた。その目的はオープンソースのデザインによって、誰もが環境に配慮したオフグリッド（電力会社の送電網に接続しない）の住宅を手ごろな価格で手に入れられるようにすることだ。[81]「めざすのは、分散型の生産です」

とヤクボスキーは話す。「ビジネスの世界でも、従来の規模の概念はもう役に立ちません。これからの規模の概念で大事なのは、いかに広く遠くまで経済力を分配するかです*[82]」

オープンソースのデザインはまたどんな国でも、社会に多大な恩恵をもたらし、国の機関のコストを大幅に抑えられると、FOSHを代表する学者で技術者のジョシュア・ピアースは指摘する。FOSHの経済性に関するピアースの研究によると、科学研究の主要な器具——実験室や病院で広く使われている精密シリンジなど——の製造に、オープンソースの3Dプリンターやデザインを用いると、製造費が格段に安く済み、世界中でそれらの器具が今よりはるかに入手しやすくなるという。「科学や医療、教育に関係するテクノロジーへの公共投資から最大のリターンを得ようとするなら、FOSHの開発に出資するのがもっとも賢明だ」とピアースはいう*[83]。

デジタル革命によって、共同で知識を創造する時代が幕を開けたこと、そしてそこには富の所有権を大きく分散させる潜在的な力が秘められていることはまちがいない。ただ、コモンズの研究者ミシェル・バウエンスが主張するように、国の支援がなければ、その潜在的な力は発揮できないだろう。これまでは法人資本主義が長いあいだ、政府の政策や、公的資金や、企業優先の法制に助けられてきた。これからはコモンズが、「パートナー*[84]」である国から支援を受けるべきだ。国には公共的な価値の創造を支援する役割がある。では国は知識のコモンズを助け、その潜在的な力を引き出すため、何から始めたらいいのか？　その鍵となる方法は五つある。

第一には、社会起業や問題解決、コラボレーションを学校や大学で教えることで、人間の創造性に投資すること。そのような技能を身につけた次の世代には考えつかなかったオープンソースのネットワークを生み出すだろう。第二には、公的資金で行われた研究の成果はすべて、公共の知識にすること。そのためには、それらの成果を特許や商標で独占させず、知識のコモンズの認可で使えるようにすることが必要になる。第三には、悪質な特許や商標によって知識のコモンズが侵害されるのを防ぐため、企業の行きすぎた知的財産権の利用を是正すること。第四には、メイカースペース――イノベーターたちが集まって、いっしょに試行錯誤ができる場所で、3Dプリンターなど、ハードウェアの製作に必要な機材が揃っている――の設置に公的な資金を投じること。第五には、市民組織――協同組合、学生団体、イノベーションクラブ、町内会など――の広がりを支援すること。なぜなら、それらの組織が互いに結びつき合うことで、P2Pのネットワークを活性化する結節点が生まれるからだ。

グローバルな分配

国内の不平等の問題に取り組むことは重要だが、世界の不平等もいまだに深刻な状況にある。二〇〇〇年以降、主に中国の貧困層の減少のおかげで、世界の所得格差はわずかに縮まってきた。しかしそれでも、世界全体の格差はいまだにどの国の国内格差よりることにつながる。わたしたちはこれまで数世紀にわたって、自分たちを「国民」と見なすよう仕向けられてきた。各国にはそれぞれ独立した経済があって、国境や海の向こう側には「他人」がいると思わされてきた。もし今、わたしたちが二十一世紀に不可欠な一歩を踏み出して、自分たちを国民であるとともにグローバルコミュニティの一員であり、互いに経済を通じてつながり、依存し合っていると考えるようになったら、世界の再分配の設計はどう変わるだろうか？

国際的な再分配の手段として従来から使われているのは、政府開発援助、いわゆるODAだ。しかしその富裕国から貧困国への所得移転の歴史を振り返ると、近視眼的な考えのせいでいかに世界的な行動が阻まれているかがわかる。一九七〇年の国連決議で、高所得国は毎年GNPの〇・七％をODAに拠出することを約束した。遅くとも一九八〇年までには実行するという話だった。しかしそれから三〇年以上経た二〇一三年の時点で、合計の拠出額はやっと〇・三％に届く程度だ。約束の半分にも満たない。もし約束どおりの額が費やされていたら、世界の最貧国の妊産婦の医療や、子どもの栄養状態や、女児の教育は大きく改善されていただろう。女性の地位が向上し、暮らしの立てかたが変わり、国の豊かさが増していたにちがいない。同時に、世界人口も安定化に向かっていたはずだ。[*86]

高所得国の約束の不履行を埋め合わせたのは、世界の移民だった。多くの低所得国では、移民が故郷の家族に仕送りするお金が、ODAや外国直接投資を上回り、国外から入ってくる最大の資金になっている。ネパール、レソト、モルドヴァではGDPに占めるその割合がおよそ二五％に達し、不況や人道危機の発生時に経済の立て直しをも支える。*87 移民からの仕送りは世界の所得格差を減らすもっとも効果的な方法の一つになっているといえる。しかしこれが長続きするためには、出稼ぎ先の国内に所得格差がないこと、コミュニティのつながりがあること、社会資本があることが欠かせない。そうでないと、その国の経済が停滞したとき、移民に責任が転嫁されたり、移民がもたらす多様性やダイナミズムが否定されたりしてしまう。

高所得国はODAへの拠出額の少なさを正当化しようとして、援助額が多すぎると、腐敗した指導者に横領されたり、ずさんな計画の事業でむだにされたりして、有効に使われないとしばしば主張する。外国からの支援が貧困対策として実際に高い効果を上げていることは詳しい調査によって証明済みだ。しかしときに不正があることも否めない。ならば、約束したODAの一部を、それらの国々の貧しい人々に直接渡したらどうか？そうすればそれがベーシックインカムの役割を果たして、すべての人が市場で必要なものを入手できるようになる。しかも昔とちがって、最近は携帯電話の爆発的な普及と、すでに実績のあるモバイル・バンキングのおかげで、そういうことが十分に実行可能な時代だ。

モバイル・バンキングで世界の最先端を行くのは、二〇〇七年にモバイル送金サービス、エムペサ（M－PESA）が始まったケニアだ。エムペサは開始からわずか六年で、ケニアの成人の四人に三人に使われるサービスに成長した。その利用者の七割は農村部に住む人たちだ。[*88] 驚くことに、ケニアのGDPの四〇％以上がエムペサを通じてやりとりされている。二〇一八年までに世界の携帯電話の利用者数は五五億人に達すると見込まれている。モバイル・バンキングの利用もそれとともに増えるだろう。[*89] 近い将来、世界の「底辺の一〇億人」の電話帳を作成して、直接その人たちにデジタルで送金をすることも可能になるはずだ。ベーシックインカムは人を怠惰にするとか無思慮にするとかいう懸念があるが、複数の国で行われた現金支給の実態調査では、そのような結果は出ていない。むしろ、確かな拠り所がある安心感から、勤勉に働いて、積極的にチャンスをつかもうとするようになる傾向が見られる。[*90] 世界の最貧困層にベーシックインカムを支給することはもはや、「なぜするのか？」ではなく、「なぜしないのか？」と問われるべき問題だ。[*91]

規模、期間ともに最大となるベーシックインカム制度の導入試験が、今、米国の非営利団体ギヴ・ダイレクトリーによって、ケニアで実施されている。今後、一〇年から一五年間、ケニアの最貧困層に属する六〇〇〇人が生活に必要な現金を、携帯電話を通じて定期的に支給される。ギヴ・ダイレクトリーはこのような大がかりな導入試験を行うことで、受給者たちに人生の大きな決断を下すときに必要な安心感を与えたいと考えている。またこの試験によってベーシックインカムの時代がやってきたことを証明したいという思いもある。[*92] ただ、ここで一つだけ、注意しなくてはならない。それはこの個人的な収入は、けっして公共サービスの代わりではないということだ。市場が不平等や貧困の解消にもっとも力を発揮するのは、国やコモンズに取って代わるときではなく、それらを補うときだ。ベーシックインカムの制度は「利用時には無料」の教育や一次医療を伴うときに初めて、すべての男女や子どもの潜在的な力への直接投資になる。すべての人をドーナツの社会的な土台の上に引き上げるという目標も、それによって実現に大きく近づける。

世界的な再分配の精神にもとづく支援を、〇・七％のODAのほかに、さらに増やすにはどういう手段があるだろうか？　真っ先にするべきは、極端に富裕な私的資産に地球規模の税（グローバル・タックス）を課すことだ。現在、米国、中国、ロシア、トルコ、タイ、インドネシアをはじめとする二〇カ国にビリオネアが二〇〇〇人いる。[*93] それらの資産にわずか年一・五％の富裕税を課せば、毎年、七四〇億ドルもの資金が生まれる。それだけで今の支援額の不足ぶんが補われ、すべての子どもたちを学校に通わせることも、すべての低所得国に最低限の医療サービスを普及させることも可能になる。[*94] さらに多国籍企業を単一の事業体と見なす世界規模の法人税制を導入し、税の抜け穴をふさぎ、租税回避地をなくせば、世界の公共目的に使う公的収入を大幅に増やせる。[*95] 加えて、世界を不安定にしたり、世界に悪影響をもたらしたりする産業にも税を課せば、補助収入にできる。例えば、投機的な取り引きを抑制するための国際金融取引税や、すべての石油、石炭、天然ガスの生産に課すグローバルな炭素税などが考えられる。もちろん、これらの課税案のなかには実現不可能に思えるものもある。しかし歴史を振り返れば、実現不可能に思われていたことが、のちに実現されるべくして実現された例はたくさんある。奴隷制の廃止しかり、女性の参政権しかり、アパルトヘイトの撤廃しかり、同性愛者の権利保護しかりだ。地球が一つの家と見なされる世紀には、グローバル・タックスも実現できないはずがない。

誰もが市場を利用できることと、誰もが公共サービスを利用できることが二十一世紀の常識になるべきならば、誰もがグローバルコモンズを利用できることもやはりそうでなくてはいけない。とりわけ生命を支える地球のシステムと、世界の知識のコモンズはそうだ。

地球環境の許容限界に関してこれまでにわかっていることからいえるのは、生命の世界を損なわないことは、明らかに人類共通の利益になるということだ。きれいな空気ときれいな水、安定した穏やかな気候、それに生物の多様性は、人類全員にとってもっとも重要なコモンプール財になる。環境保護の思想家ピーター・バーンズは次のように述べている。「二十一世紀の大きな課題は、活気に満ちた新しいコモンズ部門を育てることで、市場の囲い込みと外部化を防ぎ、地球を守り、人類共通の遺産の果実を今よりもっと平等に分け合うことだ」[*96]。それを実現する一つの方法として、バーンズは、コモンズの保全管理団体「コモンズ・トラスト」を数多く設立して、各トラストにそれぞれのコモンズの領域——川の流域でも、地球全体の大気でも——を保全及び管理するために必要な財産権を与えるという方法を提案している。各トラストはコモンズの利用が地域または地球規模で環境の許容限界内に収まるよう、総利用量に上限を設けたり、利用者——帯水層から採水する企業や、温室効果ガスを排出する企業など——に課金したりして、コモンズの恩恵を広く行き渡らせる。*97 すでに似たようなことを手がけるナショナル・トラストもあるが、富裕層と貧困層間、あるいは国家間の経済格差の大きさを考えると、地球規模で行うのはたやすくない。誰が支払いを求められるのか？　誰が恩恵にあずかるのか？　長年にわたって蓄積された環境負債をどうやって返済するのか？　これらのむずかしい問題は、生命を支える地球のシステムが人類共通の遺産であることを認識するなら、まさにガバナンスで解決するべきことだとわかる。

いっぽう、世界規模の知識のコモンズの創設はもっと早く実現できるだろう。すでにそういう試みが始まっているのだから。ただ、その潜在的な力はまだほとんど引き出されていない。無料のオープンソースデザインの世界的なネットワークがあったら、地域社会のイノベーターたちにどれほどの力を与えるか、想像してみてほしい。そのようなイノベーターたちにこそ、そういうネットワークがもっとも役に立つはずだ。二〇〇二年、旱魃に見舞われたマラウイで、農家の十四歳になるウィリアム・カムクワンバという少年が中学校の退学を余儀なくされた。両親に授業料を払う余裕がなくなったせいだ。学校へ行けなくなったカムクワンバ少年は、代わりに地元の図書館に通い、エネルギー関係の本を読み始めた。そのうち、友だちや隣近所の人たちに笑われながらも、発電用の風車を自作してみたくなった。材料はごみ捨て場でしか入手できなかったので、古いトラクターのファン、塩化ビニル管、古びた自転車のフレーム、捨てられたボトルのふた、発電機を使って、高さ約五メートルの風車を組み立てた。完成した風車は見事に発電に成功した。この成功が村人のあいだに伝わると、たちまち家の前には携帯電話の充電を頼みにくる人の行列ができた。また、記者たちもひっきりなしに目を見張る発明の取材にやってきた。それから五年後、十八歳になったカムクワンバはTEDでの講演のため、タンザニアのアルーシャに招かれ、そこで生まれて初めてパソコンを触った。「インターネットを見るのも初めてだった。グーグルで風車のことを検索したら、次々といろいろな情報が見つかるので、びっくりした」と、のちにそのときの驚きを語っている。[*98]

カムクワンバの発明の才が並外れたものであったことはまちがいない。しかし、すでにどんなコミュニティにも、インターネットや知識のコモンズやメイカースペースを利用できれば、技術をまねしたり、改良したり、開発したりして、コミュニティでもっとも早急に必要とされているものの提供に貢献できるイノベーターや実験者はいる。例えば、それは雨水貯留施設であったり、パッシブ・ソーラーハウスであったり、農機具であったり、医療器具であったり、あるいはもちろん風力タービンであったりする。しかしいまだに欠けているのが、コミュニティのなかのそういう能力のある人たちが、世界

ウィリアム・カムクワンバと風車

中の研究者や学生や実業家やNGOと協力して、無料のオープンソース技術を開発できるグローバルなデジタルプラットフォームだ。

最高レベルのコラボレーションを実現するために次のような機能がすべて備わったP2Pのプラットフォームを想像してみてほしい。各アイテムの複製を作るのに必要な道具と材料と技能を一覧表にした「リソース・レシピ」、各デザインに対する利用者たちの評価やコメント、各デザインの改良の履歴を示す写真やグラフ、類似したコミュニティ――太陽光が豊富な都市部のスラムとか、旱魃に見舞われやすい村とか――を集めたポータルサイト（互いの試行錯誤から学ぶため）[*99]。

このようなプラットフォームが築かれれば、時代を画する変化が起こるだろうと、ジョシュア・ピアースはいう。なぜなら「産業革命以来、文明を支配してきた技術発展のパラダイムに対する強力な対抗馬になる」からだ。[*100] しかしそのためには立ち上げの資金を、ファンドなり、政府なり、国連なり、あるいはクラウドファンディングなりから得る必要がある。また従来方式の知的財産権――特許、著作権、商標――によって新興の知識のコモンズが囲い込まれないよう、オープンソースの新しいライセンス方式も確立しなくてはいけない。

カムクワンバはその後、奨学金を得て、アメリカの大学に進んだ。現在は二十八歳になり、マラウイで子どもや大学生向けのメイカースペースやイノベーションセンターの設立に取り組んでいる。「多くの若者は才能に溢れ、すばらしいアイデアを持っています。ですが、それらのアイデアに秘められた可能性を十分に引き出せていません。アイデアを大きく育んでくれる場が乏しいからです」という。[*101] わたしはカムクワンバに、知識のコモンズのためのデジタルプラットフォームが自国の未来のイノベーターたちにどう役立つと思うか、尋ねてみた。即答だった。「アフリカ全土のいろいろな問題を解決できる創造性を引き出してくれるはずです。そういう場があれば、互いに学び合い、自分たちが考案したものをたえず改良できます」[*102]。そのようなグローバルな知識のコモンズへの門戸を広げることが、富の再分配のしかたに大変化をもたらす原動力の一つになるだろう。

さて、以上のような話の結果、シュワルツェネッガーのトレーニングの日課はどうなるだろうか？　一九八〇年代にも、医師たちは「痛みなくして、得るものなし」というモットーにすぐに警告を発し、苦しい運動は体力の向上よりもけがにつながることが多いと指摘していた。誤ったクズネッツ曲線に何十年もミスリードされてきた経済学者たちは、同じ結論に達するのにそれよりもはるかに長い時間を要したが、ようやくそのことを身をもって学んだ。平等な経済は、避けられない痛みを経て実現するなどというものではない。設計された道を進むことで実現するものだ。経済では、痛みは退けられるべきで、分配的な設計こそ取り入れるべきだ。経済学者たちには根本的な発想の転換が求められる。ジェットコースターの迷信を捨てて、ネットワークの時代を迎え入れよう。

成長が不平等を解消してくれるのを（むだに）待つのではなく、二十一世紀の経済学者は、設計によって経済活動の構造そのものに最初から分配の流れを持たせる。所得の再分配にばかり注目せず、富の再分配――土地を支配する力であれ、貨幣の信用創造であれ、企業であれ、技術であれ、知識であれ――もめざし、そのために市場とコモンズと国家をすべて活用する。上からの改革を待つのではなく、すでに再分配革命を推進している草の根のネットワークと力を合わせる。さらに、この分配的な経済設計における革命と、それと同じように強力な環境再生的な経済設計の革命を組み合わせる。では次章で、その環境再生的な経済とは何かを見ていこう。

第6章　環境再生を創造する

——「成長でまたきれいになる」から設計による環境再生へ

二〇一五年にヨーロッパの国々を回ったときに、一人のインド人青年と出会った。彼は名前をプラカシュといい、ドイツで工学の学位を取ろうと勉強していた。環境に配慮した技術を学ぶためにドイツに来たのでしょうと、わたしが水を向けると、彼は首を振って、答えた。「いいえ、インドにはほかに優先することがありますから。わたしたちはそんなことを心配できるほどまだ豊かになっていません」と。わたしは驚いて、インドでは土地のおよそ半分が荒れていることや、地下水位が急速に低下していること、それに大気汚染が世界一深刻であることを指摘した。すると彼は一瞬、はっとしたような表情を浮かべたが、すぐにほほ笑んで、同じ言葉を繰り返した。「それでもまだほかに優先することがあるんです」

この短い会話には、数十年前から出回っている経済の通説が要約されている。貧しい国は貧しすぎて、環境に配慮する余裕がない、という通説だ。しかもその説では、やがて経済成長のおかげで、それまでの汚染をきれいにでき、減少した資源の代替物も開発されるから、今は環境に配慮する必要はないとすらされる。この説はかつてはデータで裏づけられているように見え、あの有名な図によっても支えられていた。政治家も一般の人々もいまだに信じ続けているが、それが迷信だったことはインドでも、世界のほかの国々でも、すでに明らかになっている。世界銀行のシニア環境エコノミスト、ムトゥクマラ・マニは次のように指摘する。「インドは経済的にめざましい発展を遂げました。

しかしそのことは、環境面の成果には反映されていません。『まずは成長しよう。そうすれば、あとできれいになる』とはなっていないのが実情です」[*1]

自然環境の悪化は贅沢な悩みではない。国が豊かになってから関心を向ければいいという問題ではない。成長が解決してくれるのをむなしく待つよりも、設計によって環境再生的な経済を築くほうが賢明だ。そうすることで人類の繁栄の土台になっている地域から地球全体までの生命のサイクルを回復させ、よみがえらせられる。いまだに影響を残す古い図を消し去って、代わりに、環境再生的な経済という二十一世紀のビジョンを描くべきときだ。

上がったものは下がる

一九九〇年代初頭、米国の経済学者ジーン・グロスマンとアラン・クルーガーがたいへん興味深い傾向を発見した。世界の約四〇カ国について、GDPの推移と、大気と水質の汚染に関するデータを見比べたところ、GDPの上昇につれ、汚染は最初、増加するが、やがて減少に転じることがわかったのだ。それを図にすると、ちょうど逆U字形になった。第5章で取り上げた有名な不平等の曲線にそっくりだったことから、この新しい図はほどなく環境クズネッツ曲線と呼ばれるようになった。

経済の運動法則に見えるものがまた新たに発見されたことで、経済学者たちは統計モデリングを使って、曲線が魔法のように下降を始める所得水準を突き止めようとせずにはいられなかった。その結果、川の鉛汚染がピークに達し、減り始めるのは、国民一人当たりの所得が一八八七ドル（当時の基準だった一九八五年の米ドルで算出）に達したときであることがわかった。大気中の二酸化硫黄はどうか？　一人当たりの所得が四〇五三ドルで減り始めるようだった。では黒煙は？　一人当たりのＧＤＰが六一五一ドルになるまで待てば、そこから先は減少に転じる。全体としては、どの国でも一人当たりの所得が八〇〇〇ドル（今日の額に換算すると、一七〇〇〇ドル）に至るまでには、成長によって空気も水もきれいになり始めることが示された。[*2]

皮肉な巡り合わせだった。欠陥を暴かれたクズネッツ曲線が経済の表舞台から退場するのと入れ替わるように、環境分野のその弟分が脚光を浴び始めた。しかしグロスマンとクルーガーも、クズネッツ同様、自分たちの発見に注意書きをつけ加えることは怠らなかった。二人は地域の大気や水の汚染のデータだけを用い、地球全体の温室効果ガスの排出量や、多様性の喪失や、土壌の劣化や、森林伐採は考慮していないと但し書きをつけた。また一国の生産量がその時代の政治や技術や経済の影響を受けることにも触れた。さらに経済成長と汚染の減少に相関関係が見られたからといって、ただちに経済成長が汚染改善の理由だとはいえないこともみずから指摘した。しかし、経済の運動法則を発見したと思った経済学者の例にもれず、次のような結論を下さずにはいられなかった。ほとんどの環境指標では、「環境は経済成長の初期に悪化するが、その後、改善に向かう」と。[*3]

　二人が周到につけ加えた注意書きにもかかわらず、この仮説はすぐ、政策の説明から新聞の社説、経済学の授業まで、世界中のあちこちで使われる経済の決まり文句を生み出した。環境の問題なら、成長がいずれ解決してくれる、だ。市場至上主義の経済学者ブルース・ヤンドルはこれをねじ曲げて、さらに強引な主張を展開した。「経済成長はその初期に破壊した環境の回復に貢献する。もし経済成長が環境によいならば、成長を後押しする政策（貿易の自由化、経済構造改革、価格改革）は環境によいはずだ」[*4]。これは「痛みなくして、得るものなし」の経済への逆戻りだった。生命の世界の保全のしかたについてむちゃくちゃなことを勧めてもいた。もし水と空気をきれいにしたいなら、美しい森と海を取り戻したいなら、よく聞け。一度、悪化してからでないと、よくはならない。成長によって環境は改善される。だから歯を食いしばって、馬車馬のように働け、と。

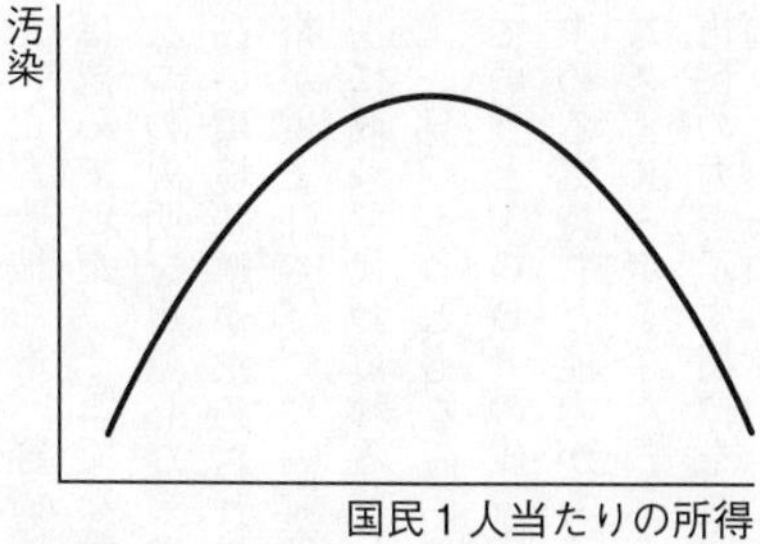

環境クズネッツ曲線。成長によってもたらされた環境問題は最終的には成長によって解決されることを示す。

　主流派の経済学者たちは曲線と方程式をかざして、経済成長が土壌や海や生態系や気候に深刻なダメージを与えていると主張する批評家、彼らの言葉でいうなら「大げさにわめく者」をあざけった。ただし彼らも、経済成長と環境汚染の改善の直接の結びつきを示す証拠がないことは認めていた。そこでなぜ経済成長に伴って、環境汚染が改善するのかについて、次の三つの説明を用意した。(一)市民に環境に配慮する経済的な余裕が生まれ、その結果、高い環境基準が求められるようになる。(二)国の産業に環境に配慮した技術を使う余裕が生まれる。(三)産業の中心が製造業からサービス業に移り、煙突がコールセンターに取って代わられる。

一見、もっともな説明のようだが、詳しい検証には耐えられない。まず(一)についていうと、GDPの成長を待つまでもなく、市民たちには初めからきれいな水と空気を求める気持ちと能力がある。そのことを明らかにしたのはマリアーノ・トラスとジェイムズ・K・ボイスだ。二人は環境クズネッツ曲線を生み出した研究に使われたデータと、市民の力を示す指標を対照させる検証を行った。その結果、所得が平等に分配されている国や、識字率が高い国、公民権や政治的な権利が尊重されている国ほど、自然環境がよく保たれていることがわかった。その傾向はさまざまな国で見られ、特に低所得国で顕著だった。*5 地域の水や空気を守るのは、経済成長そのものではなく、一般の人たちの力であるということだ。(二)についても同様に、産業界に環境に配慮した技術への切り替えを促すのは、政府や企業に対して環境基準の厳格化を求める市民の声であって、収入の増加ではない。(三)については、製造業からサービス業への移行によって国内の水と空気をきれいにしても、汚染物質はなくならない。他国へ汚染物質を押しつけるだけだ。ほかのどこかで、ほかの誰かにしゃかりきに生産してもらって、自分たちはきれいに包装された完成品を受け取るということにしかならない。すべての国がこのような方法で環境汚染を減らすことはできない。やがて汚染を引き受ける国はどこにも見つからなくなる。

グロスマンとクルーガーたちは幅広いデータを欠いていたので、環境クズネッツ曲線の上昇と下降がさまざまな環境の悪化に広く当てはまるものなのかどうかは調べられなかった。温室効果ガスの排出、地下水の減少、森林伐採、土壌の劣化、農薬の利用、生物多様性の喪失については考察されていない。また、各国の環境の悪化がどの程度まで、国外からの影響を受けているのかについても、推測できなかった。しかし近年、天然資源フロー勘定の発達のおかげで、それらのデータも急速に増えている。そこに示されているのは、広くいわれているのとはまったくちがう実態だ。

高所得国の国境内で採取されたり、加工されたりしている資源の量は、現に減っている。EUやOECD諸国からは、資源生産性の向上や、GDPの成長と資源の利用のデカップリング（切り離し）を自賛する声が上がる。それらは「グリーン成長」の夢が実現できる証拠だと持ち上げられてもいる。しかし喜ぶのは早すぎたようだ。国際的な資源フロー分析の第一人者、トミー・ウィードマンは次のように警告する。「確かにこれらの傾向からは、先進国で資源効率が高まったように見える。しかし実際にはどの国も、見えないところで、いまだに資源という土台に深くつなぎとめられている」[*6]

最近集計された国際的なデータでは、各国の資源の採掘量を示すマテリアルフットプリントを計算に入れると――いい換えるなら、バイオマス、石油燃料、金属鉱石、建設資材など、その国が輸入した製品の製造に使われた資源をすべて合計すると――サクセスストーリーは消し飛んでしまう。一九九〇年から二〇〇七年にかけて、高所得国ではGDPの成長に伴って、各国のマテリアルフットプリントも増えている。それもわずかな増加ではない。米国、英国、ニュージーランド、オーストラリアでは三〇％以上増えた。スペイン、ポルトガル、オランダに至っては、五〇％の増加だ。日本とドイツはそれぞれ一四％と九％増で、他国に比べて著しく数字は小さいが、それでも増え続けている。*7 約束された環境クズネッツ曲線の上昇と下降とは大ちがいだ。これらのデータは上昇につぐ上昇を示している。

ただし、世界のマテリアルフットプリントの算出はとても複雑だ。この数字に異を唱える専門家もいる。その一人、資源アナリストのクリス・グッドールは独自に英国のデータを集計していて、それによると英国の資源消費は輸入を含めても、すでにピークに達し、横ばいもしくは下降に転じているという。*8 しかし仮にそのような反対のデータのほうが事実に近いことがわかったとしても、やはり問題は残る。英国の資源消費はきわめて高い水準でピークに達しているだろうからだ。もしほかの国々が英国の例にならったら――同じぐらいの水準にまで達してから資源消費が減少に転じるとしたら――最低でも地球三個ぶんの資源が必要になる。それでは世界経済は地球環境の許容限界を大きく超えてしまう。[9] つまり、たとえ環境クズネッツ曲線の仮説がほんとうだったとしても、人類にはその山は乗り越えられない。山頂で息絶えることになる。

非環境再生的な直線型経済と向き合う

経済成長がやがて自然環境の回復をもたらすということを示す経済法則を探すのは、もうやめるべきだ。経済学はそもそも法則の発見を目的とする学問ではない。本質的には、設計を問う学問だ。世界でもっとも裕福な国々においてさえ、いまだに国民が馬車馬のように働いているのは、過去二〇〇年間の産業活動が非環境再生的な直線型の産業システムにもとづいてきたからにほかならない。この産業システムの正体は、取り、作り、使い、失うという四段階からなる、始まりと終わりがある製造のサプライチェーンだ。まず地球から鉱物や、金属や、バイオマスや、化石燃料を採取する。次にそれらを製品に作り替える。そしてその製品を消費者に売る。最後に消費者がそれを遅かれ早かれ、捨て去る。単純な図にすれば、それは芋虫のように見えるものになるだろう。一方の端から食べ物を摂取し、消化し、最後にもう一方の端から排泄するという具合だ。

全世界を覆い尽くしたこの産業モデルは多くの企業に莫大な利益をもたらし、その過程で多くの国々を経済的に豊かにしてきた。しかしその設計には根本的な欠陥がある。生命の世界と対立するものだからだ。生命の世界はたえず炭素や酸素、水、窒素、燐などの生命の構成要素を再利用することで繁栄している。産業活動は自然界の「供給源」

を枯渇させるとともに、その「吸収源」を廃棄物で埋め尽くすことで、自然界のサイクルを壊してきた。石油や石炭や天然ガスを地中や海底から採取して、燃やし、大気中に二酸化炭素を排出する。窒素と燐酸から肥料を作り、廃水——農業廃水や下水——を湖や海に捨てる。森林を切り崩して、金属や鉱物を採掘する。それらの金属や鉱物は電子機器の部品として使われ、無用になると、有毒物質が土壌や水や大気中に漏れ出している電子廃棄物のごみ捨て場に捨てられる。

経済理論もそのような産業によってもたらされうる悪影響——「負の外部性」と呼ぶ——を認識していて、市場にもとづいた対策を打ち出している。割り当てと課税だ。つまり、汚染の総量に上限を設けて、国や企業に汚染を許される量を権利として割り当て、その「汚染する権利」を市場で売買できるようにすればいい。または、汚染にその「社会的費用」に見合った税を課し、市場自身にどの程度までなら汚染をする価値があるかを判断させればいいという理論だ。

このような政策は大きな効果をもたらしうる。一九九九年から二〇〇三年にかけて、ドイツでは環境税の導入で、輸送や暖房や電力に使われる化石燃料の価格が上昇するいっぽう、それらを相殺するために給与税が引き下げられた。その結果、化石燃料の消費と二酸化炭素の排出量がそれぞれ一七%と三%ずつ減少し、カーシェアリングは七〇%増え、二五万人の雇用が創出された。[*10] 米カリフォルニア州では、州の温室効果ガスの排出量を二〇二〇年までに一九九〇年の水準に戻すことをめざし、二〇一三年、二酸化炭素の排出量取引制度が始まった。まだほとんどの排出権は無料で割り当てられているが、いずれは総排出量を減らし、競売にかけられる排出権の量を増やす計画だ。ただし、ヨーロッパの同じ制度で生じた排出権価格の値崩れを防ぐため、価格には下限が設けられている。*11

使用量が増えるほど、料金が高くなる段階制料金の導入も盛んだ。カリフォルニア州サンタフェや中国の水不足の地域では、世帯間に大きな所得差があるなかで水の利用量を制限するため、段階制料金が導入された。この制度では一定量の利用までは料金単価が安い。飲水、入浴、皿洗い、洗濯など日常生活に不可欠なことには安い料金で水を使えるようにするためだ。それを超えると、車を洗うのでも、芝生に水をやるのでも、プールに水を張るのでも、水の利用に三倍から四倍の料金が課される。水市場の専門家ロジャー・グレノンは次のように説明する。「段階制料金の長所は、市民に水の利用を控えさせないですむこと、国の規制にも頼らないですむことです。その代わり、芝生の水やりのように、人間の基本的ニーズ以外に使うときには、高い料金を求めます*12」。水の利用が憲法で基本的人権として認められている南アフリカのダーバンでは、毎日、すべての低所得世帯に無料で、生活に最低限必要な量の水が供給されている。その量を超過した部

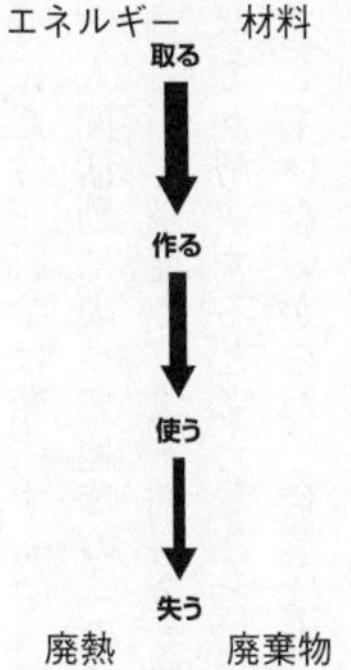

非環境再生的な産業設計の芋虫経済

分にだけ、料金は発生する。*13

人間活動によって地球の「供給源」と「吸収源」に加えられている負荷が、課税や、割り当て制度や、段階制料金で軽減できることはまちがいない。しかしそれらだけですべてが解決すると考えることには問題がある。たいていの場合、それらは必要な水準に達していないからだ。企業は盛んにロビー活動を行って、導入を遅らせたり、税率を低くしたり、割り当て量を増やしたり、排出権を競売による取得ではなく無料の支給にしたりしようとする。いっぽう政府の側も、企業の要求に譲歩することがきわめて多い。国の競争力が失われること、ひいてはそれによって政党への支持が失われることを恐れるせいだ。理論の面でも、それらの政策には弱点がある。システム思考の視点で見てみると、ストックを制限し、汚染のフローを減らす割り当て制度と課税は、システムの行動を変えるためのレバレッジ・ポイントには確かになっている。しかし効果の小さいレバレッジ・ポイントだ。もっとはるかに効果の大きいレバレッジにするには、システムの目標を決めるパラダイムを変える必要がある。*14

産業が「取り、作り、使い、失う」という非環境再生的な直線型の設計にもとづいているかぎり、価格のインセンティブで資源消費を減らすことにはおのずと限界がある。先見の明に富んだ景観設計家、ジョン・ティルマン・ライルは、そのような産業設計の限界にはっきりと気づいていた。一九九〇年代に次のように書いている。「一方向のシステムはいずれ、システムの土台になっている景観を破壊する。時計の針がたえず回り続け、フローはたえず、フローの行き止まりに向かって進み続けている。要するにこれはみずからの支えを使い果たしてしまう非環境再生的なシステムなのだ」[*15]。そこで必要になるのが、環境再生的な設計というパラダイムだ。今、そのパラダイムが生まれつつあり、驚くほど多様な企業から数々の反応を引き出している。

ドーナツのなかでビジネスは可能か?

企業は非環境再生的な産業設計のせいで地球環境に過大な負荷がかかっていることを初めて意識したとき、どう反応するか? 五年前からわたしはフォーチュン五〇〇企業の重役から社会的企業の創業者まで、幅広いビジネスリーダーたちにドーナツの話をしている。反応はさまざまだ。その企業が非環境再生的な設計から環境再生的な設計への移行段階のどこに位置しているかで、ちがってくる。

最初の段階にある企業の反応はシンプルだ。すなわち、「何もしない」。この反応はもっとも古いものでもある。なぜ、こんなに業績のいいときに、ビジネスモデルを変えるのか? 我々の責務は利益を最大化することだ。環境税や割り当て制度が導入されて、インセンティブが変わるまでは、今のやりかたを続ける。彼らはそのように考える。わたしたちはふだん(おおむね)法に従ったことをしていて、罰金を科されると、それをビジネスのコストと受け止めることが多い。これまで何十年間も、世界の大半の企業はそういう道を歩み、持続可能性をあればいいが、なくても困らないものと見なしてきた。

持続可能性は株価に影響しなかったからだ。しかし時代は急速に変わりつつある。世界各地のサプライヤー——綿花の栽培者、コーヒー豆の農家、ワインの生産者、絹織物業者など——に頼る多くの製造業者は、自社のサプライチェーンが世界的な気温の上昇や地下水位の低下に大きな打撃を受けることに気づき、もはや「何もしない」は賢い戦略ではないことを悟り始めた。

その結果、第二段階の反応が、現在、もっとも一般的になっている。コストを下げられるか、またはブランドの評判を高められる環境効率に優れた手法を採用して、「見返りのあることをする」という反応だ。具体的な手法としては温室効果ガスの排出量削減や、工業用水の節約が以前からよく使われている。それらには企業の利益を押し上げる効果があり、特に創業期の企業でその効果は高い。この段階では、あくまで「見返り」が大事なので、あざむくほうが得だと考えている企業もある。最近では二〇一五年、フォルクスワーゲンが何百万台ものディーゼル車に「ディフィート・デバイス」と呼ばれる装置を取りつけていたことが発覚し、スキャンダルになった。「ディフィート・デバイス」とは、試験中にエンジンを低排出モードに切り替え、酸化窒素や二酸化炭素の排出量を大幅に低く報告するための装置だ。[*16] ほかには、環境に優しい商品なら多少高くても買ってくれる消費者層に訴えようとして、「グリーン」なブランドイメージを築こうとする企業もある。そのような企業は自社と他社を比較して、自社の進歩を印象づけようとする。もちろんまだ進歩を始めたばかりなのだが、とにかく「わが社はライバル企業よりこんなに多くのことをしている」とか「わが社は昨年に比べてこれだけ前進した」とかいうことを強調するのだ。これではほんとうに必要なことが実現するまでには長い時間がかかるだろう。

第三段階の反応は、持続可能性への切り替えにおいて「応分の責任を果たす」だ。ここからは反応にいくらか真摯さが加わってくる。この段階の企業は、少なくとも、温室効果ガスの排出量なり、化学肥料なり、取水なりについて、地球システムの研究者によって推奨されるか、国の政策目標で定められている総削減量にもとづいて、どの程度の変化が必要になるかを把握し、そのうえで「応分の責任を果たす」ことをしようとしている。例えば、南アフリカの大手銀行ネッドバンクは二〇一四年、金融業者としての「応分の責任を果たす」として、年間四億ドル相当を、安価な低炭素エネルギーサービスや、持続可能な浄水と衛生設備の普及など、国の二〇三〇年までの達成目標の実現への投資に振り向けると発表した。「フェアシェア二〇三〇は、わたしたちの望む未来を築いてくれるお金です」とネッドバンクの頭取は話す。[*17] 確かにそのとおりなのだが、銀行が残りのお金で何をするのかという疑問は残る。加えて、レストランでの会食後、みんなからそれぞれが考える「応分の」額を受け取って、レジでの会計を任された人なら誰もが知るように、そういうときに集まったお金はたいてい足りないのだ。自分で決める「応分の責任」ではぜったい目標は達成できない。世界各国がみずから決めた自国の温室効果ガスの削減目標が恥ずかしいぐらい低いことにも、そのことは示されている。

もっと心配なのは、「応分の責任を果たす」はたやすく「応分の分け前をもらう」に変わりうることだ。多くの企業はドーナツの図を初めて見たとき、地球環境の許容限界を示す外側の円に着目し、それをケーキのように切り分けて配分できるものと考える。そして誕生日パーティの子どものように、自分の「応分の分け前」を得ようとする。非環境再生的な直線型の産業という考えかたにまだ縛られているので、多くの人の口からは最初に次のような質問が出てくる。この自然環境のケーキのうち、自分たちはどれぐらい分けてもらえるのか？　自分たちは二酸化炭素を何トン排出できるのか？　自分たちはどれぐらい地下水を使っていいのか？　それらの答えは、現在の量よりもだいぶ少ないものになるだろう。したがって、目標のハードルが高く引き上げられることはまちがいない。しかし「応分の分け前をもらう」という発想は、「汚染する権利」という資源を獲得するためには競争に勝たなくてはならないという考えかたを強める。限られた資源の獲得競争になると、わたしたち人間はどうしても他人を押しのけようとし始めてしまう。その結果、政策立案者に働きかけたり、自分に都合のいいように制度を悪用したりするうちに、地球環境の許容限界を超えてしまうリスクがどんどん高まる。

第四段階の反応は、「害を及ぼさない」だ。ここで初めて考えかたにはっきりとした変化が起こる。この目標は、環境への悪影響がゼロの商品やサービス、建物、ビジネスを設計しようとする「ミッション・ゼロ」としても知られる。そのような目標に果敢に挑戦している取り組みの一つには、「ゼロ・エネルギー」の建築がある。例えば、米シアトルのブリット・センターなどがそうだ。ブリット・センターは（雨が多いことで知られるシアトルにありながら）ソーラーパネルで一年中、必要な電力の大半をみずから発電している。同様に、「ネット（正味）・ゼロ・ウォーター」の工場は、一般の水道からは実質的に水を引いていない。例えば、メキシコのハリスコ州にあるネスレ社の乳製品工場では、著しく減っている同州の地下水からたえず水を引いてくるのではなく、牛乳から気化した水蒸気を液化することで、工業用水のすべてがまかなわれている。[*18]

環境への影響ゼロをめざすことは、非環境再生的な産業設計による従来のビジネスからのほんとうに目覚ましい飛躍になる。正味の消費ゼロをめざすのがエネルギーや水だけでなく、企業活動に使われているあらゆる資源にも広がれば、たとえその実現にはまだ時間がかかるにしても、なおすばらしい。これは資源の利用効率が劇的に高まることも意味する。ただし、建築家でデザイナーのウィリアム・マクドナーが指摘するように、どれだけ熱心に資源効率を追求しても、それだけでは不十分だ。「悪の程度を下げても、善にはならない。悪の程度が下がったというだけで、悪であることに変わりはない」とマクドナーはいう。[*19]また、よく考えてみると、「ミッション・ゼロ」の追求は新しい産業革命のビジョンとしてはいささか奇妙だ。もっとはるかに画期的なことが実現できる手前で立ち止まろうとするビジョンのように見える。もし工場が必要なエネルギーや水の大半を自給できるのなら、自給で止めず、それらの生産をもっと増やせないかどうか、やってみてはどうか？　生産工程からあらゆる有毒物質を除去できるのなら、除去するだけでなく、代わりに健康の増進につながるものを取り入れてはどうか？　単に「悪の程度を下げる」ことをめざすのでなく、「善の程度を上げる」ことをめざすべきではないのか？　そのためには生命の世界の消耗を遅らせようとするのでなく、生命の世界にたえず補充をすればいい。与えることもできるときに、もらわないだけで満足する必要はない。

そこから第五段階の企業の反応が出てくる。「惜しみなく与える」だ。それは設計により環境再生的な企業を築くこと、わたしたちを支えている生命のシステムにお返しをすることを意味する。これはするべきことリストに従って行動するというだけではなく、生きかたにも関わってくる。日々生きるなかで、バイオスフィアの管理を引き受けるとともに、生命の世界を自分が引き継いだときよりもよい状態にして次世代に引き継ぐ責任を自覚できるかどうかが問われる。[*20]この段階の企業には、中核事業を通して、人類の自然のサイクルへの回帰を手伝うことと、できるかぎり多くの贈り物をすることが求められる。このような惜しみなく与える企業の設計によってはじめて、ドーナツの地球環境の許容限界内にわたしたちを引き戻すことが可能になる。生物模倣という分野の代表的な思想家で、実践者でもあるジャニン・ベニュスにとっては、この惜しみなさという概念が、設計における生涯のテーマになっているという。ベニュスはわたしに次のように話してくれた。

人間は大きな脳を持つ動物ですが、地球上の歴史では新参者です。ですからいまだに母なる地球にあとしまつを頼る幼児のように振る舞っています。わたしはみんなにこの設計の課題に取り組んでもらいたい、自然のサイクルのすべてにしっかり参加してもらいたいと思っています。まずは炭素サイクルから始めましょう。最初に、どうしたら産業が大気を汚す炭素を「吐き出す」のを止められるかを考えます。その方法がわかったら次に、植物を模倣することで、二酸化炭素を製品のなかに「吸い込む」方法や、肥沃な農地に何百年も蓄えておける方法を考えます。炭素サイクルで経験を積んだら、次にそこで学んだことを生かして、燐や、窒素や、水のサイクルにも取り組みましょう。

惜しみなく与える設計のエッセンスを知るには、自然を模範、基準、助言者と見なすのがいいとベニュスはいう。自然を模範にすることで、わたしたちは生命の循環的なプロセスを学び、まねることができる。生命の循環的なプロセスでは、取ると与える、死と再生が繰り返され、ある生き物が捨てたものが、ほかの生き物の栄養になっている。また自然を基準にすることで、新しいイノベーションが持続可能なものであるかどうかを判断できる。そのイノベーションは自然のサイクルに参加することで、自然の基準を満たし、自然と調和するものになるかどうか？　自然を助言者にするとは、自然から何を獲得できるかと考えるのではなく、自然の三八億年の実験から何を学べるかと考えよ

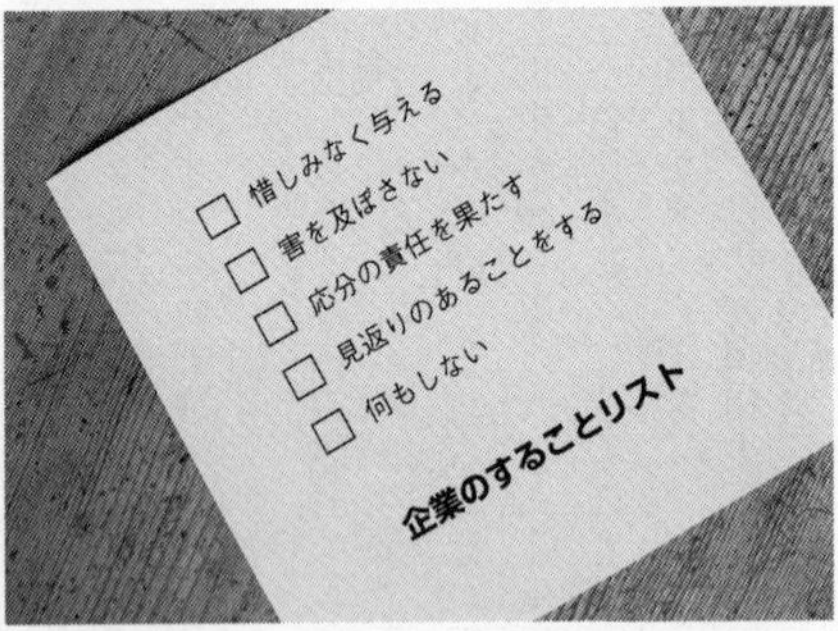

あなたの企業がしようとしているのはどれか？

うということだ。[*21]

上述の企業の反応を一覧にまとめると、上のような「企業のすることリスト」ができあがる。各チェックボックスは、環境再生的な設計へ至る道のりを示すものと見なせるだろう。個々の企業にとっては、今どこにいるかと同じぐらい、どこへ向かっているかも重要だ。しかしこの移行の段階を一段一段進んで行く必要はないし、実際にはその時間もない。もっとも望ましいのは、芋虫が蝶に変わるように、惜しみなく与える設計へといっきに変換することだ。

飛び立つ循環型経済

工業生産はいわゆる「循環型経済」を通じて、非環境再生的な設計から環境再生的な設計へと変貌を遂げつつある。循環型経済とは、太陽エネルギーの尽きることのない流入（インフロー）を利用して、たえず資源を有用な商品やサービスに変換している環境再生的な経済だ。[*22] 循環型経済は直線型経済の芋虫に別れを告げ、蝶へと姿を変える。次ページの蝶経済の図は、循環型経済を提唱するエレン・マッカーサー財団の図を参考に作成したものだ。[*23] 本物の蝶同様、その見事さは羽の

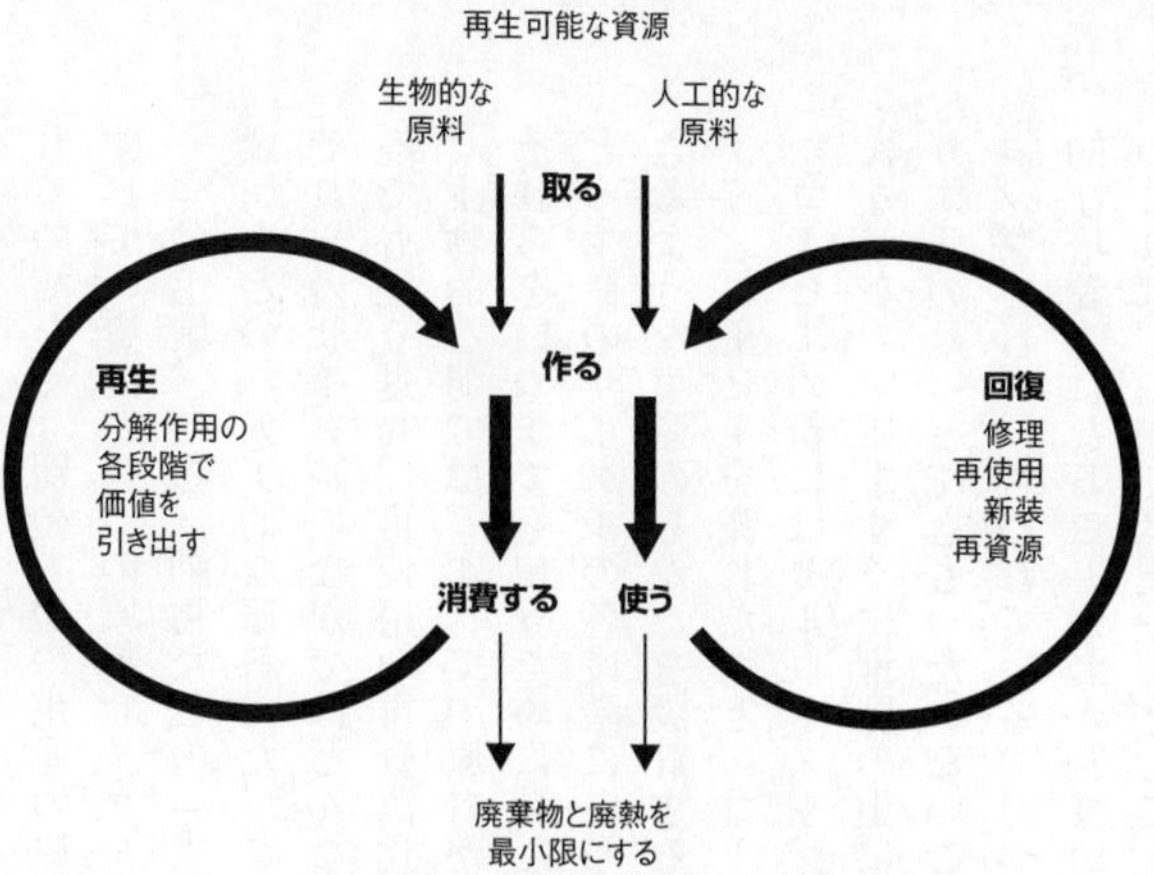

環境再生的な設計を施された蝶経済

部分にある。

この蝶は環境再生的な設計のどういう特徴で飛び立つことができるのか？　最初に、直線型経済の「始まりから終わりへ」という古い考えかたがどこへ行ったか、見てみよう。二十世紀の貪欲な鉱物採掘や油田掘削、廃棄物の焼却を煽ってきた考えかただ。じつはその芋虫、つまり「取り、作り、使い、失う」という使い捨て経済も、図に残り、中央を縦に貫いている。ただし循環型経済の「始まりから始まりへ」という考えかたのおかげで、蝶へと姿を変えている。[*24] また蝶に姿を変えた芋虫は、再生エネルギー――太陽光から風力、波力、バイオマス、地熱まで――で動いていて、いっさい有毒物質を出さない。しかも設計により、廃棄物もなくされている。廃棄物をなくすことができるのは、「廃棄物は食べ物になる」という認識のおかげだ。あるものの生産過程で残ったものは――生ごみであれ鉄くずであれ――ごみの埋め立て地に運ばれるのでなく、別のものの生産の原料になる。こういうことがうまく機能するためには、すべての資源が二つの原料サイクルのどちらかに属していると考えることが欠かせない。一つは土壌、植物、動物などの「生物的な原料」、もう一つはプラスチック、合成素材、金属などの「人工的な原料」だ。この二つの原料のサイクルが、蝶の左右の羽になる。それらのサイクルのなかではどんな資源も使い果たされたり、捨て去られたりせず、何度でも繰り返し、再使用や再資源化を通じて使われ続ける。

生物的な羽では、すべての原料が地球の生命の営みを通じて消費され、再生される。それらをいつまでも使うために鍵となるのは、自然の再生を上回る速度で収穫しないこと、生命のサイクルの各段階に応じてさまざまな形で利用すること、自然にお返しができるような生産のしかたを設計することだ。単純な例として、コーヒー豆の例を見てみよう。コーヒーを淹れたあと、コーヒー豆の九九％以上はフィルターに残る。この残ったコーヒーの粉にはセルロースや、リグニンや、窒素や、糖が豊富に含まれている。そんな栄養の宝庫をすぐに堆肥の山に捨てたり、もっとひどい場合には、ごみ箱に捨てたりするのは、とてももったいないことなのだが、世界中の家庭やオフィスやコーヒーショップで日々、行われている。じつはコーヒーの出し殻は、マッシュルーム栽培に理想的な培養土になることがわかっている。また牛や鶏、豚のえさにもなる。えさとして使われれば、やがては肥やしとして土に返る。コーヒーの出し殻にすらこれだけの価値があるのだ。ほかのあらゆる食べ物や、作物や、木材をこのように活用したらどうなるだろうか？　すべての家庭や農場や会社や機関にこういう活用が広がったら、どうなるだろうか？　前世紀の林業や食品産業が環境再生的な産業に変わるだろう。わたしたちを支えている生命のシステムから価値を引き出すとともに、生命のシステムをたえず再生するものになるだろう。

蝶のもういっぽうの羽では、対照的に、金属や合成繊維などの人工的な原料で製品が作られる。それらの製品は自然には分解しないので、修理や再使用、新装、（最後の手段として）再資源化を通じて、回復するよう設計を施す必要がある。例えば、携帯電話を考えてみよう。そのなかには金や銀やコバルトや稀少金属がぎっしり詰まっている。しかしたいてい二年ほどで買い換えられてしまう。ＥＵでは、年間の販売台数が一億六〇〇〇万台以上にのぼるが、二〇一〇年に中古品として再使用されたのはそのうちのわずか六％、再資源化のために分解されたのは九％だけだった。残りの八五％はごみの埋め立て地に捨てられたか、引き出しの奥にしまわれたままになっている。*25 循環型経済であれば、あらかじめ回収や分解しやすいように製品が設計されるだろう。そうすれば一度使われた製品も、新装を施して再販売したり、部品を交換することなく再使用したりできる。このような取り組みが全産業に広まれば、二十世紀の産業廃棄物を二十一世紀の製造の原料に変えていける。

ただし、すばらしいシステムであることはまちがいないが、これらの蝶の羽に幻想を抱くことは禁物だ。完璧な循環型経済なるものは永久機関と同類のファンタジーに属する。いかなる産業のループも、資源を一〇〇%再活用することはできない。日本では金属資源の再資源化率が九八%と驚異的に高いが、それでも二%はそのループから漏れてしまっている。また時間が経てば、あらゆる人工的な資源——金属からプラスチックまで——はやがて錆びるか、劣化し始める。しかしそれでも、十八世紀の建築物から最新のスマートフォンまで、世のなかにあるすべてのものを、資源やエネルギーを蓄えたバッテリーだと見なすようになれば、そこに蓄えられている価値を保ったり、刷新したりすることに注目が集まり始めるだろう。しかもこのうえなく幸運なことに、地球にはつねに太陽エネルギーが降りそそいでいる。わたしたちがほかの生き物と同じようにそのエネルギーの利用に長けることができれば、それを使って、自分たちが創造したものを保ち、わたしたちの繁栄を支える生命の世界を再生できる。

非環境再生的な産業経済では、価値はお金で計られ、コストの最小化と売り上げの最大化を追求することで築かれる。その結果もたらされるのは、資源の一直線の流れ(スルーフロー)の増大だ。環境再生的な経済では、資源の一直線の流れが循環する流れ(ラウンドフロー)に変わる。しかしほんとうの変化を引き起こすのは、価値に対する新しい理解だ。「生命なくして富はなし」とジョン・ラスキンは一八六〇年に書いた。ラスキンの言葉は詩的だが、予言的でもあった。経済的な価値は商品やサービスの一直線の流れのなかにあるのではなく、商品やサービスを繰り返し生み出すことのできる富にある。それらの富には、人工物（トラクターから家まで）に備わった富だけでなく、人間そのもの（個々人の技能からコミュニティの信頼関係まで）に備わった富や、豊かなバイオスフィア（林床から海底まで）に備わった富、知識（ウィキペディアからヒトゲノムまで）に備わった富も含まれる。ただ、これらの富はどれもやがては朽ちる。トラクターは錆び、樹木は枯れ、人は死に、アイデアは忘れられる。しかし一つだけいつまでもなくならない富がある。それは太陽をエネルギー源とする生命の再生力だ。ラスキンは環境再生的な社会のまぎれもない先駆者だった。

惜しみなく与える都市の誕生

工場や産業は設計によって環境再生的なものにできる。それは都市の景観にも当てはまることだ。ジャニン・ベニュスは「惜しみなく与える都市」という都市構想を描き、その実現に動き始めている。その第一歩として行っているのは、都市周辺の生態系――森や、湿地や、草原など――を観察して、それらがどれぐらい太陽エネルギーを利用し、二酸化炭素を吸収し、雨水を保ち、土壌に栄養を与え、空気をきれいにしているかなどを記録することだ。それらの記録が新しい都市の基準になり、建築家や都市計画者に「隣の大自然と同じぐらい惜しみなく与える」都市を建設するという大きな課題とそのためのヒントを与える。農作物を育てたり、太陽のエネルギーを集めたり、野生動物の憩いの場になったりできる屋根。豪雨を吸収して、ゆっくり帯水層に放出する舗装路。

二酸化炭素を取り込んだり、大気を浄化したり、廃水を処理したり、汚物を土壌の栄養に変えたりできる建物。都市内のすべてをつなぎ、野生動物の通り道や都市農業も備わったインフラ網。[*26] このような都市設計の可能性は、環境再生的な問いからは広がるが、非環境再生的な問いからは広がらない。「自分は応分の分け前として何をもらえるかと問うのではなく、ほかにどのような恩恵をもたらす都市にしたら、自分も何かを与えることができるかと問うのです」とベニュスは説明する。[*27]

さらにそのような環境再生的な都市が分配的な都市でもあったら、どんな都市になるだろうか？　再生可能エネルギーのマイクログリッドによって、すべての家庭がエネルギーの供給者になるだろう。手ごろな価格の住宅が公共交通によって結ばれることで、もっとも安い移動手段がもっとも速い移動手段になるだろう。住宅地の近隣に企業の拠点が置かれることで、職場と自宅が近くなり、子どもを持つ人たちが、男女とも、ふたたび親の役割を果たせるようになるだろう。また生命を再生するインフラは、ベニュスの言葉でいうと「ハイタッチ（触れ合い）」を特徴としているので、住民たちはたえず自身の手でその再生力を管理し、維持しなくてはならない。そこからはおのずと熟練を要するやりがいのある仕事も生まれるだろう。

このような都市はまだ世界の地図には載っていないが、この設計の原則を実地に試そうとする企業やプロジェクトはすでに世界各地に見られる。例えば、オランダにあるオフィス街、パーク20｜20は、「始まりから始まりへ」の原則に従って設計されたものだ。

このオフィス街はリサイクル可能な材料で建設されていて、統合エネルギーシステムと水処理施設を備える。各建物の屋根は太陽光エネルギーを集めたり、雨水をろ過及び貯

森林と同じぐらい惜しみなく与える都市をいかに築くか。

蔵したり、熱を遮断したりできるほか、野生動物に生息域をも提供している。[*28] 米カリフォルニア州のニューライト・テクノロジーズ社は、乳牛から排出されるメタンを回収して、バイオプラスチックに変換し、ボトルやオフィスチェアなどの商品を作る。それらの商品は商品のライフサイクル全体を通じて、温室効果ガスを吸収しており、二酸化炭素の排出量がマイナスであることが第三者機関によって認定されている。[*29] 南オーストラリアの乾燥した沿岸地域では、サンドロップ・ファームという企業が海水と太陽光でトマトと唐辛子を生産する。その最先端の温室では、海水を淡水化するのにも、熱を得るのにも、電力を自家発電するのにも、太陽光エネルギーが利用されている。「わたしたちは単にエネルギーの問題に取り組んでいるのでも、単に廃棄物の問題に取り組んでいるのでもありません」とサンドロップ・ファームのCEO、フィリップ・ソームウェーバーは話す。「それらの両方に同時に取り組んで、豊かにある資源から食べ物を作っているのです。それも持続可能な方法で行っています」[*30]

低・中所得国の村や町、都市でも、環境再生的な設計の原則が取り入れられている。バングラデシュは世界初の太陽光エネルギー立国をめざし、何千人もの女性をソーラーエンジニアとして養成している。彼女たちにそれぞれの地元の村で再生可能エネルギーシステムの設置から維持、修理までを手がけてもらおうという狙いだ。[*31] エチオピアのティグレ州では、二二万ヘクタール以上の砂漠化した土地が――信じられないことに――再生した。これは農家のコミュニティが二〇〇〇年以降、傾斜地を階段状にして、低木や高木を植える取り組みを続けた成果だ。かつては荒れ地と化していた丘の斜面も、今では、緑豊かな谷としてよみがえり、近隣の村や都市に穀物や野菜、果物を供給すると同時に、二酸化炭素を吸収し、水を保持し、土壌を改善している。[*32] ケニアでは、サナジー社などの社会的企業がスラム街に衛生的なトイレを設置したり、回収した人間の排泄物を一〇〇％、バイオガスや有機肥料に変えて、地域の農家に販売したりし、それによって人々の健康を改善するとともに、著しく足りない雇用を創出し、さらには同時に窒素汚染を減らし、肥沃な土壌を築いてもいる。[*33] 同様にブラジルでも、プロコンポストという新興企業が市内のレストランやマンション、スーパーマーケットから有機性廃棄物を回収して、有機農業用の肥料に変える事業を手がけている。この企業はごみの埋め立て地に捨てられる生ごみの量を減らすことで、メタンの排出量を削減するとともに、炭素で土壌を肥沃にし、さらに雇用も創出する。[*34]

これらの先駆的な取り組みはどれも頼もしい事例だが、まだ大きな不安も抱えている。例えば、パーク20－20はリサイクル可能な材料で建設されているが、将来、ほんとうにそれらは再資源化されるのか？　サンドロップ・ファームの温室はふだんは太陽光だけをエネルギー源にしているが、[*35] 曇りの日にはガスボイラーに頼っている。ガスボイラーなしで生産は続けられるのか？　ニューライト・テクノロジーズのメタン由来のプラスチックの生産が今後、大きく拡大したら、環境への予期せぬ悪影響はないのか？　農村部への太陽光エネルギーの導入計画があまりに急速に進みすぎていて、現在までのところ、農村ではソーラーパネルが使われないまま保管され、誰もそれを設置できない状態が続いている。この状態は改善されるのか？　生ごみを有機肥料に変える企業は、必要な規模を維持しながら、まっとうな雇用を生み出せるほどの収益を上げられるのか？　これらの新しい技術や企業は、検証を受けることが欠かせないし、規模の拡大への適応も求められる。しかし、何より必要なのは、それらを後押しして、投資先として魅力のあるものにする経済システムだ。そこでは二十一世紀の経済学者が重要な役割を担うことになる。

求められるのは惜しみなく与える経済学者

循環型の製造や環境再生的な設計に大きな可能性が秘められていることは確かだが、先駆的な産業や都市の設計者たちがいざ行動を起こすと、大きな困難に直面することになる。いまだに非環境再生的な経済設計の発想や基準に縛られている企業や金融機関や政府を相手にしなくてはいけないからだ。ジャニン・ベニュスも身をもってそのたいへんさを経験している。大手の開発業者と協力して、大都市の郊外の再開発を手がけることになったとき、ベニュスは建物の壁に生物模倣技術を取り入れることを提案した。そうすれば建物の壁で二酸化炭素を吸収して、酸素を放出することで、周囲の大気を浄化できるからだった。開発業者からは最初、次のような反応が返ってきた。「でも、どうしてほかの人たちにきれいな空気を提供しなければいけないんですか？」

当然、予想される質問だ。この質問は、現代の資本主義の設計から生まれ、あまねく世界に浸透している企業姿勢がいかなるものであるかを物語っている。その設計は惜しみなさとは対極的なものだ。広く与えることよりも、価値の一形態にすぎない金銭だけを、株主という利益集団のために追求する。環境再生的な設計者は「どれだけ多くのさまざまな恩恵をもたらすものにできるか?」と問うが、主流派の企業はいまだに「そこからどれだけ多くの金銭的な価値を得られるか?」と問う。もちろん、両者のあいだには利害が一致する部分もある。環境再生的な事業が大きな利益を生むこともあるからだ。しかし企業がその部分にしか関心を向けないのであれば、環境再生的な設計の可能性はほとんど引き出されないだろう。

多くの主流派企業がそのように部分的にしか環境再生的な設計を取り入れていないことは、循環型経済の実践のしかたを見れば、一目瞭然だ。近年、「循環型による優位」を築こうとする企業が急速に増えている。その先頭に立つのは、循環型経済のニッチ技術を取り入れている企業だ。例えば、廃棄物ゼロの製造をめざす企業もあれば、商品ではなくサービスを売る企業(印刷機を売るのでなく、印刷のサービスを提供するというように)や、トラクターからノートパソコンまで、自社製品を修理して、再販売する企業もある。これらは資源を効率よく再利用できるたいへん優れた戦略だ。しかも収益性も高い。建設機器メーカー、キャタピラーは一度使用された主要部品を回収して、再製造することで、その製品の粗利益を五〇%高め、同時に、水とエネルギーの消費を約九〇%

削減した。[36] これは大成功といっていいだろう。循環型経済の技術を取り入れたほかの多くの企業も、今のところ、同じように上々の成績を収めている。

問題は、その取り組みが不十分であることだ。その理由ははっきりしている。現在の循環型経済戦略は、既存の企業の利益になるように作られているので、一般に次のような特徴を帯びる。大企業主導によるトップダウン、各企業が自社の中古製品を支配しようとすることによる閉鎖性、特許素材や占有技術による不透明性、産業内や産業間での部品の不統一。これでは環境再生的な経済の強固な基盤にはなりえないし、ましてや分配的な産業の生態系を築くことは不可能だ。一例をあげよう。自動車や衣服など、自社の中古製品を回収して、部品や原料として再利用する企業は増えている。しかし欧米人の平均的な所有物の数が一万個以上にのぼり、その生産地が世界中に散らばっていることを考えるなら、企業単位の個別の取り組みでは、成功しない公算がとても高い。[37] しかも経済資源の循環的な流れが少数の企業に独占されることにもつながるだろう。以下がことの核心だ。

環境再生的な経済設計に支えられて初めて、環境再生的な産業設計は真に実を結ぶ。

残念ながら、今のところ、この核心が見すごされている。これを実現するためには、市場とコモンズと国家の役割のバランスを再調整する必要がある。企業の目的と金融の役割も見直さなくてはならない。また、環境再生的な成功を評価し、それに報いるための基準も必要になる。二十一世紀の経済学者にとって、この再設計ほど、やりがいのある仕事はほかにないだろう。変わり続ける複雑な経済のことを考えれば容易に想像できるとおり、教科書の理論に従うだけでは、再設計は前に進まない。創意に富んだ実験を繰り返すなかで初めて、再設計は前進する。

循環型の可能性は無限

循環型経済の潜在的な再生力の大きさと企業による効率一辺倒の視野の狭い実践とのあいだのはなはだしいギャップに触発されて、「オープンソース循環型経済（ＯＳＣＥ）」という運動が立ち上げられている。これは世界中のイノベーター、設計者、活動家からなるネットワークで、オープンソースのソフトウェアをまねて、知識のコモンズを築くことで、循環型の生産の可能性を最大限に引き出そうとするものだ。なぜ知識のコモンズか？　運動の参加者たちが指摘するように、個々の企業がそれぞれの工場でどれだけ努力しても、循環型生産の再生力を最大限に引き出すことは不可能だからだ。そのような努力で循環型経済の土台を築こうとするのは、論理的に矛盾していて、実を結ぶはずがない。

ベニュスが立ち上げた生物模倣の運動と同じように、この運動も自然を手本にしている。種は土のなかで成長して木になり、やがて朽ち、新しい木を育てる土になる。しかし木だけではこれはできない。木は菌類や昆虫から降水や陽光まで、数多くの生命のサイクルの豊かで絶え間ない相互作用に依存している。そしてそれらすべての相互作用から、自己再生する森の生態系が生まれる。産業も同じだ。トラクターや、冷蔵庫や、ノートパソコンのメーカーがそれぞれの独占的な資源サイクルのなかで、自社製品だけ回収し、整備し、再販売しようとしたら、システム全体の再生力を引き出すことはできないだろう。*38

オープンソース循環型経済運動の発起人の一人、サム・ミュアヘッドが信じるように、循環型の製造は最終的にはオープンソースにする必要がある。オープンソースの設計方針がいちばんよく循環型経済のニーズに合っているからだ。その設計方針には例えば次のようなものが含まれる。モジュール方式（組み立てや分解や変更のしやすい部品で製品を作る）、オープンスタンダード（部品の形やサイズを共通にする）、オープンソース（材料の組み立てかたや使用方法に関するすべての情報を公開する）、オープンデータ（材料の入手場所や在庫の記録を公開する）。これらすべてにおいて要になるのは、透明性だ。「製品を最終的に使うのが誰であっても、誰もがその材料を再利用できるよう、製品のレシピは公開しなくてはなりません」とミュアヘッドは話す。レシピを公開することで、誰もがその製品を改良したり、自分のニーズに合わせて作り替えたりできる。「世界中に散らばった製品開発チームを持つようなものです。メンバーは町の修理業者や、カスタマイズの達人や、革新的な設計者など、専門的な知識を持ったユーザーたちです。こういう方針の活動から、循環型のビジネスモデルが生まれます。それはオープンソースなのにではなく、オープンソースだから成功するビジネスモデルです」[*39]

では、広がりを見せ始めているオープンソースの循環型経済には今、どんな動きがあるのか？　初期の先駆的な事例としては、アパータスO（Oはopen のO）が映画撮影用に開発したオープンソースのビデオカメラ、AXIOMが有名だ。このビデオカメラは標準化された部品で作られていて、ユーザーのコミュニティで自由にカスタマイズしたり、分解したりして、つねに改良を施せる。[*40] ほかには、急速な進化を遂げているOSヴィークルも注目に値する。これは一〇〇％電気だけで走るオープンソースの未来の自動車だ。すばやく組み立てられるパーツでできていて、空港のバギーにも、ゴルフ場のカートにも、小型のスマートカーにも早変わりする。[*41]

OSヴィークルはシリコンバレーで開発されたが、オープンソースの製造はもっと意外な場所でも盛んだ。トーゴ共和国の首都ロメでは、二〇一二年、建築家セナメ・アグボジヌーが仲間とともに「ロー・ハイテク」のワークショップ、ウェラブを立ち上げた。このワークショップには西アフリカで廃棄されたパソコンやプリンターやスキャナーの部品を使って自作した3Dプリンターがある。「手近にある材料で3Dプリンターを作りたかったんです。今のアフリカで、実際にいちばん手に入れやすい材料といえば、廃棄された電子製品の部品です」とアグボジヌーは話す。アグボジヌーたちはその3Dプリンターを使って地域に貢献できる方法を探っている。「医師たちから以前、医療機器が少しでも故障すると、ヨーロッパや米国から新しい部品を取り寄せなくてはならず、それには二カ月以上かかるという話を聞きました。3Dプリンターがあれば――使いこなせるようになればですが――その部品をすぐに作って、もっと速く医療機器を直せます。命を救うことにもなるかもしれません」[*42]

これらのオープンソースの取り組みはどれもすばらしいが、まだ始まったばかりで、多くの人には夢物語のように見えるかもしれない。ならば、二十一歳のフィンランドの学生リーナス・トーバルズが成し遂げたことを思い出してほしい。一九九一年、トーバルズはオープンソースのオペレーティングシステム（OS）のカーネルを――本人にいわせると趣味で――書いていた。それがまたたくまにリナックスに発展し、今では世界でもっとも広く使われるコンピュータのOSになった。当時、マイクロソフトのCEOだったスティーヴ・バルマーはリナックスを「がん」と呼んだが、現在ではマイクロソフトも自社製品にリナックスを使い、オープンソースを支援している。[*43]ミュアヘッドはわたしのインタビューに「オープンソースソフトウェアの事例はわたしたちの未来への小さな入り口です」と、楽観的に答えている。「いったんコモンズのなかに何かを入れたら、もうそれを取り去ることはできません。ですから知識のコモンズは毎日、成長し、日々、その知恵は豊かになっていきます。アイデアが出されて、そこに循環型経済の可能性が感じられたら、みんながその実現の方法を見出そうとします」[*44]

ジャニン・ベニュスもやはり知識のコモンズを築こうという考えから、ウェブサイト、アスクネイチャー（Asknature.org）を立ち上げた。自然界の物質や構造や営みにまつわる長年の謎を解明し、すべての人に公開しようとするサイトだ。例えば、「なぜヤモリは粘着剤を使わず、壁に張りついていられるのか？」、「なぜ蝶の羽は色素を持たないのに鮮やかな色を発するのか？」、「なぜ貝は濡れた岩肌にしがみついていられるのか？」といった謎が解き明かされている。二〇〇八年の開設以来、高校生から研究者まで、およそ二〇〇万人がこのサイトを利用し、学んだり、情報を投稿したりしている。投稿はすべてデータベースに記録される。このデータベースを参照すれば、自然界では何億年も前に生まれているイノベーションに対して個人や企業が発明の権利を主張して、不正に特許を取ろうとするのを防げる。ベニュスがわたしに話してくれたところでは、アスクネイチャーの最終的な目的は、自然の叡智を社会の共有財産にして、どうすれば生命を豊かにするようなしかたで建てたり、食べたり、移動したり、動力を得たり、あるいは製造したりできるのかを、生物から学べるようにすることにあるという。「自然界からヒントを得た構造の青写真を描ければ、セルロースや、ケラチンや、キチンや、リグニンなど、地球上にもっともあまねく存在するポリマーにめざましい機能を持たせることができるでしょう。それらがオープンソースの循環型経済を作る基本の要素になります」とベニュスは語る。*45

環境再生的な設計の土台としてオープンソースがきわめて有望であることはまちがいない。しかし、もし主流派の企業には環境再生的な設計の可能性が十分に引き出せそうにないとしたら、その役割を率先して担おうとするのはどういう企業だろうか？　いうまでもなく、企業の設計にはいろいろな形がありうる。そのなかには群を抜いて環境再生的な設計もありうる。そのことは独創的なビジョンを持った起業家たちが身をもって示しているとおりだ。

ビジネスのビジネスを再定義する

「企業の社会的な責務は、利潤を増やすことだ」と、一九七〇年にミルトン・フリードマンがいい、主流派のビジネス界は嬉々としてその説を受け入れた。[*46] しかしアニータ・ロディックにそれは容認できない考えだった。一九七六年、ロディックは社会や環境に配慮した環境再生的な設計の企業ザ・ボディショップを立ち上げた。社会的企業という言葉がまだほとんど聞かれない時代のことだ。第一号店は英国の海辺の都市ブライトンに開店した。ロディックはそこで植物由来の化粧品（動物実験はしていない）を再使用可能なボトルや再資源化可能な箱（どうしてまだ使えるのに捨てるのか？）に詰めて販売した。同時に、ココアバターや、ブラジルナッツオイルや、ドライハーブの供給者である世界各地のコミュニティに公正な代金を支払った。生産が拡大するにつれて、廃水のリサイクルも始め、風力発電にもいち早く出資した。また収益はザ・ボディショップ基金を通じて、社会問題や環境問題に取り組む団体への助成に振り向けられた。これはまちがいなく惜しみなく与える企業だ。ロディックの動機は何だったのか？「わたしが働きたいと思う会社は、地域社会に貢献するとともにその一員であるような企業です。もし社会の役に立つことができないのだったら、いったい自分は何のために生きているのか、わからなくなってしまいます」とロディックはのちに説明している。*47

このような価値観に根ざした企業理念を、アナリスト、マージョリー・ケリーは企業の「生きた目的」と呼ぶ。これはビジネス（企業）のビジネス（責務）はビジネス（金儲け）だという新自由主義の脚本をひっくり返す企業の目的だ。ザ・ボディショップを立ち上げるにあたって、優しさをたいせつにする価値観と再生に取り組む意志を明確にしたロディックが証明したように、企業はけっして新自由主義が説くような単純なものではない。「わたしたちは企業の目的を法的に定める基本定款で、人権擁護と社会・環境改革を謳いました。ですから、企業活動のすべてがその目的のもとに行われました」と、ロディックは二〇〇五年に語っている。*48

現在のほとんどの革新的な企業を動機づけているのは、ビジネスのビジネスは世界の繁栄に貢献することだという考えだ。また増えつつある分配的な設計の事業体――協同組合や、非営利団体や、コミュニティ利益会社や、公益企業など――も、設計により環境再生的にできる。*49 社則にはっきりと環境再生的な取り組みを明記し、ガバナンスにそれを取り入れれば、経営陣の交代時にも「生きた目的」を守れて、企業理念の変更を防げるだろう。実際、社則や定款を書き換えることが、企業の責任を果たすためのもっとも重要な一歩になる。そうすることで「生きた目的」で自社を再定義でき、ひいては環境再生的で分配的な設計にもとづいて、その目的を果たすことが可能になる。

生命のために利用する金融

「生きた目的」のうえに築かれた企業は頑丈な土台を持つが、自社の価値観に合致した資金源を欠けば、生き残れず、成功できないだろう。環境再生的な企業には、多様な価値――人間、社会、環境、文化、物質――の創出のために長期的な投資をして、公正な利益を得ようとする出資者が必要だ。しかし現在の金融文化では、自社株買いや配当の増額など、いまだに短期的な儲けばかりに目が向けられている。

アニータ・ロディックはそのことを身をもって学んだ。一九八六年、ザ・ボディショップの株式が初めて発行されると、再生を旨とする自社の理念と、株主の偏狭な金銭的な要求とがたちまちぶつかったのだ。「わたしが犯した最大のミスの一つは、株式を公開したことでした」と、ロディックは株式上場の一〇年後に語っている。「無味乾燥な損益の数字ばかりにこだわる金融機関にはファシズムが備わっているようにわたしには思えます。利益を上げることがビジネスの原則です。それはおろそかにできません。ですが、そのために人権や、環境基準や、地域社会を犠牲にすることは許されません」。[*50] ロディックの憤りは多くの同じ考えを持った起業家たちに共感されるはずだ。環境再生的な企業が「生きた目的」を果たせるかどうかは、どのように資金を得るかに大きく左右される。そしてここにもやはり、二十一世紀の経済学者たちが経済を再設計する大きなチャンスがある。

ある意外な金融の見直し論者も、この設計の課題に取り組んでいる。元JPモルガンのマネージングディレクター、ジョン・フラートンだ。フラートンは二〇〇一年初頭、何かがまちがっていると本能的に強く感じて、ウォール街を去り、広く本を読み始めた。すると、しだいに「経済システムが環境問題の根本的な原因だということ、金融界がその経済システムを暴走させているということがわかってきて、二〇年の経験を誇る金融のプロフェッショナルとしては、少々、考え直さなくてはいけなくなった」という。*51 そこでフラートンは複雑な生命のシステムを支える原則を八つ――「富の全体像をつかむ」、「正しい関係のなかに身を置く」、「バランスを心がける」など――導き出すとともに、それらの原則に従って、みずから「環境再生的金融」と呼ぶものを始めた。めざしたのは、生命のために利用する金融を築くことだった。

金融と経済全体が「正しい関係」にあるときには、フラートンによれば、金融はもはや経済システムを暴走させることはないという。逆に、社会や環境を長期的に改善できる生産的な投資に貯蓄や融資を振り向けることで、経済システムを支える役割を果たせる。これはつまり、現在の国際金融システムには縮小と単純化と多様化、それにレバレッジの削減が必要になることを意味している。そういう変革を通じて、金融システムは堅固になり、投機によるバブルやその崩壊に翻弄されにくくなる。そのような方向へ導くための政策として、フラートンがあげているのは次のような案だ。顧客の預金口座と証券会社の投機活動を切り離す。税制や規制により、金融機関の規模やレバレッジや複雑さが一定の水準を超過したら利益が減るようにする。国際的な金融取引に税を課して、高頻度取引を抑制する。[*52]

短期的な投機を抑制することは重要な第一歩だが、それと同じぐらい重要なのは、その代わりに長期的な投資を増やすことだ。ここでは政府主導の開発銀行が大きな役割を担うことはまちがいない。いわゆる「忍耐強い資本」として、再生可能エネルギーや公共交通システムなど、長期的な事業計画に投資を行うことができるからだ。しかし、一般の預金者から機関投資家まで、民間の投資家にも果たすべき役割がある。地方銀行や、信用組合や、社会への影響を考慮した融資を行ういわゆる倫理銀行は小さなプレーヤーに思えるかもしれないが、この分野で先頭に立っているのはそれらの機関だ。例えば、オランダのトリドス銀行は企業理念――または「生きた目的」――に「金融を通じて、社会、環境、文化をよい方向に変える」ことを掲げ、ヨーロッパ全土に約五〇万人の顧客を持つ。同行の価値観や目標に共感する預金者や投資家、起業家、企業が顧客だ。また米フロリダ州では、二〇〇八年の不況のさなかに「環境再生的な銀行」をめざすファースト・グリーン銀行が設立された。同行はフラートンや、フラートンの率いるシンクタンク、キャピタル・インスティテュートのチームの協力を得て、そのような銀行を実現するためには何が必要かを探っている。[*53]

しかし生命の役に立つ金融は、投資の再設計を超えて、通貨の再設計にもつながる。

通貨――その創造と特徴と用途――がコミュニティ内で分配的なものにできることは、第5章で見た。それと同じように通貨は生命の世界のなかで環境再生的なものにもできる。ベルギーの地域通貨の第一人者、ベルナルド・リエターはこのような課題に武者震いする人物だ。以前、わたしに次のように語ったことがある。「社会や環境の問題をここに持ってきてください。それを解決できる通貨を設計してあげましょう」。実際、ベルギーのヘント市からそのような依頼を受け、ラボト地区という荒廃地区に招かれている。「さすがにこれは無理だと思いましたよ。フランドル地方でもっとも劣悪な地区だったんです」と、リエターは目を輝かせて、そのときのことを詳しく説明してくれた。その地区には、低所得者向けの高層マンションがぎっしりと建ち並び、多様な移民たちがそれぞれ別々にコミュニティを作って暮らしていた。公共空間はどこも荒れ放題だった。リエターに与えられた課題は？「住民どうしがあいさつを交わし合うような、住み心地のよい町を築くこと。それから、自然環境に配慮した町にすることです。自然環境への配慮は市の優先事項の一つになっていました」

リエターはまず、ラボト地区の住人たちに要望を聞くことから始めた。圧倒的に多かったのは、野菜や果物を栽培できる小さな畑が欲しいという声だった。そこでさっそく放置されていた五ヘクタールの工場の敷地を市民農園に変えた。市民農園の利用料金は新しい地域通貨、トレケスでのみ支払いが可能だった。トレケスとは「小さな塔」という意味で、地区内に高層マンションが林立することに由来する名称だ。トレケスを得るには、ボランティアでごみ拾いをしたり、公共の庭園に植物を植えたり、公共の建物の補修をしたりすればいい。あるいは自動車の相乗りをしたり、再生可能エネルギーの電力に切り替えたりすることでももらえる。トレケスが使えるのは農園の賃料を支払うときだけではない。バスの運賃や映画のチケットの支払いにもあてられるし、地元の店で生鮮食品や省エネタイプの電球を買うのにも利用できる。おかげでトレケスはすみやかに住民たちのあいだに浸透した。しかし社会的な効果はもっと広い範囲に及んだ。「街を汚す人間と見なされがちな移民たちが、逆に街をきれいにしている姿を見せることは、みんなに明るい兆しだと受けとめてもらえます」と、ラボト地区の保健福祉センター長、ギ・レニボーはいう。「そのような活動の価値はユーロでも、トレケスでも、お金には換算できません」[*54]

このアイデアをさらにもう一段階、発展させ、惜しみなく与える都市の設計にも地域通貨を取り入れてみたら、どうなるだろうか？　血液が体内をくまなく流れることですべての臓器を健全に保っているように、地域通貨も、人間の活動の流れを利用することで、都市のインフラを活発に保てるものに設計できる。地域通貨は住民や企業のさまざまな環境再生的な営み――廃棄物の収集や分別や再資源化から、建物の生きた壁のメンテナンスまで――に報いるものにすることが可能だ。同時に、地域住民に地元の店で買い物をすることや、公共交通を利用することも促せる。地域通貨をうまく使えば、ベニユスが思い描くように、都市に暮らす人々を自然のサイクルの立派な参加者にすることができる。

国をパートナーにする

長く続いてきた非環境再生的な経済設計の時代に終止符を打つには、国の役割が鍵を握る。国が環境再生的な経済設計を推し進めるためにできることはたくさんある。例えば、税制及び規制の改革や、変革を後押しする出資、コモンズの活動の支援なども、その手段になる。

歴史を振り返ると、各国の政府は税を取るべきところより、取れるところから取ってきた。十八世紀から十九世紀にかけて、英国で明らかになったとおり、家の窓に課税すれば、明かりの入らない家が増える。従業員に課税すれば、現在、多くの国で示されているように、失業者のあふれる経済へと突き進むだろう。そういうことが起こっている原因は、一つには、二十世紀から引き継いだ本末転倒の税制にある。人を雇った企業に税を課して（給与税）、ロボットを購入した企業を助成し（資本投資に対する控除）、土地や再生不能資源の利用にはほとんど課税しないという税制だ。二〇一二年、EUの税収の五〇％以上が労働への課税からもたらされている。アメリカではその数字はさらに大きい。[*55] 当然、産業界は生産性――労働者一人当たりの生産量――の向上に力を入れるという反応を示し、そのためにできるだけ多くの労働力を機械で代替しようとしている。

長年いわれている労働への課税から再生不能エネルギーへの課税への切り替えは、再生可能エネルギーや資源効率を高める投資への助成によって、推し進めることが可能だ。そのような政策を実施すれば、産業界の意識を労働の生産性の向上ではなく、資源の生産性の向上に向けさせ、劇的に資源の利用を減らすと同時に雇用を創出できるだろう。例えば、建物を取り壊して、新しく建て直すのではなく、改装すれば、同程度のエネルギーの消費で、より多くの雇用を生み出せて、水や新しい資材の利用を大幅に減らせる。*56循環型経済と再生可能エネルギー、それに省エネ対策を推し進めることの効果を調べた最近のヨーロッパの研究によると、それらの推進によってフランスで五〇万人、スペインで四〇万人、オランダで二〇万人の雇用が創出されたという。*57

税と助成で市場を動かせることはここまでに見たとおりだが、産業の設計を非環境再生的なものから環境再生的なものに変えるためには、規制による後押しも欠かせない。そのもっとも単純な形は、有害な化学物質の使用や汚染を招く生産工程の段階的な廃止だ。同時に、環境への悪影響を正味ゼロ以下にすることを定めた産業基準と合わせて、生命に優しい化学物質だけを段階的に取り入れる。世界でもっとも先進的な企業はすでにそのような基準を満たそうとする努力を始めている。経済全体に環境再生的な設計を求める規制が導入されれば、そのような企業の取り組みはめずらしいものではなくなり、むしろ産業界の常識と化すだろう。

市場を動かすことはまちがいなく重要だが、それだけでは不十分だと、経済学者マリアナ・マッツカートは主張する。特にクリーンエネルギー革命についてはそうだ。クリーンエネルギーは、環境再生的な経済の要のエネルギー源になる。「民間部門に頼っていては、今必要とされている根本的な経済の改革は実現できない」とマッツカートはいう。「国にしか、思いきった移行を成し遂げるのに必要な、忍耐強い出資はできない」*58。国はリスクを負うパートナーになるべきというマッツカートの考えと明らかに同じ考えを持っているのは、中国政府だ。中国政府は過去一〇年間で、革新的な再生可能エネルギー企業に数十億ドル規模の出資を行い、研究開発から実証や設置までの費用を援助している。同時に、国家開発銀行がほかの国有機関とともに、風力や太陽光の世界最大の発電所の建設に資金を提供している*59。

国が環境再生的な経済を築く変革のパートナーになれるとしたら、その協力はどこで行われているのか？　現在のところ、もっとも目立つのは世界各地で見られる都市レベルでの取り組みだ。その一つに、米オハイオ州オバーリン市の例がある。脱工業化で衰退した米国中西部の「ラストベルト」に位置するオバーリン市は、二〇〇九年、オバーリン大学や公営の電気事業者と協力して、二酸化炭素の排出量より吸収量を多くすることで、全米初の「気候変動への影響ゼロ以下」の都市をめざす取り組みを始めた。また市内の食物自給率七〇％の実現、二万エーカーの緑地の保全、地域文化とコミュニティの復活も目標に掲げ、そのための事業を通じて、不足している企業や雇用の創出も図っている。二〇一五年の時点で、大学や市が運営する施設では電力の九〇％が再生可能エネルギーで供給されるようになり、市内の大学や高校、病院、役所で消費される食材も、地元産の割合が増えてきた。文化生活も、市内のグリーン・アーツ地区に誕生したパフォーマンス・アート・センターを中心によみがえった。公立学校の授業に環境教育も盛り込まれ始めている。*60「市内をまるごと持続可能なものにすることが目標です」と、オバーリンプロジェクトの責任者デイヴィッド・オアは豪語する。プロジェクトの設計にはシステム思考が役立てられているという。「繁栄のしかたを見直して、生態系に合わせること、実際に何を再生できるかを見きわめることが必要です」*61

生きた基準の時代

環境再生的な経済設計への移行がどれぐらい進んでいるかを把握するためには、その目標に即した基準を設ける必要もある。金銭的な基準だけでは、環境再生的な経済で生まれる価値を正しく評価できない。「豊かな生命の網のなかでの人類の繁栄」の促進をめざすうえで、所得は経済活動の成果のほんの一部にすぎない。金銭的な基準一辺倒の時代は終わった。これからは複数の生きた基準の時代だ。金銭的な価値の一直線の流ればかりに目を向けるのではなく(GDPはそのために考案されたものだった)、新しい基準では価値を生み出す富の数多くの源泉——人間、社会、環境、文化、物質——に着目する。

生きた基準はさまざまな規模で急速に広がっている。この面でも諸都市のなかで先頭を走るのは、オバーリン市だ。「コミュニティの回復力、繁栄、持続可能性を強化する」という明確な生きた目的を掲げるオバーリン市は、その目的がどれほど達成されているかを把握するための基準も設けている。市の「環境ダッシュボード」と名づけられたウェブサイトは、環境問題の変革を担う市民のコミュニティを教育し、動機づけ、実行力を与えるために設置されたものだ。図書館やそのほかの公営施設とオンラインで、市内の水と電気の利用状況や川の汚染状況がリアルタイムで公開されている。七月のある晩、わたしも三五〇〇キロ離れた英国の自宅からサイトにアクセスしてみたら、毎分更新されるオバーリン市の環境データを見ることができた。一時間ごとの一人当たりの二酸化炭素の排出量から、上水道の利用量や排水の処理量、近郊を流れるプラム川の酸素濃度まで、各種のリアルタイムのデータが表示されている。*62 リアルタイムのデータは遊び心があって楽しく、住民の関心を引くいい方法だが、楽しいだけではない。動的な傾向をモニタリングし、前年とのちがいを見比べることからは、数多くの深い洞察が得られる。*63 オバーリン市は本気だ。きっとデータが手に入るようになったら、「環境ダッシュボード」を拡大して、ローカルだけでなく、オバーリン市のグローバルなマテリアルフットプリントのデータも示すだろう。また、市内をまるごと持続可能なものにするという壮大な目標の達成状況も、「環境ダッシュボード」でモニタリングするようになるにちがいない。

オバーリン市が都市の生きた基準の先頭を行くとしたら、企業の生きた基準についてはどうか？　幸い、最近は多様な重要業績評価指標が考案されているので、企業も金銭的な利益率を唯一絶対の基準にしないですむ。新しい指標を築こうとする代表的な取り組み──エコノミー・フォー・ザ・コモン・グッドや、Bコープズ・インパクト・リポート、マルチキャピタル・スコアカードなど──はすべて、企業の持続可能性を評価するための採点表を提供している。*64 それらの採点表は公開されていて、第三者によって採点が行われるので、その結果は消費者に企業を選別する力を与えることになる。また政府もその結果にもとづいて、環境再生的な企業を積極的に支援することができる。例えば、高得点の企業は税率を低くするとか、公的調達で優先するとかいう方法が考えられる。

そのような企業の採点表には、企業を正しい目標に向かわせる効果がある。しかし大半の企業はいまだに「悪影響ゼロ」の実現をめざしている。それは例えば、二酸化炭素の排出量の正味ゼロを達成した企業に、気候変動への影響に関するスコアで満点が与えられているからだ。「害を及ぼさない」持続可能性から一歩進んで、「惜しみなく与える」設計へと企業を向かわせるためには、そのような企業の基準をもっと引き上げることが欠かせない。企業の生きた基準が、ジャニン・ベニュスの提唱する都市の「環境活動水準」に匹敵するものになれば、企業はもはや単に「どうすれば害を及ぼさないか？」と問うのではなく、「セコイアの大森林に負けないぐらい惜しみなく与えるには、どうすればいいか？」と問うようになる。企業や都市や国の目標がそのように高いところに置かれれば、わたしたちは自然のサイクルに無害な存在になるだけでなく、自然の再生を助けられるその立派な参加者になれる。

「虹の向こうのどこかに、青い空がある」と、『オズの魔法使い』のなかでドロシーは歌った。すてきな歌詞で、虹の形をした環境クズネッツ曲線のテーマ曲にぴったりだ。どんどん進み、成長を続ければ、やがていつか、空気は澄みわたり、川はきれいになり、生きた世界に対する冒瀆は収まるといわれた。しかし長年積み重ねられてきた事実は、グローバルなデータにしても、おおぜいの人々の苦しい体験にしても、成長によって汚染は改善しないことをはっきり告げている。むしろ、成長とともに汚染は広がる。各国経済が拡大するにつれて、資源の採掘量を示す世界のマテリアルフットプリントは増大し、気候変動も、水不足も、海洋酸性化も、生物多様性の喪失も、化学物質汚染も深刻の度を深めている。わたしたちは非環境再生的な産業経済を受け継いだ。それを設計によって環境再生的なものに変えることが、わたしたちに与えられた課題だ。きわめて困難な課題であることは確かだが、次代の優秀なエンジニアや、建築家や、都市計画者や、設計者にはとてもやりがいのある課題でもある。ドイツで出会ったあのインドの青年は今ごろ、どこで何をしているだろうか。また会えれば、インドも、世界も、きみがチームに加わることを求めていると伝えたい。

経済学者たちはもう経済の運動法則を発見するなどという無謀な挑戦で、時間をむだにするべきではない。それよりも設計を話し合うテーブルについて、再生革命の先頭に立つ革新的な建築家や、産業生態学者や、製品設計者たちと協力するべきだ。テーブルの空席は経済学者たちによって埋められるのを待っている。なぜならここでは経済学者の役割が鍵を握るからだ。経済政策や制度の改革——企業や金融の制度も、コモンズや国の制度も——を通じて、循環型経済や環境再生的な設計のとてつもなく大きな潜在的な力を引き出すのが、経済学者の役割だ。そこに分配的な設計が加われば、ついにドーナツの安全で公正な範囲が現実味を帯びてくる。

しかしドーナツは、それ自体、生きた基準の達成状況を示す世界の指標でもある。だとするなら、あの悪名高い指標——GDP——にはどんな未来が待っているのか? 上昇か? 下降か? それともわからないか?

第7章

成長にこだわらない

——成長依存から成長にこだわらない社会へ

年に一度、わたしは授業で学生たちの仲を引き裂き、イデオロギーと向き合わせ、お互いに考えを変えさせ合うという酷なことをしている。その授業のとき、わたしは教室に早めに行って、椅子を並べ替え、ちょうど飛行機の座席のように、通路に挟まれた長い二列を作る。やがて学生たちがぽつぽつと教室にやって来始める。そこで学生たちを待ち受けているのは、スクリーンに映し出された一つの問いだ。「グリーン成長は可能か？　はいかいいえで答えよ」。わたしは学生たちに「はい」であれば窓側の列に座り、「いいえ」であればドア側の列に座るよう指示する。通路に立つことは許されない。

大手コンサルタント会社への就職をめざしている学生は迷わず、「はい」の列に向かう。なかにはわざわざ窓際に沿って歩いて行く者もいる。ほかの学生たちは、しばらく教室の中央にたたずむ。突然、立場の公表を迫られたことにいくらか慌てたようすで。それから、ほかの学生たちにどう思われるかを気にしながら、「いいえ」の列に向かう。全員が着席すると、学生たちは通路越しに互いの列をまじまじと見つめる。仲のよい友人が果てしなく遠くにいることにショックを受け、無言の意見の対立にたじろいで。

学生たちがたちどころに理解するように、経済成長に対するわたしたちの考えは、ほとんど宗教的だ。私的な性質を帯びていながら、政治的な結果をもたらし、ふだんは胸のなかにしまわれていて、めったに他人と語り合われることはない。だからクラスでの議論が始まると、わたしは学生たちに、どうすれば自分の意見を変えられるかを考えてみるよう勧め、詩人テイラー・マリの次の言葉を紹介する。「自分の考えが本物かどうかを知るためには、一度、自分の考えを変えてみるのがいちばんいい」[*1]。授業の中休み後には、実際に学生たちに反対側の列の席に移ってもらい、その立場でできるだけ深く考えてもらう。

この問いが公平さを欠くことはわたしも承知している。別の多くの問いを必要とする問いだからだ。成長とは何の成長か？　誰にとっての成長か？　どれぐらいの期間を想定しているのか？　そもそも「グリーン」とは具体的に何を指すのか？　たぶん、わたしが学生たちにそんな問いに答えさせているのは、かつて経済成長の未来のことで頭を悩ませた自分自身の経験を振り返って、カタルシスを得たいからなのだろう。オックスファムに在籍していた二〇一一年のことだ。わたしは上司から、今後、高所得国で「グリーン成長」という概念を推し進めるべきか、それとも「脱成長」の陣営に加わるべきかについて判断を下すため、判断の材料になるレポートを作成してもらえないかと、頼まれた。わたしはこの仕事に飛びついた。マクロ経済的な分析をふたたび手がけられるのがうれしかったからだ。しかしそんな興奮はすぐに消え、わたしはただ途方に暮れることになった。この問題に関する議論を読みあさってみたところ、どちらの側もそれなりに説得力のあることをいういっぽう、相手の意見はほとんど頭ごなしに否定し、どちらも決定的な主張をなしえていなかった。わたしはオックスファムの明確な方針を築こうとしながらも、迷いは深まるばかりだった。胃がきゅっと痛み、のどがこわばり、息すらうまくできなかった。現代の経済のもっとも実存的な問いを前に、完全に立ち往生してしまったのだ。そこでやむなく、上司に事情を打ち明けた。「わかりました」と彼女はいってくれた。「ではあと二週間延ばしましょう」

わたしに必要なのは、正面からこの問いに答えようとするのを止めることだった。ギリシャ神話の英雄ペルセウスが上司だったら、初めからそう警告を発していたはずだ。ペルセウスは怪物メドゥーサの姿を直接見てはいけないことを知っていた。直接見れば、石に変えられてしまう。そこでペルセウスは鏡のように磨いた盾で相手の姿を捉えながら、そっと忍び寄り、怪物の首を切り落とした。たぶん、未来の経済成長について考えるときの教訓がそこにある。

第1章で、GDPの成長というカッコウを巣から追い払おうとわたしは述べたが、単純にそれをなくせばいいという意味ではない。そこには次のような悩ましさがある。

経済成長せずに、国民の窮乏に終止符を打った国はこれまでに一国もない。
経済成長によって、自然環境の悪化に終止符を打った国もこれまでに一国もない。

二十一世紀の目標がこの窮乏と悪化に同時に終止符を打つことでドーナツのなかに入ることだとしたら、その目標にとってGDPの成長はどういう意味を持つのか？　この問いを熟考することで、成長のありかたを考えることに新たな地平が開かれる。一国の経済状況を判断するもっとも重要な指標としてＧＤＰを使うのを止めるということと、財政的、政治的、社会的なＧＤＰの成長への依存を克服するということとは、まったく別の問題だ。本章では、その依存の克服という課題を取り上げるとともに、成長にこだわらない経済を築くことを提唱したい。こだわらないといっても、単純にＧＤＰの成長に無関心になるとか、ＧＤＰの算出を拒むとかいう意味ではない。そうではなく、ＧＤＰが増えようが、減ろうが、あるいは横ばいだろうが関係なく、人類の繁栄を促進できる経済を設計しようという意味だ。

こだわらないというと、責任逃れとか、どっちつかずの傍観者とかいう印象を抱くかもしれないが、どうか読み進めていただきたい。そこには奥深い意味があるからだ。二十世紀がわたしたちに残したのは、人類が繁栄しようがしまいが関係なく、成長を必要とする経済だった。わたしたちは今、そのような遺産が社会や自然環境にもたらした副産物を背負って生きている。二十一世紀の経済学者たち、とりわけ高所得国の経済学者たちは、先人たちには無縁だった課題に挑戦しなくてはならない。それは成長しようがしまいが関係なく、人類が繁栄できる経済を築くことだ。これから見ていくように、そういう意味で成長にこだわらないためには、財政や政治や社会の構造を変えることが必要になる。なぜならそれらの構造のせいで、わたしたちの経済や社会は成長を期待し、成長を求め、成長に依存するものになっているからだ。

危険すぎて描けない図

経済学者と居合わせて、会話のきっかけに困ったときには、いい遊びがある。一枚の紙と鉛筆があればできる。相手に紙と鉛筆を手渡して、経済成長の長期的な見通しを図示してほしいと頼むだけだ。もし今、経済学者がどんな図を描くかが気になっても、慌てて教科書を開かないでいただきたい。そこに答えは載っていないからだ。おかしな話に聞こえるかもしれないが、経済学の教科書はGDPを事実上、経済成長の目標として扱っていながら、予測される長期的な推移の図を描いてはいない。確かに、七〜一〇年周期の景気循環から、技術革新にもとづく五〇〜六〇年周期の波動——コンドラチェフの波と呼ばれる——まで、いろいろな経済循環の図はあるかもしれない。しかし過去数百年間のGDPの成長を表した図が掲載されていることはきわめてまれだ。ましてや、今後数百年の予測図にはまずお目にかかれないだろう。

答えがあまりに自明だから、教科書では省かれているのか？　まったく逆だ。あまりにむずかしいので、取り上げていないのだ。GDPの長期的な予測は、いわば経済理論のメドゥーサであり、純粋に危険すぎて、行うことができない。そんなことをすれば、経済学者たちは成長についての自分たちのもっとも根本的な前提と向き合わされる。でももし、あなたが幸運にも図を描いてくれる経済学者と出会えたら、メドゥーサの醜悪な正体を垣間見ることになるだろう。

相手が二十世紀後半の主流派の経済学者だったら、ほぼまちがいなく、第１章で紹介したのとまったく同じ図を描くはずだ。指数曲線と呼ばれる右肩上がりの図で、ＧＤＰが二％とか、九％とか一定の成長率で指数関数的に伸びていくことを表した図だ。しかしその曲線の先端は、しばらく上がったところで、まるで凍りついてしまったように、ふいに止められるだろう。

このような図を描いた経済学者にとって厄介なのは、宙ぶらりんにした線といっしょに明らかな疑問が一つ残ってしまうことだ。線はその先、どうなるのか？　無限に上がり続けて、いっきに急角度でページの上に飛び出すのか、それともしだいに平らになり始め、やがて水平の状態に落ち着くのか？　主流派の経済学者にとって第一の答えは、都合が悪く、第二の答えは、容認しがたい。なぜか？

果てしのない指数関数的な成長――第一の答え――は、当然の結果として、じきに急上昇に転じる。「じきに」はわたしたちが考えるよりもずっと早い。実際、この急上昇がいつのまにか始まっていて、わたしたちを驚かせることはめずらしく

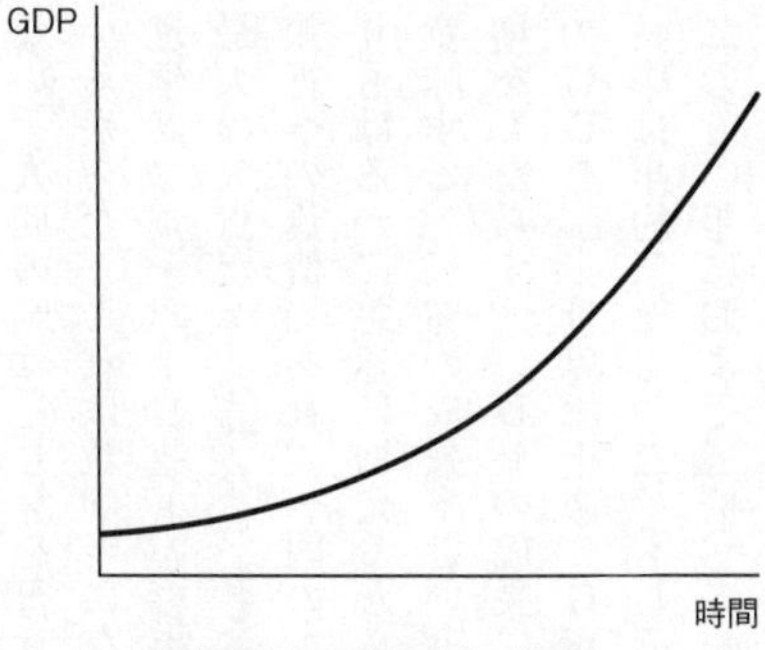

指数関数的な成長曲線（再掲）

ない。人間の脳は足し算を得意とするように進化したが、累乗の計算は大の苦手にしているからだ。これは数学者になりたい人だけが心配すればいい問題ではない。原子核物理学者アル・バーレットが警告するように、「指数関数を理解できないことは、人類の最大の欠点だ」*2。なぜならもし指数関数的に増えるものがあった場合――池の藻であれ、銀行への負債であれ、一国のエネルギーの使用量であれ――それはわたしたちの予想よりもはるかに急速に増えるからだ。一〇%の成長率は、七年で大きさが倍になることを意味する。三%の成長率というと、微々たる数字に感じられるが、それでも二三年で倍増をもたらす。GDPの成長にこれを当てはめたら、どうなるか? 二〇一五年、世界のGDP――世界総生産（GWP）とも呼ばれる――は約八〇兆ドルで、世界経済の成長率は年約三%だった。もしその成長率で成長がいつまでも続けば、世界経済の規模は二〇五〇年におよそ三倍、二一〇〇年に一〇倍以上、そして二二〇〇年にはほぼ二四〇倍に達する。この成長には一ペニーたりともインフレの影響は加味されていない。ひとえに指数関数的な増大にのみもとづく成長だ。

人間活動がすでに地球環境に与えている影響の大きさを考えるなら、そんな度外れた発展を遂げた世界経済の姿は、一般のわたしたちには想像できないのはもちろん、大半の経済学者にも明確には思い描けないだろう。だから経済学者たちはそのような影響を度外視しようとする。その最たる例で、なおかつ多大な影響を及ぼしたのは、米国の経済学者ウォルト・W・ロストウだ。一九六〇年に発表された独創的な著書『経済成長の段階』は、経済成長の動的理論として称えられた。ロストウによると、いかなる国も成長の五段階を経ることで、「複利のたえまない積み重ねからもたらされる恩恵と選択肢を享受」できるようになるという。[*3] 以下がその五段階だ。

W・W・ロストウの成長の五段階
（二十世紀の旅）

一、伝統的社会
二、離陸準備
三、離陸
四、成熟
五、高度大衆消費時代

旅の出発点は、農業や手工業の技術で経済的な生産性の上限が決まる「伝統的社会」の段階だ。ここから「離陸準備」につながる重要なプロセスが始まる。ロストウによれば、この段階で、「経済成長は単に可能というだけでなく、国の威信や、私的利益や、社会福祉や、子どもの生活水準の向上など、善と見なされることを実現するために不可欠な前提条件でもあるという考えが広まる」という。銀行が開業し、起業家が投資を始め、公共交通や通信のインフラが築かれ始め、教育が近代的な経済にふさわしいものに変えられる。そして決定的なこととして、「新しい民族意識を帯びた」本格的な国家（ステート）が誕生する。

これらの変化によって、やがて「近代的な生活への転換点」である「離陸」の準備が整う。「離陸」の段階に入ると、「成長が常態」になり、経済は機械化された産業や商業化された農業に支配される。「複利がある程度、人々の習慣や制度的な構造のなかに組み込まれる」とともに、「経済や社会と政治の両方の構造が、経済成長率の維持を可能にするものに変わる」。この転換点を越えたあとは、「成熟」に向かう。各国の資源基盤に関係なく、さまざまな近代産業が生まれる段階だ。この段階はさらに、ロストウが「高度大衆消費時代」と命名した第五段階へと続く。第五段階では、各家庭に余剰所得がもたらされ、ミシンや自転車、台所用品、自動車など、耐久消費財の購入が始まる。

ロストウがここで経済を飛行機の飛行にたとえていることは明らかだろう。飛行前の整備に始まり、経済成長率を示す高度の設定まで、きれいに飛行機の飛行にたとえられている。ただし、ふつうの飛行機と決定的なちがいが一つある。それはいつまでも着陸せず、消費主義の黄昏に向かって、一定の成長率で飛び続けるということだ。ロストウ自身、水平線のかなたに何があるかは定かではないことをほのめかし、次のように短く触れている。「その先の問いについては、歴史からは断片的な判断材料しか得られない。実質所得の増加そのものが魅力を失ったら、どうすればいいか？」*4。しかしロストウはみずから出したこの問いに答えようとしなかった。それにはやむを得ない理由があった。一九六〇年だったからだ。ジョン・F・ケネディが五％の経済成長率を選挙公約に掲げた年だ。加えて、やがて大統領顧問に任じられることになるロストウにとっては、飛行機を飛ばし続けることに専念するほうが、飛行機がいつ、どのように着陸するかで頭を悩ますよりも賢明だった。

不当なミスキャストに甘んじたスター

古典派経済学の始祖たちは飛行機を見たことも、GDPという言葉を聞いたこともなかっただろうが、どんな成長もやがて遅くなり、最後には止まることを直感的に理解していた。彼らは複雑な気持ちで、経済成長には終わりがあることを認め、どのように成長が終わるか――システム思考の言葉でいえば、どんな制限要因がGDPの自己強化型フィードバックを完全に抑制するか――について、それぞれに異なる見解を示した。アダム・スミスは、最終的には「土壌と気候と状況」で決まる「豊かさが満たされ」て、「定常状態」に至ると説いた。*5 デイヴィッド・リカードはそれとは対照的に、賃料と賃金の上昇で資本家の利益が限りなくゼロに近づくことで定常状態はもたらされると考えた。また、技術の進歩や外国との貿易で防げなければ、すぐに（当時は十九世紀初頭）そういう状態に陥いるだろうと懸念した。*6

ほかの経済学の先人たちはもっと楽観的だった。例えば、ジョン・スチュアート・ミルは定常状態を待ち望み、今の言葉で「ポスト成長社会」と呼ばれるものがそれによって実現すると期待した。一八四八年の著書に次のように書いている。「富の増大に際限はない。資本と人口が定常状態に達したからといって、人間の向上が定常状態に達するわけではない。精神文化にしても、道徳や社会にしても、それまでと同じように大きな発展の可能性を持つ。生活のしかたにもそれまでと変わらずに改善の余地がある。むしろ、成功のしかたで頭をいっぱいにしなくてすむぶん、生活のしかたははるかに改善しやすくなるはずだ」。さらに、GDPが考案される一〇〇年近く前の時代に、GDPへの不支持を表明するかのようにつけ加えている。「人間の向上がまだごく次元の低い段階にあることを認め、すでに究極の段階に至っているなどと勘ちがいしない人であれば、凡庸な政治家たちがお祝いするようなタイプの経済発展、つまり単なる生産と蓄積の増大には、どちらかといえば無関心でいるものだ」[*7]。一世紀後、ジョン・メイナード・ケインズはミルの考えを受け継いで、次のように（希望も込めて）主張した。「経済問題が本来の場所である後方に退き、心と頭の中心的な関心がほんとうにたいせつな問題で（ふたたび）占められる日が近づいてきた。ほんとうにたいせつな問題とは、人生であり、人と人の関係であり、創造や振る舞いや宗教である」[*8]

では、これらの経済学史上の巨人たちに紙と鉛筆を渡して、先ほどと同じように、GDPの成長の長期的な予測図を描いてほしいと頼んだら、どんな図を描いてくれるだろうか？　おそらく、現在の主流派の経済学者が描いた指数曲線の図をいっしょに渡したら、その線の先端からしだいに横ばいになる線を延ばし、なんらかの制限要因によって成長の勢いが衰えることを示すだろう。そのような線が一本つけ足されることで、指数関数的な成長はGDPの成熟、つまり、かなりの規模に達しているが、もはやそれ以上成長しない地点へと向かうもっと長い経済の道のりの一通過点に変わる。言い換えるなら、先人たちはいわゆる「ロジスティック成長」の図、S字曲線を描くだろう。

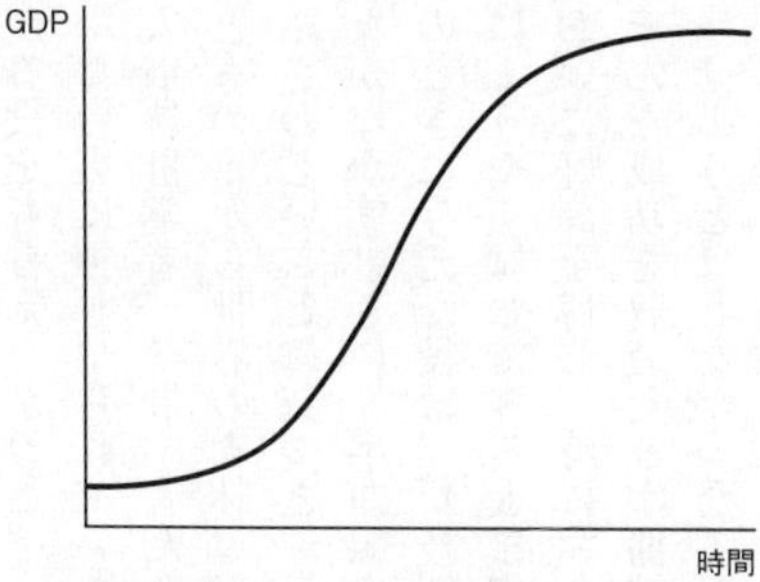

成長のＳ字曲線。経済成長がやがて限界に達することを示す。草創期の経済学者たちが認めていたこのことを、のちの経済学者のほとんどは無視している。

S字曲線は教科書には載っていないかもしれないが、経済学の舞台では新人というわけではない。それどころか、最古参の一人であり、もっとも不当なミスキャストに甘んじた役者だ。初めて経済学の舞台に立ったのは、一八三八年。ベルギーの数学者ピエール・フェルフルストが人口の増加の軌道を描いて、人口はマルサスの説とはちがって指数関数的には増えず、食糧などの資源の量、つまり地球の環境収容力によって制限されることを示そうとしたときだ。これはアカデミー賞に値する見事な洞察だったが、ほとんど誰もS字曲線のスター級の才能に気づかなかった。その結果、S字曲線は一〇〇年以上、舞台に上がる役をもらえなかった。

舞台裏に押しやられていたS字曲線の才能に目を留めたのは、生態学者や生物学者、人口統計学者、統計学者たちだった。彼らは自然界のさまざまな成長のプロセス——子どもの足から世界の森林、シャーレ上の細菌、体の腫瘍まで——を描くのにS字曲線がふさわしいことに気づき、以来、S字曲線を使い続けている。いっぽう経済学者たちは、なかなか筋書きにS字曲線を加えなかった。ようやく役を与えたのは一九六二年だ。そのときに与えた役は、新技術がどのように伝播するか——すぐに飛びつく人から、最後にようやく試してみる人まで——を示すツールの役だった。この役は以後、世界中でおおいに好評を博し、特にマーケティング業界では大活躍している。[*9] 主流派の経済学者はそんな成功を収めたS字曲線にも、長期的なGDPという主役のオーディションを受けさせようとはしなかった。しかし一九七一年に幸運なブレークの機会が訪れた。エコロジー経済学者、ニコラス・ジョージェスク＝レーゲンが経済劇の新しい第三幕を書いたときだ。実際に図として描いたわけではないが、ジョージェスク＝レーゲンは、世界経済を地球の環境収容力に向き合わせる筋書きのなかで、S字曲線をGDP役に大抜擢した。主流派経済学の劇場からは上演を長らく拒まれたままだが、この異端の脚本は今、新しい経済の物語の執筆に影響を与えている。[*10]

S字曲線の登場は画期的なできごとだった。しかし、その図のなかに含まれている指数関数的な成長同様、S字曲線も完璧ではない。やはりその先はどうなるのかという問題が残ってしまう。GDPの成長がやがて止まったとき、GDPはいつまでもその高みにいられるのか？　それとも下降を始めるのか？　自然界の現象からは、少なくともいくらかの安心は得られる。子どもの足の成長は十八歳で止まるが、それから八〇年間、その完成された状態を保つことができる。アマゾンの熱帯雨林はもう五〇〇〇万年以上、繁栄を続けている。しかし足から熱帯雨林まで、永遠に生きられるものはこの世にない。ただし、だからといって、ただちに慌てる必要もない。わたしたちの恒星である太陽が死に始めるのは五〇億年後だ。それまでは地球上の生命に生きるチャンスが与えられている。完新世のような気候はあと五万年続きうる。ただしそのためには、第1章で述べたように、地球が極度に暑くて乾燥し、荒々しい気象に見舞われる星にならないよう、わたしたち人類が人新世の世界をうまく導く必要がある。経済も賢く運営されるなら、今後一〇〇〇年は繁栄――成長ではなく繁栄――を謳歌できるはずだ。

S字曲線がGDP成長の望ましい将来を描いていることに気づくなら、そこからさらに興味深い問いが浮かび上がってくる。「無限の経済成長は可能か？」ではなく、「わたしたちは今、その成長曲線のどこにいるのか？　まだ低いところにいるのか、それとも頂点の近くまで来ているのか？」という問いだ。じつはこれにはさまざまな答えがありうる。世界の経済学者たちにピンを渡し、それをS字曲線上の自国の位置に刺してもらったら、それぞれにちがう場所にピンを刺すだろう。十九世紀の英国の経済学者アルフレッド・マーシャルなら――需要と供給のはさみを手に持ち――S字曲線の指数曲線部分の下部に力強くピンを刺すはずだ。一八九〇年のマーシャルの著書には次のようにある。「わたしたちは年々速度を増しながら、急速なペースで前進している。いつその勢いが衰えるのかは誰にもわからない。少しでも定常状態に近づいていると考える理由は見当たらない」。[*11]もしマーシャルが現代に来て、ピンを渡されたら、同じ場所に刺すだろうか？ きっと刺す場所を変えなくてはいけない理由が見当たるはずだ。

世界のGDPは一九五〇年に「大加速時代」に入って以来、五倍以上に拡大した。[*12]主流派経済学者の予測によると、少なくともしばらくは年三〜四％の成長が続くという。しかし世界の経済成長はおよそ二〇〇カ国の経済成長の総和だ。各国の成長のスピードはけっして一様ではない。低所得国には急速に成長するカンボジアやエチオピアなど、成長率七〜一〇％の国がある[*13]いっぽう、高所得国には、フランスや日本など、成長率がわずか〇・二％という国もある。したがって、S字曲線上の位置は国によって大きく異なることになる。

多くの低所得・高成長国では、経済がロストウのいう「離陸」段階——S字曲線の下部——にあることはまちがいない。その成長が公共サービスやインフラ整備への投資につながれば、社会に恩恵がもたらされることも、またはっきりしている。中・低所得国（一年間の一人当たりの国民所得が一万二五〇〇ドル以下）には、GDPの成長とともに、平均寿命が伸び、五歳未満の死亡率が下がり、学校に通う子どもの数が増える傾向が見られる。[*14]世界の人口の八〇％がそのような国々に住み、その圧倒的多数が二十五歳未満であることを考えるなら、かなりのＧＤＰの成長は必要だし、実際、その達成も十分可能だろう。それらの国々は国際的な支援を受けることで、有害でエネルギー効率の悪い過去の技術を使わず、初めから最新の技術を導入できる。またＧＤＰの成長を分配的で環境再生的な経済設計に振り向ければ、地球環境の許容限界を超えることなく、国民全員をドーナツの社会的な土台の上に引き上げることもできる。

しかし成長に関する議論を早急に深めなくてはいけないのは、高所得・低成長国だ。S字曲線の頂部が見え始めているのではないかと考える論者もいる。それらの国々の多くでは、すでに人口増加率の低化が著しい。日本、イタリア、ドイツのように二〇五〇年までに人口規模が縮小することが予測される国もある。[*15] 加えて、近年のＧＤＰ成長の鈍化とともに、多くの高所得国では悪しき所得の格差が広がっている。同時に、これらの国々の環境フットプリントはすべて、地球の環境収容力をはるかに上回った状態だ。世界の全員がスウェーデンやカナダや米国の人々と同じ生活をするためには地球が四個、オーストラリアやクウェートの人々と同じ生活をするためには地球が五個必要になる。[*16] これが意味するのは、高所得国はドーナツに入ることをめざすとともに、ＧＤＰ成長の追求をあきらめ、もはやそれは不可能だと認めなくてはいけないということか？

これは好きこのんで考えたくなる問題ではない。米国の小説家アプトン・シンクレアが、「人にものごとを理解させるのは難しい。それを理解したところで給料が上がらないときは」といっている。[*17] しかし経済協力開発機構（ＯＥＣＤ）の誰かが今、この問題に取り組まなくてはいけない。富裕国のなかには、グリーン成長であれ、公平な成長であれ、もはや成長を見込めない国があるからだ。OECDに古くから加盟する一三カ国のGDPの平均成長率は、一九六〇年に五%を超えていたものが、二〇一一年には二%を下回った。*18 その原因については人口の減少や高齢化から、労働生産性の低下、過剰債務、貧富の差の拡大、コモディティ価格の上昇、気候変動対策の費用まで、さまざまなことがいわれている。*19 各国でこれらのどういう組み合わせが原因になっているにせよ、GDP成長の長期的な減速傾向は、それらの国々の経済が現実にS字曲線の頂点に近づいている可能性があることを示すものだ。

ところが、そういう可能性はOECDの理念とは相いれない。OECDの設立目的の一つは「経済成長の追求」であり、主要な年次報告書のタイトルはその名も「成長に向けて」だ。グリーン成長戦略を最重要戦略と位置づけてもいる。このような飛行機の乗客には、着陸に備えるときが来たかもしれないなどという考えは、口にすることすらむずかしいだろう。それは世界銀行や国際通貨基金、国連、EUのほか、あらゆる世界の政党に当てはまることだ。

だからOECDは最近、成長の長期予測に目立たないように微調整を施して、予測を加盟国に受け入れやすいものにしたのだろう。二〇一四年に発表された二〇六〇年までの世界経済の長期成長予測では、ドイツ、フランス、日本、スペインなどの加盟国の成長率は一%まで下落し、年によっては〇%になるという「凡庸な」成長の予測が示された。しかし細かい文字でぎっしり書かれた文書をよく読むと、この凡庸な成長の見通しは、二〇六〇年までに世界の温室効果ガスの排出量が二倍（そのうち二〇％はOECD加盟国からの排出による増加）になることを前提にしていることがわかる。[20]このわずかなGDPの成長は、破滅的な気候変動を受け入れるという代償を払うことで初めて約束されたものなのだ。これはカッコウを育てるために自分の巣を破壊しようとするような行為だ。

しかしそののち、OECDや大手金融機関の経済の専門家たちは、成長予測の議論では慎重に言葉を選ぶようになった。二〇一六年初頭、イングランド銀行総裁マーク・カーニーは、世界経済が「低成長、低インフレ、低金利の均衡」に陥る危険があると警告した。[21]国際決済銀行——各国の中央銀行のための銀行——もそれに同意し、「世界経済がバランスの取れた持続的な成長を取り戻すことは不可能に見える。（中略）選択の幅はかなり狭まってきている」と指摘した。[22]また国際通貨基金は次のように提言している。「見通しはしだいに楽観的ではなくなっている。（中略）政策立案者は事態の悪化に備える必要があることを軽視してはいけない」。[23]OECD自身も、高所得国で成長が「横ばい」になり、世界が「低成長の罠」にはまったことを認めた。[24]さらに米国の有力な経済学者ラリー・サマーズは、「長期停滞の時代」に突入したと宣言した。[25]これはもう、S字曲線の頂点に達しようとしている国があると考えるほうが自然だろう。

飛び続けることはできるのか？

このような状況のなか、高所得国ではGDP成長の行方をめぐって、意見が真っ二つに割れている。いっぽうはグリーン成長を唱える「飛行継続」派、もういっぽうはポスト成長の経済を唱える「着陸準備」派だ。この両者の対立では、一見、次のような技術的な問いが争点になっているように見える。太陽光発電のコストは、再生可能エネルギーを十分に供給できるほど、下がるか？　循環型経済ではどのように資源効率が高められるのか？　デジタル経済によってどれほどの経済成長がもたらされるか？　しかし、わたしが気づいたかぎりでは、本当の対立の原因はもっと深いところにある。それは技術的というより政治的なものだ。

わたしはメドゥーサをまともに見て、固まってしまった一件から数カ月後、大学の同窓会に出席し、思いがけず、学生時代に指導を受けた経済学の教授と再会した。家族や仕事のことをひとしきり話したあと、わたしは教授にGDPの成長を永遠に続けることは可能だと思うかと尋ねてみた。「むろんだ！」と教授は即座にいい切った。「そうしなければいかん！」。わたしは驚いた。その確信の強さにだけではなく、その理由にもだ。経済成長は永遠に続かなくてはいけないから、経済成長を永遠に続けることは可能だというのが、教授の理屈だった。短い立ち話から、わたしはメドゥーサのことを思い出さずにはいられなかった。教授は何を根拠に果てしないGDPの成長が可能だと考えるのか？　万一、可能ではなかったときには、どうなるのか？　そしてこれが何よりはっとさせられたことだが、なぜわたしたちは経済学部の四年間、それらの問いを考えることなくすごしてしまったのか？

こののち、わたしは両派の立場の根底にある考えに注意深く耳を傾けるようにした。そうすると、対立の本当の原因がわかってきた。両派のちがいをわかりやすくするため、論者たちがみんな、ロストウの飛行機に搭乗していると想像しよう。論者たちは通路を挟んで、それぞれの派に分かれて座っている。論者たちを分断している意見のちがいは詰まるところ、次のようにまとめられる。

飛び続けたい乗客の主張
経済成長はまだ必要。だから経済成長は可能だ。

着陸に備えたい乗客の主張
経済成長はもう不可能。だから経済成長は必要ない。

どちらも真剣だが、自分たちの導き出した結論に自信を持ちすぎているきらいがある。では、それぞれの意見を深く掘り下げてみよう。

飛行継続派には一つの確信がある。それは経済成長はすべての国で、社会的、政治的に必要であるということだ。英国の経済学者ウィルフレッド・ベッカーマンは一九七四年に次のように書いている。「もし政策目標から経済成長を外したら、民主主義を捨てることになる。(中略)意図的な非成長は、そのために必要になる政治的、社会的な変化という面で、甚大な代償を伴う」。*26 反響を呼んだベッカーマンの『経済成長擁護論』は、ローマクラブの報告書『成長の限界』にはげしく抗議する意図で書かれた本で、すぐに成長支持派のあいだでは名著と目されるようになった。成長は政治的に必要なものだという考えは今も、数多くの経済学者や評論家に共有されている。ベンジャミン・フリードマンは『経済成長とモラル』で、所得の多さそのものではなく、継続的な所得の上昇によって、「機会の増大、多様性の許容、社会的な流動性、公正さの実践、民主主義への献身」は促進されると論じている。*27 ザンビア出身の経済学者ダンビサ・モヨも同じ意見だ。二〇一五年、モヨはTEDの聴衆に次のように警告を発した。「人類の進歩が妨げられる危険性、社会や政治が不安定になる危険性が増します。社会はどんどん暗くなり、悪くなり、小さくなるでしょう」*28

飛行継続派にとって、経済成長はどうしても政治的に必要なもの――たとえ国がどれだけ豊かになろうとも――なのだから、彼らが、高所得国のさらなる経済成長は可能であり、現にその兆しが見られると論じたり、環境の持続可能性との両立も可能だと論じたりしても、ふしぎではないだろう。すでに新しい成長が始まろうとしていると主張するのは、エリック・ブリニョルフソンとアンドリュー・マカフィーなど、テクノロジーに楽観的な期待を寄せる論者たちだ。デジタル処理能力の指数関数的な進歩により、わたしたちは「第二次機械化時代」に入りつつあると二人は説く。急速に生産性を高めているロボットによって新しいGDP成長の波がやってくるという。*29

さらに、国連や世界銀行、国際通貨基金、OECD、EUなど、グリーン成長の提唱者たちは、これからはGDPを環境への影響からデカップリング（切り離し）することで、環境を損なわない成長が可能だと主張する。これはいい換えるなら、GDPの成長を続けると同時に、その成長に関わる資源の利用——水の利用や、肥料の使用や、温室効果ガスの排出など——を減らせるということだ。しかし全人類がドーナツに入れるのに必要な規模で、成長をグリーンなものにするには、どれほどのデカップリングを行えばいいのか？　その実現は至難のわざといっていい。これもやはり図で説明するのがいちばんわかりやすいだろう。

三七一ページの図はGDPの成長と三通りの資源利用の推移予測を示している。水やエネルギーの利用効率を高める対策などのおかげで、GDPの成長率が資源利用の増加率を上回ることを「相対的デカップリング」と呼ぶ。現在、多くの低所得国がめざしているのはこのタイプのグリーン成長だ。しかし、高所得国では、消費レベルがすでに長期間、地球の許容量を超えており、相対的デカップリングではとうてい足りない。それらの国々がさらにGDPの成長を続けようとするなら、GDPの上昇とともに資源利用が絶対量で減る「絶対的デカップリング」が少なくとも必要になる。

気候変動対策の鍵を握る二酸化炭素の排出量でいうと、オーストラリアやカナダをはじめ、高所得国の多くは今のところ、絶対的デカップリングを達成していない。それでも、少なくともある程度の期間であれば、たとえ輸入品に含まれる排出量を計算に入れても、それを達成できそうな国も一部にはある。入手できる国際的なデータによると、二〇〇〇年から二〇一三年までのあいだに、ドイツではGDPが一六％成長すると同時に、消費ベースの二酸化炭素の排出量は九％減った。同様に英国でもGDPが二七％成長したのに対し、排出量は九％下落した。米国でも二八％のGDPの成長に対し、排出量は六％の減少だった。*30

もしこのデータが正しければ、これは飛躍的な進歩だ。ただし、じつはそれでもまだまったく足りない。絶対的デカップリングを達成している国々でも、二酸化炭素の排出量は十分な速さで減っていないのだ。気候変動の代表的な研究者たちの計算にもとづくと、高所得国の二酸化炭素の排出量は最低でも毎年八〜一〇％減らさないと、世界経済を地球環境の許容範囲に戻すことはできない。*31 しかし現実には、年間で一〜二％しか減っていない。この差を見れば、もっと有効な基準を設けなくてはいけないことがわかる。つまり必要なのは、単なる絶対的デカップリングではなく、十分な絶対的デカップリング——地球環境の許容限界内に戻すために十分な規模の絶対的デカップリング——であるということだ。グリーン成長の議論ではこの区別がしばしば忘れられている。

では、十分な絶対的デカップリングは果てしないGDPの成長と両立するのだろう

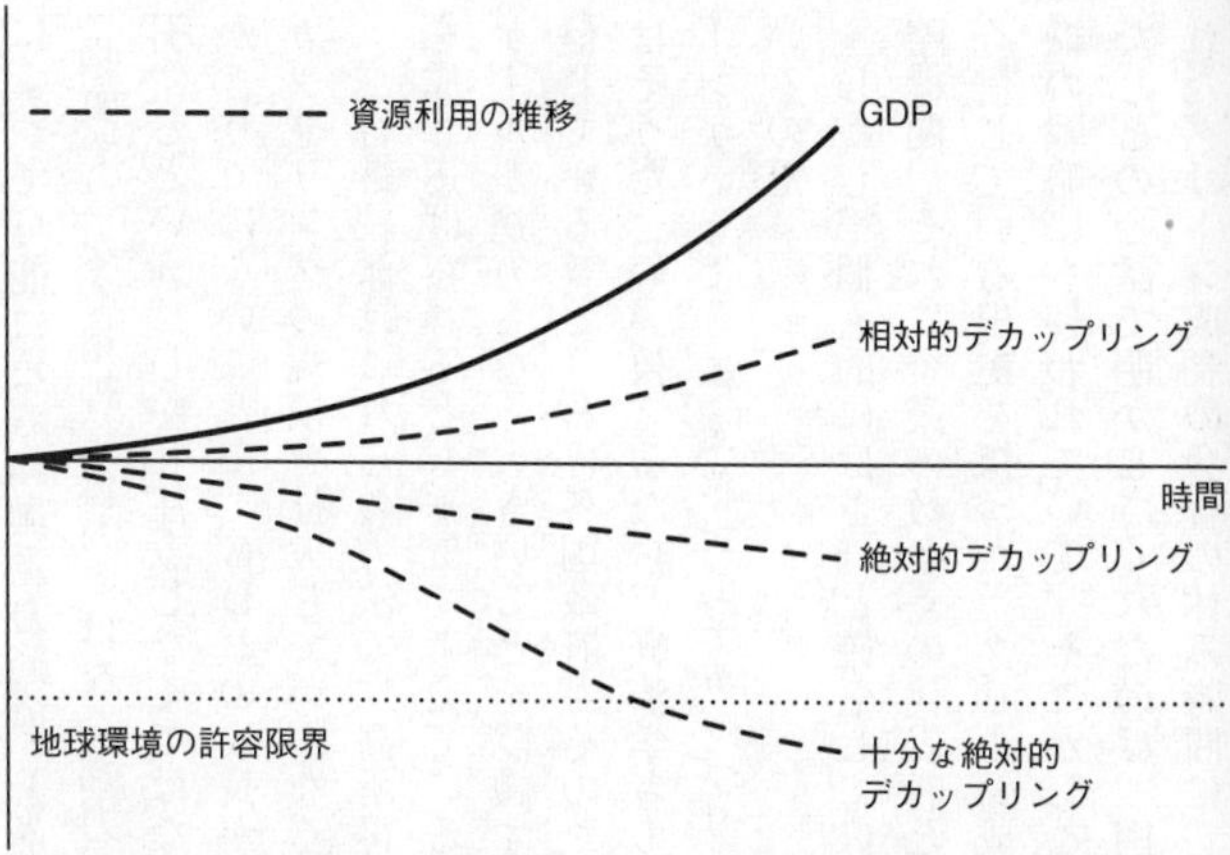

デカップリングの挑戦。高所得国でGDPの成長が続いた場合、経済活動を地球環境の許容限界内に戻すためには、相対的や絶対的なデカップリングでは足りず、十分な絶対的デカップリングによって、成長に関わる資源利用を減らさなくてはならない。

か？　飛行継続派にいわせれば、その答えは「イエス」だ。方法は三つある。一つは、エネルギーの供給源を化石燃料から太陽光や風力、水力などの再生可能エネルギーにすみやかに切り替えるという方法。この切り替えは現在、再生可能エネルギー、とりわけ太陽光発電のコストが急速に安くなっているおかげで、勢いよく進んでいる。二つめは、資源の利用効率の高い循環型経済を築くという方法。循環型経済では、資源が一直線に流れるのではなく、地球の「供給源」と「吸収源」の許容量の範囲内でぐるぐると循環する。三つめは、デジタルの商品やサービスによって可能になる「無重力経済」を拡大するという方法。無重力経済においては、「物質ではなく精神、体力ではなく知力、モノではなくアイデア」がGDPの成長を牽引するという。[*32] しかし注意しなくてはならないのは、必要になるデカップリングは一回かぎりではないことだ。GDPの成長が続くなら、毎年毎年、それを上回るペースでデカップリングの規模を拡大していかなくてはいけない。

飛行継続派はこれらの方法で、高所得国が環境と成長の両立に必要なデカップリングを成し遂げられると、本気で考えているのだろうか？　挑戦しようとしていることのスケールが途方もなく大きいことを認識する者は多いが、それでもやはり実現は可能だと信じている。とりわけ各国政府がそのために必要な政策をかろうじて実施し始めてからはそうだ。いい換えるなら、経済学者のアレックス・ボウエンとキャメロン・ヘップバーンがいうように、「絶対的デカップリングをあきらめるにはまだ早すぎる」と考えているのだ。[*33]

しかし、個人的にはさほど確信していない者も少なくない。わたしは政府や学会や国際機関、それに企業の数多くの代表者と話をして、グリーン成長のビジョンの実現を固く信じている根拠を探った。グリーン成長という言葉は今や肩書きにも、名刺にも、組織の戦略にも使われていて、そこかしこで目にする。内心では半信半疑であることをわたしとの会話で明かしてくれたのは、国連のあるシニアアドバイザーだった。最近開かれたグリーン成長の会合の休み時間に、わたしは彼に歩み寄り、ほんとうにグリーン成長が富裕国で可能だと思っているのか、地球環境の許容限界内に経済を戻せるほどの規模で可能だと思っているのか、尋ねてみた。ほかの出席者がぞろぞろと会議室に戻り始めるなか、彼は廊下に留まってくれて、抑えた声でいった。「わかりません。誰にも、わかりません。ですが、足並みを揃えるためにはそういわなくてはいけなんです」。オフレコでのその正直な発言にわたしは賛辞を贈りたいが、できれば、今、目の前で開かれている会議のような公式の場で、もっと自由闊達にそういう疑念が口にされるようになってほしいと思った。それこそ公開しなくてはならないことだからだ。

通路の逆側に座っている乗客たち——着陸準備派——は、そのような疑念をどこでも声高に口にする。高所得国のグリーン成長は不可能に決まっていると考えているからだ。デカップリングはあきらめるにはまだ早すぎるどころか、もうその実現に期待をかけるのは遅すぎるという立場だ。地球環境の許容限界内に戻るための対策を講じようとするときに、同時に経済成長も続けられると考えるのは非現実的だと、彼らは主張する。なぜそれが非現実的なのかを理解するためには、そもそも何がＧＤＰの成長を促進するのかについて、これまでどういう仮説が立てられてきたかをもう一度振り返る必要がある。

一九五〇年代、経済成長理論の父ロバート・ソローが、米国経済の過去五〇年間の成長の具体的な要因を探った。最初に考案した成長モデルは、フロー循環図と同じ理論を土台にしたもので、労働力と資本が効果的に組み合わさって、生産性が向上することに、成長の要因を帰していた。ところが、そのモデルの方程式に米国のデータを当てはめてみると、驚いたことに、過去四〇年間の米国の経済成長のうち、労働者一人当たりの投下資本で説明できるのはわずか一三%だった。説明のつかない残りの八七%は、苦し紛れに「技術の変化」によるものとされた。[*34] 八七%という数字はあまりに大きな余りだったことから、自身の計算でもやはり同じような結果が出た同時代の経済学者モーゼス・アブラモヴィッツは、この余りを「経済成長の原因について解明できていない部分の大きさを示すものだ」と認めた。[*35]

経済学者たちは以来、GDP成長を説明できる理論を追い求め、その謎の余りの正体を突き止めようと取り組んでいる。もしビル・フィリップスがMONIACの水を循環させる動力源に電力以外のものを選んでいたら、数十年前にその答えは見つかっていただろう。もし電源のスイッチで動く装置ではなく、ペダルを回すことで動く装置にしていたら――学生がそのつど、必死になって自転車を漕ぐことで動く装置にしていたら――フィリップスにしても、その同僚たちにしても、経済活動が外部のエネルギー源によって維持されていることにいやでも気づいたはずだ。フィリップスやソローがもし、経済の全体像――第2章で紹介した組み込み型経済の図――を見ていたら、その経済モデルには初めから謎の余りの正体が取り込まれていたにちがいない。

二〇〇九年、物理学者のロバート・エアーズとエコロジー経済学者のベンジャミン・ウォーの二人が経済成長の新しいモデルの構築に挑んだ。二人は労働力と資本という古典的な要素のほかに、第三の要素として、エネルギー、より正確にはエクセルギー（有効エネルギー）を生産要素に加えた。エクセルギーとは、廃熱として失われず、有効な仕事に使われるエネルギーのことだ。この三つの生産要素からなるモデルを、米国、英国、日本、オーストラリアの二十世紀の成長のデータに適用してみたところ、四カ国のそれぞれの経済成長の大半を説明できることがわかった。ソローの謎の余りは、長らく技術の変化を反映したものと考えられていたが、じつは、エネルギーが有効な仕事に変換される効率が高まったことを反映したものだったのだ。[*36]

これは何を示唆するか？　過去二世紀にわたる高所得国の未曾有の経済成長は、おもに安価な化石燃料が手に入ったおかげだったということだ。そのことは次のような換算をしてみれば納得がゆく。石油一ガロンに含まれるエネルギーは、人間の肉体労働の四七日ぶんに相当する。したがって現在の世界の石油産出量は、何十億人もの見えない奴隷の一日の仕事量に匹敵する。[*37]では、わたしたちがこれから築いていかなくてはいけないポスト化石燃料時代のGDPについて、これは何を意味するのか？「経済成長は今後、鈍化するか、もしくはマイナスに転じることを覚悟しなくてはいけない」と、エアーズとウォーは警告する。「要するに、将来のGDPの成長は保証されていないばかりか、数十年以内に止まる公算が高いということだ」[*38]

だが、再生可能エネルギーに期待できないのか？　確かに価格は急速に下がっている。しかし、システムのあらゆるストックと同じように、太陽光、風力、水力の導入には時間がかかる。着陸準備派の多くの考えでは、それでは経済のエネルギー需要に追いつけない。化石燃料の利用の削減がすみやかに進めば、なおさらだ。加えて、再生可能エネルギーの場合、容易に採掘できた二十世紀の石油や石炭や天然ガスと比べ、エネルギー生産そのもののために使われるエネルギーの割合が大幅に増えてしまう。シェールガスやオイルサンドなどのエネルギー資源の場合と同じだ。もはや事態は明白だと考えるアナリストもいる。米国のエネルギー経済学者デイヴィッド・マーフィーは次のように結論づける。「経済成長の追求を最優先にすることの是非を見直すべきときだ。今後一〇〇年の経済成長率は過去一〇〇年のものとは似ても似つかないものになると考えたほうがいい」[*39]

さらに着陸準備派のなかには、無重力経済はその名が暗示するほどには、物質要らずのものにならないのではないかと疑う者もいる。今後のデジタル革命を支えるインフラは大量のエネルギーや物的資源を必要とすると考えられるからだ。[*40]また別の着陸準備派は、無重力経済はGDPの成長を楽観する者たちの期待に応えるほどには、その成長に貢献できないのではないかと疑う。ソフトウェアから音楽、教育、娯楽まで多岐にわたるオンラインの商品やサービスは、すでにほとんどが無料で利用できる。インターネットのおかげで、開発や生産に限界費用がほとんどかからないからだ。この傾向は再生可能エネルギー発電と3Dプリンターの水平的なネットワークの拡大とともに、今後さらに強まるだろうとジェレミー・リフキンをはじめとするアナリストは予測する。もしそうなったら、これまで市場で利潤を上乗せして売られていたものの多くが、協働型のコモンズで低価格か無料で共有されるようになる。

シェア経済も広まっている。そこでは「所有の文化」――各家庭ごとに洗濯機や自動車を持っている文化――が、洗濯設備を共同で使ったり、地域の自動車クラブから時間単位で自動車を借りたりする、「利用の文化」に取って代わられつつある。新しい服や、本や、子どものおもちゃを買いに行く代わりに、友人たちとそれらを交換し合う人がどんどん増えている。*41 そのような経済でも、人々が利用する商品やサービスによって多くの経済価値は生み出されるが、市場を通じてやりとりされる割合は大きく減るだろう。

このような傾向はGDPの成長にとって、どんな意味を持つか？「今後、GDPが下降の一途をたどるとき、まったく新しい尺度で経済価値を測ろうとする力強い経済のパラダイム転換が、GDPの下降の要因として大きなウェートを占めるようになるだろう」とリフキンは結論づけている。*42

とても興味深い指摘だが、経済成長の未来がそれで何か変わるだろうか？ 結局、一部の飛行継続派が述べているように、最終的に人間の幸せを左右するのは、経済活動の価値をすべて合わせた合計であって、それが市場での取り引きを通じてGDPにカウントされるかどうかは関係がない。このことは家計にはよく当てはまるだろう。家族の世話という仕事の価値はお金を介さず、直接やりとりされる（すでにその価値は標準的なGDPには計上されていない）。またコモンズでの共同作業で経済価値を得ている参加者にも当てはまる。そこでは水田の灌漑であれ、オンラインのオープンソースデザインであれ、やはりお金は介在しない。

しかし経済価値が市場を通じて貨幣化されるかどうかは、金融機関や企業、政府にとっては重要だ。金融機関は市場価値を持つ経済価値からのみ、利子や賃料や配当を通じて、利益を上げられる。企業は、売り上げや利益の形でしか価値を獲得することができず、そのためには価値を売って、貨幣に変えなくてはならない。また政府も、経済価値が市場で取り引きされていたほうが、経済価値に課税して、税収を得ることがはるかにしやすくなる。この三者――金融機関、企業、政府――はすべて、貨幣収入の増大を想定し、それに頼る仕組みになっている。もし今後、経済価値の総計は増え続けても、GDPは成長しないのだとしたら、そういう想定は根本的に変えなくてはいけない。

これらの傾向は着陸準備派にとっては、高所得国ではグリーン成長はもはや不可能であり、成長せずにグリーンをめざすべきときであることを示すものにほかならない。しかし、ここのところで着陸準備派も、自分たちの考えを過信してしまいやすい。着陸準備派のなかには、GDPの永続的な成長が不可能なことを確信すると、そこからいっきに成長は不要という結論を下して、いわゆる「幸福の逆説（イースタリンの逆説）」を持ち出し、これ以上所得が増えても幸せの度は増さないと説く論者がいる。

米国の経済学者リチャード・イースタリンは、米国では一九四六年から一九七四年にかけて、国民一人当たりのGDPが大きく増えたが、国民の自己評価による幸福度――〇から一〇の一〇段階で評価――は変わらず、一九六〇年代には下がってすらいることを発見した。[43] その後、この発見には疑問符がついた。所得が増えるにつれて、自己評価の幸福度が上がり続けることを示す研究が相次いで発表されたからだ（ただし、富裕な国ほど、幸福度の上がりかたはゆるやかにはなった）。[44] しかし、たとえイースタリンの調査結果を額面どおりに受け取ったとしても、自己評価の幸福度が所得の上昇とともに増さないからといって、所得が上昇しなくても幸福度に影響はないとはいい切れない。加えて、生活の苦しい人々の賃金が停滞すれば、近年、多くの高所得国で起こっているように、たちまち移民にその責任が負わされ、外国人への憎悪や社会的な衝突がはげしくなる。わたしたちの社会は経済と同じで、成長を想定し、成長に頼るものになっている。今のところ、わたしたちは成長のない生きかたを見出していないように見える。

英国でもっとも尊敬されている金融ジャーナリストの一人、マーティン・ウルフですら、二〇〇七年、めずらしく両派を隔てる通路の上に身を乗り出して、困惑を顕わにしながらも、二酸化炭素の排出量削減が経済に与える影響について、着陸準備派の意見に同意した。ウルフはフィナンシャル・タイムズ紙のコラムに次のように書いている。「排出量に限界があるなら、成長にも限界があるかもしれない。しかしもし成長にほんとうに限界があったら、わたしたちの世界の政治的な支えは崩壊する。そうすると国内でも、国家間でも、分配をめぐる熾烈な争いが発生せざるをえないだろう。現にそれはすでに発生しかかっている」。[45] GDPの成長をそのように「いまだに必要だが、もう不可能なもの」と捉えれば、まちがいなく重苦しい気持ちにさせられる。これはメドゥーサの姿を見据えようとする人の言葉だ。

到着はまだか

経済という名の飛行機が飛び続けるにせよ、上空で失速するにせよ、一つはっきりしていることがある。それはわたしたちが望んでいない場所、つまり非環境再生的で、深く分断された世界へと向かっていることだ。もし経済の進む方向を自分たちの望む方向――環境再生的で分配的な経済――に変えるとすると、成長についての新しい問いが浮上してくる。進路をその方向に変えたら、GDPに何が起こるか？　また、目的地にたどり着いたとき、GDPはどうなるか？　家計と市場とコモンズと国家が同等に参加する環境再生的で分配的な経済が高所得国で実現したとき、GDPが増えるか減るかは、一概に予想できない。

その実現のためには、多くの分野で変革が必要になる。鉱業、石油と天然ガスの採掘、畜産業、解体業、ごみの埋め立て、投機的な金融などは大幅に縮小しなければいけない。いっぽうで、再生可能エネルギー、公共交通、コモンズにもとづく循環型生産、建物の改修などへの長期的な投資は、急速かつ継続的に拡大し、その縮小ぶんを相殺することになる。富の源泉――自然、人間、社会、文化、物質――への投資も欠かせない。貨幣化されるものであれ、されないものであれ、あらゆる価値はそれらの富の源泉から生まれるからだ。またわたしたちのニーズを満たす手段としての市場と国家とコモンズの役割を再調整するチャンスも芽生えるだろう。

これらの不確実な変化をすべて考え合わせるなら、経済のなかで売買される商品やサービスの価値の総計がどうなるかは、まったくの不明だ。増えるかもしれないし、減るかもしれない。増えたのち、減るかもしれないし、減ったのち、増えるかもしれない。あるいは一定の範囲内で増減を繰り返すかもしれない。ドーナツの安全で公正な範囲へみんなを導こうとする前例のない経済の変革に対し、ＧＤＰがどう反応し、どう変化するか、またそのような経済の繁栄を実現できたとき、ＧＤＰがどうなるかについては、確かなことは知りようがない。そしてまさにそのせいでわたしたちは難題を抱えることになる。ロストウが詳述したとおり、資本主義経済は数世紀かけて、法律や、制度や、政策や、価値を再構築し、その結果、継続的なＧＤＰの成長を期待し、成長を要求し、成長に依存するものになった。もう一度、わたしたちが直面している難題をここで振り返ろう。

わたしたちの経済は、わたしたちが繁栄するかどうかに関係なく、成長を必要としている。

わたしたちは、経済が成長するかどうかに関係なく、自分たちが繁栄できる経済を必要としている。

これは経済という名の飛行機にとって、何を意味するか? もしロストウが今も生きていて、熱心な大統領顧問ではなく一市民として、この飛行機に乗り合わせていたら、成長の黄昏に向かって永遠に飛行機を飛び続けさせるだけで話を終わらせたのはまずかったと気づき、自説の訂正を申し出るだろう。この飛行機には飛ぶ機能だけでなく、着陸する機能も同じように備わっていなくてはならない。つまり成長が終わったときにも、繁栄を続けられる経済にする必要がある。ロストウは次のように本の内容を書き換えることにきっと同意してくれるはずだ。

W・W・ロストウの成長の六段階
(二十一世紀の旅)

一、伝統的社会
二、離陸準備
三、離陸
四、成熟
~~五、高度大衆消費時代~~
五、着陸準備
六、到着

もちろん、ロストウがこのような章の変更と追加を提案するのは、主流派経済学の世界では革命的なことだろう。しかしロストウが――またはわたしたちが――この飛行マニュアルの新しい二章を書き上げることができたら、それはもっと革命的なことだ。そのような制御された下降は過去に試みられたことが一度もない。本物の旅客機には必ず、安全な着陸のための装置が備わっている。抗力を生み出すとともに、失速せずに速度を下げるための翼のフラップ、頑丈な車輪と着陸の衝撃を吸収する緩衝装置がついた脚、滑らかに機体を停止させるためのブレーキと逆推力装置だ。しかしロストウが一九六〇年代に礼賛した経済という名の飛行機は着陸できるように作られていなかった。実際、三％前後の成長で永遠に飛び続けるという想定のもと、自動操縦にされ、そのまま今日まで飛び続けてきた。

成熟に近づいている経済でGDPを維持しようとすれば、政府は危険な窮余の策を強いられる。その結果、金融の規制緩和や再規制によって、新しい生産的な投資を引き出そうとし、結局、投機バブルや、住宅価格の急騰や、債務危機を招く。「官僚主義を打破する」と産業界に約束し、結局、労働者の権利や地域社会の資源や生命の世界を守るために制定されていた法律を撤廃するだけに終わる。病院から鉄道まで、公共サービスを民営化して、公共の富を私的な収入源にする。生命の世界を「生態系サービス」や「自然資本」という名のもとに国民所得勘定に組み入れて、あたかも生命の世界の価値が金銭で測られるかのような危険な錯覚を生み出す。また多くの政府は、地球温暖化を「二度未満」に抑えるという目標はそっちのけで、「安い」エネルギーであるオイルサンドやシェールガスに走り、クリーンエネルギー革命に必要な公共投資をおろそかにしている。これらの政策の選択は、燃料の切れかけた飛行機が着陸を拒み、たいせつな積み荷を捨てながらどうにか飛び続けようとしているさまを思わせる。

着陸のしかたを学ぶ

高所得国がしかるべきときに安全に着陸し、経済成長とは無関係に繁栄を遂げられるようにするには、着陸にどう備えたらいいのか？　そのヒントはロストウの「離陸準備」に見つかる。ロストウはこの要の段階について、次のように書いている。「伝統社会のおもな特徴がすべて、常時成長を可能にするものに変わる。経済のほか、政治、社会構造、（ある程度まで）価値観がそのように変化する」[*46]。ならば「着陸準備」では、成長を想定した経済の自動操縦を解除して、成長が「正常な状態」になった金融や、政治や、社会の構造を再設計すればいい。もちろん、それは容易ではない。飛行機を着陸させ、成長してもしなくても繁栄できる経済を築くことなど、経済学者は当然、経験したことがないし、教わったこともないからだ。しかしすでに革新的な経済学者たちは、エコロジー経済学者ピーター・ヴィクターの言葉を借りれば、「破滅に向かわないよう、意図的に成長を鈍化させる」ことは可能かという問いのもと、その課題に取り組み始め

長かった旅も、そろそろ着陸の時間か？

ている。あるいは成長にこだわらない立場からは、次のような問いも発されている。成長を活用するけれど期待せず、成長に対処するけれど依存せず、成長を受け入れるけれど求めないためには、どうすればいいか？

ここでもやはり、第4章で紹介したシステム思考が役に立つ。GDPの成長は、ほかのあらゆる成長と同じように、自己強化型フィードバックから始まり、やがて限界――バランス型フィードバック――にぶつかるだろう。その限界をもたらすのは、きっと経済を包み込んでいるより大きなシステムであるはずだ。現在揃っている証拠から判断するなら、それは生命の世界の環境収容力になりそうだ。経済はGDPの成長と環境収容力の出会いによって、崩壊しなくてはいけないのだろうか？　それとも先手を打って、不安定な軌道を描きながらどこまでも成長を続けようとする経済から、安定した範囲内で上下動を繰り返す経済に、経済を変革できるだろうか？　システム思考からはどんな助言が得られるだろうか？

わたしたちはすでに、効果の大きいレバレッジ・ポイントを見つけよというドネラ・メドウズの助言に従って、目標を変えることを学んだ。それはＧＤＰ成長というカッコウを巣から追い出して、ドーナツをめざすことだった。強力なレバレッジ・ポイントはほかにもある。一つには、成長の自己強化型フィードバックループを弱める方法を見つけると同時に、バランス型フィードバックループを強めることだ。そのような視点で見ると、これから述べるように、画期的な経済思考の多くはまさにそういうことをめざしたものであることがわかる。さらに特筆すべきは、成長にこだわらない経済を築くために提案されている政策の多くは、分配的で環境再生的な経済を築くのにも役立つことだ。

では、今日の高所得国の経済はどのようにＧＤＰの成長に依存しているのか？　またどうすればＧＤＰが成長してもしなくても繁栄できるものに変えられるのか？　このようなことをめんどうがらずに、または勇気をもって、公に問おうとする経済学者はこれまでほとんどいなかった。ハーマン・デイリーは一九七〇年代にいち早くこの問いに取り組んだが、「定常状態」の経済を築けという将来を見越したデイリーの提言は、政界からは芳しい反応を得られなかった。現在、ますます多くの高所得国で、今後一〇年のＧＤＰの低成長またはゼロ成長が現実味を帯びてきている。そんななか、この現実の受け入れかたについて、密かに経済学者たちに知恵を請う政府もある。また現実を受け入れるべきだという意見が、もっとも意外なところからも出ている。例えば、ケネス・ロゴフは国際通貨基金や米連邦準備制度理事会、ハーバード大学で要職を歴任してきた米国の有力な主流派の経済学者だが、二〇一二年に次のように述べている。「最重要課題である成長に疑問を投げかけるのは、不適切なことに見えるかもしれない。だが、それでもなお、今の危機は世界経済の長期的な目標を見直すきっかけになるのではないだろうか」[*47]

なぜひこの長引いている危機をきっかけにして、なぜ今日の高所得国やそれに追随する国々がGDP成長の追求に縛られ、依存してしまうのか、そのさまざまな要因――金銭、政治、社会――を突き止めなくてはいけない。そうすることで初めて、どうすればその呪縛から逃れられるか、また、現在のイノベーションのなかに可能な選択肢を描き出しているものがあるかどうかを問うことができる。もちろん、答えは簡単には見つからないだろう。これまで長らく問題を放置し、問題を大きくしてきたことを考えれば、いい解決策にたどり着くまでに数十年の実験と経験を要してもふしぎではない。だからこそ、今もっと関心を向け、分析を進めることが必要なのだ。では、経済学者の飛行マニュアルに長いあいだ欠落していた「着陸準備」のページをつけ加える最初の試みとして、以下に依存の要因を順に探っていこう。

金銭的な依存――いくら増えるか？

最初に問題の核心でもある金融面の成長依存から見ていこう。金融の世界ではあらゆる決定がもっぱら一つの基本的な問いにもとづいてなされる。「利回りはいくらか？」だ。この問いの背後には、いうまでもなく、利潤の追求がある。利潤の追求こそ、十九世紀に誕生した資本主義の昔も今もかわらぬ原動力だ。経済人類学の礎を築いたカール・ポランニーは一九四〇年代に次のように述べている。「利潤動機によって動くメカニズムは、その効果において、歴史上もっともはげしく吹き荒れた宗教的熱狂の嵐に匹敵する。わずか一世代のあいだに、全人類がもろにその影響にさらされた」[*48]。利潤の追求から富の果てしない蓄積が始まることに気づいたのは、ポランニーが最初ではない。ポランニーはマルクスから考えを受け継いでいる。マルクスは資本を「貨幣を生む貨幣」であり、「したがって無限に増える」と指摘した[*49]。マルクス自身はアリストテレスから考えを受け継いだ。第1章で見たように、アリストテレスは家計を管理する立派な技術であるエコノミクスと、富を蓄積する有害な技術であるクレマティスティクスを区別し、紀元前三五〇年に次のように書いている。「貨幣はもともと交換に使われるためのものであり、利子を増やすためのものではなかった。富を得る手段として利子はもっとも自然に反している」[*50]

株主利益や、投機売買や、有利子ローンというようなものを促進する利潤の追求は、金融システムのなかに継続的なGDP成長への深い依存体質を生み出す。ウォール街を去った銀行家ジョン・フラートンは、そこに問題の根があると見る。「わたしたちは経済拡張路線の当然の結果に至りました。奇跡的なデカップリングを成し遂げられないかぎり、閉じたシステムのなかで指数関数的な膨張を続けることになります。（中略）金融システムには上限が設定されておらず、成熟することが不可能です。ところが金融の専門家は誰一人そのことに関心すら持とうとしません」*51

そこでフラートンとその同僚ティム・マクドナルドは、どうすれば環境再生的な企業がたえず成長を求める株主のプレッシャーにさらされないですむかを探り始めた。二人が考えついたのは、成長がゆるやかか、または止まった成熟企業から、金銭的に納得でき、なおかつ安定したリターンを提供するエヴァーグリーン・ダイレクト・インヴェスティング（EDI）というコンセプトだった。EDIでは、企業は利益にもとづいた配当を株主に支払うということをせず、代わりに、収益の一部を永続的に出資者に支払う。そうすることで、収益は上げているが成長はしていない企業が、年金基金など、長期的な視点に立った資産運用を行う機関から安定した資金の調達ができるようになる。*52 フラートンはわたしに次のように説明してくれた。「EDIのもとで企業は木のような発展のしかたができます。成熟に達したら、成長を止めて、果実を実らせればいいのです。果実には成長と同じぐらいの価値があります」*53

しかしリターンを求める株主のプレッシャーは、金銭的な利潤によって成長が促進されることの一つの現われにすぎない。この金銭的な利潤を求めるという行為が今ではすっかり当たり前になっているせいで、わたしたちはそのきわめて不自然な性質に気づきにくくなっている。その性質はこの世界のもっとも根本的な法則に反するものだ。時間が経てば、トラクターは錆びるし、作物は腐るし、スマートフォンは壊れるし、建物は崩れる。ところが金銭はどうか？　お金は永遠に増え続ける。利子のおかげでだ。だから、お金自体が商品になってしまったのもふしぎではない。その結果、再生可能エネルギーのシステムから循環型製造のプロセスまで、環境再生的な経済を支える生産的な資産を築くための投資が、後回しにされることになった。

では、どんな通貨であれば、生命の世界にふさわしいのか？　富の蓄積の果てしない追求ではなく、環境再生的な投資を引き出せるのか？　一つには、通貨に「デマレージ」を付すという方法がある。デマレージとはお金を持ち続けることに課される少額の利用料だ。したがってお金を持ち続けるほど、お金は増えずに、減ることになる。デマレージという言葉を聞いたことがある人は少ないだろう。この言葉が耳慣れないということ自体、わたしたちがすっかり金銭の上りエスカレーターに乗ることに慣れきってしまい、まるで「上がる」や「増える」という概念は知っているが、「下がる」や「減る」という概念は知らないかのように振る舞っていることを物語っている。しかしデマレージは覚えておいて損のない言葉だ。将来、実際に導入される可能性もある。

この概念を最初に考案したのは、アルゼンチンで事業を営んだドイツ人、シルビオ・

ゲゼルだ。ゲゼルは一九〇六年の著書『自然的経済秩序』のなかで、有効期限つきの印紙を付した紙幣の導入を提唱した。それは一定期間ごとに印紙を新たに買って、貼付しなければ使えなくなる紙幣だった。現在であれば、電子通貨を使って、同じことがもっと簡単にできる。一定期間保有された電子通貨に利用料を課すだけでいい。そうすることで、お金が価値を蓄積する手段として使われるのを防ぐことができる。「古新聞のように、腐ったじゃがいものように、錆びた鉄のように古くなる」お金は、同じようにやがて朽ちるものとの引き換えに、どんどん手放されるだろうとゲゼルは主張した。「貨幣を交換手段としてよりよいものにするためには、商品と同じぐらい劣化するものにしなくてはいけない」[*54]

このような提案は初めはあまりに突飛で、絵空事のように聞こえる。しかしじつは過去に立派に実施されている。一九三〇年代、ドイツとオーストリアで地域経済の活性化のため、都市規模で導入されて、成功を収めたほか、一九三三年にはほぼ米国全土で導入された。しかしどの場合も、最終的には、政府の圧力で廃止に追い込まれた。こんな草の根の運動が広まれば、貨幣を管理する国の力が脅かされると政府は感じたのだろう。しかしケインズはゲゼルに感銘を受けて、「不当に無視された預言者」と評し、その提案にも興味を引かれた。大恐慌のさなかに消費を呼び戻すという実績を上げていたからだ。[*55]

では、もし今、消費を活気づけるためではなく、将来のための環境再生的な投資を活気づけるために、デマレージつきの通貨を設計し、導入したらどうなるか、考えてみよう。金銭へ寄せる期待ががらりと変わるだろう。人々の関心は利潤を増やすことから、価値を保つことに変化するはずだ。蓄えられた富の価値を長期的に保つためには、植林計画など、長期的な再生の活動に投資することが最善の方法になる。*56 銀行も、現金の保有のために費用を支払うよりは、投資利益率がゼロに近い企業への融資も検討するようになるだろう。そうなれば、あまり大きな金銭的リターンはもたらせないが、社会的な富や自然の富を生み出している環境再生的で分配的な企業には追い風になる。さらにもっとも大事なこととしては、経済が無限に富の蓄積を追い求める状態から解放されて、金銭面での成長への依存を克服できる。

デマレージは現代の金融市場ではかなりの異端に見えるが、現代の金融市場もマイナス金利を除外してはいない。マイナス金利とは、事実上、現金を保有することに料金を課すものだ。マイナス金利は二〇一四年以来、日本、スウェーデン、デンマーク、スイス、欧州中央銀行で緊急措置として取り入れられ、今日の金融界の一風景になりつつある。それらの国々がマイナス金利を導入した目的はまちまち——GDP成長の回復、為替レートの調整、物価の上昇——だが、それらの国々ではすでに金利はゼロ以下にならないという神話は打ち破られている。

もちろん、通貨にデマレージを持たせるという案には、金融システムに関する数々のむずかしい問題がつきまとう。インフレや為替レートへの影響はどうなるか？　資本移動や年金基金にどんな変化が生じるか？　消費を刺激することと投資を促進することのバランスは保たれるか？　しかしこれらはまさに、金融を経済の繁栄――経済の成長ではなく――のために利用するものに変えていこうとするうえでも、深く検討する価値のある問題だ。また、近年のマイナス金利の導入事例に示されているとおり、非現実的に見える大胆な手法も、現実的な手法として驚くほどすぐに定着してしまうことがあるものだ。

政治的な依存――願望、恐れ、勢力

次に、世界の政治にあまねく見られる成長への依存について掘り下げてみよう。第1章で取り上げたように、二十世紀半ば、国民所得の成長の追求が政策の一つの選択肢から、いつのまにか、政治的に不可欠なものに変わった。それには政治家たちの思惑がからむ三つの理由がある。増税せずに収入を増やしたいという願望、失業者が出ることへの恐れ、G20の家族写真に示される国の勢力だ。

増税せずに収入を増やしたいという願望。政府は公共財への投資のためには税収に頼るが、ご存じのとおり、増税を忌み嫌ってもいる。GDPの成長が続くかぎり、税率を上げずに税収を増やせるわけだから、GDPの終わりのない成長に期待をかける政治家が多いのもふしぎではない。どうすればこの政治面での成長依存を克服し、低成長またはゼロ成長の経済を財政的に無理のないものにできるのか？

第一には、税の目的を描き直して、北欧諸国で成功しているような高負担、高福祉タイプの税制への社会的コンセンサスを醸成すること。その際は、言語フレームの専門家ジョージ・レイコフのアドバイスを忘れず、言葉の選択に気を配りたい。「減税」には反論せず、もっぱら「公正な税」を訴えるのが賢明だ。同じように、公共の「支出」という言葉は、反対派によってしばしば無駄遣いを思い起こさせる言葉として使われている。それも公共の「投資」といえば、質の高い学校教育や、便利な公共交通など、みんなの幸せを支える公共財に意識を向けられる。*57

第二には、非道な税対策を禁止して、税の抜け穴や、租税回避地の利用や、利益移転や、多くの世界的な大富豪や大企業――アマゾンからザラまで――が微々たる税しか納めないですむ優遇措置を許さないこと。世界の租税回避地には富裕な個人によって少なくとも一八兆五〇〇〇億ドルが隠されている。これは一年間で一五六〇億ドルの税収が失われていることを意味する。それだけの税収があれば、極度の貧困を二回以上、世界から一掃できる。*58 同時に、多国籍企業は毎年、およそ六六〇〇億ドルの収益を、ほとんど税金のかからないオランダ、アイルランド、バミューダ、ルクセンブルクに移している。*59 このような問題の是正に取り組む世界的な団体もある。その一つ、公正な税のための世界同盟（グローバル・アライアンス・フォー・タックス・ジャスティス）は、企業の透明性や説明責任の向上、国際課税の公正化、国内における累進税制の強化を求める運動を世界各地で展開している。*60

第三には、個人、法人どちらへの課税も、収入への課税から、蓄積された富――不動産や金融資産など――への課税に切り替えること。そうすることで、必要な税収を確保するうえでGDPの成長が果たしている役割を小さくできる。当然、このような税制改革にはただちに企業が抵抗し、ロビー活動を繰り広げ、国の無能さや腐敗をあげつらうだろう。ここで重要になるのが、市民の参加だ。国に責任を果たさせる民主主義を守り、促進することに、市民が積極的に関わることが求められる。

失業者が出ることへの恐れ。人間は工夫の才に富んだ生き物だ。与えられた材料で、より多くのものを作ったり、同じものを少ない材料で作ったりすることに長けている。ヘンリー・フォードが一九一三年、ミシガンの自動車工場にコンベアで動く組み立てラインを導入すると、自動車の生産量はいっきに五倍に増えた。T型フォードの需要が伸びていなかったら、必要な従業員の数は大幅に減っていただろう。経済が拡大しているときには、労働者は解雇されても、すぐに別の就職先を見つけられる。しかし経済全体の需要が生産力の増大に追いつけなくなると、広い範囲に失業者が発生する。歴史に繰り返し示されているとおり、それはたちまち外国人への憎悪や、不寛容や、ファシズムにつながることがある。一九三〇年代の大恐慌時代、ジョン・メイナード・ケインズは街にあふれかえる失業者を目の当たりにし、完全雇用を経済の目標にするべきだと確信した。そしてその実現のためには、継続的なGDPの成長が必要だと考えた。しかしT型フォードの生産革命から一世紀を経た今、自動車の生産工程の大半はロボットに担われている。オートメーション化によって発生が予想される失業者を吸収できるほどのGDPの成長率は、もはや望めない。そうなるとますますベーシックインカムという選択肢への期待が高まる。ただ、ベーシックインカム以外にも、成長にこだわらない経済で所得の分配を改善する方法はある。

ケインズは、技術の進歩で労働生産性が向上するにつれ、標準的な労働時間は減るだろうと予想した。二十一世紀には週一五時間の労働で足りるようになり、「残った仕事はできるだけ多くの人々で分担し合われる」社会が築かれるだろうと述べた。*61 ケインズの予想は、少なくとも今のところ、当たっていない。しかし今後、正しかったことが証明される可能性はある。英国のシンクタンク、新経済学財団が失業と過労の両方の問題を解決する手段として、高所得国での労働時間を現在の週三五時間以上から週二一時間に短縮することを提言している。*62 ケインズはこれに諸手をあげて賛成するだろう。もちろん、そのような大胆な変革のためには、雇用の経済学を変えることが欠かせない。この提言に携わった社会政策の専門家アナ・クートは次のようにいう。「税や保険の制度に備わっている不条理なインセンティブを廃止する必要があります。雇用者が人を多く雇うほど損をするのではなく、得をするものにしなくてはなりません」*63 もし雇用者自身が従業員でもあれば、そのような労働時間の短縮ははるかに実現しやすくなる。大恐慌のときも、二〇〇八年の金融危機のときも、従業員が所有者でもある協同組合は一般の企業に比べ、従業員の解雇を巧みに避けることができた。従業員全員の労働時間を減らして、みんなで仕事を分担し合おうとする傾向が協同組合にはある。これは需要変動に柔軟に対処するための一つのすばらしい手本を示している。*64 しかし一般の企業の雇用のありかたを変える方法もある。広くいわれているのは、労働力への課税から、資源利用への課税に切り替えることで、人間に備わった工夫の才が、より少ない人間でより多くのものを作ることではなく、より少ない資源でより多くのものを修理したり、作り直したりすることに発揮されるよう促し、同時に雇用も増やすという方法だ。そのような政策はまちがいなく分配的で環境再生的な経済を築くのに役立つだろう。しかし、成長にこだわらない経済で、十分な雇用を提供しようとするうえでも役に立つだろうか？　別の対策が求められるだろうか？　この点については、もっと多くの画期的な実験や研究が待たれるところだ。

G20の家族写真に示される国の勢力。毎年、世界の有力国の首脳が一堂に会するG20サミットで、公式の集合写真が撮影される。わたしはこの写真をG20の家族写真に見立てている。メンバーはときどき変わるが、それも現代の家族にはめずらしくないことだ。自国の地政学的な勢力の証になるこの写真には、当然、どの国のリーダーも収まりたがる。歴史家ポール・ケネディは話題を呼んだ一九八九年の著書『大国の興亡』のなかで、世界における各国の勢力は富の絶対的な量ではなく、相対的な量で決まると指摘した。[*65] 一九五〇年代に始まった米国とソ連の対立をきっかけに、全世界ではげしい地政学的な競争が始まった。家族写真に収まりたければ、成長を続けなければいけない。さもなくば、翌年は新しい大国の家族写真から容赦なくはじき出される。

これは国際的な集団行動の問題であり、したがってこのような成長への依存は解決がむずかしい。システム思考の視点からは、この状況から抜け出す一つの方法として、多様化を図って、今までとちがう成功の基準を備えた「新しいゲームを始める」ことが提案されるだろう。もしバランスの取れた繁栄を遂げることが、経済の成功と見なされるならば、成功の基準は金銭的なものではなく、「豊かな生命の網のなかでの人類の繁栄」というビジョンを反映したものになるだろう。そういう方向性を持った有名な取り組みもいくつかある。例えば、健康と教育と国民一人当たりの所得を基準にして、世界の国々に順位をつける国連の「人間開発指数」がそうだ。人間開発指数は一九九〇年、GDPの支配に対抗する目的で開発された。そのほかには「地球幸福度指数」、「包括的な豊かさ指数」、「社会進歩指数」なども、新しい国際的な家族写真を撮ることをめざしている。それらの家族写真にはGDPの上位国だからといって、自動的に入れるわけではない。また、都市間の協力関係を推進することで、国家間の競争関係を回避しようとする戦略的な取り組みも見られる。例えば、C40という都市ネットワークは、世界の八〇以上の大都市をつなぎ、気候変動という共通の問題に取り組んでいる。合計で五億五〇〇〇万人以上の人口を擁し、世界GDPの二五％を占める経済規模を持つそれらの都市――とそのビジョン――は、都市の限界をはるかに超える影響力を及ぼすだろう。*66

ただ「新しいゲーム」は助けになるが、古いGDPゲームの強制力はまだ衰えていない。GDPは世界の市場と軍事力を従えているからだ。この地政学的な成長への依存を打開するためには、今よりはるかに戦略的な思考が求められる。ケネス・ロゴフは次のように主張する。「世界で勢力を保つためには経済的な競争に勝たなくてはならないので、長期的な成長を追い求めるというのは、確かに理にはかなっている。しかし、もしほんとうにそのような理由で成長に重点を置いているのだとしたら、そういう問題をまったく扱っていないマクロ経済の標準モデルは見直さなくてはいけない」。*67 しかしこの政治的な成長への依存を克服するには、単にマクロ経済学のモデルを書き換えるだけでは足りない。革新的な国際関係の専門家が現われて、成長に依存しないグローバル・ガバナンスを実現するための戦略を立てることが必要だ。

社会的な依存――生きがいが欲しい

では最後に、GDP成長への社会的な依存を見てみよう。わたしたちがGDPの成長に社会的に依存し、縛られ、制限されている背景には、消費主義の文化と、不平等によって生み出される社会的な緊張がある。そしてそれらの根底には、生きがいを求める人間の心がある。

わたしたちは昔の王侯貴族よりはるかに豊かになっていながら、たやすく消費主義のトレッドミルという罠に陥ってしまい、自分らしさや、他者とのつながりや、自己変革といったものを求めて、買い物をしようとする。みんなに遅れを取るまいとして、たえず、次の買い物によって約束されるものを追いかけている。第3章で見たように、フロイトの甥、エドワード・バーネイズはおじの精神療法をもとに買い物セラピーというとても儲かる商売を始められることに気づいた。「パブリック・リレーション（PR）」と名づけられたバーネイズの説得の手法は世界中のマーケティングを変えるとともに、二十世紀を通じて、わたしたちの生活に消費者文化を浸透させた。メディア理論家ジョン・バージャーは著書『イメージ』のなかで次のように指摘している。「広告は、さまざまな相容れないメッセージの総体とも見なせるが、それだけではない。広告は、つねに同じことを広く一般に呼びかけるために使われる言語でもある。（中略）それはたえずわたしたちにもっと買い物をすることで、自分を変えよう、生活を変えようと呼びかけている」*68

わたしたちはこの二十世紀の遺産を振り払えるのだろうか？　そうしようとして、スウェーデン、ノルウェー、カナダのケベック州のように、十二歳以下の子ども向けの広告を禁止する政府もあれば（それでもおとなの無意識に働きかけることは、公正なゲームとして許している）、グルノーブル市やサンパウロ市などのように、街中の看板を「視覚的な汚染」として禁止する都市もある。しかしそのいっぽうで、インターネットでは、ハイテク化した消費者調査にもとづく行動ターゲティング広告が盛んだ。パーソナライズされたマーケティングは日に日に洗練され、わたしたちの生活に深く入り込んでいる。また広告は――街中でも、学校でも、ソーシャルメディアでも、ニュースメディアでも――自治体や無料ウェブサイトの収入源としての地位を確立してもいる。自治体やデジタルコモンズは市場の誘惑につねにさらされるのと引き換えに資金を得ている状態だ。消費主義がわたしたちの公私の生活を金銭的にも、文化的にも支配している今の状況をくつがえすことは、二十一世紀最大の精神のドラマになるだろう。

社会がGDPの成長に依存するのは、不平等の拡大に伴う社会的な緊張を成長によって和らげられるからだともいわれる。継続的にGDPが成長すれば、全員の暮らし向きをよくできる「ポジティブ・サム」の経済を築ける。だからGDPの成長をめざすべきだとしばしば主張される。[69] さらにその主張によれば、経済のパイが大きくなれば、富者は税金をいくらか増やされても手取りは減らないので、公共サービスにお金を振り向ける分配的な税制をもっと受け入れるようになるという。しかしそれとは正反対の理由、つまり再分配を不要にできるという理由で、継続的なGDPの成長が必要だと唱える者もいる。米連邦準備制度理事会理事のヘンリー・ウォリックは一九七〇年代に次のように述べた。「成長は所得の平等の代わりになるものです。成長が続くかぎり、希望があり、所得の格差にも耐えられるようになります」[70]

成長を再分配の鍵と見なすにせよ、再分配を避けるための鍵と見なすにせよ、社会的に成長が重要と見なされる根底には、ある一つの固い信念がある。以前、新しい経済思考を議論する勉強会で、複雑系経済学の第一人者といっしょになったときのことだ。その人物は、高所得国でGDPの成長を促進することをまるで当たり前のことのように話した。わたしがその点を尋ねると、単純な答えが返ってきた。「わたしたちには成長を欲する本能的な衝動があります。人間には生きがいが必要なのです」

そのとおりだろう。人間には生きがいが必要だとわたしも思う。しかし、所得を増やし続けることは、生きがいとして最善の選択肢なのだろうか？　第3章で見たように、合理的な経済人に飽くなき欲望を与えたのは、アルフレッド・マーシャルだった。その後、エドワード・バーネイズの研究によって、現在のウィアド（WEIRD）、すなわち西洋の（Western）、教育が普及し（Educated）、工業化が進み（Industrialised）、豊かで（Rich）、民主的（Democratic）な社会に暮らす人々にそういう「飽くなき欲望」の傾向が見られることもわかった。しかし人類学者に尋ねれば、「足るを知る」の精神で生活する伝統的な社会があることを、過去と現在の両方の事例で教えてくれる。例えば、カナダ中部の先住民クリーが十九世紀、ヨーロッパの商人たちに示した反応は、経済学者の予測をくつがえすものだった。ヨーロッパの商人がもっと多くの毛皮を売ってもらおうと思い、毛皮を買い取る単価を引き上げたところ、クリーの人々は逆に、交易場に持ち込む毛皮の数を減らしてしまった。なぜか？　自分たちに必要なものを買うにはそれだけの数の毛皮を売れば、十分だったからだ。*71

もしバーネイズが今も生きていて、ウィアドの社会にそのような物的に満足する気持ちを取り戻させるなり、覚えさせるなりするとしたら、はたして人間のどんな深い価値観に働きかけるだろうか？　所有物を増やそうとすることを止めたら、わたしたちは代わりにどんなことをめざすだろうか？　「何ごとによらず、わたしたちの生活に過剰さが生じたら、それはまだ気づかれていない欠乏の兆候だ」と、精神分析医アダム・フィリップスは指摘する。「過剰さは自分自身のなかにある欠乏に気づかせてくれるいちばんの手がかりであり、同時に欠乏を自分自身から隠すいちばん巧妙な手段でもある」[*72]。消費主義に関していえば、わたしたちが隠そうとしている欠乏はおそらく、わたしたちが無視している互いとの関係や生命の世界との関係のなかにあるのではないだろうか。心理療法医スー・ゲルハルトもきっと同意見のはずだ。その著書『自分勝手な社会』には次のように書かれている。「わたしたちは物質的にはかなり豊かですが、じつのところ、感情的には豊かではありません。多くの人はほんとうにたいせつなものを奪われています」[*73]

人生にとって何がほんとうにたいせつかは一概にいえない。自己の才能を発揮することから、他者を助けること、信念のために立ち上がることまで、いろいろな考えかたがある。英国の新経済学財団は幅広い心理学の研究結果を調べ、それらの発見のなかから幸せを増進することが証明されている五つの行動を抽出した。以下がその五つだ。（一）周囲の人々とつながる。（二）体をよく動かす。（三）世界に関心を持つ。（四）新しい技能を身につける。(五)他者に与える。*74 ジョン・スチュアート・ミルはかつて、人々がいかに成功するかばかりを考えることを止めて、生活そのものを大事にしようとする時代の到来を夢見た。おそらくこれらの五つは、ミルが思い描いた道徳的、社会的な進歩の最初のステップになるものだろう。

以上、経済という名の飛行機の着陸準備のしかたを素描して、数多くの成長への依存に触れ、多くの国で金銭的、政治的、社会的な成長への依存が、組織や、政策や、文化に深く根を下ろしていることを指摘した。もちろん、それらの依存をすべていっぺんに解決しようとしたら、混乱するだろう。パイロットの訓練生がみんな、初めて着陸装置の使いかたを習うときにはきっと混乱するにちがいないのと同じだ。でも、それらの装置は使いこなせるようになる。同じように、本章で紹介した成長への依存に解決不可能なものはない。二十一世紀の経済学者にとってやりがいのある課題が一つあるとしたら、それはGDPの成長を終えようとしている国のために、成長しないでも繁栄を遂げられる経済を設計することだろう。

到着ロビーへようこそ

飛行機の着陸技術を習得できたら——成長してもしなくても繁栄できる経済を創造できたら——到着ロビーには何が待っているだろうか？　飛行マニュアルのそれらの空白

のページを埋める作業にもっとも適した場所にいるのは、まちがいなく、わたしたちよりも次世代の経済の改革者たちのほうだろう。そこでここでは二点だけ、私見を述べておきたい。

第一には、もしロストウがこの飛行機に同乗していたら、着陸した瞬間、ＧＤＰの未来の旅を描く喩えとして飛行機が最適ではなかったことに気づくだろうということ。たえず変化する環境に応じて、離陸と着陸を繰り返す敏捷さが飛行機にはない。ロストウの時代、飛行機は最新の旅の手段だった。世界初のジェット旅客機が就航したのは『経済成長の段階』刊行のわずか五年前だ。ロストウが経済の喩えに飛行機を使いたくなったのには、そういう時代の影響もあった。しかしロストウに二十一世紀のウォータースポーツを紹介したら、飛行機よりもカイトサーフィンのほうがはるかにＧＤＰの未来を描く喩えにふさわしいと思うのではないだろうか。カイトサーファーの上級者はカイトで風を受けながら、巨大な波のなかをサーフボードで突き進んでいく。風と波のダイナミックな相互作用を維持するためには、つねに調節——かがんだり、潜ったり、ひねったり——が必要だ。二十一世紀のＧＤＰはちょうどそんな動きをするようになるにちがいない。たえず変わり続ける経済を反映して、商品やサービスの売上高は年ごとに上昇したり、下降したりするだろう。

第二には、到着ロビーに何が待ち受けているにせよ、一つだけ確かなことがあるということ。それはジョン・メイナード・ケインズとジョン・スチュアート・ミルが出迎えてくれて、分配的で、環境再生的で、成長にこだわらないドーナツ経済のなかで暮らすための新しい経済学——それに哲学と政治学も——をいっしょに築いてくれるだろうということだ。飛行機の到着地は二人の予想とはちがうものになるだろう。それでも二人ともわたしたちの抱えるジレンマは理解できるはずだ。この二人の独創的な思想家以上に頼りになる仲間がいるだろうか。

今や誰もが経済学者

本書で描かれている未来のビジョンは楽観的だ。分配的で環境再生的な設計の世界経済を築き、バランスの取れた繁栄を成し遂げることをめざしている。そんな構想はばかげているとも、甘いとも思われるかもしれない。確かに気候変動から、軍事紛争、強制移住、不平等の拡大、外国人憎悪の高まり、現代社会の風土病と化した金融不安まで、複合的な危機に直面していることを考えれば、そう思えるだろう。日々、ニュースを観たり、読んだりするにつけ、破滅の可能性——社会も、自然環境も、経済も、政治も——が現実味を帯びて感じられる。人類のグラスはたやすく「あと半分しか残っていない」ように見えてしまう。そのような不安に従えば、わたしたちはたちまち崩壊と存続の経済学に走ってしまうだろう。あらゆる強力なフレームと同じように、そういう経済学にはみずからそのような結果を招く自己成就の力がある。

しかし別の可能性、「まだ半分も残っている」未来に目を向け、なんとしてもそれを実現しようと考える人々もまだ十分おおぜいいる。わたしもその一人だ。わたしたちの世代は、人間が地球という人類の家にどれほどのダメージを与えているかを正確に理解できるようになった最初の世代であり、おそらくは、大きな変革を起こすチャンスを与えられた最後の世代だ。わたしたちは国際的なコミュニティとして、極端な貧困に完全な終止符を打つために必要なテクノロジーと、ノウハウと、金融的な手段を持っていることを、十分によく知っている。足りないのは、それを実現しようとする総意だけだ。

毎年、世界中でたくさんの若者が経済学を学ぼうと大学に進学する。その多くは「まだ半分も残っている」可能性に目を向け、みんなを幸せにする社会を築きたいという熱い思いから、経済学という学問を選んだ若者たちだ。彼らは――わたしがそうだったように――公共政策の母語である経済学を習得すれば、自分のそういう思いを実現するのに必要な知識を身につけられると信じている。そのような学生たちには、言葉を使うにしろ、数式や図を使うにしろ、二十一世紀にふさわしい経済学の教育を受けてもらいたい。わたしの考えでは、その出発点になるのが本書で説いた七つの思考法だ。

二十一世紀の課題ははっきりしている。人類がドーナツの安全で公正な範囲のなかでバランスの取れた繁栄を遂げられるよう、「豊かな生命の網のなかでの人類の繁栄」を推進できる経済を築くことだ。そのためにはまず最初に、あらゆる経済――ローカルもグローバルも――が社会のなかにあること、さらには生命の世界のなかにあることに気づく必要がある。それは同時に、家計、コモンズ、市場、国家の四者すべてが、わたしたちの多くのニーズや要望を満たす効果的な手段になりうることに気づくことも意味する。人間についての理解を深めることで、社会的な報恩行動や互いへの思いやりを育む——損なうのではなく——制度やインセンティブを設けられる。経済にはもともと複雑さが備わっていることを受け入れれば、たえず変わり続けるそのダイナミクスを管理することも可能になる。ひいては、現在の分断的で非環境再生的な経済を、分配的で環境再生的な経済に設計し直す道が開けてくる。そのような経済を設計できれば、わたしたちはおのずと経済成長へのこだわりを捨てて、成長してもしなくても繁栄できる経済を築こうとし始めるだろう。

本書では、二十一世紀の経済学者のための七つの思考法（と図）を提案した。もちろんそのような思考法は七つですべてではなく、ほかにもまだたくさんあるだろう。しかしわたしたちの思考を長いあいだ支配してきた古い経済学の考えかたを追い払うには、この七つの思考法から始めるのがいちばんいいとわたしは確信している。ただし、これらの七つは今後も進化を続けるだろう。図を描くのも、パターンを読み取るのも、相互作用を理解するのもまだ始まったばかりだからだ。また、政治的な問題もなくならないだろう。わたしたちをドーナツへ導く道は技術的にも、文化的にも、経済的にも、政治的にも一本ではない。さまざまな道がある。したがって国内あるいは国家間で、費用と恩恵をどう分け合うか、勢力とリスクをどう配分するかについても、数多くの選択肢が生まれる。そうすると、相反する政策のあいだでどう折り合いをつけていくかという政治的な問題は相変わらずついて回るはずだ。*1

牙城に攻め込む

経済思考に新しい地平を切り拓くほどの優れた洞察は、経済学以外の種々の分野からもたらされることが多いように思える。もちろん重要な例外もあるが、まれだ。画期的なアイデアはたいてい、心理学、生態学、物理学、地球システム科学、地理学、建築学、社会学、複雑系科学など、他分野で生まれている。経済理論にそういう他分野の視点を受け入れることは得にこそなれ、損にはならないだろう。知的な営みをダンスにたとえるなら、経済学は注目を一身に集めるソロの踊りから退いて、グループの踊りに加わるべきときだ。それもダンスミュージカル『ロード・オブ・ザ・ダンス』というより、おおぜいで踊りながら一本の柱の周りを回るメイポールダンスのように、他分野の成果をもっと積極的に経済理論に取り入れたほうがよい。

最高の頭脳を持った経済学者たちは昔からそのような知性のメイポールダンスのたいせつさを理解していた。ジョン・スチュアート・ミルは、一八四八年の著書『経済学原理』が高く評価されたとき、それを「経済学を単独で扱わず、大きな全体の一部として扱ったおかげだ」と考えた。「経済学は社会哲学の一部門であり、ほかのすべての部門とつながっている。したがって経済学で下される結論の正しさは、たとえ経済独自の問題に関するものであっても、つねに条件つきとなる。経済の領域内に直接原因のない領域外からの干渉や反作用にさらされているからだ」[*2]。ジョン・メイナード・ケインズも、まちがいなくメイポールダンスの輪に加わるはずだ。ケインズは次のように書いている。「第一級の経済学者は、めったにない才能の組み合わせを必要とする。すなわち数学者であり、歴史家であり、政治家であり、哲学者でなくてはならない。（中略）現在を過去の光で照らし、未来の目的のために研究することを求められる。人間や組織の性質のなかで、関心の外に置いてよいものは一つもない」[*3]。現代にも同じような考えかたの経済学者はいる。例えば、ジョゼフ・スティグリッツがそうだ。スティグリッツは将来有望な学生たちに次のように助言している。「経済学を勉強してください。ただし懐疑的な態度で、広い視野を持って学んでください」[*4]

では、知性のメイポールダンスは経済学の牙城、大学の経済学部でも、同じように人気を博しているのか？　この問いでわたしは冒頭に紹介したユアン・ヤンのことを思い出し、彼女がその後、どうしているかを知りたくなった。大学の経済学の授業に幻滅し、反対運動を立ち上げた女子学生だ。ユアンはそれからおよそ一〇年を経た現在、ふしぎな取り合わせにも感じるが、英国でもっとも権威のある経済紙、フィナンシャル・タイムズの北京特派員をしながら、自身が設立に携わった国際的な学生団体、リシンキング・エコノミクスの共同議長を務めている。リシンキング・エコノミクスは経済学の授業の改革を訴える団体だ。なぜこんな二足のわらじを履くようになったのか？　ユアンは修士号を取得すると、博士課程に進まず、大学を離れる決心をした。経済学部で勉強を続けるより、経済ジャーナリストとして働いたほうが、経済のほんとうの姿を深く知ることができると考えたからだった。その考えのとおり、今は、石炭や鉄鋼業界で起こった大規模解雇から、世界でもっともビリオネアが多い都市になった北京の台頭まで、急速に変化する中国経済の実情を現地からレポートしている。

同時に、リシンキング・エコノミクスの力強い発展にも貢献している。二〇一三年の設立以来、学生主導のこの運動は幅広い層と協力関係を築き、今では企業とも連携する。企業の側でも、新入社員が大学で学んでくることと、現実の経済で起こっていることとの大きなギャップに不満を持っているからだ。さらに広く一般社会からも、この運動は支持を獲得している。ユアンはわたしに次のように話してくれた。「講演で英国の各地を回るとき、列車のなかで乗り合わせた人にどんなことをしているのかと尋ねられることがあります。わたしたちが、今の経済学はまちがっているのではないかという話をすると、すぐにこちらの話をわかってくれます。金融危機をきっかけに、それまで一般の人にはなじみがなく、取っつきにくかった経済学が、誰もが話題にするものに変わってきました」

世界各地の大学で、学生たちが授業内容の偏りに反発し、学内討論会を実施したり、講読会を立ち上げたり、オンライン講座（ＭＯＯＣ）の開講を手伝ったり、あるいは教授陣に直接、授業の内容を広げるよう働きかけたりしている。学生たちによると、いくつかの大学は幅広い知識の習得を求める学生たちの要求を受け入れ始めているという。英国のキングストン大学とグリニッジ大学、ドイツのジーゲン大学、フランスのパリ第七大学とパリ第十一大学、それにデンマークのオールボー大学などだ。それらの大学では、経済史や経済学史の授業が復活したり、マクロ経済学のモデルに金融部門が取り入れられたり、多様な学派――フェミニスト学派、エコロジー学派、制度学派、複雑系学派など――の説が紹介されたりしているようだ。

いっぽう、もっとも反応が鈍い大学は、学生たちによると、ハーバード大学やロンドン・スクール・オブ・エコノミクスなどの名門校だという。「その高いスコアは『一流』と見なされる論文誌で研究を発表することで得られるものです。ですが、そういう論文誌は、単なる現状肯定の場になっています」。加えて、トップの大学はほかの大学の目標にもなる。中国、インド、ブラジルをはじめ世界各地の大学で、それらの名門校の大学院課程への進学を目的とした授業が行われている。このような大学の最高峰レベルで知的な惰性が生じていることにユアンは強い不満を感じている。「牙城のなかに攻め込まなければいけません。城の外に陣を敷くだけでは不十分です。いくらでも講読会やMOOCを立ち上げて、授業で教わらないことを学ぶことはできます。ですが、大学がそれらを経済学だと認めなければ、それらは経済学だと見なされるようになりません。最終的には、わたしたちがしたいのは、現在の教育がいかに狭いかをいい立てることではなくて、それを変えることなんです」

このユアンの言葉からわたしが思い出したのは、ポール・サミュエルソンがかつて、何がよい経済学で何がそうではないかを決められる立場にいることを喜んでいたことだ。本書の最初に紹介したように、サミュエルソンは教科書の著者であることについて、「最初の一撃を加える特権にまさる特権はありません。もっとも感化されやすい白紙状態の初学者たちに、影響を与えることができるのですから」と嬉々として書いている。サミュエルソンには初学者たちの心は「白紙」に見えていたのだ。だからわたしは経済学を勉強する学生たちにぜひいっておきたいことがある。それは、自分の心に勝手に思想を書き込まれないよう、気をつけなさいということだ。言葉にも、数式にも、十分に用心してほしい。いちばん危険なのは図だ。とりわけ基礎的な図には細心の注意が要る。なぜなら、図は無意識のうちに思考の深くに取り込まれてしまうからだ。また、あなたの心が経済に関して「白紙」だなどというとんでもない想定は誰にもさせてはいけない。それは十八歳だろうと、八十一歳だろうと同じだ。あなたの心には、生まれてから今までのあいだに、数々の経済の経験が刻まれている。わたしたちはみんな家族という経済のなかで養われることから人生を始める。その背後には、誰もが生命の世界に依存することで成り立っている社会がある。人間はみんな、生きているかぎりつねに経済のなかでいくつもの役割を果たしている。ときに市民であり、ときに労働者であり、ときに消費者であり、ときに起業家であり、ときに預金者であり、ときに庶民だ。だから誰にもあなたの心をまっさらにさせてはいけない。自分の豊かな経験をあなたの個人的な基準にし、それにもとづいて、人から教えられた経済理論が正しいかどうか、感覚的に判断してほしい。もちろん、この本で説かれていることも例外ではない。

経済革命──実験の積み重ね

ユアンはいまだに古い経済理論に特権的な地位が与えられていることに憤りを顕わにする。「多くの他学部で、経済についてのさまざまな考えかたが教えられています。例えば、社会学でも、政治科学でも、経済を学びます。それなのに、経済学部で新古典派の経済学を勉強した学生だけが、『経済学者』の肩書きとそれに伴うあらゆる力を与えられて、実社会に出ていくのです。そういう肩書きを持つ専門家だけに与えられている力を打ち砕いて、『経済学者』という言葉にもっといろいろな意味を持たせなければいけないと思います*5」

「経済学者」の意味を定義し直すには、新しい経済思考を超えて、新しい経済行動を起こしている人々に目を向けるのがいい。それは実験を一つ一つ重ねながら、経済を変えようとしているイノベーターたちだ。彼らの影響はすでに、新しいビジネスモデルの登場や、成果を上げている協働型コモンズのダイナミズムや、デジタル通貨の大きな可能性や、環境再生的な設計のすばらしい可能性のなかに現われている。ドネラ・メドウズが明らかにしたように、組織全体を変えようとするときには、自己組織化の力──組織がみずからの構造をみずから増やし、変え、進化させる能力──が強力なレバレッジ・ポイントになる。そこからは画期的な発想が出てくる。わたしたちみんなが経済学者になればいいという発想だ。

経済が進化によって変わるなら、すべての実験——新しい企業モデルであれ、地域通貨であれ、オープンソースのコラボレーションであれ——が新しい経済の未来を多様にしたり、選んだり、豊かにしたりするのに役立つことになる。その経済の進化には、わたしたち全員が関わっている。なぜならわたしたちの日々の選択や行動がたえず経済を作り替えているからだ。それは単に商品を買ったり、買わなかったりすることを通じてだけではない。倫理意識の高い銀行に預金を移すことや、P2Pの地域通貨を使うこと、自分たちの会社に生きた目的を持たせること、育児休暇の権利を行使すること、知識のコモンズに貢献すること、わたしたちと経済のビジョンを共有している政治運動に参加すること、そういうことでも経済を作り替えている。

もちろん、このような革新的な試みには、いまだに前世紀の経済思考や行動に支配された経済のなかで、発展し、成功を収めなくてはいけないという難題がつきまとう。惜しみなく与える産業設計を推進しようとする企業は、株主利益の最大化に余念がない前世紀型の企業と競合するとき、不利な立場に置かれることがあるかもしれない。地域通貨を導入するのも、もし逮捕される恐れがあったら、なかなか一歩を踏み出せないだろう。短期的な利益に重点を置いていた企業には、環境再生的な事業への融資を申し込むのは、冒険に感じられるかもしれない。都市にお返しをする建物の設計は、顧客から「でも、なんのためにそんなことをするのか?」という反応が返ってくることが目に見えていたら、売り込むのに苦労するだろう。しかし、ケニアのバングラペサの商店主から、廃品で3Dプリンターを組み立てたトーゴのウェラブ、メタンからプラスチックを生産する米カリフォルニア州のニューライト、さらには世界に広がるP2Pデジタル通貨まで、経済のイノベーターたちは経済の進化を修正し、分配的で環境再生的な経済を築くことに明らかに成功を収めつつある。

「自分が見たいと願う世界の変化に、自分自身がなりなさい」は、ガンジーのもっとも有名な言葉だ。経済を作り替えるという面において、今日の経済のイノベーターたちがしていることはガンジーに誇りに思ってもらえるだろう。しかしわたしは、最大の敬意を払いながらも、新しい経済思想に関しては、この名言を次のように改変したい。自分が見たいと願う世界の変化を、引き出しなさい。言語的フレームの誰もが知る強力な効果と、視覚的フレームの表には見えにくい強力な効果を組み合わせるなら、新しい経済の物語を書き上げることがぜん現実味を帯びてくるだろう。安全で公正な二十一世紀のためには、その新しい経済の物語がどうしても必要だ。ただ鉛筆を手に取って、描き始めるのは簡単だ。ただ鉛筆を手に取って、描けばいい。

付録――ドーナツとそのデータ

社会的な境界線と地球環境的な境界線の二つの線からなるドーナツは、人類全体の幸福を支える二つの条件――社会と環境――を視覚化したシンプルな図だ。社会的な土台がドーナツの内側の境界線をなし、生活の基本的なニーズを表している。このニーズが満たされない人が世界に一人でも残ったままにしてはいけない。ドーナツの外側の境界線は環境的な上限であり、その線を越えると、人間活動が地球の生命システムに与える負荷が危険なほど過剰であることを示す。この二つの境界線に挟まれた部分が、環境的に安全で社会的に公正な範囲であり、その範囲内で人類の繁栄は可能になる。

社会的な土台は、一二の分野で構成されている。この一二分野は、二〇一五年の国連の持続可能な開発目標で社会の優先課題として取り上げられたものだ。表1には、どれほどの不足が生じているかを判断したり、叙述したりするために使われる変数とデータを掲載した。

環境的な上限は、九つの地球環境の許容限界からなる。この九つは、ヨハン・ロックストロームとウィル・ステファンに率いられた地球システム科学の国際研究グループによって提案されているものだ。以下に一つずつ見ていこう。

表1　社会的な土台とその不足の指標

分野	指標 （特に記述のないかぎり世界人口に占める割合）	%	年
食糧	栄養が不足している人	11	2014-16
健康	5歳未満の死亡率が出生1000対で25以上の国に住む人	45	2015
	平均寿命が70歳未満の国に住む人	39	2013
教育	字が読めない人（15歳以上）	15	2013
	学校に通っていない子ども（12-15歳）	17	2013
所得と仕事	世界貧困線である1日3.10ドル未満で暮らす人	29	2012
	就業を望みながら失業している若年者（15-24歳）	13	2014
水と衛生	上水道を利用できない人	9	2015
	改善された衛生設備を利用できない人	32	2015
エネルギー	電気を利用できない人	17	2013
	空気を汚さない調理設備を利用できない人	38	2013
ネットワーク	困ったときに頼りにできる人がいないと述べている人	24	2015
	インターネットを利用できない人	57	2015
住居	発展途上国の都市部のスラム街に住む人	24	2012
男女の平等	国政における男女の議員数の差	56※	2014
	同一労働における男女の賃金の差	23	2009
社会的平等	パルマ比率（所得上位10%の合計所得と所得下位40%の合計所得の比）が2以上の国に住む人	39	1995-2012
政治的発言力	「国民の発言力と政府の説明責任指数」が1.0満点中0.5点以下の国に住む人	52	2013
平和と正義	「腐敗認識指数」が100点満点中50点以下の国に住む人	85	2014
	人口10万人当たりの殺人発生件数が年間10件以上の国に住む人	13	2008-13

典拠：FAO、世界銀行、WHO、UNDP、UNESCO、UNICEF、OECD、IEA、ギャラップ、ITU、国連、コバム・アンド・サムナー、ILO、UNODC、トランスペアレンシー・インターナショナル。ただし%値はすべてもっとも近い整数に四捨五入した。※男女の議員数が同じ場合を0%、女性議員が1人もいない場合を100%とする。

気候変動。二酸化炭素やメタン、亜酸化窒素などの温室効果ガスが大気中に大量に排出されると、地球の温室効果が強まって、大気中に閉じ込められる熱の量が増える。その結果生じるのが、地球温暖化だ。地球温暖化がもたらす影響には、気温の上昇のほか、極端にはげしい悪天候の増加、海面上昇などがある。

海洋酸性化。人間活動で排出された二酸化炭素の約四分の一は、最終的に海に吸収され、そこで炭酸に変わり、海面付近の水素イオン濃度（pH）を低下させる。この海水の酸性化によって、多くの海洋生物の殻や骨格の形成に欠かせない炭酸イオンが減少する。栄養を奪われた珊瑚や甲殻類、プランクトンなどの生き物は成長や生存を阻まれることになる。ひいてはそれによって海の生態系や食物連鎖が壊される。

化学物質汚染。合成有機物や重金属など、有害な化合物がバイオスフィアに放出されると、それらは長期間、環境に残り、不可逆的な影響を及ぼす。さらに、鳥類や哺乳類などの生物の体内に蓄積されることで、繁殖の減少や遺伝子の損傷を招き、陸と海の生態系に悪影響をもたらす。

窒素及び燐酸肥料の投与。反応性窒素や燐酸は農業肥料として広く普及しているが、投与えられたそれらの肥料のうち、実際に作物に吸収されるのはごく一部だ。残りの大半は川や湖、海に流れ出して、そこで水面を緑色に変える藻の大量発生を引き起こしている。なかには有毒なものもあるほか、水中の酸素を奪うことで、水生生物を死滅させる。

取水。水は生命に欠かせないものであり、農業や工業、家庭であまねく使われている。取水量が限度を超えると、湖や川や帯水層を損ねたり涸らしたりして、生態系を壊し、水循環や気候を変えてしまう。

土地転換。人間のために土地を転換する——例えば、森林や湿地を都市や農地や高速道路などに変える——と、二酸化炭素の吸収源が減ったり、動物の豊かな生息域が壊されたり、たえまない水や窒素や燐の循環のなかで土地が果たしている役割が損なわれたりする。

生物多様性の喪失。生物種の多様さが失われれば、生態系の健全さは損なわれ、種の絶滅が加速する。そうすると、生態系に不可逆的な変化が急に生じるリスクが増す。同時に生態系の回復力も弱まる。さらに、食糧や燃料や繊維をもたらしたり、生命を支えたりする生態系の機能も劣化する。

大気汚染。大気中に排出された粒子状物質またはエーロゾル――煙、粉塵、汚染ガスなど――は、生命体に害を与えることがある。加えて、大気中で水蒸気と作用し合って、雲の形成にも影響を及ぼす。大量に排出されれば、熱帯地方で降雨の多い時期や場所がずれるなど、地域の降雨パターンが大きく変わってしまうこともある。

オゾン層の減少。成層圏にあるオゾン層は、太陽から届く有害な紫外線を吸収してさえぎっている。フロンなど、人工的な化学物質のなかには、大気中に放出されると、成層圏まで達して、オゾン層を破壊するものがある。オゾン層が破壊されれば、地球やそこに暮らす生き物は、太陽の有害な紫外線にさらされることになる。

表2には、地球環境の許容限界をどれほど超過しているかを判断するために使われる変数とデータを掲載した。

表2　環境的な上限とその超過の指標

地球システムへの負荷	制御変数	地球環境の許容限界	現在の数値と傾向
気候変動	大気中の二酸化炭素濃度。単位は 100 万分率(ppm)	最大 350ppm	400ppm で上昇中（悪化）
海洋酸性化	海面におけるアラゴナイト（炭酸カルシウム）の飽和度。産業革命以前の水準に対する 100 分率(%)	最低 80%	84％で下降中（増大）
化学物質汚染	世界的な制御変数はまだ定まっていない	—	—
窒素及び燐酸肥料の投与	1年間に肥料として土地に投与された燐酸の量	最大 620 万トン	約 1400 万トンで上昇中（悪化）
	1年間に肥料として土地に投与された反応性窒素の量	最大 6200 万トン	約1億 5000 万トンで上昇中（悪化）
取水	1年間に取水された水の消費量	最大 4000km^3	約 2600km^3 で上昇中（増大）
土地転換	人類による伐採が始まる前の森林の面積に対する現在の森林の面積の割合	最低 75%	62％で下降中（悪化）
生物多様性の喪失	種の絶滅率。1年間の 100 万種当たりの絶滅種数	最大 10 種	約 100-1000 種で上昇中(悪化)
大気汚染	世界的な制御変数はまだ定まっていない	—	—
オゾン層の減少	成層圏のオゾンの濃度。ドブソン単位（DU）	最低 275DU	283DU で上昇中（改善）

典拠：ステファンら（2015b）

謝辞

この本は経済学を学んで、忘れ、ふたたび学ぶという二五年間の経験から生まれた。その長いあいだには、たくさんの人たちに支えていただいた。最初に感謝を捧げたいのは、わたしの経済学の師であるアンドリュー・グレアム、フランシス・ステュアート、ウィルフレッド・ベッカーマンだ。その励ましに満ちた指導がなければ、経済学者のように考えることにそもそも興味を引かれなかっただろう。またわたし自身が教える立場になり、授業を受け持たせてもらったクラスの教え子たちにも心から感謝している。とりわけオックスフォード大学の環境変動研究所とシューマッハ・カレッジの学生たちには感謝の気持ちでいっぱいだ。地球という人類の家の未来の管理者たちにわたしがかくも信頼を寄せているのは、彼らの創造性の豊かさや新しい考えかたを受け入れる柔軟さを知っているからだ。

本書のアイデアの多くは、過去五年間、幅広い国々の人々とドーナツについて交わしてきた議論にもとづいている。意見を聞かせてくれたオックスファムの仲間、大学の学生、ウォール街占拠運動の参加者、企業の重役、国連の交渉担当者、地域グループのメンバー、政府の政策立案者、NGO、学者、科学者のみなさん全員にお礼を申し上げたい。なかでもドーナツを考案するきっかけを与えてくれたオックスファムには深く感謝している。

腕利きの著作権代理人マギー・ハンベリー、ロビン・ストラウス、ハリエット・ポーランドは最初からずっと強力にわたしをサポートしてくれた。また編集者として数々の的確な助言をしてくれたペンギン・ランダムハウスのナイジェル・ウィルコクソンとチェルシー・グリーンのジョニ・プラディド、原稿の整理を手がけてくれた校閲者のベス・ハンフリーズ、ペンギン・ランダムハウスのローワン・ボーチャスにも、深甚なる謝意を表したい。オックスファムのジョス・サンダース、リード・スミスのマーラ・ガトマン、ローラ・クロウリー、キャピタル・インスティテュートのジョアン・フラートンとノラ・ブハダーダには専門的な見地から支援と助言をいただいた。本書とそのアイデアに惜しみない援助をしてくれたダイアン・アイヴズとケンディダ基金には特別の感謝を捧げたい。その支えはこのうえなく心強かった。

原稿を最初から最後まで読んで、卓越したコメントを述べてくれたアラン・ドラン、カール・ゴンブリッチ、アンドリュー・グレアム、ジョージ・モンバイオット、ガリー・ピーターソン、鋭いデータ分析をしてくれたリチャード・キング、美しい図を描いてくれたマルシア・ミホティッチ、ドーナツの図柄を考えてくれたクリスチャン・ガシアにも心から感謝している。

数多くの人々が本書のために惜しみなく、洞察に富んだ意見や感想や提案を寄せてくれた。以下にその名を記して、謝意を表したい。アダム・アレガイア、マイルズ・アレン、グレアム・バノック、アレックス・コバム、サラ・コーネル、アナ・カウエン、イアン・フィッツパトリック、ジョシュ・フロイド、アントニオ・ヒル、エリック・ゴメス＝バゲトゥン、トニー・グリーナム、ヒュー・グリフィス、エミリー・ジョーンズ、ウィリアム・カムクワンバ、フィン・ルイス、バーナード・リエター、ニック・ロイド、エリック・ロナーガン、アンドレ・マイア・チャガス、ジョージ・マーシャル、クライヴ・メンジーズ、フォリスト・メッツ、アッシャー・ミラー、トム・マーフィ、キャシー・オニール、ロブ・パターソン、ジョシュア・ピアース、ヨハン・ロックストローム、エマ・スミス、ニキ・スポロング、ロビン・スタフォード、ウィル・ステファン、ジョス・タントラム、ケン・ウェブスター、トミー・ウィードマン、レイチェル・ウィルショー、ジョン・ジニアデス。なかでも本書のためにインタビューに応じてくれたジャニン・ベニュス、サム・ミュアヘッド、ユアン・ヤンには特大の感謝を捧げたい。三人の話にはおおいに勇気づけられた。

また、おおぜいの同僚や友人にも何度となく助けられた。その名も感謝の気持ちを込めて、ここにあげさせていただく。サーシャ・アブラムスキー、アルハサン・アダム、スティーヴ・バス、サラ・ベスト、スミ・ダナラジャン、コンスタンティン・ディエクス、ジョシュア・ファーリ、フローラ・ゲイソン＝ハーディ、マジャ・ゲペル、アリッサ・グッドマン、ダンカン・グリーン、タリア・キダー、サラ・ノット、ダイアナ・リヴァーマン、ルース・メイン、エカ・モーガン、アナリース・モーザー、ティム・オリオーダン、アンジェリーク・オア、トリスタ・パターソン、ピート・シェファード、クレア・シャイン、キティ・ステュアート、ジュリア・ティルフォード、トム・ソーントン、キャサリン・トレベック、アリス・ヴレットス、ケヴィン・ワトキンス、ステュアート・ワリス、ティム・ワイスケル、アンデシュ・ヴィークマン、レベッカ・リグリ。

執筆がもっとも困難をきわめたとき、力強い助言で励ましてくれたのは、フィル・ブルーマー、アラン・バックリー、ジョー・コンフィーノ、ジュリアン・マスターズ、ジョー・デバールの五人だった。

さらに長年、新しい経済思考を探求するなかで、数多くの思想家たちの著作を通じて、決定的なひらめきを与えられた。ミシェル・バウエンス、エリック・ベインホッカー、ジョン・バージャー、ジャニン・ベニュス、デイヴィッド・ボラー、ハジュン・チャン、ロバート・コスタンザ、ハーマン・デイリー、ダイアン・エルソン、ナンシー・フォールブル、ジョン・フラートン、ヤン・ジロー、サリー・ゲルナー、ティム・ジャクソン、スティーヴ・キーン、マージョリー・ケリー、ジョージ・レイコフ、バーナード・リエター、ハンター・ロヴィンス、マンフレッド・マックス＝ニーフ、ドネラ・メドウズ、メアリ・メラー、エリノア・オストロム、ジェレミー・リフキン、ヨハン・ロックストローム、アマルティア・セン、ジュリエット・ショア、フリッツ・シューマッハー、ウィル・ステファン、ジョン・スターマン、アロン・スティビー、ケン・ウェブスター、以上の思想家たちに感謝を申し上げる。

わたしの両親、ジェニー・ラワースとリッキー・ラワース、姉ソフィーはいつもわたしの経済の冒険を応援してくれている。ほんとうにありがとう。

最後に、人生のパートナー、ローマン・クルズナリックに最大の感謝を捧げたい。その愛と、会話と、共同の子育てがなかったら、この本を書いていなかっただろう。そして二人の子どもたち、シリとキャスにも。きみたちが、ほかのすべての子どもたちとともに、将来、安全で公正な二十一世紀の繁栄を謳歌できることを願っている。

訳者あとがき

本書は、二〇一七年の春に英米で刊行された*DOUGHNUT ECONOMICS: Seven Ways to Think Like a 21st-Century Economist*の全訳である。英米では刊行と同時に好評を博し、二〇一七年の英フィナンシャル・タイムズ&マッキンゼー・ビジネス・ブック・オブ・ザ・イヤーの候補作にも選ばれた。

現在の主流派の経済学はいまだに五〇年以上前に書かれた教科書(しかもそこで拠り所にされている学説は二〇〇年前のもの)に従っている古色蒼然としたものであり、二十一世紀の問題を解決することはできないといい、これからの経済学には何が求められるかを、きわめて広い視野に立って描き出したのが本書である。

訳者は昨年(二〇一六年)末、本書の原稿を読んで、日本でも出版する価値があると判断した一人なのだが、そう判断した理由はおもに三つあった。

一つめは、ドーナツ経済の図だ。著者によれば、これまで経済の有名な図といえば、GDPの成長の推移を示した右肩上がりの曲線や、あるいは二本の線がXのように交差した需給曲線だった。ドーナツ経済の図はそれらに取って代わる図として、つまり経済の新たな代表的な図たらんとして提案されている。なぜか？　図にはわたしたちの思考を左右する力があるからだ。わたしたちの考えは知らないうちに図の影響を受けている。だから、行き詰まった主流派の経済学の考えかたを克服するためには、主流派の経済学を理屈で批判するだけでは不十分で、新しい強力な図を示すことが必要だという。

実際、このドーナツ経済の図は、二〇一一年に著者によって考案され、発表されて以来、国連総会からTED、ウォール街占拠運動まで、さまざまな場所で紹介され、すでに国連の持続可能な開発目標の会議で利用されているほか、米国の大手アウトドア衣料品メーカー、パタゴニアや、英国の大手スーパーマーケットチェーン、セインズベリーズ、発展の著しい南アフリカ共和国のコクスタッド市など、先進的な企業や都市で、戦略や計画の立案に取り入れられているようだ。

二つめは、楽観的で大胆で、なおかつ説得力のある経済のビジョンが打ち出されていること。目標をはっきり定めることが、目標を達成するための大事な第一歩になる。目標が決まることで意欲と行動が生まれる。本書では、地球上から貧困を根絶することと、地球環境を保全することの両方をいっしょに実現すること、言い換えるなら、地球環境を守りながら、人類全員を幸せにすることが、二十一世紀の経済のめざすべきこととして、力強く唱えられている。これだけを聞くと、絵空事のように感じられるかもしれない。しかし本書を読むとそうではないことがわかる。人類の繁栄が何に支えられているかに目を向けるなら、そういう目標こそもっとも理にかなっていることが見えてくる。著者はこの二十一世紀のビジョンを「豊かな生命の網のなかでの人類の繁栄」という言葉で表現する。含蓄に富む言葉ではないだろうか。

三つめは、現在の世界が抱える問題の全体像を提示していること。主流派経済学の視野の狭さを批判する著者は、二十一世紀にふさわしい経済学の考えかたを模索するにあたって、徹底的に問題の全体像をつかもうとする。言うまでもなく、正しい対策のためには、問題の全体を知ることが欠かせない。さらに著者は、すべての問題はつながり合っているといい、ひとつひとつの問題に順番に取り組むのではなく、すべて同時に取り組むべきだと説く。ある問題に変化があれば、別の問題に必ず影響が及ぶからだ。これも卓見というべきだろう。

もちろん本書の読みどころはそれだけではない。著者はオックスフォード大学で教壇に立つようになる以前、およそ二〇年にわたってアフリカの農村やオックスファム、国連で、貧困や環境問題に取り組んできた。初の本格的な著作になる本書には、そういう著者の経験や知見や思いがぞんぶんに盛り込まれている。ラディカルな提言もあれば、経済学の諸説と現実の乖離に対する指摘、最新の事例も豊富にある。

本書で論じられている経済学の新しい七つの考えかたについて、著者は次のように述べる。「わたしたちの思考を長いあいだ支配してきた古い経済学の考えかたを追い払うには、この七つの思考法から始めるのがいちばんいいとわたしは確信している」と。わたしたちはふだん経済学の影響をほとんど意識せずに暮らしている。しかし著者によれば、わたしたちは誰もが、日々の生活を営むうえでも、ものを考えるうえでも、経済学の影響下にあるという。なぜなら経済は経済学で設計されており、わたしたちは知らないうちに経済学の発想や言葉で考えているからだ。したがって、経済学しだいで世界は大きく変わる。地球の未来は新しい経済学を築けるかどうかにかかっているともいえよう。

地球を救う新しい経済学を築くため、未踏の世界へ分け入った野心作が本書である。日本でもぜひ多くの人に読んでいただけたらと思う。

本書の翻訳にあたっては、企画段階から河出書房新社編集部、九法崇氏にお世話になった。この場を借りて、厚くお礼申し上げたい。

二〇一七年十二月　　黒輪篤嗣

64. Smith, S. and Rothbaum, J. (2013) *Cooperatives in a Global Economy: Key Economic Issues, Recent Trends, and Potential for Development.* Institute for International Economic Policy Working Paper Series, George Washington University IIEP-WP-2013-6. https://www.gwu.edu/~iiep/assets/docs/papers/Smith_Rothbaum_IIEPWP2013-6.pdf
65. Kennedy, P. (1989) *The Rise and Fall of The Great Powers.* New York: Vintage Books.（『大国の興亡―1500年から2000年までの経済の変遷と軍事闘争』ポール・ケネディ著、鈴木主税訳、草思社、1993年）
66. C40 Cities Climate Leadership Group, http://www.c40.org
67. Rogoff, K. (2012) 'Rethinking the growth imperative', *Project Syndicate,* 2 January 2012. http://www.project-syndicate.org/commentary/rethinking-thegrowth-imperative
68. Berger, J. (1972) *Ways of Seeing.* London: Penguin, p. 131.（『イメージ―視覚とメディア』ジョン・バージャー著、伊藤俊治訳、ちくま学芸文庫、2013年）
69. Wolf, M. 'The dangers of living in a zero sum world', *Financial Times,* 19 December 2007.
70. Wallich, H. (1972) 'Zero growth', *Newsweek,* 24 January 1972, p. 62.
71. Brightman, R. (1993) *Grateful Prey: Rock Cree Human-Animal Relationships.* Berkeley: University of California Press, pp. 249-251.
72. Phillips, A. (2009) 'Insatiable creatures', *Guardian,* 8 August 2009, available at: https://www.theguardian.com/books/2009/aug/08/excess-adam-phillips
73. Gerhardt, S. (2010) *The Selfish Society: How We All Forgot to Love One Another and Made Money Instead.* London: Simon & Schuster, pp. 32-33.
74. Aked, J. et al. (2008) *Five Ways to Wellbeing: The Evidence.* London: New Economics Foundation.

今や誰もが経済学者

1. Leach, M., Raworth, K. and Rockström, J. (2013) *Between Social and Planetary Boundaries: Navigating Pathways in the Safe and Just Space for Humanity,* World Social Science Report. Paris: UNESCO.
2. Mill, J. S. (1873) *Autobiography,* 1989 edn. London: Penguin, pp. 178-179.（『ミル自伝』ジョン・スチュアート・ミル著、村井章子訳、みすず書房、2008年）
3. Keynes, J. M. (1924) 'Alfred Marshall, 1842-1924', *The Economic Journal,* 34: 135, p. 322.
4. Stiglitz, J. E. (2012) 'Questioning the value of economics'. Video interview with World Business of Ideas. www.wobi.com/wbftv/joseph-stiglitz-questioningvalue-economics
5. Personal communication with Yuan Yang, 15 June 2016.

48. Polanyi, K. (2001) *The Great Transformation.* Boston : Beacon Press.（『[新訳］大転換―市場社会の形成と崩壊』カール・ポラニー著、野口建彦／栖原学訳、東洋経済新報社、2009 年）
49. Marx, K. (1867) *Capital,* Vol. I, Part II, Chapter IV（『資本論』カール・マルクス著、今村仁司／三島憲一／鈴木直訳、筑摩書房、2005 年）, available at : http://www.econlib.org/library/YPDBooks/Marx/mrxCpA4.html#Part II, Chapter 4
50. Aristotle (350 BCE) *Politics,* Book I, Part X（『政治学』アリストテレス著、田中美知太郎ほか訳、中公クラシックス、2009 年）, available at : http://classics.mit.edu/Aristotle/politics.1.one.html
51. Fullerton, J. (2012) 'Can financial reform fight climate change?' Interview on the Laura Flanders Show, 8 July 2012, available at : https://www.youtube.com/watch?v=NyVEK6A61Z8
52. Capital Institute (2015) *Evergreen Direct Investing : Co-creating the Regenerative Economy.* http://fieldguide.capitalinstitute.org/evergreen-direct-investing.html
53. Personal communication with John Fullerton, 23 June 2014.
54. Gessel, S. (1906) *The Natural Economic Order,* p. 121, available at : https://www.community-exchange.org/docs/Gesell/en/neo
55. Keynes, J. M. (1936) *The General Theory of Employment, Interest and Money,* Chapter 23. London : Macmillan.（『雇用、利子および貨幣の一般理論』ケインズ著、間宮陽介訳、ワイド版岩波文庫、2012 年）
56. Lietaer, B. (2001) *The Future of Money.* London : Century, pp. 247-248.
57. Lakoff, G. (2014) *The All New Don't Think of an Elephant.* White River Junction, VT : Chelsea Green.
58. Oxfam (2013), 'Tax on the "private" billions now stashed away in havens enough to end extreme world poverty twice over', 22 May 2013. https://www.oxfam.org/en/pressroom/pressreleases/2013-05-22/tax-private-billions-now-stashed-awayhavens-enough-end-extreme
59. Tax Justice Network (2015) 'The scale of Base Erosion and Profit Shifting' (BEPS). http://www.taxjustice.net/scaleBEPS/
60. Global Alliance for Tax Justice, http://www.globaltaxjustice.org
61. Keynes, J. M. (1931) 'Economic possibilities for our grandchildren', in *Essays in Persuasion.* London : Rupert Hart-Davis, p. 5, available at : http://www.econ.yale.edu/smith/econ116a/keynes1.pdf
62. Coote, A., Franklin, J. and Simms, A. (2010) *21 hours : Why a shorter working week can help us all flourish in the 21st century.* London : New Economics Foundation.
63. Coote, A. (2012) 'The 21 Hour Work Week', TEDxGhent. https://www.youtube.com/watch?v=1IMYV31tZZ8

Paper no. 109, p. 20.
34. Solow, R. (1957) 'Technical change and the aggregate production function', *Review of Economics and Statistics* 39 : 3, p. 320.
35. Abramovitz, M. (1956) 'Resource and output trends in the United States since 1870', *American Economic Review,* 46 : 2, p. 11.
36. Ayres. R. and Ayres, E. (2010) *Crossing the Energy Divide : Moving from Fossil Fuel Dependence to a Clean Energy Future.* Upper Saddle River, NJ : Wharton School Publishing, p. 14.
37. Let the Sun Work (2015) 'The energy in a barrel of oil', available at : http://letthesunwork.com/energy/barrelofenergy.htm
38. Ayres, R. and Warr, B. (2009) *The Economic Growth Engine.* Cheltenham : Edward Elgar, pp. 297, 309.
39. Murphy, D. J. (2014) 'The implications of the declining energy return on investment of oil production', *Philosophical Transactions of the Royal Society A* 372, p. 16.
40. Semieniuk, G. (2014) 'The digital revolution's energy costs', Schwartz Center for Economic Policy Analysis, The New School, 21 April 2014, available at : http://www.economicpolicyresearch.org/index.php/the-worldly-philosopher/1446-thedigital-revolution-s-energy-costs
41. Swishing, http://swishing.com
42. Rifkin, J. (2014) *The Zero Marginal Cost Society.* New York : Palgrave Macmillan, p. 20.（『限界費用ゼロ社会―「モノのインターネット」と共有型経済の台頭』ジェレミー・リフキン著、柴田裕之訳、NHK出版、2015年）
43. Easterlin, R. (1974) 'Does economic growth improve the human lot ? Some empirical evidence', in David, P. and Reder, M. (eds), *Nations and Households in Economic Growth : Essays in Honour of Moses Abramovitz.* New York : Academic Press.
44. Stevenson, B. and Wolfers, J. (2008) *Economic Growth and Subjective Well-being : Reassessing the Easterlin Paradox,* National Bureau of Economic Research Paper no. 14282. http://www.nber.org/papers/w14282
45. Wolf, M. (2007) 'The dangers of living in a zero-sum world economy', *Financial Times,* 19 December 2007, available at : https://next.ft.com/content/0447f562-ad85-11dc-9386-0000779fd2ac
46. Rostow, W. W. (1960) *The Stages of Economic Growth : A Non-Communist Manifesto.* Cambridge : Cambridge University Press, p. 6.（『経済成長の諸段階――一つの非共産主義宣言』W・W・ロストウ著、木村健康ほか訳、ダイヤモンド社、1974年）
47. Rogoff, K. (2012) 'Rethinking the growth imperative', *Project Syndicate,* 2 January 2012. http://www.project-syndicate.org/commentary/rethinking-thegrowth-imperative

Annual Institute of International Finance G20 Conference, Shanghai, 26 February 2016, available at: http://www.bankofengland.co.uk/publications/Pages/speeches/2016/885.aspx

22. Borio, C. (2016) 'The movie plays on: a lens for viewing the global economy', Bank for International Settlements presentation at the FT Debt Capital Markets Outlook, London 10 February 2016, available at: http://www.bis.org/speeches/sp160210_slides.pdf
23. Obsfeld, M. (2016) 'Global growth: too slow for too long', *IMFdirect,* 12 April 2016, available at: https://blog-imfdirect.imf.org/2016/04/12/global-growth-tooslow-for-too-long/
24. OECD (2016) 'Global economy stuck in low-growth trap: policymakers need to act to keep promises, OECD says in latest Economic Outlook', 1 June 2016, available at: http://www.oecd.org/newsroom/global-economy-stuck-inlow-growth-trap-policymakers-need-to-act-to-keep-promises.htm
25. Summers, L. (2016) 'The age of secular stagnation', *Foreign Affairs,* 15 February 2016.
26. Beckerman, W. (1972) *In Defense of Economic Growth.* London: Jonathan Cape, pp. 100-101.
27. Friedman, B. (2006) *The Moral Consequence of Economic Growth.* New York: Vintage Books, p. 4.（『経済成長とモラル』ベンジャミン・M・フリードマン著、地主敏樹／重富公生／佐々木豊訳、東洋経済新報社、2011年）
28. Moyo, D. (2015) 'Economic growth has stalled. Let's fix it'. TED Global, Geneva. https://www.ted.com/talks/dambisa_moyo_economic_growth_has_stalled_let_s_fix_it?language=en
29. Brynjolfsson, E. and MacAfee, A. (2014) *The Second Machine Age.* New York: W. W. Norton & Co.（『ザ・セカンド・マシン・エイジ』エリック・ブリニョルフソン／アンドリュー・マカフィー著、村井章子訳、日経BP社、2015年）
30. Carbon Brief (2016) 'The 35 countries cutting the link between economic growth and emissions', 5 April 2016, available at: https://www.carbonbrief.org/the-35-countries-cutting-the-link-between-economic-growth-and-emissions. 世界銀行発表のGDPデータは現地通貨（実質）にもとづく。消費ベースの排出量はグローバル・カーボン・プロジェクトのCDIACデータベースによる。
31. Anderson, K. and Bows, A. (2011) 'Beyond "dangerous" climate change: emissions scenarios for a new world', *Philosophical Transactions of the Royal Society A,* 369, pp. 20-44.
32. Bowen, A. and Hepburn, C. (2012) *Prosperity With Growth: Economic Growth, Climate Change and Environmental Limits,* Centre for Climate Change Economic and Policy Working Paper no. 109, and Brynjolfsson, E. (2013) 'The key to growth? Race with the machines', TED Talk, February 2013. https://www.ted.com/talks/erik_brynjolfsson_the_key_to_growth_race_em_with_em_the_machines?language=en
33. Bowen, A. and Hepburn, C. (2012) *Prosperity with Growth: Economic Growth, Climate Change and Environmental Limits,* Centre for Climate Change Economic and Policy Working

1987 年）http://www.econlib.org/library/Ricardo/ricP.html

7. Mill, J. S. (1848) *Principles of Political Economy,* Book IV, Chapter VI, 6.（『経済学原理』J・S・ミル著、末永茂喜訳、岩波文庫、1959-63 年）http://www.econlib.org/library/Mill/mlP.html#Bk.IV,Ch.VI
8. Keynes, J. M. (1945) *First Annual Report of the Arts Council (1945-46).* London: Arts Council.
9. Rogers, E. (1962) *Diffusion of Innovations.* New York: The Free Press.
10. Georgescu-Roegen, N. (2013) *The Entropy Law and the Economic Process.* Cambridge, MA: Harvard University Press.（『エントロピー法則と経済過程』N・ジョージェスクーレーゲン著、高橋正立ほか訳、みすず書房、1993 年）
11. Marshall, A. (1890) *Principles of Economics,* Book IV, Chapter VII.7. London: Macmillan.（『経済学原理』アルフレッド・マーシャル著、馬場啓之助訳、東洋経済新報社、1965-67 年）http://www.econlib.org/library/Marshall/marP.html#
12. IMF (2016) 'World Economic Outlook Update', January 2016, available at: http://www.imf.org/external/pubs/ft/weo/2016/update/01/
13. World Bank (2016) GDP growth (annual %), 2011-2015. http://data.worldbank.org/indicator/NY.GDP.MKTP.KD.ZG
14. Jackson, T. (2009) *Prosperity without Growth.* London: Earthscan, pp. 56-58.（『成長なき繁栄―地球生態系内での持続的繁栄のために』ティム・ジャクソン著、田沢恭子訳、一灯舎、2012 年）
15. United Nations (2015) *World Population Prospects: The 2015 Revision.* New York: UN, p. 26, available at: https://esa.un.org/unpd/wpp/publications/files/key_findings_wpp_2015.pdf
16. Global Footprint Network (2015) *Footprint for Nations* (2011 data). http://www.footprintnetwork.org/en/index.php/GFN/page/footprint_for_nations/
17. Sinclair, U. (1935) *I, Candidate for Governor - and How I Got Licked.* Oakland: University of California Press, 1994 repr., p. 109.
18. Bonaiuti, M. (2014) *The Great Transition.* London: Routledge (Figure 3.1).
19. Gordon, R. (2014) *The Demise of US Economic Growth: Restatement, Rebuttals and Reflections.* NBER Working Paper no. 19895, February 2014, available at: http://www.nber.org/papers/w19895, and Jackson, T. and Webster, R. (2016) *Limits Revisited, A Report for the All Party Parliamentary Group on Limits to Growth,* available at: http://limits2growth.org.uk/revisited/
20. OECD (2014) *Policy Challenges for the Next 50 Years.* OECD Economic policy paper no. 9, Paris: OECD, p. 11.
21. Carney, M. (2016) 'Redeeming an Unforgiving World', speech by Mark Carney at the 8th

economy. http://ex-tax.com/files/4314/1693/7138/The_Extax_Project_New_Era_New_Plan_report.pdf
56. Crawford, K. et al. (2014) *Demolition or Refurbishment of Social Housing? A review of the evidence.* London: UCL Urban Lab and Engineering Exchange, available at: http://www.engineering.ucl.ac.uk/engineering-exchange/files/2014/10/Report-Refurbishment-Demolition-Social-Housing.pdf
57. Wijkman, A. and Skanberg, K. (2015) *The Circular Economy and Benefits for Society.* Zurich : Club of Rome, available at: http://www.clubofrome.org/wp-content/uploads/2016/03/The-Circular-Economy-and-Benefits-for-Society.pdf
58. Mazzucato, M. (2015) 'What we need to get a real green revolution', 10 December 2015, http://marianamazzucato.com/2015/12/10/what-we-need-to-get-a-realgreen-revolution/
59. Mazzucato, M., Semieniuk, G. and Watson, J. (2015) *What Will It Take to Get Us a Green Revolution?* SPRU Policy Paper, University of Sussex. https://www.sussex.ac.uk/webteam/gateway/file.php?name=what-will-it-take-to-get-usa-green-revolution.pdf&site=264
60. The Oberlin Project. http://www.oberlinproject.org/
61. 'David Orr: The Oberlin Project', at The Garrison Institute, February 2012. https://www.youtube.com/watch?v=K5MNI9k0wWU
62. Oberlin College (2016) Environmental Dashboard at environmentaldashboard.org
63. Meadows, D. (1998) *Indicators and Information Systems for Sustainable Development.* Vermont: The Sustainability Institute, available at: http://www.comitatoscientifico.org/temi%20SD/documents/@@Meadows%20SD%20indicators.pdf
64. Economy for the Common Good https://old.ecogood.org/en and B Corps https://www.bcorporation.net/ and the MultiCapital Scorecard http://www.multicapitalscorecard.com/

第7章　成長にこだわらない

1. Mali, T. (2002) 'Like Lily like Wilson', in *What Learning Leaves,* Newtown, CT: Hanover Press.
2. Al Bartlett, http://www.albartlett.org
3. Rostow, W. W. (1960) *The Stages of Economic Growth: A Non-Communist Manifesto.* Cambridge: Cambridge University Press, p. 6.（『経済成長の諸段階――一つの非共産主義宣言』W・W・ロストウ著、木村健康ほか訳、ダイヤモンド社、1974年）
4. Rostow, W. W. (1960) *The Stages of Economic Growth,* p. 16.
5. Smith, A. (1776) *An Inquiry into the Nature and Causes of the Wealth of Nations,* Book I, Chapter 9, p. 14.（『国富論』）http://geolib.com/smith.adam/won1-09.html
6. Ricardo, D. (1817) *On the Principles of Political Economy and Taxation,* Chapter4 (6.29).（『経済学および課税の原理』リカードウ著、羽鳥卓也／吉澤芳樹訳、岩波文庫、

York: Palgrave Macmillan, pp.79-80.（『サーキュラー・エコノミー―デジタル時代の成長戦略』ピーター・レイシー／ヤコブ・ルトクヴィスト著、アクセンチュア・ストラテジー訳、日本経済新聞出版社、2016年）
37. Muirhead, S. and Zimmermann, L. (2015) 'Open Source Circular Economy', The Disruptive Innovation Festival 2015.
38. Open Source Circular Economy: mission statement. https://oscedays.org/open-source-circular-economy-mission-statement/
39. Personal communication with Sam Muirhead, 27 January 2016.
40. Apertuso https://www.apertus.org/
41. OSVehicle https://www.osvehicle.com/
42. Sénamé Kof Agbodjinou and the W. Afate 3D printer at NetExplo 2015. https://www.youtube.com/watch?v=ThTRqfhMLcA and My Africa Is talks Woelab and the e-waste 3D printer. http://www.myafricais.com/woelab_3dprinting/
43. Greene, T. (2001) 'Ballmer: "Linux is a cancer" ', http://www.theregister.co.uk/2001/06/02/ballmer_linux_is_a_cancer/, and Finley, K. (2015) 'Whoa. Microsoft is using Linux to run its cloud', http://www.wired.com/2015/09/microsoft-using-linux-run-cloud/
44. Personal communication with Sam Muirhead, 27 January 2016.
45. Asknature.org and personal communication with Janine Benyus, 31 May 2016.
46. Friedman, M. (1970) 'The social responsibility of business is to increase its profits', *New York Times Magazine,* 13 September 1970. http://umich.edu/~thecore/doc/Friedman.pdf
47. Satya.com (2005) 'A Dame of big ideas: the Satya interview with Anita Roddick', http://www.satyamag.com/jan05/roddick.html
48. Satya.com (2005) 'A Dame of big ideas'.
49. Benefit Corporation, http://benefitcorp.net/ and CIC Association, http://www.cicassociation.org.uk/about/what-is-a-cic
50. Satya.com (2005) 'A Dame of big ideas: the Satya interview with Anita Roddick', http://www.satyamag.com/jan05/roddick.html
51. John Fullerton's speech at the launch of Regenerative Capitalism. https://www.youtube.com/watch?v=6KDv06YOjxw
52. Fullerton, J. (2015) *Regenerative Capitalism : how universal principles and patterns will shape our new economy.* Greenwich, CT: The Capital Institute.
53. Capital Institute (2015) *A Year in the Life of a Regenerative Bank.* http://regenerativebankproject.capitalinstitute.org/
54. Herman, G. (2011) 'Alternative currency has great success: Rabot loves Torekes', *Nieuwsblad,* 30 April 2011, http://www.nieuwsblad.be/cnt/f839i9vt
55. The Ex'Tax Project (et al.) (2014) *New Era. New Plan. Fiscal reforms for an inclusive, circular*

19. McDonough, W. (2015) 'Upcycle and the atomic bomb', interview in Renewable Matter 06-07, Milan: Edizioni Ambiente, p. 12.
20. Andersson, E. et al. (2014) 'Reconnecting cities to the Biosphere: stewardship of green infrastructure and urban ecosystem services', *AMBIO* 43: 4, pp. 445-453.
21. Biomimicry 3.8 (2014), 'Conversation with Janine', http://biomimicry.net/about/biomimicry/conversation-with-janine/
22. Webster, K. (2015) *The Circular Economy: A Wealth of Flows.* Isle of Wight: Ellen McArthur Foundation.
23. Ellen McArthur Foundation (2012) *Towards the Circular Economy.* Isle of Wight: Ellen McArthur Foundation, available at: http://www.ellenmacarthurfoundation.org/assets/downloads/publications/Ellen-MacArthur-Foundation-Towards-the-Circular-Economy-vol.1.pdf
24. Braungart, M. and McDonough, W. (2009) *Cradle to Cradle: Remaking the Way We Make Things.* London: Vintage Books.（『サステイナブルなものづくり―ゆりかごからゆりかごへ』ウィリアム・マクダナー／マイケル・ブラウンガート著、山本聡／山崎正人訳、人間と歴史社、2009年）
25. Ellen MacArthur Foundation (2012) *In-depth: mobile phones.* http://www.ellenmacarthurfoundation.org/circular-economy/interactive-diagram/in-depth-mobilephones
26. Benyus, J. (2015) 'The generous city', *Architectural Design* 85: 4, pp. 120-121.
27. Personal communication with Janine Benyus, 23 November 2015.
28. Park 20|20 http://www.park2020.com/
29. Newlight Technologies, www.newlight.com/company
30. Sundrop Farms www.sundropfarms.com and Sundrop Farms ABC Landline Coverage, 20 April 2012 https://www.youtube.com/watch?v=KCup_B_RHM4
31. Arthur, C. (2010) 'Women solar entrepreneurs transforming Bangladesh'. http://www.renewableenergyworld.com/articles/2010/04/women-solar-entrepreneurstransforming-bangladesh.html
32. Vidal, J. (2014) 'Regreening program to restore one-sixth of Ethiopia's land', *Guardian,* 30 October 2014, available at: http://www.theguardian.com/environment/2014/oct/30/regreening-program-to-restore-land-across-one-sixth-of-ethiopia
33. Sanergy http://saner.gy/
34. ProComposto http://www.procomposto.com.br
35. Margolis, J. (2012) 'Growing food in the desert: is this the solution to the world's food crisis?', *Guardian,* 24 November 2012, available at: https://www.theguardian.com/environment/2012/nov/24/growing-food-in-the-desert-crisis
36. Lacy, P. and Rutqvist, J. (2015) *Waste to Wealth: The Circular Economy Advantage.* New

3. Grossman and Krueger (1995) 'Economic growth and the environment', p. 369.
4. Yandle, B. et al. (2002) *The Environmental Kuznets Curve: A Primer.* The Property and Environment Research Centre Research Study 02. http://www.macalester.edu/~wests/econ231/yandleetal.pdf
5. Torras, M. and Boyce, J. K. (1998) 'Income, inequality, and pollution: a reassessment of the environmental Kuznets curve', *Ecological Economics* 25, pp. 147-160.
6. Wiedmann, T. O. et al. (2015) 'The material footprint of nations', *Proceedings of the National Academy of Sciences* 112: 20, pp. 6271-6276.
7. UNEP (2016) *Global Material Flows and Resource Productivity: A Report of the International Resource Panel,* Paris: United Nations Environment Programme available at: http://www.uneplive.org/material#.V1rkAeYrLIG
8. Goodall, C. (2012) *Sustainability.* London: Hodder & Stoughton.
9. Global Footprint Network (2016) 'National Footprint Accounts', available at: http://www.footprintnetwork.org/en/index.php/GFN/page/footprint_data_and_results/
10. Heinrich Böll Foundation (2012) 'Energy transition: environmental taxation', available at: http://energytransition.de/2012/10/environmental-taxation/
11. California Environmental Protection Agency (2016) 'Cap-and-Trade Program', available at: http://www.arb.ca.gov/cc/capandtrade/capandtrade.htm
12. Schwartz, D. 'Water pricing in two thirsty cities: in one, guzzlers pay more, and use less', *New York Times,* 6 May 2015. http://www.nytimes.com/2015/05/07/business/energy-environment/water-pricing-in-two-thirsty-cities.html?_r=0
13. '"Most progressive water utility in Africa" wins 2014 Stockholm Industry Water Award', SIWI press release, available at: http://www.siwi.org/prizes/winners/2014-2.html
14. Meadows, D. (1997) *Leverage Points: Places to Intervene in a System.* The Donella Meadows Institute, available at: http://donellameadows.org/archives/leveragepoints-places-to-intervene-in-a-system/
15. Lyle, J. T. (1994) *Regenerative Design for Sustainable Development.* New York: John Wiley & Sons, p. 5.
16. Hotten, R. (2015) 'Volkswagen: the scandal explained', BBC News, available at: http://www.bbc.co.uk/news/business-34324772
17. 'Nedbank Fair Share 2030 starts with Targeted Lending of R6 billion', 3 March 2014, Nedbank, available at: https://www.nedbank.co.za/content/nedbank/desktop/gt/en/news/nedbankstories/fair-share-2030/2014/nedbank-fair-share-2030-starts-with-targeted-lending-of-r6-billion.html
18. Nestlé (2014) 'Nestlé opens its first zero water factory expansion in Mexico', 22 October 2014. http://www.wateronline.com/doc/nestle-zero-water-factoryexpansion-mexico-0001

World Bank Policy Research Working Paper no. 3994, Washington, DC: World Bank, available at: http://www1.worldbank.org/prem/poverty/ie/dime_papers/1082.pdf
91. Global Basic Income Foundation, *What Is a Global Basic Income?* http://www.globalincome.org/English/Global-Basic-Income.html
92. Faye, M. and Niehaus, P. (2016) 'What if we just gave poor people a basic income for life? That's what we are about to test', *Slate,* 14 April 2016, available at: http://www.slate.com/blogs/moneybox/2016/04/14/universal_basic_income_this_nonprofit_is_about_to_test_it_in_a_big_way.html
93. Hurun Global Rich List 2015. http://www.hurun.net/en/articleshow.aspx?nid=9607
94. Seery, E. and Caistor Arendar, A. (2014) *Even It Up: Time to End Extreme Inequality.* Oxford: Oxfam International, p. 17.
95. ICRICT (2015) Declaration of the Independent Commissions for the Reform of International Corporate Taxation. www.icrict.org
96. Barnes, P. (2003) 'Capitalism, the Commons and Divine Right'. 23rd Annual E. F. Schumacher Lectures, Schumacher Center for a New Economics, available at: http://www.centerforneweconomics.org/publications/lectures/barnes/peter/capitalism-the-commons-and-divine-right
97. Barnes, P. (2006) *Capitalism 3.0: A Guide to Reclaiming the Commons.* Berkeley: Berrett-Koehler.
98. Sheerin, J. (2009) 'Malawi windmill boy with big fans', BBC News, http://news.bbc.co.uk/1/hi/world/africa/8257153.stm
99. Pearce, J. et al. (2012) 'A new model for enabling innovation in appropriate technology for sustainable development', *Sustainability: Science, Practice and Policy,* 8: 2, pp. 42-53.
100. Pearce, J. (2012) 'The case for open source appropriate technology', *Environment, Development and Sustainability,* 14: 3, p. 430.
101. Kamkwamba, W. (2014) 'Updates from the past two years', 6 October 2014, William Kamkwamba's blog, available at: http://williamkamkwamba.typepad.com/williamkamkwamba/2014/10/updates-from-the-last-two-years.html
102. Personal email correspondence with William Kamkwamba, 19 October 2015.

第6章　環境再生を創造する

1. Mallet, V. (2013) 'Environmental damage costs India $80bn a year', *Financial Times,* 17 July 2013, http://www.ft.com/cms/s/0/0a89f3a8-eeca-11e2-98dd-00144feabdc0.html#axzz3qz7R0UIf
2. Grossman, G. and Krueger, A. (1995) 'Economic growth and the environment', *Quarterly Journal of Economics,* 110: 2, pp. 353-377.

July/August 2015. https://www.foreignaffairs.com/articles/2015-06-16/will-humans-go-way-horses

76. Brynjolfsson and McAfee (2015) 'Will humans go the way of horses?'

77. Mazzucato, M. (2013) *The Entrepreneurial State.* London: Anthem Press, pp. 188-191.（『企業家としての国家─イノベーション力で官は民に劣るという神話』マリアナ・マッツカート著、大村昭人訳、薬事日報社、2015年）

78. Frumkin, M. (1945) 'The origin of patents', *Journal of the Patent Office Society,* 27: 3, p. 143.

79. Schwartz, J. (2009) 'Cancer patients challenge the patenting of a gene', *New York Times,* 12 May 2009, available at: http://www.nytimes.com/2009/05/13/health/13patent.html

80. Stiglitz, J. E. (2012) *The Price of Inequality.* London: Allen Lane, p. 202.（『世界の99%を貧困にする経済』ジョセフ・E・スティグリッツ著、楡井浩一／峯村利哉訳、徳間書店、2012年）

81. The Open Building Institute, available at : http://openbuildinginstitute.org/

82. Jakubowski, M. (2012) 'The Open Source Economy'. Talk given at Connecting For Change: Bioneers by the Bay conference, the Marion Institute, 28 October 2012, available at: https://www.youtube.com/watch?v=MIIzogiUHFY

83. Pearce, J. (2015) 'Quantifying the value of open source hardware development', *Modern Economy,* 6, pp. 1-11.

84. Bauwens, M. (2012) *Blueprint for P2P Society: The Partner State and Ethical Society,* http://www.shareable.net/blog/blueprint-for-p2p-society-the-partnerstate-ethical-economy

85. Lakner, C. and Milanovic, B. (2015) 'Global income distribution: from the fall of the Berlin Wall to the Great Recession', *The World Bank Economic Review,* pp. 1-30.

86. OECD (2014) *Detailed Final 2013 Aid Figures Released by OECD/DAC.* http://www.oecd.org/dac/stats/final2013oda.htm

87. OECD (2015) 'Non-ODA flows to developing countries: remittances', available at: http://www.oecd.org/dac/stats/beyond-oda-remittances.htm

88. Financial Inclusion Insights (2015) *Kenya: Country Context.* http://finclusion.org/country-pages/kenya-country-page/

89. Statistica (2015) *Mobile Phone User Penetration as a Percentage of the Population Worldwide, 2012 to 2018.* http://www.statista.com/statistics/470018/mobile-phoneuser-penetration-worldwide/

90. Banerjee, A. et al. (2015) *Debunking the Stereotype of the Lazy Welfare Recipient: Evidence from Cash Transfer Programs Worldwide.* HKS Working Paper no. 76, available at: http://papers.ssrn.com/sol3/papers.cfm?abstract_id=2703447 and Gertler, P., Martinez, S. and Rubio-Codina, M. (2006) *Investing Cash Transfers to Raise Long-term Living Standards.*,

at: https://www.youtube.com/watch?v=kq8RPbFz5UU
60. Seaman, D. (2015) 'Bitcoin vs. Ethereum explained for NOOBZ', published 30 November 2015, available at: https://www.youtube.com/watch?v=rEJKLFH8q5c
61. Trades Union Congress (2012) *The Great Wages Grab.* London: TUC. https://www.tuc.org.uk/sites/default/files/tucfiles/TheGreatWagesGrab.pdf
62. Mishel, L. and Shierholz, H. (2013) *A Decade of Flat Wages.* EPI Briefing Paper no. 365, Washington, DC: Economic Policy Institute. http://www.epi.org/files/2013/BP365.pdf
63. Miller, J. (2015) 'German wage repression', Dollars & Sense blog. September 2015. http://dollarsandsense.org/archives/2015/0915miller.html
64. International Labour Organization (2014) *Global Wage Report.* Geneva: ILO. http://www.reuters.com/article/2014/12/04/us-employment-wages-ilo-idUSKCN0JI2JP20141204
65. Kelly, M. (2012) *Owning our Future: The Emerging Ownership Revolution.* San Francisco: Berrett-Koehler, p. 18.
66. International Cooperative Alliance (2014) *World Cooperative Monitor.* Geneva: ICA, available at: http://ica.coop/sites/default/files/attachments/WCM2014_print.pdf
67. John Lewis (2011) The John Lewis Partnership Bond, available at: http://www.partnershipbond.com/content/jlbond/about.html
68. Cited in Kelly, M. (2012) *Owning our Future: The Emerging Ownership Revolution.* San Francisco: Berrett-Koehler, p. 12.
69. Kelly, M. (2012) *Owning our Future,* p. 212.
70. Rifkin, J. (2014) *The Zero Marginal Cost Society.* New York: Palgrave Macmillan, p. 204.（『限界費用ゼロ社会―「モノのインターネット」と共有型経済の台頭』ジェレミー・リフキン著、柴田裕之訳、NHK出版、2015年）
71. Brynjolfsson, E. and McAfee, A. (2012) 'Jobs, productivity and the Great Decoupling', *New York Times,* 11 December 2012. http://www.nytimes.com/2012/12/12/opinion/global/jobs-productivity-and-the-great-decoupling.html?_r=0
72. Brynjolfsson, E. and McAfee, A. (2015) 'Will humans go the way of horses?' *Foreign Affairs,* July/August 2015. https://www.foreignaffairs.com/articles/2015-06-16/will-humans-go-way-horses
73. World Economic Forum (2016) *The Future of Jobs,* available at: http://reports.weforum.org/future-of-jobs-2016/
74. Zuo, M. (2016) 'Rise of the robots: 60,000 workers culled from just one factory as China's struggling electronics hub turns to artificial intelligence', *South China Morning Post,* 21 May 2016, available at: http://www.scmp.com/news/china/economy/article/1949918/rise-robots-60000-workers-culled-just-one-factory-chinas
75. Brynjolfsson, E. and McAfee, A. (2015) 'Will humans go the way of horses?' *Foreign Affairs,*

nobel_prizes/economic-sciences/laureates/2009/ostrom_lecture.pdf
44. Ostrom, E., Janssen. M. and Anderies, J. (2007) 'Going beyond panaceas', *Proceedings of the National Academy of Sciences* 104 : 39, pp. 15176-15178.
45. Greenham, T. (2012) 'Money is a social relationship', TEDx Leiden, 29 November 2012, available at : https://www.youtube.com/watch?v=f1pS1emZP6A
46. Ryan-Collins, J. et al. (2012) *Where Does Money Come From?* London : New Economics Foundation.
47. Bank of England Interactive Database, Table C, 'Further analyses of deposits and lending', series : 'Industrial analysis of sterling monetary financial institutions lending to UK residents : long runs', available at : http://www.bankofengland.co.uk/boeapps/iadb/index.asp?first=yes&SectionRequired=C&HideNums=-1&ExtraInfo=false&Travel=NIxSTx
48. Hudson, M. and Bezemer, D. (2012) 'Incorporating the rentier sectors into a financial model', *World Economic Review* 1, p. 6.
49. Benes, J. and Kumhof, M. (2012) *The Chicago Plan Revisited.* IMF Working Paper 12/202. https://www.imf.org/external/pubs/ft/wp/2012/wp12202.pdf
50. Keynes, J. M. (1936) *The General Theory of Employment, Interest and Money,* Chapter 24. London : Macmillan.（『雇用、利子および貨幣の一般理論』ケインズ著、間宮陽介訳、ワイド版岩波文庫、2012 年）
51. Ryan-Collins, J. et al. (2013) *Strategic Quantitative Easing : Stimulating Investment to Rebalance the Economy.* London : New Economics Foundation.
52. Blyth, M., Lonergan, E. and Wren-Lewis, S., 'Now the Bank of England needs to deliver QE for the people'. *Guardian,* 21 May 2015.
53. Murphy, R. and Hines, C. (2010) 'Green quantitative easing : paying for the economy we need', Norfolk : Finance for the Future, available at : http://www.financeforthefuture.com/GreenQuEasing.pdf
54. Greenham, T. (2012) 'Money is a social relationship', TEDx Leiden, 29 November 2012, available at : https://www.youtube.com/watch?v=f1pS1emZP6A
55. Grassroots Economics (2016) 'Community currency', available at : http://grassrootseconomics.org/community-currencies
56. Ruddick, W. (2015) 'Kangemi-Pesa Launch Prep & More Currency News', *Grassroots Economics,* available at : http://www.grassrootseconomics.org/kangemipesa-launch-prep
57. www.zeitvorsorge.ch/
58. Strassheim, I. (2014) 'Zeit statt Geld fürs Alter sparen', *Migros-Magazin,* 1 September 2014. www.zeitvorsorge.ch/#!/DE/24/Medien.htm
59. DEVCON1 (2016) Transactive Grid : a decentralized energy management system. Presentation at Ethereum Developer Conference, 9-13 November 2015, London, available

WP/10/268, Washington, DC : IMF.
26. Ostry, J. D. et al. (2014) Redistribution, inequality and growth. IMF Staff discussion note, February 2014. p. 5. https://www.imf.org/external/pubs/ft/sdn/2014/sdn1402.pdf
27. Ostry, J. (2014) 'We do not have to live with the scourge of inequality', *Financial Times,* 3 March 2014, available at : http://www.ft.com/cms/s/0/f551b3b0-a0b0-11e3-a72c-00144feab7de.html#axzz4AsgUK8pa
28. Goerner, S. (2015) *Regenerative Development : The Art and Science of Creating Durably Vibrant Human Networks.* Connecticut : Capital Institute, available at : http://capitalinstitute.org/wp-content/uploads/2015/05/000-Regenerative-Devel-Final-Goerner-Sept-1-2015.pdf
29. Goerner, S. et al. (2009) 'Quantifying economic sustainability : implications for free-enterprise theory, policy and practice', *Ecological Economics* 69, p. 79.
30. The Asia Floor Wage, available at : http://asia.floorwage.org/
31. Pizzigati, S. (2004) *Greed and Good.* New York : Apex Press, pp. 479-502.
32. The Mahatma Gandhi National Rural Employment Guarantee Act 2005. http://www.nrega.nic.in/netnrega/home.aspx
33. Basic Income Earth Network (BIEN) http://www.basicincome.org/
34. Alperovitz, G. (2015) *What Then Must We Do?* White River Junction, VT : Chelsea Green, p. 26.
35. Landesa, http://www.landesa.org/resources/suchitra-deys-story/
36. 'Educating the People', *Ottawa Free Trader,* 7 August 1914, p. 3.
37. Mill, J. S. (1848) *Principles of Political Economy,* Book V, Chapter II, 28, available at : http://www.econlib.org/library/Mill/mlP.html（『経済学原理』J・S・ミル著、末永茂喜訳、岩波文庫、1959-63年）
38. George, H. (1879) *Progress and Poverty.* New York : Modern Library, Book VII, Chapter 1.（『進歩と貧困』ヘンリー・ジョージ著、山嵜義三郎訳、日本経済評論社、1991年）
39. Thompson, E. P. (1964) *The Making of the English Working Class.* New York : Random House, p. 218.（『イングランド労働者階級の形成』エドワード・P・トムスン著、市橋秀夫／芳賀健一訳、青弓社、2003年）
40. Land Matrix, available at : www.landmatrix.org
41. Pearce, F. (2016) *Common Ground : securing land rights and safeguarding the earth.* Oxford : Oxfam International.
42. Ostrom, E. (2009) 'A general framework for analyzing sustainability of social-ecological systems', *Science* 325 : 5939, p. 419.
43. Ostrom, E. (2009) 'Beyond markets and states : polycentric governance of complex economic systems'. Nobel Prize lecture, 8 December 2009. http://www.nobelprize.org/

13. Quinn, J. and Hall, J. (2009) 'Goldman Sachs vice-chairman says "learn to tolerate inequality" ', *Daily Telegraph,* 21 October 2009. http://www.telegraph.co.uk/finance/recession/6392127/Goldman-Sachs-vice-chairman-says-Learn-to-tolerateinequality.html
14. Lucas, R. (2004) *The Industrial Revolution: Past and Future,* 2003 Annual Report Essay, The Federal Reserve Bank of Minneapolis, available at: https://www.minneapolisfed.org/publications/the-region/the-industrial-revolution-past-and-future
15. Ossa, F. (2016) 'The economist who brought you Thomas Piketty sees "perfect storm" of inequality ahead', *New York Magazine,* 24 March 2016, available at: http://nymag.com/daily/intelligencer/2016/03/milanovic-millennial-on-millennial-waris-next.html
16. Newsnight interview with Tony Blair and Jeremy Paxman, 4 June 2001, http://news.bbc.co.uk/1/hi/events/newsnight/1372220.stm
17. Wilkinson, R. and Pickett, K. (2009) *The Spirit Level.* London: Penguin. (『平等社会―経済成長に代わる、次の目標』リチャード・ウィルキンソン／ケイト・ピケット著、酒井泰介訳、東洋経済新報社、2010 年)
18. Wilkinson, R. and Pickett, K. (2014) '*The Spirit Level* authors: why society is more unequal than ever', *Guardian,* 9 March 2014, available at: https://www.theguardian.com/commentisfree/2014/mar/09/society-unequal-the-spiritlevel
19. West, D. (2014) Billionaires: Darrell West's reflections on the Upper Crust. http://www.brookings.edu/blogs/brookings-now/posts/2014/10/watch-rural-dairyfarm-writing-billionaires-political-power-great-wealth
20. Gore, A. (31 October 2013). 'The Future: six drivers of global change'. Lecture given at the Oxford Martin School. http://www.oxfordmartin.ox.ac.uk/videos/view/317
21. Islam, N. (2015) *Inequality and Environmental Sustainability,* UN DESA Working Paper no. 145 ST/ESA/2015/DWP/145, available at: http://www.un.org/esa/desa/papers/2015/wp145_2015.pdf
22. Datta, Se. et al. (2015) 'A behavioural approach to water conservation: evidence from a randomized evaluation in Costa Rica', *Ideas* 42. http://www.ideas42.org/wp-content/uploads/2015/04/Belen-Paper-Final.pdf and Ayres, I., Raseman, S. and Shih, A. (2009) *Evidence from Two Large Field Experiments that Peer Comparison Can Reduce Residential Energy Usage,* National Bureau of Economic Research, Working Paper 15386. http://www.nber.org/papers/w15386
23. Boyce, J. K. et al. (1999) 'Power distribution, the environment, and public health: a state-level analysis', *Ecological Economics* 29, pp. 127-140.
24. Holland, T. et al. (2009) 'Inequality predicts biodiversity loss', *Conservation Biology* 23: 5, pp. 1304-1313.
25. Kumhof, M. and Rancière, R. (2010) *Inequality, Leverage and Crises.* IMF Working Paper,

ズ著、枝廣淳子訳、英治出版、2015年）

第5章　分配を設計する

1. Cingano, F. (2014) *Trends in Income Inequality and its Impact on Economic Growth.* OECD Social, Employment and Migration Working Papers, no. 163, OECD publishing, available at: http://dx.doi.org/10.1787/5jxrjncwxv6j-en
2. Jiang, Y. et al. (2016) *Basic Facts About Low-income Children.* National Center for Children in Poverty, available at: http://www.nccp.org/publications/pub_1145.html, and The Trussell Trust (2016) 'Foodbank use remains at record high', 15 April 2016, available at: https://www.trusselltrust.org/2016/04/15/foodbank-use-remains-record-high/
3. Sumner, A. (2012) *From Deprivation to Distribution: Is Global Poverty Becoming a Matter of National Inequality?* IDS Working Paper no. 394, Sussex: IDS, available at: http://www.ids.ac.uk/files/dmfile/Wp394.pdf
4. Persky, J. (1992) 'Retrospectives: Pareto's law', *Journal of Economic Perspectives* 6: 2, pp. 181-192.
5. Kuznets, S. (1955) 'Economic growth and income inequality', *American Economic Review,* 45: 1, pp. 1-28.
6. Kuznets, S. (1954) Letter to Selma Goldsmith, US Office of Business Economics, 15 August 1954, Papers of Simon Kuznets, Harvard University Archives, HUGFP88.10 Misc. Correspondence, Box 4. http://asociologist.com/2013/03/21/on-the-origins-of-the-kuznets-curve/
7. Kuznets, S. (1955) 'Economic growth and income inequality', *American Economic Review,* 45: 1, pp. 1-28.
8. Lewis, W. A. (1976) 'Development and distribution', in Cairncross, A. and Puri, M. (eds), *Employment, Income Distribution, and Development Strategy: Problems of the Developing Countries.* New York: Holmes & Meier, pp. 26-42.
9. World Bank (1978) *World Development Report,* Washington, DC: World Bank, p. 33.
10. Krueger, A. (2002) 'Economic scene: when it comes to income inequality, more than just market forces are at work', *New York Times,* 4 April 2002, available at: http://www.nytimes.com/2002/04/04/business/economic-scene-when-itcomes-income-inequality-more-than-just-market-forces-are.html?_r=0
11. Piketty, T. (2014) *Capital in the Twenty-First Century.* Cambridge, MA: Harvard University Press.（『21世紀の資本』トマ・ピケティ著、山形浩生／守岡桜／森本正史訳、みすず書房、2014年）
12. Ostry, J. D. et al. (2014) Redistribution, inequality and growth. IMF Staff discussion note, February 2014, p. 5. https://www.imf.org/external/pubs/ft/sdn/2014/sdn1402.pdf

38. Milanovic, B. (2014) http://www.lisdatacenter.org/wp-content/uploads/Milanovic-slides.pdf
39. Kunzig, R. (2009) 'The Big Idea: The Carbon Bathtub'. National Geographic, December 2009. http://ngm.nationalgeographic.com/big-idea/05/carbon-bath
40. Sterman, J. D. (2010) 'A Banquet of Consequences'. Presentation at MIT System Design and Management Conference, 21 October 2010. www.youtube.com/watch?v=yMNElsUDHXA
41. Sterman, J. D. (2010) 'A Banquet of Consequences'.
42. Diamond, J. (2003) 'Why Do Societies Collapse?' TED Talk, February 2003, available at: https://www.ted.com/talks/jared_diamond_on_why_societies_collapse?language=en
43. Diamond, J. (2005) *Collapse: How Societies Choose to Fail or Survive.* London: Penguin.
44. Meadows, D. et al. (1972) *The Limits to Growth.* New York: Universe Books, and Meadows, D. et al. (2005) *Limits to Growth: The 30-Year Update.* London: Earthscan.（『成長の限界—人類の選択』ドネラ・H・メドウズ／デニス・L・メドウズ／ヨルゲン・ランダース著、枝廣淳子訳、ダイヤモンド社、2005年）
45. Jackson, T. and Webster, R. (2016) *Limits Revisited: a review of the limits to growth debate.* The All Party Parliamentary Group on Limits to Growth, Surrey: University of Surrey, available at: http://limits2growth.org.uk/wp-content/uploads/2016/04/Jackson-and-Webster-2016-Limits-Revisited.pdf
46. Liu, E. and Hanauer, N. (2011) *The Gardens of Democracy.* Seattle: Sasquatch Books, pp. 11 and 87.
47. Beinhocker, E. (2012) 'New economics, policy and politics', in Dolphin, T. and Nash, D. (eds), *Complex New World.* London: Institute for Public Policy Research, pp. 142-144.
48. Ostrom, E. (2012) 'Green from the grassroots'. *Project Syndicate,* 12 June 2012. http://www.project-syndicate.org/commentary/green-from-the-grassroots
49. Meadows, D. (1999) *Leverage Points: Places to Intervene in a System.* Hartland, VT: Sustainability Institute, p. 1. http://www.donellameadows.org/wp-content/userfiles/Leverage_Points.pdf
50. Lovins, H. (2015) *An Economy in Service to Life,* available at: http://natcapsolutions.org/projects/an-economy-in-service-to-life/#.V3RD5ZMrLIE
51. DeMartino, G. (2012) 'Professional Economic Ethics: why heterodox economists should care'. Paper given at World Economic Association Conference, February-March 2012.
52. DeMartino, G. (2011) *The Economist's Oath.* Oxford: Oxford University Press, pp. 142-150.
53. Meadows, D. (2009) *Thinking in Systems.* London: Earthscan, pp. 169-170.（『世界はシステムで動く—いま起きていることの本質をつかむ考え方』ドネラ・H・メドウ

http://www.ft.com/cms/s/2/0ca06172-bfe9-11de-aed2-00144feab49a.html#axzz3dtwpK5o2
24. Holodny, E. (2016) 'Isaac Newton was a genius but even he lost millions in the stock market', Businessinsider.com, 20 January 2016, available at : http://uk.businessinsider.com/isaac-newton-lost-afortune-on-englands-hottest-stock-2016-1?r=US&IR=T
25. Keen, S. (2014)*Rethinking Economics Kingston 2014*, 19 November 2014. https://www.youtube.com/watch?v=dR_75cdCujI
26. Brown, G. (1999) Speech to the Labour Party Conference, 27 September 1999. http://news.bbc.co.uk/1/hi/uk_politics/458871.stm
27. Bernanke, B. (2004) 'The Great Moderation'. Remarks at the meeting of the Eastern Economic Association, Washington, DC, 20 February 2004. http://www.federalreserve.gov/boarddocs/speeches/2004/20040220/
28. Minsky, H. (1977) 'The Financial Instability Hypothesis: an interpretation of Keynes and an alternative to Standard Theory', *Challenge,* March-April 1977, pp. 20-27.
29. Haldane, A. (2009) 'Rethinking the Financial Network'. Speech given at the Financial Student Association, Amsterdam, 28 April 2009. http://www.bankofengland.co.uk/archive/Documents/historicpubs/speeches/2009/speech386.pdf
30. Brown, G. (2011) Speech made at the Institute for New Economic Thinking, Bretton Woods, New Hampshire, 11 April 2011. http://www.bbc.co.uk/news/business-13032013
31. Personal communication with Steve Keen, 3 October 2015.
32. Sraffa, P. (1926) 'The laws of returns under competitive conditions', *Economic Journal* 36, p. 144.
33. Murphy, S., Burch, D. and Clapp, J. (2012) *Cereal Secrets: the world's largest grain traders and global agriculture.* Oxfam Research Reports, Oxford: Oxfam International, available at: https://www.oxfam.org/sites/www.oxfam.org/files/rr-cereal-secrets-grain-traders-agriculture-30082012-en.pdf
34. Protess, B. (2011) '4 Wall Street banks still dominate derivatives trade', *New York Times,* 22 March 2011. http://dealbook.nytimes.com/2011/03/22/4-wall-st-banksstill-dominate-derivatives-trade/
35. Pilon, M. (2015) 'Monopoly's Inventor: the progressive who didn't pass Go', *New York Times,* 13 February 2015, available at: http://www.nytimes.com/2015/02/15/business/behind-monopoly-an-inventor-who-didnt-pass-go.html
36. Epstein, J. and Axtell, R. (1996) *Growing Artificial Societies.* Washington, DC: Brookings Institution Press; Cambridge, MA: MIT Press.（『人工社会―複雑系とマルチエージェント・シミュレーション』ジョシュア・M・エプスタイン／ロバート・アクステル著、服部正太／木村香代子訳、構造計画研究所、1999年）
37. Beinhocker, E. (2007) *The Origin of Wealth.* London: Random House, p. 86.

10. Sterman, J. D. (2000) *Business Dynamics: Systems Thinking and Modeling for a Complex World.* New York: McGraw-Hill, pp. 13-14.（『システム思考—複雑な問題の解決技法』ジョン・D・スターマン著、枝廣淳子／小田理一郎訳、東洋経済新報社、2009年）
11. Gal, O. (2012) 'Understanding global ruptures: a complexity perspective on the emerging middle crisis', in Dolphin, T. and Nash, D. (eds), *Complex New World.* London: IPPR, p. 156.
12. Meadows, D. (2008) *Thinking In Systems: A Primer.* White River Junction, VT: Chelsea Green, p. 181.（『世界はシステムで動く—いま起きていることの本質をつかむ考え方』ドネラ・H・メドウズ著、枝廣淳子訳、英治出版、2015年）
13. Keen, S. (2011) *Debunking Economics.* London: Zed Books, p. 184.
14. Marx, K. (1867) *Capital,* Vol. I, Chapter 25, Section 1, available at : http://www.econlib.org/library/YPDBooks/Marx/mrxCpA.html（『資本論』カール・マルクス著、今村仁司／三島憲一／鈴木直訳、筑摩書房、2005年）
15. Veblen, T. (1898) 'Why is economics not an evolutionary science?' *Quarterly Journal of Economics,* 12: 4 (pp. 373-397; at p. 373).
16. Marshall, A. (1890) *Principles of Economics.* London: Macmillan（『経済学原理』アルフレッド・マーシャル著、馬場啓之助訳、東洋経済新報社、1965-67年）, available at : http://www.econlib.org/library/Marshall/marP.html
17. Keynes, J. M. (1923) 'A Tract on Monetary Reform', p. 80, in *The Collected Writings of John Maynard Keynes,* Vol. IV, 1977 edn. London: Palgrave Macmillan.（『お金の改革論』ジョン・メイナード・ケインズ著、山形浩生訳、講談社学術文庫、2014年）
18. Schumpeter, J. (1942) *Capitalism, Socialism and Democracy.* New York: Harper & Row.（『資本主義、社会主義、民主主義』ヨーゼフ・シュンペーター著、大野一訳、日経BP社、2016年）
19. Robinson, J. (1962) *Essays in the Theory of Economic Growth.* London: Macmillan, p. 25.（『経済成長論』J・ロビンソン著、山田克巳訳、東洋経済新報社、1963年）
20. Hayek, F. (1974) 'The Pretence of Knowledge'. Lecture to the memory of Alfred Nobel, 11 December 1974, available at : http://www.nobelprize.org/nobel_prizes/economic-sciences/laureates/1974/hayek-lecture.html
21. Daly, H. (1992) *Steady State Economics.* London: Earthscan, p. 88.
22. Sterman, J. D. (2012) 'Sustaining sustainability: creating a systems science in a fragmented academy and polarized world', in Weinstein, M. P. and Turner, R. E. (eds), *Sustainability Science: The Emerging Paradigm and the Urban Environment.* New York: Springer Science, p. 24.
23. Soros, G. (2009) 'Soros: a general theory of reflexivity', *Financial Times,* 26 October 2009.

innovation/green-nudge-environment-persuasion/index.html

61. Ayers, J. et al. (2013) 'Do celebrity cancer diagnoses promote primary cancer prevention?', *Preventive Medicine* 58, pp. 81-84.
62. Beaman, L. et al. (2012) 'Female leadership raises aspirations and educational attainment for girls: a policy experiment in India', *Science* 335: 6068, pp. 582-586.
63. Bolderdijk, J. et al. (2012) 'Comparing the effectiveness of monetary versus moral motives in environmental campaigning', *Nature Climate Change,* 3, pp. 413-416.
64. Bjorkman, M. and Svensson, J. (2009) 'Power to the people: evidence from a randomized field experiment on community-based monitoring in Uganda', *Quarterly Journal of Economics* 124:2, pp. 735-769.
65. Crompton, T. and Kasser, T. (2009) *Meeting Environmental Challenges: The Role of Human Identity.* Godalming, Surrey: WWF. http://assets.wwf.org.uk/downloads/meeting_environmental_challenges___the_role_of_human_identity.pdf
66. Montgomery, S. (2015) *The Soul of an Octopus.* London: Simon & Schuster.（『愛しのオクトパス―海の賢者が誘う意識と生命の神秘の世界』サイ・モンゴメリー著、小林由香利訳、亜紀書房、2017年）

第4章　システムに精通する

1. Jevons, W. S. (1871) *The Theory of Political Economy* (vii)（『経済学の理論』ジェヴォンズ著、小泉信三／寺尾琢磨／永田清訳、寺尾琢磨改訳、日本経済評論社、1981年）, http://www.econlib.org/library/YPDBooks/Jevons/jvnPE.html
2. Walras, L. (1874, 2013) *Elements of Pure Economics.* London: Routledge, p. 86.
3. Jevons, W. S. (1871) *The Theory of Political Economy* (I.17)（『経済学の理論』ジェヴォンズ著、小泉信三／寺尾琢磨／永田清訳、寺尾琢磨改訳、日本経済評論社、1981年）, available at : http://www.econlib.org/library/YPDBooks/Jevons/jvnPE
4. Arrow, K. and Debreu, G. (1954) 'Existence of an equilibrium for a competitive economy', *Econometrica* 22, pp. 265-290.
5. Keen, S. (2011) *Debunking Economics.* London: Zed Books, pp. 56-63.
6. Solow, R. (2003) 'Dumb and Dumber in Macroeconomics'. Speech given in honour of Joseph Stiglitz's 60th birthday, available at : http://textlab.io/doc/927882/dumb-and-dumber-in-macroeconomics-robert-m.-solow-so
7. Solow, R. (2008) 'The state of macroeconomics', *Journal of Economic Perspectives* 22: 1, pp. 243-249.
8. Weaver, W. (1948) 'Science and complexity', *American Scientist* 36, p. 536.
9. Colander, D. (2000) 'New Millennium Economics: how did it get this way, and what way is it?', *Journal of Economic Perspectives* 14: 1, pp. 121-132.

48. Winter, C. (2014) 'Germany reaches new levels of greendom, gets 31 percent of its electricity from renewables', *Newsweek,* 14 August 2014. http://www.bloomberg.com/news/articles/2014-08-14/germany-reaches-new-levels-of-greendomgets-31-percent-of-its-electricity-from-renewables

49. Titmuss, R. (1971) *The Gift Relationship: From Human Blood to Social Policy.* New York: Pantheon Books.

50. Barrera-Osorio, F. et al. (2011) 'Improving the design of conditional transfer programs: evidence from a randomized education experiment in Colombia', *American Economic Journal: Applied Economics,* 3: 2, pp. 167-195.

51. Sandel, M. (2012) *What Money Can't Buy: The Moral Limits of Markets.* London: Allen Lane.（『それをお金で買いますか―市場主義の限界』マイケル・サンデル著、鬼澤忍訳、ハヤカワ・ノンフィクション文庫、2014年）

52. Gneezy, U. and Rustichini, A. (2000) 'A fine is a price', *Journal of Legal Studies,* 29, pp. 1-17.

53. Sandel, M. (2012) *What Money Can't Buy: The Moral Limits of Markets.* London: Allen Lane.（『それをお金で買いますか―市場主義の限界』マイケル・サンデル著、鬼澤忍訳、ハヤカワ・ノンフィクション文庫、2014年）

54. Bauer, M. et al. (2012) 'Cuing consumerism: situational materialism undermines personal and social well-being', *Psychological Science* 23, p. 517.

55. Kerr, J. et al. (2012) 'Prosocial behavior and incentives: evidence from field experiments in rural Mexico and Tanzania', *Ecological Economics* 73, pp. 220-227.

56. García-Amado, L. R., Ruiz Pérez, M. and Barrasa García, S. (2013) 'Motivation for conservation: assessing integrated conservation and development projects and payments for environmental services in La Sepultura Biosphere Reserve, Chiapas, Mexico', *Ecological Economics* 89, pp. 92-100.

57. Rode, J., Gómez-Baggethun, E. and Krause, T. (2015) 'Motivation crowding by economic incentives in conservation policy: a review of the empirical evidence', *Ecological Economics* 117, pp. 270-282.

58. Wald, D., et al. (2014) 'Randomized trial of text messaging on adherence to cardiovascular preventive treatment', *Plos ONE* 9, p. 12.

59. Pop-Eleches, C. et al. (2011) 'Mobile phone technologies improve adherence to antiretroviral treatment in resource-limited settings: a randomized controlled trial of text message reminders', *AIDS* 25: 6, pp. 825-834.

60. iNudgeyou (2012) 'Green nudge: nudging litter into the bin', 16 February 2012 http://inudgeyou.com/archives/819 and Webster, G. (2012) 'Is a "nudge" in the right direction all we need to be greener?', CNN 15 February 2012. http://edition.cnn.com/2012/02/08/tech/

34. Stiglitz, J. E.(2011) 'Of the 1%, for the 1%, by the 1%', *Vanity Fair,* May 2011. http://www.vanityfair.com/news/2011/05/top-one-percent-201105

35. Ormerod, P. (2012), 'Networks and the need for a new approach to policymaking', in Dolphin, T. and Nash, D. (eds), *Complex New World.* London : IPPR, p. 30.

36. Wikipedia (2016) *List of Cognitive Biases.* https://en.wikipedia.org/wiki/List_of_cognitive_biases

37. Thaler, R. and Sunstein, C. (2009) *Nudge : Improving Decisions About Health, Wealth and Happiness.* London : Penguin, p. 6.（『実践行動経済学─健康、富、幸福への聡明な選択』リチャード・セイラー／キャス・サンスティーン著、遠藤真美訳、日経BP社、2009年）

38. Marewzki, J. and Gigerenzer, G. (2012), 'Heuristic decision making in medicine', *Dialogues in Clinical Neuroscience,* 14 : 1, pp. 77-89.

39. *The Economist* (2014) Q&A : Gerd Gigerenezer 28 May 2014. http://www.economist.com/blogs/prospero/2014/05/qa-gerd-gigerenzer

40. Bacon, F. (1620) *The New Organon,* CXXIX, available at : http://www.constitution.org/bacon/nov_org.htm（『ノヴム・オルガヌム』ベーコン著、桂寿一訳、岩波文庫、1978年）

41. Leopold, A. (1989) *A Sand County Almanac.* New York : Oxford University Press, p. 204.（『野生のうたが聞こえる』アルド・レオポルド著、新島義昭訳、講談社学術文庫、1997年）

42. Scharmer, O. (2013) 'From ego-system to eco-system economies', *Open Democracy,* 23 September 2013. https://www.opendemocracy.net/transformation/otto-scharmer/from-ego-system-to-eco-system-economies

43. Henrich, J., Heine, S. and Norenzayan, A. (2010) 'The weirdest people in the world?', *Behavioural and Brain Sciences* 33 : 2/3, pp. 61-83.

44. Arendt, H. (1973) *Origins of Totalitarianism.* New York : Harcourt Brace Jovanovich, p. 287.（『全体主義の起原』ハンナ・アーレント著、大久保和郎訳、みすず書房、2017年）

45. Fall 2005 Commencement Address by Chief Oren Lyons, Berkeley College of Natural Resources, 22 May 2005, available at : https://nature.berkeley.edu/news/2005/05/fall-2005-commencement-address-chief-oren-lyons

46. Eisenstein, C. (2011) *Sacred Economics : Money, Gift and Society in the Age of Transition.* Berkeley : Evolver Books, p. 159.

47. Jo Cox, Maiden speech in Parliament, 3 June 2015, Parliament TV, available at : www.theguardian.com/politics/video/2016/jun/16/labour-mp-jo-cox-maidenspeech-parliament-video

UK, 5 March 2012.

20. Lewis, J. et al. (2005) *Citizens or Consumers? What the Media Tell Us About Political Participation,* cited in Shrubsole, G. (2012) 'Consumers outstrip citizens in the British media', *Open Democracy UK*, 5 March 2012.
21. Henrich, J., Heine, S. and Norenzayan, A. (2010) 'The weirdest people in the world?', *Behavioural and Brain Sciences* 33: 2/3, pp. 61-83.
22. Jensen, K., Vaish, A. and Schmidt, M. (2014) 'The emergence of human prosociality: aligning with others through feelings, concerns, and norms', *Frontiers in Psychology* 5, p. 822. http://journal.frontiersin.org/article/10.3389/fpsyg.2014.00822/full
23. Bowles, S. and Gintis, H. (2011) *A Cooperative Species: Human Reciprocity and Its Evolution.* Princeton, NJ: Princeton University Press, p. 20.（『協力する種―制度と心の共進化』サミュエル・ボウルズ／ハーバート・ギンタス著、大槻久ほか訳、NTT 出版、2017 年）
24. Helbing, D. (2013) 'Economics 2.0: the natural step towards a self-regulating, participatory market society', *Evolutionary and Institutional Economics Review,* 10: 1, pp. 3-41.
25. Kagel, J. and Roth, A. (1995) *The Handbook of Experimental Economics.* Princeton, NJ: Princeton University Press pp. 253-348, cited in Beinhocker, E. (2007) *The Origin of Wealth.* London: Random House, p. 120.
26. Henrich, J. et al. (2001) 'In search of Homo Economicus: behavioral experiments in 15 small-scale societies', *Economics and Social Behavior,* 91: 2, pp. 73-78.
27. Bernays, E. (2005) *Propaganda.* New York: Ig Publishing, pp. 37-38.（『プロパガンダ教本―こんなにチョろい大衆の騙し方』エドワード・バーネイズ著、中田安彦訳、成甲書房、2007 年）
28. Edward L. Bernays video interview on the Beech-Nut Packing Co., available at : https://www.youtube.com/watch?v=6vFz_FgGvJI, and on 'Torches of Freedom', available at: https://www.youtube.com/watch?v=6pyyP2chM8k
29. Ryan, R. and Deci, E. (1999) 'Intrinsic and extrinsic motivations: classic definitions and new directions', *Contemporary Educational Psychology* 25, pp. 54-67.
30. Schwartz, S. (1994) 'Are there universal aspects in the structure and content of human values?', *Journal of Social Issues* 50: 4, pp. 19-45.
31. Veblen, T. (1898) 'Why is economics not an evolutionary science?', *Quarterly Journal of Economics* 12: 4, pp. 373-397.
32. Salganik, M., Sheridan Dodds, P. and Watts, D. (2006) 'Experimental study of inequality and unpredictability in an Artificial Cultural Market', *Science* 311, p. 854.
33. Ormerod, P. (2012) 'Networks and the need for a new approach to policymaking', in Dolphin, T. and Nash, D. (eds), *Complex New World.* London: IPPR, pp. 28-29.

6. Jevons, W. S. (1871) *The Theory of Political Economy* (III.47).（『経済学の理論』ジェヴォンズ著、小泉信三／寺尾琢磨／永田清訳、寺尾琢磨改訳、日本経済評論社、1981年）http://www.econlib.org/library/YPDBooks/Jevons/jvnPE.html
7. Morgan, M. (2012) *The World in the Model.* Cambridge: Cambridge University Press, pp. 145-147.
8. Marshall, A. (1890) *Principles of Economics,* Book 3, Chapter 2.1. London : Macmillan.（『経済学原理』アルフレッド・マーシャル著、馬場啓之助訳、東洋経済新報社、1965-67年）http://files.libertyfund.org/files/1676/Marshall_0197_EBk_v6.0.pdf
9. Knight, F. (1999) *Selected Essays by Frank H. Knight,* Volume 2. Chicago: University of Chicago Press, p. 18.
10. Friedman, M. (1966) *Essays in Positive Economics.* Chicago: University of Chicago Press, p. 40.（『実証的経済学の方法と展開』M・フリードマン著、佐藤隆三／長谷川啓之訳、富士書房、1977年）
11. Morgan, M. (2012) *The World in the Model.* Cambridge: Cambridge University Press, p. 157.
12. Frank, B. and Schulze, G. G. (2000) 'Does economics make citizens corrupt?' *Journal of Economic Behavior and Organization* 43, pp. 101-113.
13. Frank, R., Gilovich, T. and Regan, D. (1993) 'Does studying economics inhibit cooperation?' *Journal of Economic Perspectives* 7: 2 (pp. 159-171) and Wang, L., Malhotra, D. and Murnighan, K. (2011) 'Economics education and greed', *Academy of Management Learning and Education,* 10: 4, pp. 643-660.
14. Frank, R., Gilovich, T. and Regan, D. (1993) 'Does studying economics inhibit cooperation?' *Journal of Economic Perspectives* 7: 2, pp. 159-171.
15. Frank, R. (1988) *Passions within Reason.* New York: W. W. Norton, p. xi.（『オデッセウスの鎖―適応プログラムとしての感情』R・H・フランク著、大坪庸介ほか訳、サイエンス社、1995年）
16. MacKenzie, D. and Millo, Y. (2003) 'Constructing a market, performing theory: the historical sociology of a financial derivatives exchange', *American Journal of Sociology* 109: 1, cited in Ferraro, F., Pfeffer, J. and Sutton, R. (2005) 'Economics language and assumptions: how theories can become self-fulfilling', *Academy of Management Review* 30: 1, pp. 8-24.
17. Molinsky, A., Grant, A. and Margolis, J. (2012) 'The bedside manner of homo economicus: how and why priming an economic schema reduces compassion', *Organizational Behavior and Human Decision Processes* 119: 1, pp. 27-37.
18. Bauer, M. et al. (2012) 'Cuing consumerism: situational materialism undermines personal and social well-being', *Psychological Science* 23, pp. 517-523.
19. Shrubsole, G. (2012) 'Consumers outstrip citizens in the British media', *Open Democracy*

p. 136.（『世界経済を破綻させる 23 の嘘』ハジュン・チャン著、田村源二訳、徳間書店、2010 年）
44. Acemoglu, D. and Robinson, J. (2013) *Why Nations Fail: The Origins of Power, Prosperity and Poverty.* London: Profile Books.（『国家はなぜ衰退するのか―権力・繁栄・貧困の起源』ダロン・アセモグル／ジェイムズ・A・ロビンソン著、鬼澤忍訳、ハヤカワ・ノンフィクション文庫、2016 年）
45. Goodman, P. (2008) 'Taking a hard new look at Greenspan legacy', *New York Times,* 8 October 2008. http://www.nytimes.com/2008/10/09/business/economy/09greenspan.html?pagewanted=all
46. Raworth, K. (2002) *Trading Away Our Rights: women workers in global supply chains.* Oxford: Oxfam International.
47. Chang, H. J. (2010) *23 Things They Don't Tell You About Capitalism.* London: Allen Lane.（『世界経済を破綻させる 23 の嘘』ハジュン・チャン著、田村源二訳、徳間書店、2010 年）
48. Ferguson, T. (1995) *Golden Rule: The Investment Theory of Party Competition and the Logic of Money-Driven Political Systems.* London: University of Chicago Press, p. 8.
49. BBC News 2 April 2014. 'US Supreme Court strikes down overall donor limits'. http://www.bbc.co.uk/news/world-us-canada-26855657
50. Hernandez, J. (2015) 'The new global corporate law', in *The State of Power 2015.* Amsterdam: The Transnational Institute. https://www.tni.org/files/download/tni_state-of-power-2015.pdf

第 3 章　人間性を育む

1. Morgan, M. (2012) *The World in the Model.* Cambridge: Cambridge University Press, pp. 157-167.
2. Smith, A. (1776) *An Inquiry into the Nature and Causes of the Wealth of Nations,* Book 1, Chapters 2.1 and 2.2. Reprint edn 1994, New York: Modern Library.（『国富論』アダム・スミス著、玉野井芳郎／田添京二／大河内暁男訳、中公クラシックス、2010 年）
3. Smith, A. (1759) *The Theory of Moral Sentiments,* Part I, Section 1, Chapter 1（『道徳感情論』アダム・スミス著、高哲男訳、講談社学術文庫、2013 年）, available at : http://www.econlib.org/library/Smith/smMS.html
4. Mill, J. S. (1844) *Essays on Some Unsettled Questions of Political Economy,* V.38 and V.46（『経済学試論集』ミル著、末永茂喜訳、岩波文庫、1936 年）, www.econlib.org/library/Mill/mlUQP5.html#Essay V. 'On the Definition of Political Economy'.
5. Devas, C. S. (1883) *Groundwork of Economics.* Longmans, Green and Company, pp. 27 and 43.

29. Folbre, N. (1994) *Who Pays for the Kids?* London: Routledge.
30. Coote, A. and Goodwin,. N. (2010) *The Great Transition: Social Justice and the Core Economy.* nef working paper 1. London: New Economics Foundation.
31. Coote, A. and Franklin, J. (2013) *Time On Our Side: Why We All Need a Shorter Working Week.* London: New Economics Foundation.
32. Toffler, A. (1998) 'Life Matters'. Interview by Norman Swann, Australian Broadcasting Corporation, 5 March 1998. http://www.ghandchi.com/iranscope/Anthology/Alvin_Toffler98.htm
33. Razavi, S. (2007) *The Political and Social Economy of Care in a Development Context.* Gender and Development Programme Paper no. 3, Geneva: United Nations Research Institute for Social Development. http://www.unrisd.org/80256B3C005BCCF9/(httpAuxPages)/2DBE6A93350A7783C12573240036D5A0/$file/Razavi-paper.pdf
34. Salary.com (2014) 2014 Mother's Day Infographics. http://www.salary.com/2014-mothers-day-infographics
35. Fälth, A. and Blackden, M. (2009) *Unpaid Care Work,* UNDP Policy Brief on Gender Equality and Poverty Reduction, Issue 01, New York: UNDP, available at: http://www.undp.org/content/dam/undp/library/gender/Gender%20and%20Poverty%20Reduction/Unpaid%20care%20work%20English.pdf
36. Chang, H. J. (2010) *23 Things They Don't Tell You About Capitalism.* London: Allen Lane, p. 1.（『世界経済を破綻させる23の嘘』ハジュン・チャン著、田村源二訳、徳間書店、2010年）
37. Block, F. and Somers, M. (2014) *The Power of Market Fundamentalism: Karl Polanyi's critique.* London: Harvard University Press, pp. 20-21.
38. Ostrom, E. (1999) 'Coping with tragedies of the commons', *Annual Review of Political Science* 2, pp. 493-535.
39. Rifkin, J. (2014) *The Zero Marginal Cost Society.* New York: Palgrave Macmillan, p. 4.（『限界費用ゼロ社会―「モノのインターネット」と共有型経済の台頭』ジェレミー・リフキン著、柴田裕之訳、NHK出版、2015年）
40. Milton Friedman Speaks. Lecture 4: 'The Role of Government in a Free Society', Stanford University, 1978, available at: https://www.youtube.com/watch?v=LucOUSpTB3Y
41. Samuelson, P. (1980) *Economics,* 11th edn. New York: McGraw-Hill, p. 592.（『経済学』P・A・サムエルソン著、都留重人訳、岩波書店、1981年）
42. Mazzucato, M. (2013) *The Entrepreneurial State.* London: Anthem Press.（『企業家としての国家―イノベーション力で官は民に劣るという神話』マリアナ・マッツカート著、大村昭人訳、薬事日報社、2015年）
43. Chang, H. J. (2010) *23 Things They Don't Tell You About Capitalism.* London: Allen Lane,

13. Interview with Margaret Thatcher by Douglas Keay, *Woman's Own,* 23 September 1987, http://www.margaretthatcher.org/document/106689
14. Simon, J. and Kahn, H. (1984) *The Resourceful Earth: A Response to Global 2000.* Oxford: Basil Blackwell.
15. Friedman, M. (1978) 'The Role of Government in a Free Society'. Lecture given at Stanford University, available at: https://www.youtube.com/watch?v=jMzfP3Y4z3Y
16. Diagram inspired by Daly, H. (1996) *Beyond Growth.* Boston: Beacon Press, p. 46（『持続可能な発展の経済学』ハーマン・E・デイリー著、新田功／藏本忍／大森正之訳、みすず書房、2005年）; Bauwens, M. (2014) 'Commons Transition Plan', available at: http://p2pfoundation.net/Commons_Transition_Plan, and Goodwin, N. et al. (2009) *Microeconomics in Context.* New York: Routledge, pp. 350-359
17. Ricardo, D. (1817) *On the Principles of Political Economy and Taxation,* Ch. 2, http://www.econlib.org/library/Ricardo/ricP.html（『経済学および課税の原理』リカードウ著、羽鳥卓也／吉澤芳樹訳、岩波文庫、1987年）
18. Schabas, M. (1995) 'John Stuart Mill and concepts of nature', *Dialogue,* 34: 3, p. 452.
19. Gaffney, M. and Harrison, F. (1994) *The Corruption of Economics.* London: Shepheard-Walwyn.
20. Wolf, M. (2010) 'Why were resources expunged from neo-classical economics?' *Financial Times,* 12 July 2010. http://blogs.ft.com/mar- tin-wolf-exchange/tag/resources/
21. Green, T. (2012) 'Introductory economics textbooks: what do they teach about sustainability?' *International Journal of Pluralism and Economics Education,* 3: 2, pp. 189-223.
22. Daly, H. and Farley, J. (2011) *Ecological Economics.* Washington: Island Press, p. 16.（『エコロジー経済学―原理と応用』ハーマン・E・デイリー／ジョシュア・ファーレイ著、佐藤正弘訳、NTT出版、2014年）
23. Daly, H. (1990) 'Toward some operational principles of sustainable development', *Ecological Economics,* 2, pp. 1-6.
24. IPCC (2013) *Climate Change 2013: The Physical Science Basis. Contributions of Working Group I to the Fifth Assessment Report of the Intergovernmental Panel on Climate Change.* Cambridge: Cambridge University Press.
25. Putnam, R. (2000) *Bowling Alone: The Collapse and Revival of American Community.* New York: Simon & Schuster, p. 19.
26. Putnam, R. (2000) *Bowling Alone,* p. 290.
27. 'Election day will not be enough': an interview with Howard Zinn, by Lee, J. and Tarleton, J. *The Indypendent,* 14 November 2008, available at: http://howardzinn.org/election-day-will-not-be-enough-an-interview-with-howard-zinn/
28. Marçal, K. (2015) *Who Cooked Adam Smith's Dinner?* London: Portobello.

45. Chancel, L. and Piketty, T. (2015) *Carbon and Inequality: from Kyoto to Paris.* Paris: Paris School of Economics.
46. Institute of Mechanical Engineers (2013) *Global Food: Waste Not, Want Not.* London: Institute of Mechanical Engineers, https://www.imeche.org/policy-and-press/reports/detail/global-food-waste-not-want-not
47. Jackson, T. (2010) 'An Economic Reality Check'. TED Talk, available at : https://www.ted.com/talks/tim_jackson_s_economic_reality_check/transcript?language=en
48. Secretariat of the Convention on Biological Diversity (2012) *Cities and Biodiversity Outlook,* Montreal, available at: https://www.cbd.int/doc/health/cbo-action-policy-en.pdf, p. 19.

第2章　全体を見る

1. Palfrey, S. and Stern, T. (2007) *Shakespeare in Parts.* Oxford: Oxford University Press.
2. Shakespeare, W. (1623) *Mr William Shakespeare's comedies, histories and tragedies,* First folio, available at : http://firstfolio.bodleian.ox.ac.uk/, p. 19.
3. Harford, T. (2013) *The Undercover Economist Strikes Back.* London: Little, Brown, pp. 8-14.
4. Sterman, J. D. (2002) 'All models are wrong: reflections on becoming a systems scientist', *System Dynamics Review* 18: 4, p. 513.
5. The Mont Pelerin Society website available at : https://www.montpelerin.org/
6. Stedman Jones, D. (2012) *Masters of the Universe: Hayek, Friedman and the birth of neoliberal politics.* Woodstock: Princeton University Press, pp. 8-9.
7. Klein, N. (2007) *The Shock Doctrine.* London: Penguin.（『ショック・ドクトリン―惨事便乗型資本主義の正体を暴く』ナオミ・クライン著、幾島幸子／村上由見子訳、岩波書店、2011年）
8. Smith, A. (1776) *An Inquiry into the Nature and Causes of the Wealth of Nations,* Book 1, Chapter 2, available at : http://geolib.com/smith.adam/won1-02.html（『国富論』アダム・スミス著、玉野井芳郎／田添京二／大河内曉男訳、中公クラシックス、2010年）
9. Fama, E. (1970) 'Efficient capital markets: a review of theory an empirical work', *Journal of Finance* 25: 2, pp. 383-417.
10. Ricardo, D. (1817) *On the Principles of Political Economy and Taxation,* in Sraffa, p. (ed.), *Works and Correspondence of David Ricardo,* Vol. I, Cambridge: Cambridge University Press, 1951, p. 135.（『デイヴィド・リカードウ全集』デイヴィド・リカードウ著、P・スラッファ編、M・H・ドッブ協力、雄松堂書店、1969-99年）
11. Friedman, M. (1962) *Capitalism and Freedom.* Chicago: University of Chicago Press.（『資本主義と自由』ミルトン・フリードマン著、村井章子訳、日経BP社、2008年）
12. Hardin, G. (1968) 'The tragedy of the commons', *Science* 162: 3859.

28. Berger, A. and Loutre, M. F. (2002) 'An exceptionally long interglacial ahead?' *Science* 297, p. 1287.
29. Steffen, W. et al. (2011) 'The Anthropocene: from global change to planetary stewardship', *AMBIO* 40, pp. 739-761.
30. Rockström, J. et al. (2009) 'A safe operating space for humanity', *Nature* 461, pp. 472-475.
31. Steffen, W. et al. (2015b) 'Planetary boundaries: guiding human development on a changing planet', *Science*, 347: 6223.
32. Folke, C. et al. (2011) 'Reconnecting to the biosphere', *AMBIO* 40, p. 719.
33. WWF (2014) *Living Planet Report.* Gland: WWF International.
34. Personal communication with Katherine Richardson, 10 May 2016.
35. Heilbroner, R. (1970) 'Ecological Armageddon', *New York Review of Books,* 23 April 1970. http://www.nybooks.com/articles/archives/1970/apr/23/ecological-armageddon/
36. Ward, B. and Dubos, R. (1973) *Only One Earth.* London: Penguin Books.（『かけがえのない地球—人類が生き残るための戦い』バーバラ・ウォード／ルネ・デュボス著、人間環境ワーキング・グループ／環境科学研究所訳、坂本藤良、1972 年）
37. Friends of the Earth (1990) Action plan for a sustainable Netherlands, available at: http://www.iisd.ca/consume/fjeld.html
38. Gudynas, E. (2011) 'Buen Vivir: today's tomorrow', *Development* 54: 4, pp. 441-447. http://www.palgrave-journals.com/development/journal/v54/n4/full/dev201186a.html
39. Government of Ecuador (2008) Constitution of Ecuador, Article 71. http://therightsofnature.org/wp-content/uploads/pdfs/Rights-for- Nature-Articles-in-Ecuadors-Constitution.pdf
40. Rockström, J. *The Great Acceleration.* Lecture 3 in Planetary Boundaries and Human Opportunities online course, https://www.sdsnedu.org/learn/planetary-boundaries-and-human-opportunities-fall-2014
41. Sayers, M. and Trebeck, K. (2014) *The Scottish Doughnut: a safe and just operating space for Scotland.* Oxford: Oxfam GB; Sayers, M. (2015) *The Welsh Doughnut: a framework for environmental sustainability and social justice.* Oxford: Oxfam GB; Sayers, M. (2015) *The UK Doughnut: a framework for environmental sustainability and social justice.* Oxford: Oxfam GB; and Cole, M. (2015) *Is South Africa Operating in a Safe and Just Space? Using the doughnut model to explore environmental sustainability and social justice.* Oxford: Oxfam GB.
42. Dearing, J. et al. (2014) 'Safe and just operating spaces for regional social-ecological systems', *Global Environmental Change,* 28, pp. 227-238.
43. City Think Space (2012) *Kokstad & Franklin Integrated Sustainable Development Plan* (15), available at: https://issuu.com/city_think_space/docs/kisdp_final_report
44. Dorling, D. (2013) *Population 10 Billion.* London: Constable, pp. 303-308.

Rise and Fall of Economic Growth. Chicago: University of Chicago Press, p. 75.
15. Kuznets, S. (1934) *National Income 1929-1932,* 73rd US Congress, 2nd session, Senate document no. 124 (7).
16. Meadows, D. (1999), 'Sustainable Systems'. Lecture at the University of Michigan, 18 March 1999, https://www.youtube.com/watch?v=HMmChiLZZHg
17. Kuznets, S. (1962) 'How to judge quality', in Croly, H. (ed.), *The New Republic,* 147: 16, p. 29.
18. Ruskin, J. (1860) *Unto This Last,* Essay IV 'Ad valorem', section 77（『ラスキン政治経済論集』ジョン・ラスキン著、宇井丑之助訳、史泉房、1981年）
19. Schumacher, E. F. (1973) *Small Is Beautiful.* London: Blond & Briggs（『スモール・イズ・ビューティフル―人間中心の経済学』E・F・シューマッハー著、小島慶三／酒井懋訳、講談社学術文庫、1986年）, and Max-Neef, M. (1991) *Human Scale Development.* New York: Apex Press.
20. Shaikh, N. (2004) *Amartya Sen: A More Human Theory of Development.* Asia Society, 2004, available at: http://asiasociety.org/amartya-sen-more-human-theory-development
21. Sen, A. (1999) *Development as Freedom.* New York: Alfred A. Knopf, p. 285.（『自由と経済開発』アマルティア・セン著、石塚雅彦訳、日本経済新聞社、2000年）
22. Stiglitz, J. E, Sen, A. and Fitoussi, J-P. (2009) *Report by the Commission on the Measurement of Economic Performance and Social Progress,* Paris, p. 9.（『暮らしの質を測る―経済成長率を超える幸福度指標の提案』ジョセフ・E・スティグリッツ／アマティア・セン／ジャンポール・フィトゥシ著、福島清彦訳、金融財政事情研究会、2012年）http://www.stiglitz-sen-fitoussi.fr/documents/rapport_anglais.pdf
23. United Nations (2015) *Sustainable Development Goals,* available at : https://sustainabledevelopment.un.org/?menu=1300
24. Steffen, W. et al. (2015) 'The trajectory of the Anthropocene: the Great Acceleration', *Anthropocene Review* 2: 1, pp. 81-98.
25. International Geosphere-Biosphere Programme (2015) 'Planetary dashboard shows "Great Acceleration" in human activity since 1950', press release 15 January 2015, available at: http://www.igbp.net/news/pressreleases/pressreleases/planetarydashboardshowsgreatac-celerationinhumanactivitysince1950.5.950c2fa1495db7081eb42.html
26. This graph is adapted from Young, O. R. and Steffen, W. (2009) 'The Earth System: sustaining planetary life-support systems', pp. 295-315 in Chapin, F. S, III, Kofinas, G. P. and Folke, C. (eds), *Principles of Ecosystem Stewardship: Resilience-Based Natural Resource Management in a Changing World.* New York: Springer.
27. Diamond, J. (2002) 'Evolution, consequences and future of plant and animal domestication', *Nature* 418, pp. 700-707.

2014, available at : http://www.bbc.co.uk/news/world-australia-30072674

2. 'EU "unhappy" climate change is off G20 agenda', *The Australian,* 3 April 2014, available at: http://www.theaustralian.com.au/national-affairs/climate/eu-unhappy-climate-change-is-off-g20-agenda/story-e6frg6xf-1226873127864
3. Steuart, J. (1767) *An Inquiry into the Principles of Political Economy*（『経済学原理』ジェイムズ・ステュアート著、加藤一夫訳、東京大学出版会、1980-82年）, https://www.marxists.org/reference/subject/economics/steuart/
4. Smith, A. (1776) *An Inquiry into the Nature and Causes of the Wealth of Nations,* Book 4.（『国富論』アダム・スミス著、玉野井芳郎／田添京二／大河内暁男訳、中公クラシックス、2010年）
5. Mill, J. S. (1844) 'On the definition of political economy', in *Essays on Some Unsettled Questions of Political Economy,*（『経済学試論集』ミル著、末永茂喜訳、岩波文庫、1936年）, http://www.econlib.org/library/Mill/mlUQP5.html
6. Spiegel, H. W. (1987) 'Jacob Viner (1892-1970)', in Eatwell, J., Milgate, M. and Newman, P. (eds), *The New Palgrave: A Dictionary of Economics,* Vol. IV. London: Macmillan, pp. 812-814.
7. Robbins, L. (1932) *Essay on the Nature and Significance of Economic Science.* London: Macmillan.（『経済学の本質と意義』ライオネル・ロビンズ著、小峯敦／大槻忠史訳、京都大学学術出版会、2016年）
8. Mankiw, G. (2012) *Principles of Economics,* 6th edn. Delhi: Cengage Learning.（『マンキュー入門経済学』N・グレゴリー・マンキュー著、足立英之ほか訳、東洋経済新報社、2014年）
9. Lipsey, R. (1989) *An Introduction to Positive Economics.* London: Weidenfeld & Nicolson, p. 140（『ミクロ経済学―ポジティブ・エコノミクス』『マクロ経済学―ポジティブ・エコノミクス』R・リプシー著、大住栄治監訳、千葉宏史ほか訳、多賀出版、1990年、1992年）, and Begg, D. et al. (1987) *Economics.* Maidenhead: McGraw-Hill, p. 90.
10. Fioramenti, L. (2013) *Gross Domestic Product: The Politics Behind the World's Most Powerful Number.* London: Zed Books, pp. 29-30.
11. Arndt, H. (1978) *The Rise and Fall of Economic Growth.* Chicago: University of Chicago Press, p. 56.
12. OECD Convention 1961. Article 1 (a).
13. Lakoff, G. and Johnson, M. (1980) *Metaphors We Live By.* Chicago: University of Chicago Press, pp. 14-24.（『メタファに満ちた日常世界』ジョージ・レーコフ／マーク・ジョンソン著、橋本功ほか編著、松柏社、2013年）
14. Samuelson, P. (1964) *Economics,* 6th edn. New York: McGraw-Hill（『経済学』P・A・サムエルソン著、都留重人訳、岩波書店、1981年）, cited in Arndt, H. (1978) *The*

29. Marshall, A. (1890) *Principles of Economics.* London : Macmillan. Preface, pp. 10 and 11.（『経済学原理』アルフレッド・マーシャル著、馬場啓之助訳、東洋経済新報社、1965-67年）http://www.econlib.org/library/Marshall/marP0.html#Preface

30. Parker, R. (2002) *Reflections on the Great Depression.* Cheltenham : Edward Elgar, p. 25.（『大恐慌を見た経済学者11人はどう生きたか』R・E・パーカー著、宮川重義訳、中央経済社、2005年）

31. Samuelson, P. (1997) 'Credo of a lucky textbook author', *Journal of Economic Perspectives* 11 : 2, pp. 153-160.

32. Samuelson, P. (1948) *Economics : An Introductory Analysis,* 1st edn. New York : McGraw-Hill. p. 264（『経済学—入門的分析』P・A・サムエルソン著、都留重人訳、岩波書店、1971年）, cited in Giraud, Y. (2010) 'The changing place of visual representation in economics : Paul Samuelson between principle and strategy, 1941-1955', *Journal of the History of Economic Thought* 32 : 2, pp. 1-23.

33. Frost, G. (2009) Nobel-winning economist Paul A. Samuelson dies at age 94. MIT News 13 December 2009. http://newsoffice.mit.edu/2009/obit-samuelson-1213

34. Samuelson, P. (1990) 'Foreword', in Saunders, P. and Walstad, W., *The Principles of Economics Course : A Handbook for Instructors.* New York : McGraw-Hill, p. ix.

35. Schumpeter, J. (1954) *History of Economic Analysis.* London : Allen & Unwin, p. 41.（『経済分析の歴史』J・A・シュンペーター著、東畑精一／福岡正夫訳、岩波書店、2005-06年）

36. Kuhn, T. (1962) *The Structure of Scientific Revolutions.* London : University of Chicago Press, p. 46.（『科学革命の構造』T・クーン著、中山茂訳、みすず書房、1971年）

37. Goffman, E. (1974) *Frame Analysis : An Essay on the Organization of Experience.* New York : Harper & Row.

38. Keynes, J. M. (1961) *The General Theory of Employment, Interest and Money.* London : Macmillan, p. viii.（『雇用、利子および貨幣の一般理論』ケインズ著、間宮陽介訳、ワイド版岩波文庫、2012年）

39. Box, G. and Draper, N. (1987) *Empirical Model Building and Response Surfaces.* New York : John Wiley & Sons, p. 424.

40. Lakoff, G. (2014) *The All New Don't Think of an Elephant.* White River Junction, VT : Chelsea Green.

41. Tax Justice Network, www.taxjustice.net and Global Alliance for Tax Justice, www.globaltaxjustice.org

第1章　目標を変える

1. 'G20 summit : leaders pledge to grow their economies by 2.1%', BBC News, 16 November

online at https://www.ellenmacarthurfoundation.org/publications/the-new-plastics-economy-rethinking-the-future-of-plastics

15. United Nations (2015) *World Population Prospects: the 2015 Revision.* New York: UN, p. 1.（『世界人口予測 1960 → 2060』国際連合経済社会情報・政策分析局人口部編、原書房編集部訳、原書房、2017 年）
16. PwC (2015) *The World in 2050: will the shift in global economic power continue?* Published online at https://www.pwc.com/gx/en/issues/the-economy/assets/world-in-2050-february-2015.pdf
17. OECD Observer (2015) *An Emerging Middle Class,* published online at http://www.oecdobserver.org/news/fullstory.php/aid/3681/An_emerging_middle_class.html
18. Michaels, F. S. (2011) *Monoculture: How One Story Is Changing Everything.* Canada: Red Clover Press, pp. 9 and 131.
19. Keynes, J. M. (1961) *The General Theory of Employment, Interest and Money.* London: Macmillan, p. 383.（『雇用、利子および貨幣の一般理論』ケインズ著、間宮陽介訳、ワイド版岩波文庫、2012 年）
20. von Hayek, Friedrich (10 December 1974) 'Friedrich von Hayek'. Banquet Speech. The Nobel Foundation. http://www.nobelprize.org/nobel_prizes/economic-sciences/laureates/1974/hayek-speech.html
21. Brander, L. and Schuyt, K. (2010) 'Benefits transfer: the economic value of the world's wetlands', TEEBcase available at TEEBweb.org, and Centre for Food Security (2015) 'Sustainable pollination services for UK crops', University of Reading, available at: https://www.reading.ac.uk/web/FILES/food-security/CFS_Case_Studies_-_Sustainable_Pollination_Services.pdf
22. Toffler, A. (1970) *Future Shock.* London: Pan Books, pp. 374-375.（『未来の衝撃』A・トフラー著、徳山二郎訳、中公文庫、1982 年）
23. Berger, J. (1972) *Ways of Seeing.* London: Penguin, p. 7.（『イメージ─視覚とメディア』ジョン・バージャー著、伊藤俊治訳、ちくま学芸文庫、2013 年）
24. Thorpe, S., Fize, D. and Marlot, C. (1996) 'Speed of processing in the human visual system', *Nature* 381 : 6582, pp. 520-522.
25. Kringelbach, M. (2008) *The Pleasure Center: Trust Your Animal Instincts.* Oxford: Oxford University Press, pp. 86-87.
26. Burmark, L. *Why Visual Literacy?* Burmark Handouts, available at: http://tcpd.org/Burmark/Handouts/WhyVisualLit.html
27. Rodriguez, L. and Dimitrova, D. (2011) 'The levels of visual framing', *Journal of Visual Literacy* 30: 1, pp. 48-65.
28. Christianson, S. (2012) *100 Diagrams that Changed the World.* London: Salamander Books.

原　註

経済学者になりたいのは誰か？

1. Autisme-economie (17 June 2000) 'Open letter from economic students'. http://www.autisme-economie.org/article142.html
2. Delreal, J. (2011) 'Students walk out of Ec 10 in solidarity with "Occupy"', *The Harvard Crimson,* 2 November 2011. http://www.the-crimson.com/article/2011/11/2/mankiw-walkout-economics-10/
3. International Student Initiative for Pluralism in Economics (2014) 'An international student call for pluralism in economics', available at: http://www.isipe.net/open-letter/
4. Harrington, K. (2015) 'Jamming the economic high priests at the AEA', 7 January 2015, http://kickitover.org/jamming-the-economic-high-priestsat-the-aea/
5. Kick it Over (2015) Kick It Over Manifesto, http://kickitover.org/kick-it-over/manifesto/
6. Roser, M. (2016) *Life Expectancy,* published online at OurWorldInData.org. Retrieved from https://ourworldindata.org/life-expectancy/
7. UNDP (2015) *Human Development Report 2015.* New York: United Nations, p. 4.
8. World Food Programme (2016) *Hunger.* https://www.wfp.org/hunger
9. World Health Organization (2016) *Children: reducing mortality,* published online at http://www.who.int/mediacentre/factsheets/fs178/en/
10. ILO (2015) *Global Employment Trends for Youth 2015.* Geneva: ILO.
11. Hardoon, D., Fuentes, R. and Ayele, S. (2016) *An Economy for the 1%: how privilege and power in the economy drive extreme inequality and how this can be stopped.* Oxfam Briefing Paper 210, Oxford: Oxfam International.
12. Climate Action Tracker (2016) *Climate Action Tracker,* published online at http://climateactiontracker.org/
13. Global Agriculture (2015) *Soil Fertility and Erosion,* published online at http://www.globalagriculture.org/report-topics/soil-fertility-and-erosion.html and UNDESA (2014) *International Decade for Action 'Water for Life' 2005-2015,* published online at http://www.un.org/waterforlifedecade/scarcity.shtml
14. FAO (2010) *State of the World Fisheries and Aquaculture* (SOFIA), FAO Fisheries Department, http://www.fao.org/docrep/013/i1820e/i1820e01.pdf and Ellen McArthur Foundation (2016) *The New Plastics Economy: rethinking the future of plastics,* published

Pantheon Books.

Torras, M. and Boyce, J. K. (1998) 'Income, inequality, and pollution : a reassessment of the environmental Kuznets curve', *Ecological Economics* 25, pp. 147-160.

Trades Union Congress (2012) *The Great Wages Grab.* London : TUC.

UNDP (2015) *Human Development Report 2015.* New York : United Nations.

UNEP (2016) *Global Material Flows and Resource Productivity : A Report of the International Resource Panel,* Paris : United Nations Environment Programme.

United Nations (2015) *World Population Prospects : The 2015 Revision.* New York : United Nations.（『世界人口予測 1960→2060』国際連合経済社会情報・政策分析局人口部編、原書房編集部訳、原書房、2017 年）

Veblen, T. (1898) 'Why is economics not an evolutionary science ?' *Quarterly Journal of Economics,* 12 : 4, pp. 373-397.

Wald, D. et al. (2014) 'Randomized trial of text messaging on adherence to cardiovascular preventive treatment', *Plos ONE* 9 (12).

Walras, L. (1874) *Elements of Pure Economics,* 1954 edn, London : George Allen & Unwin.

Wang, L., Malhotra, D. and Murnighan, K. (2011) 'Economics education and greed', *Academy of Management Learning and Education,* 10 : 4, pp. 643-660.

Ward, B. and Dubos, R. (1973) *Only One Earth.* London : Penguin Books.（『かけがえのない地球―人類が生き残るための戦い』バーバラ・ウォード／ルネ・デュボス著、人間環境ワーキング・グループ／環境科学研究所訳、坂本藤良、1972 年）

Weaver, W. (1948) 'Science and complexity', *American Scientist,* 36, pp. 536-544.

Webster, K. (2015) *The Circular Economy : A Wealth of Flows.* Isle of Wight : Ellen McArthur Foundation.

Wiedmann, T. O. et al. (2015) 'The material footprint of nations', *Proceedings of the National Academy of Sciences,* 112 : 20, pp. 6271-6276.

Wijkman, A. and Skanberg, K. (2015) *The Circular Economy and Benefits for Society.* Zurich : Club of Rome.

Wilkinson, R. and Pickett, K. (2009) *The Spirit Level.* London : Penguin.（『平等社会―経済成長に代わる、次の目標』リチャード・ウィルキンソン／ケイト・ピケット著、酒井泰介訳、東洋経済新報社、2010 年）

World Bank (1978) *World Development Report.* Washington, DC : World Bank.

World Economic Forum (2016) *The Future of Jobs.* Geneva : World Economic Forum.

Steffen, W. et al. (2015b) 'Planetary boundaries: guiding human development on a changing planet', *Science*, 347: 6223.

Sterman, J. D. (2000) *Business Dynamics: Systems Thinking and Modeling for a Complex World.* New York: McGraw-Hill.（『システム思考―複雑な問題の解決技法』ジョン・D・スターマン著、枝廣淳子／小田理一郎訳、東洋経済新報社、2009年）

Sterman, J. D. (2002) 'All models are wrong: reflections on becoming a systems scientist', *System Dynamics Review* 18: 4, pp. 501-531.

Sterman, J. D.(2012) 'Sustaining sustainability: creating a systems science in a fragmented academy and polarized world', in Weinstein, M. P. and Turner, R. E. (eds), *Sustainability Science: The Emerging Paradigm and the Urban Environment.* New York: Springer Science.

Steuart, J. (1767) *An Inquiry into the Principles of Political Economy,* https://www.marxists.org/reference/subject/economics/steuart/（『経済学原理』ジェイムズ・ステュアート著、加藤一夫訳、東京大学出版会、1980-82年）

Stevenson, B. and Wolfers, J. (2008) *Economic Growth and Subjective Well-being: Reassessing the Easterlin Paradox,* National Bureau of Economic Research Working Paper no. 14282.

Stiglitz, J. E. (2011) 'Of the 1%, for the 1%, by the 1%', *Vanity Fair,* May 2011.

Stiglitz, J. E. (2012) *The Price of Inequality.* London: Allen Lane.（『世界の99%を貧困にする経済』ジョセフ・E・スティグリッツ著、楡井浩一／峯村利哉訳、徳間書店、2012年）

Stiglitz, J. E., Sen, A. and Fitoussi, J-P. (2009) *Report of the Commission on the Measurement of Economic Performance and Social Progress,* Paris.（『暮らしの質を測る―経済成長率を超える幸福度指標の提案』ジョセフ・E・スティグリッツ／アマティア・セン／ジャンポール・フィトゥシ著、福島清彦訳、金融財政事情研究会、2012年）

Summers, L. (2016) 'The age of secular stagnation', *Foreign Affairs,* 15 February 2016.

Sumner, A. (2012) *From Deprivation to Distribution: Is Global Poverty Becoming a Matter of National Inequality?* IDS Working Paper no. 394, Sussex: Institute of Development Studies.

Thaler, R. and Sunstein, C. (2009) *Nudge: Improving Decisions About Health, Wealth and Happiness.* London: Penguin.（『実践行動経済学―健康、富、幸福への聡明な選択』リチャード・セイラー／キャス・サンスティーン著、遠藤真美訳、日経BP社、2009年）

Thompson, E. P. (1964) *The Making of the English Working Class.* New York: Random House.（『イングランド労働者階級の形成』エドワード・P・トムスン著、市橋秀夫／芳賀健一訳、青弓社、2003年）

Thorpe, S., Fize, D. and Marlot, C. (1996) 'Speed of processing in the human visual system', *Nature* 381: 6582, pp. 520-522.

Titmuss, R. (1971) *The Gift Relationship: From Human Blood to Social Policy.* New York:

歴史』J・A・シュンペーター著、東畑精一／福岡正夫訳、岩波書店、2005-06年）
Schwartz, S. (1994) 'Are there universal aspects in the structure and content of human values?', *Journal of Social Issues* 50 : 4, pp. 19-45.
Secretariat of the Convention on Biological Diversity (2012) *Cities and Biodiversity Outlook.* Montreal.
Seery, E. and Caistor Arendar, A. (2014) *Even It Up : Time to End Extreme Inequality.* Oxford : Oxfam International.
Sen, A. (1999) *Development as Freedom.* New York : Alfred A. Knopf.（『自由と経済開発』アマルティア・セン著、石塚雅彦訳、日本経済新聞社、2000年）
Simon, J. and Kahn, H. (1984) *The Resourceful Earth : A Response to Global 2000.* Oxford : Basil Blackwell.
Smith, A. (1759) *The Theory of Moral Sentiments,* http://www.econlib.org/library/Smith/smMS.html（『道徳感情論』アダム・スミス著、高哲男訳、講談社学術文庫、2013年）
Smith, A. (1776) *An Inquiry into the Nature and Causes of the Wealth of Nations.* 1994 edn, New York : Modern Library.（『国富論』アダム・スミス著、玉野井芳郎／田添京二／大河内暁男訳、中公クラシックス、2010年）
Smith, S. and Rothbaum, J. (2013) *Cooperatives in a Global Economy : Key Economic Issues, Recent Trends, and Potential for Development.* Institute for International Economic Policy Working Paper Series, George Washington University IIEP-WP-2013-6.
Solow, R. (1957) 'Technical change and the aggregate production function', *Review of Economics and Statistics* 39 : 3, pp. 312-320.
Solow, R. (2008) 'The state of macroeconomics', *Journal of Economic Perspectives* 22 : 1, pp. 243-249.
Spiegel, H. W. (1987) 'Jacob Viner (1892-1970)', in Eatwell, J., Milgate, M. and Newman, P. (eds), *The New Palgrave : a dictionary of economics,* Vol. IV. London : Macmillan.
Sraffa, P. (1926) 'The laws of returns under competitive conditions', *Economic Journal* 36 : 144, pp. 535-550.
Sraffa, P. (ed.)(1951) *Works and Correspondence of David Ricardo,* Volume I. Cambridge : Cambridge University Press.（『デイヴィド・リカードウ全集』デイヴィド・リカードウ著、P・スラッファ編、M・H・ドッブ協力、雄松堂書店、1969-99年）
Stedman Jones, D. (2012) *Masters of the Universe : Hayek, Friedman and the Birth of Neoliberal Politics.* Oxford : Princeton University Press.
Steffen, W. et al. (2011) 'The Anthropocene : from global change to planetary stewardship', *AMBIO* 40, pp. 739-761.
Steffen, W. et al. (2015) 'The trajectory of the Anthropocene : The Great Acceleration', *Anthropocene Review* 2 : 1, pp. 81-98.

Ruskin, J. (1860) *Unto This Last,* https://archive.org/details/untothislast00rusk（『ラスキン政治経済論集』ジョン・ラスキン著、宇井丑之助訳、史泉房、1981年）

Ryan, R. and Deci, E. (1999) 'Intrinsic and extrinsic motivations: classic definitions and new directions', *Contemporary Educational Psychology* 25, pp. 54-67.

Ryan-Collins, J. et al. (2012) *Where Does Money Come From?* London: New Economics Foundation.

Ryan-Collins, J. et al. (2013) *Strategic Quantitative Easing: Stimulating Investment to Rebalance the Economy.* London: New Economics Foundation.

Salganik, M., Sheridan Dodds, P. and Watts, D. (2006) 'Experimental study of inequality and unpredictability in an Artificial Cultural Market', *Science* 311, pp. 854-856.

Samuelson, P. (1948) *Economics: An Introductory Analysis,* 1st edn. New York: McGraw-Hill.（『経済学―入門的分析』P・A・サムエルソン著、都留重人訳、岩波書店、1971年）

Samuelson, P. (1964) *Economics,* 6th edn. New York: McGraw-Hill.（『経済学』P・A・サムエルソン著、都留重人訳、岩波書店、1981年）

Samuelson, P. (1980) *Economics,* 11th edn. New York: McGraw-Hill.（『経済学』P・A・サムエルソン著、都留重人訳、岩波書店、1981年）

Samuelson, P. (1997) 'Credo of a lucky textbook author', *Journal of Economic Perspectives* 11: 2, pp. 153-160.

Sandel, M. (2012) *What Money Can't Buy: The Moral Limits of Markets.* London: Allen Lane.（『それをお金で買いますか―市場主義の限界』マイケル・サンデル著、鬼澤忍訳、ハヤカワ・ノンフィクション文庫、2014年）

Sayers, M. (2015) *The UK Doughnut: a framework for environmental sustainability and social justice.* Oxford: Oxfam GB.

Sayers, M. (2015) *The Welsh Doughnut: a framework for environmental sustainability and social justice.* Oxford: Oxfam GB.

Sayers, M. and Trebeck, K. (2014) *The Scottish Doughnut: a safe and just operating space for Scotland.* Oxford: Oxfam GB.

Schabas, M. (1995) 'John Stuart Mill and concepts of nature', *Dialogue,* 34: 3, pp. 447-466.

Schumacher, E. F. (1973) *Small Is Beautiful.* London: Blond & Briggs.（『スモール・イズ・ビューティフル―人間中心の経済学』E・F・シューマッハー著、小島慶三／酒井懋訳、講談社学術文庫、1986年）

Schumpeter, J. (1942) *Capitalism, Socialism and Democracy.* New York: Harper & Row.（『資本主義、社会主義、民主主義』ヨーゼフ・シュンペーター著、大野一訳、日経BP社、2016年）

Schumpeter, J. (1954) *History of Economic Analysis.* London: Allen & Unwin.（『経済分析の

Polanyi, K. (2001) *The Great Transformation.* Boston : Beacon Press.（『[新訳] 大転換―市場社会の形成と崩壊』カール・ポラニー著、野口建彦／栖原学訳、東洋経済新報社、2009 年）

Pop-Eleches, C. et al. (2011) 'Mobile phone technologies improve adherence to antiretroviral treatment in resource-limited settings : a randomized controlled trial of text message reminders', *AIDS* 25 : 6, pp. 825-834.

Putnam, R. (2000) *Bowling Alone : The Collapse and Revival of American Community.* New York : Simon & Schuster.

Raworth, K. (2002) *Trading Away Our Rights : women workers in global supply chains.* Oxford : Oxfam International.

Raworth, K. (2012) *A Safe and Just Space for Humanity : can we live within the doughnut?* Oxfam Discussion Paper. Oxford : Oxfam International.

Razavi, S. (2007) *The Political and Social Economy of Care in a Development Context.* Gender and Development Programme Paper no. 3. Geneva : United Nations Research Institute for Social Development.

Ricardo, D. (1817) *On the Principles of Political Economy and Taxation,* http://www.econlib.org/library/Ricardo/ricP.html（『経済学および課税の原理』リカードウ著、羽鳥卓也／吉澤芳樹訳、岩波文庫、1987 年）

Rifkin, J. (2014) *The Zero Marginal Cost Society.* New York : Palgrave Macmillan.（『限界費用ゼロ社会―「モノのインターネット」と共有型経済の台頭』ジェレミー・リフキン著、柴田裕之訳、NHK 出版、2015 年）

Robbins, L. (1932) *Essay on the Nature and Significance of Economic Science.* London : Macmillan.（『経済学の本質と意義』ライオネル・ロビンズ著、小峯敦／大槻忠史訳、京都大学学術出版会、2016 年）

Robinson, J. (1962) *Essays in the Theory of Economic Growth.* London : Macmillan.（『経済成長論』J・ロビンソン著、山田克巳訳、東洋経済新報社、1963 年）

Rockström, J. et al. (2009) 'A safe operating space for humanity', *Nature* 461, pp. 472-475.

Rode, J., Gómez-Baggethun, E. and Krause, T. (2015) 'Motivation crowding by economic incentives in conservation policy : a review of the empirical evidence', *Ecological Economics* 117, pp. 270-282.

Rodriguez, L. and Dimitrova, D. (2011) 'The levels of visual framing', *Journal of Visual Literacy* 30 : 1, pp. 48-65.

Rogers, E. (1962) *Diffusion of Innovations.* New York : The Free Press.

Rostow, W. W. (1960) *The Stages of Economic Growth : A Non-Communist Manifesto.* Cambridge : Cambridge University Press.（『経済成長の諸段階――一つの非共産主義宣言』W・W・ロストウ著、木村健康ほか訳、ダイヤモンド社、1974 年）

Murphy, D. J. (2014) 'The implications of the declining energy return on investment of oil production', *Philosophical Transactions of the Royal Society A* 372.

Murphy, R. and Hines, C. (2010) 'Green quantitative easing: paying for the economy we need', Norfolk: Finance for the Future.

Murphy, S., Burch, D. and Clapp, J. (2012) *Cereal Secrets: the world's largest grain traders and global agriculture,* Oxfam Research Reports, Oxford: Oxfam International.

OECD (2014) *Policy Challenges for the Next 50 Years.* OECD Economic policy paper no. 9, Paris: OECD.

Ormerod, P. (2012) 'Networks and the need for a new approach to policymaking', in Dolphin, T. and Nash, D. (eds), *Complex New World.* London: IPPR.

Ostrom, E. (1999) 'Coping with tragedies of the commons', *Annual Review of Political Science* 2, pp. 493-535.

Ostrom, E. (2009) 'A general framework for analyzing sustainability of social-ecological systems', *Science* 325: 5939, pp. 419-422.

Ostrom, E., Janssen. M., and Anderies, J. (2007) 'Going beyond panaceas', *Proceedings of the National Academy of Sciences* 104: 39, pp. 15176-15178.

Ostry, J. D. et al. (2014) Redistribution, inequality and growth. IMF Staff discussion note, February 2014.

Palfrey, S. and Stern, T. (2007) *Shakespeare in Parts.* Oxford: Oxford University Press.

Parker, R. (2002) *Reflections on the Great Depression.* Cheltenham: Edward Elgar.（『大恐慌を見た経済学者11人はどう生きたか』R・E・パーカー著、宮川重義訳、中央経済社、2005年）

Pearce, F. (2016) *Common Ground: securing land rights and safeguarding the earth.* Oxford: Oxfam International.

Pearce, J. (2012) 'The case for open source appropriate technology', *Environment, Development and Sustainability,* 14: 3.

Pearce, J. (2015) 'Quantifying the value of open source hardware development', *Modern Economy,* 6, pp. 1-11.

Pearce, J. et al. (2012) 'A new model for enabling innovation in appropriate technology for sustainable development', *Sustainability: Science, Practice and Policy,* 8: 2, pp. 42-53.

Persky, J. (1992) 'Retrospectives: Pareto's law', *Journal of Economic Perspectives* 6: 2, pp. 181-192.

Piketty, T. (2014) *Capital in the Twenty-First Century.* Cambridge, MA: Harvard University Press.（『21世紀の資本』トマ・ピケティ著、山形浩生／守岡桜／森本正史訳、みすず書房、2014年）

Pizzigati, S. (2004) *Greed and Good.* New York: Apex Press.

国家—イノベーション力で官は民に劣るという神話』マリアナ・マッツカート著、大村昭人訳、薬事日報社、2015年）

Mazzucato, M., Semieniuk, G. and Watson, J. (2015) *What Will It Take to Get Us a Green Revolution?* SPRU Policy Paper, University of Sussex.

Meadows, D. (1998) *Indicators and Information Systems for Sustainable Development.* Vermont: The Sustainability Institute.

Meadows, D. (2008) *Thinking In Systems: A Primer.* White River Junction, VT: Chelsea Green.（『世界はシステムで動く—いま起きていることの本質をつかむ考え方』ドネラ・H・メドウズ著，枝廣淳子訳、英治出版、2015年）

Meadows, D. et al. (1972) *The Limits to Growth.* New York: Universe Books.（『成長の限界—ローマ・クラブ「人類の危機」レポート』ドネラ・H・メドウズ／デニス・L・メドウズ／ヨルゲン・ランダース／W・W・ベアランズ三世著、大来佐武郎監訳、ダイヤモンド社、1972年）

Meadows, D. et al. (2005) *Limits to Growth: The 30-Year Update.* London: Earthscan.（『成長の限界—人類の選択』ドネラ・H・メドウズ／デニス・L・メドウズ／ヨルゲン・ランダース著、枝廣淳子訳、ダイヤモンド社、2005年）

Michaels, F. S. (2011) *Monoculture: How One Story Is Changing Everything.* Canada: Red Clover Press.

Mill, J. S. (1844) *Essays on Some Unsettled Questions of Political Economy,* http://www.econlib.org/library/Mill/mlUQP5.html（『経済学試論集』ミル著、末永茂喜訳、岩波文庫、1936年）

Mill, J. S. (1848) *Principles of Political Economy,* http://www.econlib.org/library/Mill/mlP.html（『経済学原理』J・S・ミル著、末永茂喜訳、岩波文庫、1959-63年）

Mill, J. S. (1873) *Autobiography,* 1989 edn. London: Penguin.（『ミル自伝』ジョン・スチュアート・ミル著、村井章子訳、みすず書房、2008年）

Minsky, H. (1977) 'The Financial Instability Hypothesis: an interpretation of Keynes and an alternative to Standard Theory', *Challenge,* March-April 1977, pp. 20-27.

Mishel, L. and Shierholz, H. (2013) *A Decade of Flat Wages.* EPI Briefing Paper no. 365, Washington, DC: Economic Policy Institute.

Molinsky, A., Grant, A. and Margolis, J. (2012) 'The bedside manner of homo economicus: how and why priming an economic schema reduces compassion', *Organizational Behavior and Human Decision Processes* 119: 1, pp. 27-37.

Montgomery, S. (2015) *The Soul of an Octopus.* London: Simon & Schuster.（『愛しのオクトパス—海の賢者が誘う意識と生命の神秘の世界』サイ・モンゴメリー著、小林由香利訳、亜紀書房、2017年）

Morgan, M. (2012) *The World in the Model.* Cambridge: Cambridge University Press.

Navigating Pathways in the Safe and Just Space for Humanity, World Social Science Report. Paris : UNESCO.

Leopold, A. (1989) *A Sand County Almanac.* New York : Oxford University Press.（『野生のうたが聞こえる』アルド・レオポルド著、新島義昭訳、講談社学術文庫、1997 年）

Lewis, J. et al. (2005) *Citizens or Consumers? What the Media Tell Us About Political Participation.* Maidenhead : Open University Press.

Lewis, W. A. (1976) 'Development and distribution', in Cairncross, A. and Puri, M. (eds), *Employment, Income Distribution, and Development Strategy : Problems of the Developing Countries.* New York : Holmes & Meier, pp. 26-42.

Lietaer, B. (2001) *The Future of Money.* London : Century.

Lipsey, R. (1989) *An Introduction to Positive Economics.* London : Weidenfeld & Nicolson.（『ミクロ経済学―ポジティブ・エコノミクス』『マクロ経済学―ポジティブ・エコノミクス』R・リプシー著、大住栄治監訳、千葉宏史ほか訳、多賀出版、1990 年、1992 年）

Liu, E. and Hanauer, N. (2011) *The Gardens of Democracy.* Seattle : Sasquatch Books.

Lucas, R. (2004) *The Industrial Revolution : Past and Future.* 2003 Annual Report Essay, The Federal Reserve Bank of Minneapolis.

Lyle, J. T. (1994) *Regenerative Design for Sustainable Development.* New York : John Wiley & Sons.

MacKenzie, D. and Millo, Y. (2003) 'Constructing a market, performing theory : the historical sociology of a financial derivatives exchange', *American Journal of Sociology* 109 : 1, pp. 107-145.

Mali, T. (2002) *What Learning Leaves.* Newtown, CT : Hanover Press.

Mankiw, G. (2012) *Principles of Economics,* 6th edn. Delhi : Cengage Learning.（『マンキュー入門経済学』N・グレゴリー・マンキュー著、足立英之ほか訳、東洋経済新報社、2014 年）

Marçal, K. (2015) *Who Cooked Adam Smith's Dinner?* London : Portobello.

Marewzki, J. and Gigerenzer, G. (2012), 'Heuristic decision making in medicine', *Dialogues in Clinical Neuroscience,* 14 : 1, pp. 77-89.

Marshall, A. (1890) *Principles of Economics.* London : Macmillan.（『経済学原理』アルフレッド・マーシャル著、馬場啓之助訳、東洋経済新報社、1965-67 年）

Marx, K. (1867) *Capital,* Volume 1. http://www.econlib.org/library/YPDBooks/Marx/mrxCpA.html（『資本論』カール・マルクス著、今村仁司／三島憲一／鈴木直訳、筑摩書房、2005 年）

Max-Neef, M. (1991) *Human Scale Development.* New York : Apex Press.

Mazzucato, M. (2013) *The Entrepreneurial State.* London : Anthem Press.（『企業家としての

Keynes, J. M. (1923) 'A Tract on Monetary Reform', in *The Collected Writings of John Maynard Keynes,* Vol. IV, 1977 edn. London : Palgrave Macmillan.（『お金の改革論』ジョン・メイナード・ケインズ著、山形浩生訳、講談社学術文庫、2014年）

Keynes, J. M. (1924) 'Alfred Marshall, 1842-1924', *The Economic Journal,* 34 : 135, pp. 311-372.

Keynes, J. M. (1931) 'Economic possibilities for our grandchildren', in *Essays in Persuasion.* London : Rupert Hart-Davis.

Keynes, J. M. (1936) *The General Theory of Employment, Interest and Money.* London : Macmillan.（『雇用、利子および貨幣の一般理論』ケインズ著、間宮陽介訳、ワイド版岩波文庫、2012年）

Keynes, J. M. (1945) *First Annual Report of the Arts Council (1945-46).* London : Arts Council.

Klein, N. (2007) *The Shock Doctrine.* London : Penguin.（『ショック・ドクトリン—惨事便乗型資本主義の正体を暴く』ナオミ・クライン著、幾島幸子／村上由見子訳、岩波書店、2011年）

Knight, F. (1999) *Selected Essays by Frank H. Knight,* Volume 2. Chicago : University of Chicago Press.

Kringelbach, M. (2008) *The Pleasure Center : Trust Your Animal Instincts.* Oxford : Oxford University Press.

Kuhn, T. (1962) *The Structure of Scientific Revolutions.* London : University of Chicago Press.（『科学革命の構造』トーマス・クーン著、中山茂訳、みすず書房、1971年）

Kumhof, M. and Rancière, R. (2010) *Inequality, Leverage and Crises.* IMF Working Paper, WP/10/268, Washington, DC : IMF.

Kuznets, S. (1955) 'Economic growth and income inequality', *American Economic Review,* 45 : 1, pp. 1-28.

Lacy, P. and Rutqvist, J. (2015) *Waste to Wealth : The Circular Economy Advantage.* New York : Palgrave Macmillan.（『サーキュラー・エコノミー—デジタル時代の成長戦略』ピーター・レイシー／ヤコブ・ルトクヴィスト著、アクセンチュア・ストラテジー訳、日本経済新聞出版社、2016年）

Lakner, C. and Milanovic, B. (2015) 'Global income distribution : from the fall of the Berlin Wall to the Great Recession', *The World Bank Economic Review,* pp. 1-30.

Lakoff, G. (2014) *The All New Don't Think of an Elephant.* White River Junction, VT : Chelsea Green.

Lakoff, G. and Johnson, M. (1980) *Metaphors We Live By.* Chicago : University of Chicago Press.（『メタファに満ちた日常世界』ジョージ・レーコフ／マーク・ジョンソン著、橋本功ほか編著、松柏社、2013年）

Leach, M., Raworth, K. and Rockström, J. (2013) *Between Social and Planetary Boundaries :*

The Transnational Institute.

Holland, T. et al. (2009) 'Inequality predicts biodiversity loss', *Conservation Biology* 23 : 5, pp. 1304-1313.

Hudson, M. and Bezemer, D. (2012) 'Incorporating the rentier sectors into a financial model', *World Economic Review* 1, pp. 1-12.

ICRICT (2015) Declaration of the Independent Commissions for the Reform of International Corporate Taxation. http://www.icrict.org

Institute of Mechanical Engineers (2013) *Global Food : Waste Not, Want Not.* London : Institute of Mechanical Engineers.

International Cooperative Alliance (2014) *World Cooperative Monitor.* Geneva : ICA.

International Labour Organisation (2014) *Global Wage Report.* Geneva : ILO.

International Labour Organisation (2015) *Global Employment Trends for Youth 2015.* Geneva : ILO.

IPCC (2013) *Climate Change 2013 : The Physical Science Basis. Contributions of Working Group I to the Fifth Assessment Report of the Intergovernmental Panel on Climate Change,* Cambridge : Cambridge University Press.

Islam, N. (2015) *Inequality and Environmental Sustainability.* United Nations Department for Economic and Social Affairs Working Paper no. 145. ST/ESA/2015/DWP/145.

Jackson, T. (2009) *Prosperity without Growth.* London : Earthscan.（『成長なき繁栄―地球生態系内での持続的繁栄のために』ティム・ジャクソン著、田沢恭子訳、一灯舎、2012年）

Jensen, K., Vaish, A. and Schmidt, M. (2014) 'The emergence of human prosociality : aligning with others through feelings, concerns, and norms', *Frontiers in Psychology* 5, p. 822.

Jevons, W. S. (1871) *The Theory of Political Economy,* Library of Economics and Liberty. http://www.econlib.org/library/YPDBooks/Jevons/jvnPE.html（『経済学の理論』ジェヴォンズ著、小泉信三／寺尾琢磨／永田清訳、寺尾琢磨改訳、日本経済評論社、1981年）

Kagel, J. and Roth, A. (1995) *The Handbook of Experimental Economics.* Princeton, NJ : Princeton University Press.

Keen, S. (2011) *Debunking Economics.* London : Zed Books.

Kelly, M. (2012) *Owning our Future : The Emerging Ownership Revolution.* San Francisco : Berrett-Koehler.

Kennedy, P. (1989) *The Rise and Fall of The Great Powers.* New York : Vintage Books.（『大国の興亡―1500年から2000年までの経済の変遷と軍事闘争』ポール・ケネディ著、鈴木主税訳、草思社、1993年）

Kerr, J. et al. (2012) 'Prosocial behavior and incentives : evidence from field experiments in rural Mexico and Tanzania', *Ecological Economics* 73, pp. 220-227.

Instead. London: Simon & Schuster.

Gertler, P., Martinez, S. and Rubio-Codina, M. (2006) *Investing Cash Transfers to Raise Long-term Living Standards,* World Bank Policy Research Working Paper no. 3994, Washington, DC: World Bank.

Gessel, S. (1906) *The Natural Economic Order,* https://www.community-exchange.org/docs/Gesell/en/neo/

Giraud, Y. (2010) 'The changing place of visual representation in economics: Paul Samuelson between principle and strategy, 1941-1955', *Journal of the History of Economic Thought,* 32: 2, pp. 175-197.

Gneezy, U. and Rustichini, A. (2000) 'A fine is a price', *Journal of Legal Studies,* 29, pp. 1-17.

Goerner, S. et al. (2009) 'Quantifying economic sustainability: implications for free-enterprise theory, policy and practice', *Ecological Economics* 69, pp. 76-81.

Goffman, E. (1974) *Frame Analysis: An Essay on the Organization of Experience.* New York: Harper & Row.

Goodall, C. (2012) *Sustainability.* London: Hodder & Stoughton.

Goodwin, N. et al. (2009) *Microeconomics in Context.* New York: Routledge.

Gordon, R. (2014) *The Demise of US Economic Growth: Restatement, Rebuttals and Reflections.* NBER Working Paper no. 19895, February 2014.

Green, T. (2012) 'Introductory economics textbooks: what do they teach about sustainability?', *International Journal of Pluralism and Economics Education,* 3: 2, pp. 189-223.

Grossman, G. and Krueger, A. (1995) 'Economic growth and the environment', *Quarterly Journal of Economics,* 110: 2, pp. 353-377.

Gudynas, E. (2011) 'Buen Vivir: today's tomorrow', *Development* 54: 4, pp. 441-447.

Hardin, G. (1968) 'The tragedy of the commons', *Science* 162: 3859, pp. 1243-1248.

Hardoon, D., Fuentes, R. and Ayele, S. (2016) *An Economy for the 1%: how privilege and power in the economy drive extreme inequality and how this can be stopped.* Oxfam Briefing Paper 210, Oxford: Oxfam International.

Harford, T. (2013) *The Undercover Economist Strikes Back,* London: Little, Brown.

Heilbroner, R. (1970) 'Ecological Armageddon', *New York Review of Books,* 23 April 1970.

Helbing, D. (2013) 'Economics 2.0: the natural step towards a self-regulating, participatory market society', *Evolutionary and Institutional Economics Review,* 10: 1, pp. 3-41.

Henrich, J. et al. (2001) 'In search of Homo Economicus: behavioral experiments in 15 small-scale societies', *Economics and Social Behavior,* 91: 2, pp. 73-78.

Henrich, J., Heine, S. and Norenzayan, A. (2010) 'The weirdest people in the world?', *Behavioural and Brain Sciences* 33: 2/3, pp. 61-83.

Hernandez, J. (2015) 'The new global corporate law', in *The State of Power 2015.* Amsterdam:

theories can become self-fulfilling', *Academy of Management Review* 30: 1, pp. 8-24.

Fioramenti, L. (2013) *Gross Domestic Product: The Politics Behind the World's Most Powerful Number.* London: Zed Books.

Folbre, N. (1994) *Who Pays for the Kids?* London: Routledge.

Folke, C. et al. (2011) 'Reconnecting to the biosphere', *AMBIO* 40, p. 719.

Frank, B. and Schulze, G. G. (2000) 'Does economics make citizens corrupt?' *Journal of Economic Behavior and Organization* 43, pp. 101-113.

Frank, R. (1988) *Passions within Reason.* New York: W. W. Norton.（『オデッセウスの鎖—適応プログラムとしての感情』R・H・フランク著、大坪庸介ほか訳、サイエンス社、1995年）

Frank, R., Gilovich, T. and Regan, D. (1993) 'Does studying economics inhibit cooperation?' *Journal of Economic Perspectives,* 7: 2, pp. 159-171.

Friedman, B. (2006) *The Moral Consequence of Economic Growth.* New York: Vintage Books.（『経済成長とモラル』ベンジャミン・M・フリードマン著、地主敏樹／重富公生／佐々木豊訳、東洋経済新報社、2011年）

Friedman, M. (1962) *Capitalism and Freedom.* Chicago: University of Chicago Press.（『資本主義と自由』ミルトン・フリードマン著、村井章子訳、日経BP社、2008年）

Friedman, M. (1966) *Essays in Positive Economics.* Chicago: University of Chicago Press.（『実証的経済学の方法と展開』M・フリードマン著、佐藤隆三／長谷川啓之訳、富士書房、1977年）

Friedman, M. (1970) 'The social responsibility of business is to increase its profits', *New York Times Magazine,* 13 September 1970.

Fullerton, J. (2015) *Regenerative Capitalism: how universal principles and patterns will shape our new economy.* Greenwich, CT: Capital Institute.

Gaffney, M. and Harrison, F. (1994) *The Corruption of Economics.* London: Shepheard-Walwyn.

Gal, O. (2012) 'Understanding global ruptures: a complexity perspective on the emerging middle crisis', in Dolphin, T. and Nash, D. (eds), *Complex New World.* London: Institute of Public Policy Research.

García-Amado, L. R., Ruiz Pérez, M. and Barrasa García, S. (2013) 'Motivation for conservation: assessing integrated conservation and development projects and payments for environmental services in La Sepultura Biosphere Reserve, Chiapas, Mexico', *Ecological Economics* 89, pp. 92-100.

George, H. (1879) *Progress and Poverty.* New York: The Modern Library.（『進歩と貧困』ヘンリー・ジョージ著、山嵜義三郎訳、日本経済評論社、1991年）

Gerhardt, S. (2010) *The Selfish Society: How We All Forgot to Love One Another and Made Money*

Daly, H. (1990) 'Toward some operational principles of sustainable development', *Ecological Economics,* 2, pp. 1-6.

Daly, H. (1992) *Steady State Economics.* London : Earthscan.

Daly, H. (1996) *Beyond Growth.* Boston : Beacon Press. (『持続可能な発展の経済学』ハーマン・E・デイリー著、新田功／藏本忍／大森正之訳、みすず書房、2005年)

Daly, H. and Farley, J. (2011) *Ecological Economics.* Washington : Island Press. (『エコロジー経済学―原理と応用』ハーマン・E・デイリー／ジョシュア・ファーレイ著、佐藤正弘訳、NTT出版、2014年)

Dearing, J. et al. (2014) 'Safe and just operating spaces for regional social-ecological systems', *Global Environmental Change,* 28, pp. 227-238.

DeMartino, G. (2011) *The Economist's Oath.* Oxford : Oxford University Press.

Devas, C. S. (1883) *Groundwork of Economics.* Longmans, Green and Company.

Diamond, J. (2002) 'Evolution, consequences and future of plant and animal domestication', *Nature* 418, pp. 700-707.

Diamond, J. (2005) *Collapse : How Societies Choose to Fail or Survive.* London : Penguin. (『文明崩壊―滅亡と存続の命運を分けるもの』ジャレド・ダイアモンド著、楡井浩一訳、草思社文庫、2012年)

Dorling, D. (2013) *Population 10 Billion.* London : Constable.

Easterlin, R. (1974) 'Does economic growth improve the human lot? Some empirical evidence', in David, P. and Reder, M. (eds), *Nations and Households in Economic Growth : Essays in Honour of Moses Abramovitz.* New York : Academic Press.

Eisenstein, C. (2011) *Sacred Economics : Money, Gift and Society in the Age of Transition.* Berkeley : Evolver Books.

Ellen McArthur Foundation (2012) *Towards the Circular Economy.* Isle of Wight : Ellen McArthur Foundation.

Epstein, J. and Axtell, R. (1996) *Growing Artificial Societies.* Washington, DC : Brookings Institution Press ; Cambridge, MA : MIT Press. (『人工社会―複雑系とマルチエージェント・シミュレーション』ジョシュア・M・エプスタイン／ロバート・アクステル著、服部正太／木村香代子訳、構造計画研究所、1999年)

Fälth, A. and Blackden, M. (2009) *Unpaid Care Work,* UNDP Policy Brief on Gender Equality and Poverty Reduction, Issue 01, New York : UNDP.

Fama, E. (1970) 'Efficient capital markets : a review of theory and empirical work', *Journal of Finance* 25 : 2, pp. 383-417.

Ferguson, T. (1995) *Golden Rule : The Investment Theory of Party Competition and the Logic of Money-Driven Political Systems.* London : University of Chicago Press.

Ferraro, F., Pfeffer, J. and Sutton, R. (2005) 'Economics language and assumptions : how

Box, G. and Draper, N. (1987) *Empirical Model Building and Response Surfaces.* New York: John Wiley & Sons.

Boyce, J. K. et al. (1999) 'Power distribution, the environment, and public health: a state-level analysis', *Ecological Economics* 29, pp. 127-140.

Braungart, M. and McDonough, W. (2009) *Cradle to Cradle: Remaking the Way We Make Things.* London: Vintage Books. (『サステイナブルなものづくり―ゆりかごからゆりかごへ』ウィリアム・マクダナー／マイケル・ブラウンガート著、山本聡／山崎正人訳、人間と歴史社、2009年)

Brightman, R. (1993) *Grateful Prey: Rock Cree Human-Animal Relationships.* Berkeley: University of California Press.

Brynjolfsson, E. and McAfee, A. (2015) 'Will humans go the way of horses?' *Foreign Affairs,* July/August 2015.

Chancel, L. and Piketty, T. (2015) *Carbon and Inequality: from Kyoto to Paris.* Paris: Paris School of Economics.

Chang, H. J. (2010) *23 Things They Don't Tell You About Capitalism.* London: Allen Lane. (『世界経済を破綻させる23の嘘』ハジュン・チャン著、田村源二訳、徳間書店、2010年)

Chapin, F. S. III, Kofinas, G. P. and Folke, C. (eds)(2009) *Principles of Ecosystem Stewardship: Resilience-Based Natural Resource Management in a Changing World.* New York: Springer.

Christianson, S. (2012) *100 Diagrams that Changed the World.* London: Salamander Books.

Cingano, F. (2014) *Trends in Income Inequality and its Impact on Economic Growth.* OECD Social, Employment and Migration Working Papers, no. 163, OECD Publishing.

Colander, D. (2000) 'New Millennium Economics: how did it get this way, and what way is it?', *Journal of Economic Perspectives* 14: 1, pp. 121-132.

Cole, M. (2015) *Is South Africa Operating in a Safe and Just Space? Using the doughnut model to explore environmental sustainability and social justice.* Oxford: Oxfam GB.

Coote, A. and Franklin, J. (2013) *Time On Our Side: Why We All Need a Shorter Working Week.* London: New Economics Foundation.

Coote, A., Franklin, J. and Simms, A. (2010) *21 Hours: Why a shorter working week can help us all flourish in the 21st century.* London: New Economics Foundation.

Coote, A. and Goodwin. N. (2010) *The Great Transition: Social Justice and the Core Economy.* nef working paper 1, London: New Economics Foundation.

Crawford, K. et al. (2014) *Demolition or Refurbishment of Social Housing? A Review of the Evidence.* London: UCL Urban Lab and Engineering Exchange.

Crompton, T. and Kasser, T. (2009) *Meeting Environmental Challenges: The Role of Human Identity.* Godalming, Surrey: WWF.

Barnes, P. (2006) *Capitalism 3.0: A Guide to Reclaiming the Commons.* Berkeley: Berrett-Koehler.

Barrera-Osorio, F. et al. (2011) 'Improving the design of conditional transfer programs: evidence from a randomized education experiment in Colombia', *American Economic Journal: Applied Economics,* 3: 2, pp. 167-195.

Bauer, M. et al. (2012) 'Cuing consumerism: situational materialism undermines personal and social well-being', *Psychological Science* 23, pp. 517-523.

Bauwens, M. (2012) *Blueprint for P2P Society: The Partner State and Ethical Society.*, http://www.shareable.net/blog/blueprint-for-p2p-society-the- partner-state-ethical-economy

Beaman, L. et al. (2012) 'Female leadership raises aspirations and educational attainment for girls: a policy experiment in India', *Science* 335: 6068, pp. 582-586.

Beckerman, W. (1972) *In Defense of Economic Growth.* London: Jonathan Cape.

Begg, D., Fischer, S. and Dornbusch, R. (1987) *Economics.* Maidenhead: McGraw-Hill.

Beinhocker, E. (2007) *The Origin of Wealth.* London: Random House.

Beinhocker, E. (2012) 'New economics, policy and politics', in Dolphin, T. and Nash, D. (eds), *Complex New World.* London: Institute for Public Policy Research.

Benes, J. and Kumhof, M. (2012) *The Chicago Plan Revisited,* IMF Working Paper 12/202.

Benyus, J. (2015) 'The generous city', *Architectural Design* 85: 4, pp. 120-121. Berger, A. and Loutre, M. F. (2002) 'An exceptionally long interglacial ahead?' *Science* 297, p. 1287.

Berger, J. (1972) *Ways of Seeing.* London: Penguin.（『イメージ―視覚とメディア』ジョン・バージャー著、伊藤俊治訳、ちくま学芸文庫、2013年）

Bernays, E. (2005) *Propaganda.* New York: Ig Publishing.

Bjorkman, M. and Svensson, J. (2009) 'Power to the people: evidence from a randomized field experiment on community-based monitoring in Uganda', *Quarterly Journal of Economics* 124: 2, pp. 735-769.

Block, F. and Somers, M. (2014) *The Power of Market Fundamentalism: Karl Polanyi's Critique.* London: Harvard University Press.

Bolderdijk, J. et al. (2012) 'Comparing the effectiveness of monetary versus moral motives in environmental campaigning', *Nature Climate Change,* 3, pp. 413-416.

Bonaiuti, M. (2014) *The Great Transition.* London: Routledge.

Bowen, A. and Hepburn, C. (2012) *Prosperity With Growth: Economic Growth, Climate Change and Environmental Limits,* Centre for Climate Change Economic and Policy Working Paper no. 109.

Bowles, S. and Gintis, H. (2011) *A Cooperative Species: Human Reciprocity and Its Evolution.* Princeton, NJ: Princeton University Press.（『協力する種―制度と心の共進化』サミュエル・ボウルズ／ハーバート・ギンタス著、大槻久ほか訳、NTT出版、2017年）

参考文献

Abramovitz, M. (1956) 'Resource and output trends in the United States since 1870', *American Economic Review,* 46: 2, pp. 5-23.

Acemoglu, D. and Robinson, J. (2013) *Why Nations Fail: The Origins of Power, Prosperity and Poverty.* London: Profile Books.（『国家はなぜ衰退するのか—権力・繁栄・貧困の起源』ダロン・アセモグル／ジェイムズ・A・ロビンソン著、鬼澤忍訳、ハヤカワ・ノンフィクション文庫、2016年）

Aked, J. et al. (2008) *Five Ways to Wellbeing: The Evidence.* London: New Economics Foundation.

Alperovitz, G. (2015) *What Then Must We Do?* White River Junction, VT: Chelsea Green.

Anderson, K. and Bows, A. (2011) 'Beyond "dangerous" climate change: emissions scenarios for a new world', *Philosophical Transactions of the Royal Society A,* 369, pp. 20-44.

Arendt, H. (1973) *Origins of Totalitarianism.* New York: Harcourt Brace Jovanovich.（『全体主義の起原』ハンナ・アーレント著、大久保和郎訳、みすず書房、2017年）

Aristotle (350 BCE), *Politics,* http://classics.mit.edu/Aristotle/politics.1.one.html（『政治学』アリストテレス著、田中美知太郎ほか訳、中公クラシックス、2009年）

Arndt, H. (1978) *The Rise and Fall of Economic Growth.* Chicago: University of Chicago Press.

Arrow, K. and Debreu, G. (1954) 'Existence of an equilibrium for a competitive economy', *Econometrica* 22, pp. 265-290.

Ayers, J. et al. (2013) 'Do celebrity cancer diagnoses promote primary cancer prevention?', *Preventive Medicine* 58, pp. 81-84.

Ayres, I., Raseman, S. and Shih, A. (2009) *Evidence from Two Large Field Experiments that Peer Comparison Can Reduce Residential Energy Usage.* National Bureau of Economic Research, Working Paper 15386.

Ayres, R. and Ayres, E. (2010) *Crossing the Energy Divide: Moving from Fossil Fuel Dependence to a Clean Energy Future.* Upper Saddle River, NJ: Wharton School Publishing.

Ayres, R. and Warr, B. (2009) *The Economic Growth Engine.* Cheltenham: Edward Elgar.

Bacon, F. (1620) *The New Organon.* http://www.constitution.org/bacon/nov_org.htm（『ノヴム・オルガヌム』ベーコン著、桂寿一訳、岩波文庫、1978年）

Banerjee, A. et al. (2015) *Debunking the Stereotype of the Lazy Welfare Recipient: Evidence from Cash Transfer Programs Worldwide.* HKS Working Paper no. 76.

図版出典

図版は以下の方々から転載の許諾を得て利用した。
archive.org: 30. © Kyle Depew: 13. © Mark Segal/Panoramic Images, Chicago: 147. © McGraw-Hill Education: 33. Dreamstime: 251 (© Roman Yatsnya). Getty Images: 31 (© The LIFE Picture Collection/Getty Images), 227 (© Hulton Archive/Getty Images), 291 (© Toronto Star via Getty Images), 321 above (© urbancow/Getty Images), 321 below (© Matt Champlin/Getty Images), 385 (© Picture Post/Getty Images). LSE Library: 97. New York Public Library: 258. Wikimedia Commons: 28.

図の作成者は以下のとおりである。
Christian Guthier: 23, 69, 75. Marcia Mihotich: 44-45, 63, 71, 81, 95, 105, 140, 155, 184, 193, 203, 243, 299, 305, 315, 353, 359, 371.

著作物の利用については、著作権保持者と連絡を取り、許諾を得られるよう最善を尽くしましたが、万一、上記に誤りや漏れがある場合には、版元までご一報いただければ、幸甚に存じます。増刷又は改版時に修正させていただきます。

本書は小社より刊行した単行本『ドーナツ経済学が世界を救う——人類と地球のためのパラダイムシフト』(二〇一八年)を文庫化したものである。

ドーナツ経済《けいざい》

二〇二一年 七 月一〇日 初版印刷
二〇二一年 七 月二〇日 初版発行

著　者　K・ラワース
訳　者　黒輪《くろわ》篤嗣《あつし》

発行者　小野寺優
発行所　株式会社河出書房新社
〒一五一-〇〇五一
東京都渋谷区千駄ヶ谷二-三二-二
電話〇三-三四〇四-八六一一（編集）
〇三-三四〇四-一二〇一（営業）
https://www.kawade.co.jp/

ロゴ・表紙デザイン　粟津潔
本文フォーマット　佐々木暁
印刷・製本　中央精版印刷株式会社

Printed in Japan　ISBN978-4-309-46735-1

すごい物理学講義

カルロ・ロヴェッリ　竹内薫監／栗原俊秀〔訳〕　46705-4

わたしたちは、こんな驚きの世界に生きている！　これほどわかりやすく、これほど感動的に物理のたどった道と最前線をあらわした本はなかった！最新物理のループ量子重力理論まで。

感染地図

スティーヴン・ジョンソン　矢野真千子〔訳〕　46458-9

150年前のロンドンを「見えない敵」が襲った！　大疫病禍の感染源究明に挑む壮大で壮絶な実験は、やがて独創的な「地図」に結実する。スリルあふれる医学＝歴史ノンフィクション。

快感回路

デイヴィッド・J・リンデン　岩坂彰〔訳〕　46398-8

セックス、薬物、アルコール、高カロリー食、ギャンブル、慈善活動……数々の実験とエピソードを交えつつ、快感と依存のしくみを解明。最新科学でここまでわかった、なぜ私たちはあれにハマるのか？

この世界が消えたあとの　科学文明のつくりかた

ルイス・ダートネル　東郷えりか〔訳〕　46480-0

ゼロからどうすれば文明を再建できるのか？　穀物の栽培や紡績、製鉄、発電、電気通信など、生活を取り巻く科学技術について知り、「科学とは何か？」を考える、世界十五カ国で刊行のベストセラー！

この世界を知るための　人類と科学の400万年史

レナード・ムロディナウ　水谷淳〔訳〕　46720-7

人類はなぜ科学を生み出せたのか？　ヒトの誕生から言語の獲得、古代ギリシャの哲学者、ニュートンやアインシュタイン、量子の奇妙な世界の発見まで、世界を見る目を一変させる決定版科学史！

メディアはマッサージである

マーシャル・マクルーハン／クエンティン・フィオーレ　門林岳史〔訳〕　46406-0

電子的ネットワークの時代をポップなヴィジュアルで予言的に描いたメディア論の名著が、気鋭の訳者による新訳で、デザインも新たに甦る。全ページを解説した充実の「副音声」を巻末に付す。

著訳者名の後の数字はISBNコードです。頭に「978-4-309」を付け、お近くの書店にてご注文下さい。